Hermann Adam

Bausteine der Politik

Hermann Adam

Bausteine der Politik

Eine Einführung

VS VERLAG FÜR SOZIALWISSENSCHAFTEN

Bibliografische Information Der Deutschen Nationalbibliothek
Die Deutsche Nationalbibliothek verzeichnet diese Publikation in der
Deutschen Nationalbibliografie; detaillierte bibliografische Daten sind im Internet über
<http://dnb.d-nb.de> abrufbar.

1. Auflage Juni 2007

Alle Rechte vorbehalten
© VS Verlag für Sozialwissenschaften | GWV Fachverlage GmbH, Wiesbaden 2007

Lektorat: Frank Schindler

Der VS Verlag für Sozialwissenschaften ist ein Unternehmen von Springer Science+Business Media.
www.vs-verlag.de

Umschlaggestaltung: KünkelLopka Medienentwicklung, Heidelberg
Druck und buchbinderische Verarbeitung: Krips b.v., Meppel
Gedruckt auf säurefreiem und chlorfrei gebleichtem Papier

ISBN 978-3-531-15486-2

Vorwort

„Politik ist ein schmutziges Geschäft!" „Die da oben machen ja doch, was sie wollen!" Solche und ähnliche Redensarten hört man oft, wenn das Gespräch auf politische Themen kommt. Viele verstehen nicht, was in der Politik passiert, und durchschauen die Hintergründe nicht. Die Folge sind wachsende Politikverdrossenheit und nachlassendes Vertrauen in die Leistungsfähigkeit der Demokratie. Das Angebot an Einführungen in die Politikwissenschaft ist mittlerweile groß. Wenn dieses bereits breite Angebot trotzdem ergänzt wird, dann deshalb, weil die anderen Einführungen häufig in einer abstrakten und schwer zu verstehenden Fachsprache geschrieben sind. Wer ohne wissenschaftliche Vorbildung zu einem dieser Werke greift, legt sie bald enttäuscht wieder beiseite, weil sie für einen Einstieg zu anspruchsvoll sind.

Mit diesem Buch sollen Menschen von 17 bis 70 in leicht verständlicher Form an dieses Gebiet herangeführt werden. Es will Interesse an der Wissenschaft wecken, die politische Vorgänge analysiert. Fachausdrücke der Politikwissenschaft werden erklärt, wenn sie zum ersten Mal gebraucht werden, und später dann als bekannt voraus gesetzt. Mit Hilfe des Stichwortverzeichnisses am Ende des Buches ist es jederzeit möglich, die Erklärung eines Begriffs wieder nachzuschlagen.

Ein einführendes Lehrbuch kann nicht über Politik schlechthin informieren, sondern nur eine erste Orientierung bieten. Das zwingt dazu, sich auf grundlegende Zusammenhänge zu konzentrieren. Dabei weicht das Buch in zweierlei Hinsicht von anderen Lehrbüchern ab:

1. Das Gebiet der politische Theorie wird nicht an den Anfang gestellt, sondern immer problemorientiert anhand einer konkreten Fragestellung behandelt [z. B. beim Wahlsystem: Welche Vorstellungen von Demokratie haben die Befürworter des Verhältniswahlrechts und welche die Anhänger des Mehrheitswahlrechts? (Kap. 3.1.3) Oder: Welche Theorien stecken hinter einer bestimmten Sicht des Verhältnisses zwischen Staat und Verbänden? (Kap. 3.2.5)]. Erst am Schluss des Buches ist ein gesondertes Kapitel der politischen Theorie gewidmet, um dem Leser eine grobe Orientierung über die großen Denkrichtungen zu vermitteln.
2. Die Wechselbeziehungen zwischen Politik und Wirtschaft, die politische Ökonomie, die in fast allen anderen politikwissenschaftlichen Lehrbüchern völlig ausgeklammert wird, nimmt in dieser Einführung einen breiten Raum

ein (Kap. 5 und 6.5). Denn eine angemessene Beurteilung politischer Prozesse ist heute mehr als je zuvor ohne Einbeziehung der ökonomischen Zusammenhänge nicht möglich. Grundkenntnisse über die volkswirtschaftlichen Abläufe, die wirtschaftspolitischen Steuerungsinstrumente und staatlichen Handlungsspielräume sowie die Einflüsse der internationalen Wirtschaftsbeziehungen auf die nationale Politik gehören deshalb für angehende Politikwissenschaftler zum unverzichtbaren Basiswissen.

Das Buch wendet sich zum einen an Studierende der Politik- und Sozialwissenschaften und des Lehramtsfaches Sozialkunde, die eine knappe und leicht lesbare Einführung in das Fach suchen. Es soll vor allem Studierenden der neuen Bachelor-Studiengänge, aber auch der herkömmlichen Diplom- und Magisterstudiengänge erleichtern, sich schnell im Fach zurechtzufinden, damit kostbare Studienzeit nicht verloren geht. Studienanfänger werden nach der Lektüre genauer wissen, mit welchen Fragen sich die wichtigsten Teilgebiete des Faches beschäftigen, und besser einschätzen können, welche Erkenntnisse über politische Prozesse ihnen das Studium vermitteln wird.

Zum anderen richtet sich das Buch an alle, die das politische Geschehen besser verstehen möchten, aber die Regeln, nach denen politische Prozesse ablaufen, nicht kennen und die Zusammenhänge nicht durchschauen. Denn in den Schulen wird häufig nur bloßes Faktenwissen über die Institutionen wie z. B. Bundespräsident, Bundesregierung oder Bundestag vermittelt. Ausgeblendet werden dagegen die Interessen, die die politischen Akteure verfolgen. Ebenso unberücksichtigt bleibt die Analyse der Prozesse, die politische und wirtschaftliche Macht in einer Gesellschaft erzeugen und zu politischen Entscheidungen und Ergebnissen führen, die bestimmte Gruppen bevorzugen und andere benachteiligen. Insofern zielt das Buch auch auf alle Teilnehmer an politischen Bildungsveranstaltungen. Politisch Interessierte werden nach der Lektüre des Buches den Politik- und Wirtschaftsteil einer Tageszeitung besser verstehen und mehr als bisher in der Lage sein, die Nachrichten der Tagesschau oder der Heute-Sendung einzuordnen und sachkundig in politischen Fragen mitzureden.

Das Buch nutzt die Erfahrungen aus über dreißig Jahren Lehrtätigkeit an Universitäten und in der politischen Erwachsenenbildung. Möge es vielen Bürgerinnen und Bürgern den Zugang zu einer Materie eröffnen, die nicht nur höchst interessant und spannend, sondern für uns alle von existenzieller Bedeutung ist.

Berlin, im Januar 2007   Hermann Adam

Inhalt

Abbildungsverzeichnis

Tabellenverzeichnis

1 Was ist Politik?

„Gesundheitsreform spaltet die große Koalition". „Steuerpläne besänftigen die Wirtschaft nicht". „Proteste gegen Bildungspolitik". So lauteten einige Schlagzeilen von Tageszeitungen im Herbst 2006. Bekanntlich berichten typische Tageszeitungen wie z. B. die Kieler Nachrichten, die Hannoversche Allgemeine, die Rheinische Post, der Kölner Stadtanzeiger, die Mainzer Allgemeine Zeitung, die Stuttgarter Zeitung oder der Münchner Merkur auf ihrer ersten Seite, der Titelseite, über „Politisches". Aber was ist das eigentlich, das „Politische". Was versteht man unter Politik und was ist für sie charakteristisch, typisch?

Aussagen wie „Politik ist das, was die Politiker in Berlin machen" oder die abwertende Bemerkung „Politik ist ein schmutziges Geschäft" helfen hier nicht weiter. Und ein Blick ins Lexikon liefert zwar eine korrekte, aber eine sehr abstrakte Erklärung. Oder was soll man als „Otto Normalverbraucher" mit einer Erläuterung wie

> *„Politik (gr.) Führung, Erhaltung. Ordnung eines Gemeinwesens, sowohl der Gemeinschaft innerhalb eines Staates als auch der Völkerrechtsgemeinschaft" (Duden-Lexikon)*

anfangen?

Schauen wir uns doch einmal, um das Wesen der „Politik" besser zu verstehen, die oben erwähnen Schlagzeilen näher an und fragen uns:

Was ist all diesen Meldungen gemeinsam?

Wenn etwas spaltet, wie die Gesundheitsreform die große Koalition, dann gibt es offensichtlich unterschiedliche Meinungen darüber, was in der Gesundheitspolitik der richtige Weg ist. Wenn die Steuerpläne die Wirtschaft nicht besänftigen, muss es heftigen Streit über die Steuerpolitik gegeben haben. Und wenn jemand protestiert, nach dieser Schlagzeile gegen die Bildungspolitik, fühlen sich welche in ihren für berechtigt gehaltenen Anliegen missachtet.

Gemeinsam ist all diesen Meldungen: Sie berichten über unterschiedliche Auffassungen in unserer Gesellschaft zu einem ganz bestimmten Thema. Verschiedene Meinungen von Menschen alleine sind aber noch kein Anlass für die Presse, darüber zu berichten. Schließlich steht auch nicht in der Zeitung, wenn

15

zwei Freunde darüber diskutieren, wer der nächste deutsche Fußballmeister wird. Erst dann, wenn sich die Zwei darüber so in die Haare geraten, dass sie eine Schlägerei beginnen, die von der herbei gerufenen Polizei geschlichtet werden muss, könnte der Vorfall am nächsten Tag in der Zeitung zu lesen sein.

Die in einer Gesellschaft vorhandenen unterschiedlichen Meinungen, wie ein Problem gelöst werden kann, machen es in der Regel ausgesprochen schwierig, ein Gesetz zu verabschieden, mit dem alle einverstanden sind. Es kommt also zu Konflikten. Diese werden in der Demokratie jedoch nicht mit Fäusten ausgetragen, sondern nach festgelegten Spielregeln. Die an einer politischen Entscheidung Beteiligten und Interessierten diskutieren miteinander, und schließlich wird darüber abgestimmt. Im Kapitel 2 werden wir uns ausführlich mit diesen Spielregeln befassen, die dafür sorgen, dass der Prozess, wie eine Entscheidung, ein Gesetz, zustande kommt, in geordneten Bahnen verläuft. Doch was steckt eigentlich hinter den unterschiedlichen Ansichten, die die Konflikte auslösen? Warum sind meist die einen für, die anderen gegen ein Gesetz? An den eingangs wiedergegebenen Schlagzeilen wollen wir das erklären.

Das Gesundheitswesen eines Landes ist ein besonders komplizierter Bereich. Hier geht es um das Zusammenwirken von Ärzten, Krankenkassen, Pharmaindustrie (Industrie, die Medikamente herstellt), Apothekern, Krankenhäusern und Patienten, um nur die wichtigsten Beteiligten zu nennen. Ärzte, Krankenhäuser und Pharmaindustrie bieten ärztliche Behandlung und Medikamente an, die Apotheken verkaufen die Medikamente, die Krankenkassen bezahlen die ärztlichen Leistungen und die Medikamente, und die Patienten fragen diese Gesundheitsleistungen, wie man alles zusammen nennt, nach. Gleichzeitig werden aus der Gesellschaft ethische Anforderungen an das Gesundheitswesen gestellt, z. B.: Jeder soll unabhängig von seinem Einkommen und seinem Alter diejenige medizinische Behandlung (bezahlt) bekommen, die er benötigt.

Medizinische Leistungen kosten Geld. Aber welche medizinische Leistung ist im Einzelfall notwendig? Wenn es in einer Gesellschaft viele alte Menschen gibt, müssen viele Gesundheitsleistungen erbracht und finanziert werden, besteht die Gesellschaft überwiegend aus jungen und gesunden Menschen, braucht man weniger medizinische Behandlungen. Hinzu kommt: Die Medizin macht Fortschritte, und neue Behandlungsmethoden sind meist teurer als die alten. So war es sicher preiswerter, wenn früher ein kranker Zahn von einem Friseur im Anschluss an den Haarschnitt entfernt wurde. Heute kann ein Arzt einen Zahn nicht nur völlig schmerzlos ziehen, sondern ihn auch durch einen künstlichen ersetzen. Das ist nicht nur teurer, sondern jeder – ob arm, ob reich – soll diese Behandlung auch bekommen.

Das Erbringen solcher Gesundheitsleistungen wie ärztliche Behandlung oder Zahnersatz ist die Erwerbsquelle für eine ganze Branche. Sie „lebt" davon, dass Menschen krank sind, sich behandeln lassen und Medikamente nehmen. Die Kosten dafür müssen finanziert werden, und der große Streitpunkt ist: Wer soll dafür aufkommen? Die Patienten? Dann müssten sie höhere Krankenkassenbeiträge bezahlen und eine Schmälerung ihres Nettoeinkommens hinnehmen. Oder gibt es unter den Leistungserbringern welche, die an der Krankheit der Menschen zu viel verdienen? Sind die Honorare der Ärzte zu hoch, die Medikamente zu teuer oder arbeiten etwa die Krankenkassen mit zu viel Verwaltungsaufwand? Je nachdem, wo die Gesundheitspolitik ansetzt, sie wird jemanden belasten, d. h. sein Einkommen schmälern und dadurch natürlich heftigen Protest der Betroffenen auslösen. Hinter dem Streit um die Reform des Gesundheitswesens stecken also handfeste wirtschaftliche Interessen. Denn Kostendämpfung bedeutet immer: Irgendjemand wird Einkommenseinbußen hinnehmen müssen.

Bei der Steuerpolitik ist es ganz offensichtlich, dass hier stets wirtschaftliche Interessen berührt werden. Ganz egal, was der Staat macht: Am Ende müssen einige mehr, andere weniger Steuern bezahlen. Und wenn alle weniger Steuern bezahlen, hat der Staat geringere Einnahmen und muss deshalb Leistungen kürzen, was wiederum andere Personenkreise betrifft und deren Protest auslöst.

In der Bildungspolitik scheint es bei oberflächlicher Betrachtung um „reine Sachfragen" zu gehen. Welcher Schultyp ist der bessere? Sollen besonders begabte Kinder frühzeitig ausgesondert und durch anspruchsvolleren Unterricht speziell gefördert werden (Elitenbildung)? Oder sollen sich die Schulen besonders der leistungsschwachen Kinder annehmen, versuchen, sie auf ein Mittelmaß zu heben, und die Besseren dafür vernachlässigen? Je nachdem, welcher Gruppe die eigenen Kinder angehören, werden die Eltern unterschiedliche Positionen zu diesen Fragen einnehmen. Lehrer und Hochschullehrer vertreten ihre spezifischen Interessen. Lehrer, die von ihrer Ausbildung her auf leistungsschwache Kinder spezialisiert sind, werden kaum dafür eintreten, dass der Staat sein besonderes Augenmerk auf Schulen für Hochbegabte richtet. Lehrer an Gymnasien, die altsprachlichen Unterricht (Latein und Griechisch) erteilen, werden stets auf den besonderen Wert dieser Sprachen hinweisen, nicht zuletzt auch deshalb, um ihre eigene Position nicht zu mindern. Hochschulen wiederum sind an guten Abiturienten interessiert und möchten, dass eine entsprechende Auslese bereits an den Schulen stattfindet, damit der Universitätsbetrieb entlastet wird. Kurz: Auch in der Bildungspolitik geht es um handfeste Interessen und Konflikte.

Interessenkonflikte gibt es nicht nur zwischen den großen sozialen Gruppen in unserer Gesellschaft. Unterschiedliche Anschauungen, Wünsche und Interessen kennen wir auch in der Familie. So hat in der Regel jedes Familienmitglied ein anderes Leibgericht, und wenn gekocht wird, entsteht das Problem, dass jeder eigentlich etwas anderes gekocht haben möchte. Als Urlaubsziel bevorzugt einer lieber die See, der andere lieber die Berge. Der eine möchte viel erleben, der andere lieber faulenzen. Und auch in der Freizeit prallen unterschiedliche Interessen aufeinander: Sport treiben möchte der eine, ins Theater gehen der andere. Der dritte wiederum liest gerne, und der vierte setzt sich am liebsten vor den Fernseher.

Wie geht man in der Familie mit unterschiedlichen Interessen um? Irgendwie ist das Problem zu lösen, dass man im Regelfall nicht allen Wünschen gleichzeitig gerecht werden kann, aber trotzdem versuchen muss, allen so weit wie möglich entgegen zu kommen. Schon sind wir bei dem, was uns allen als *Kompromiss* bekannt ist. Auf unsere Familie übertragen hieße das: Es wird gekocht, was *alle* essen mögen, der eine mehr, der andere weniger. Es wird nach einem Urlaubsort gesucht, an dem man im Meer baden kann, das nächste Gebirge aber auch nicht weit entfernt ist. Und in der Freizeit geht jeder seinen eigenen Weg und seinen persönlichen Vorlieben nach.

Wir wissen, dass nicht alle Familien es schaffen, tragbare Kompromisse zu schließen. In solchen Fällen zerbricht die Familiengemeinschaft: Die Partner lassen sich scheiden und leben fortan getrennt, die Kinder meist bei einem Elternteil mit Besuchsrecht des anderen. Auf die große soziale Einheit „Gesellschaft" übertragen hieße dies: Menschen, deren Interessen in einem Land nicht ausreichend berücksichtigt werden, wandern in ein anderes aus oder – wenn sie in einem Land leben, das seinen Bürgern die Ausreise nicht gestattet – sie flüchten.

Sowohl in der kleinen sozialen Einheit „Familie" als auch in der großen sozialen Einheit „Gesellschaft" gehen der Flucht meist heftige Auseinandersetzungen voraus, die manchmal sogar in Gewalt ausarten können. Um dies zu vermeiden, ist es notwendig, die Konflikte – wie die Sozialwissenschaftler (Wissenschaftler, die sich mit den Gesetzmäßigkeiten des Zusammenlebens der Menschen befassen) es ausdrücken – zu regulieren. Konflikte sollen nach bestimmen, festgelegten Spielregeln ausgetragen werden, und zwar nach Möglichkeit so, dass körperliche Gewalt vermieden wird.

Ein schönes Beispiel für eine Form des Konfliktaustrags und der Konfliktregulierung liefert der Schriftsteller *Erich Kästner* in seinem bekannten Kinderbuch *Das fliegende Klassenzimmer*. Es handelt von einer Klasse von Internatsschülern. Einer von ihnen wurde von Realschülern des Ortes gefangen genommen und in einen Keller gesperrt. Die Gymnasiasten verlangen von den Realschülern die Herausgabe des Gefangenen und drohen den Realschülern, sie zu verprügeln. In diesem Moment greift ein Lehrer ein, auf den die Schüler hören. Er schlägt ihnen vor, dass nicht alle Schüler beider Klassen miteinander ringen sollen, sondern jeweils nur einer, der von jeder Seite benannt wird. Dadurch wird die Austragung des Konflikts zunächst auf zwei Personen begrenzt. Als die Realschüler, deren Vertreter beim Kampf unterliegt, sich dann nicht an die Abmachung halten, den gefangenen Mitschüler auszuliefern, kommt es doch zum großen Kampf beider Schulklassen.

Was zeigt uns dieses Beispiel? Wir können drei Dinge von ihm ableiten:

1. Ein Konflikt zwischen zwei sozialen Gruppen (hier die Gymnasiasten und die Realschüler) braucht nicht unter Beteiligung aller mit Gewalt ausgetragen zu werden. Es reicht, wenn zwei „ihre Kräfte messen".
2. Es bedarf einer Autorität (hier des Lehrers), die die Spielregeln für den Konfliktaustrag vorgibt.
3. Wenn die Spielregeln am Schluss dann doch von einer Seite nicht akzeptiert werden, kommt es zur gewaltsamen Auseinandersetzung, in die alle hineingezogen werden.

Diese Erkenntnisse werden hier zwar aus einem Schülerstreich abgeleitet. Dennoch sind sie allgemein gültig und können ohne weiteres auf ein ganzes Volk, eine Gesellschaft, übertragen werden. So gilt:

Bei Meinungsverschiedenheiten gehen die Menschen in aller Regel nicht mit den Fäusten aufeinander los, sondern beauftragen bestimmte Personen mit der Wahrnehmung ihrer Interessen. Diese „beauftragten Personen" können Menschen sein, die von anderen in ein Parlament gewählt wurden (= *Abgeordnete*), es können Mitarbeiterinnen oder Mitarbeiter von Vereinigungen sein (z. B. Bauernverband, Mieterbund), die ganz bestimmte Interessen ihrer Mitglieder vertreten (= *Verbandsfunktionäre*), es können aber auch Rechtsanwälte sein, die es zu ihrem Beruf gemacht haben, die Interessen anderer vor einem Gericht zu vertreten.

Ohne eine Einrichtung, die Spielregeln für das Austragen von Konflikten aufstellt, funktioniert auf Dauer kein friedliches Zusammenleben von Menschen. Diese Spielregeln müssen von allen akzeptiert werden. Dazu wieder ein ganz schlichtes Beispiel:

Wenn zwei Verkehrsteilnehmer zur gleichen Zeit an eine Kreuzung kommen, muss es eine Regelung geben, wer die Kreuzung als erster passieren darf. Dabei ist es gleichgültig, ob man festlegt, dass bei Rot die Straße überquert werden darf oder bei Grün. Wichtig ist nur, dass *eine Regelung getroffen wird und dass sie von allen akzeptiert wird.*

Was aber, wenn die Spielregeln nicht von allen akzeptiert werden? Damit kommen wir zu einer weiteren wichtigen Erkenntnis. Die Instanz (= Einrichtung), die die Spielregeln festsetzt, muss über *Autorität* verfügen.

Unter Autorität *versteht man die Fähigkeit,* Gehorsam *zu erlangen,* ohne *dazu* Gewalt *anwenden zu müssen.*

In Kästners fliegendem Klassenzimmer verfügt der Lehrer über diese Autorität. Beide Schulklassen gehen – ohne von ihm dazu gezwungen zu werden – auf seinen Vorschlag ein, nur jeweils einen aus jeder Klasse ringen zu lassen. Doch als die Realschüler ihren Gefangenen trotz entsprechender „Spielregel" nicht ausliefern, zerbricht die Ordnung, und die Autorität des Lehrers reicht nicht mehr aus, für Frieden zu sorgen und den Kampf aller gegen alle zu unterbinden. Daraus lernen wir:

Es bedarf einer Instanz, die die Spielregeln für das Austragen von Konflikten notfalls mit Gewalt durchsetzen kann. Diese Instanz ist der **Staat**. Er hat das **Monopol physischer Gewaltausübung**, d. h. das alleinige Recht, für die Einhaltung der Spielregeln zu sorgen und dazu eine Polizei einzusetzen. Sie allein darf erforderlichenfalls auch körperliche Gewalt (= Festnahme) anwenden.

Doch wie viele „Spielregeln" gibt es? Und wer darf sie festsetzen? Das vorhin erwähnte Beispiel des Straßenverkehrs ist ja nur *eine* Spielregel unter vielen. In jeder modernen Gesellschaft, so auch in der Bundesrepublik Deutschland, gibt es eine unübersehbare Zahl von Bestimmungen, die das Zusammenleben der Menschen regeln. In diesen Bestimmungen, kurz: Gesetzen, wird festgelegt, welchem Interesse Vorrang gebührt und sich durchsetzen darf und welches zurückzustehen hat. Damit kommen wir zu dem, was den Kern der Politik ausmacht:

Politik ist die für alle Mitglieder einer Gesellschaft verbindliche Regelung von Konflikten.

Viele werden an dieser Stelle fragen: Ist diese verbindliche Regelung von Konflikten denn wirklich immer nötig? Könnte man darauf nicht verzichten, wenn alle Menschen gut und einsichtig und nicht immer nur auf ihren eigenen Vorteil bedacht wären?

Die Antwort lautet: Spielregeln an sich muss es geben und ebenso ein Verfahren, wie die Spielregeln festgelegt werden. Wenn alle Menschen gut und einsichtig wären, könnte man jedoch darauf verzichten, die Einhaltung der Spielregeln gegebenenfalls mit Gewalt zu erzwingen. Denn gute und einsichtige Menschen würden von sich aus die gesetzten Spielregeln akzeptieren.

An unserem Beispiel aus dem Straßenverkehr veranschaulicht: Es muss ein Verfahren geben, wie die Spielregel „Grün hat Vorfahrt, Rot muss warten" festgelegt wird. Das kann durch eine Abstimmung geschehen oder beispielsweise auch dadurch, dass der Älteste die Spielregel festlegt. In einer Gesellschaft mit nur guten und einsichtigen Menschen würden alle die Regel „Grün vor Rot" ausnahmslos befolgen und eine Einrichtung wie die Polizei wäre überflüssig. Sobald sich jedoch einer nicht mehr an diese Regel hält, bedarf es einer Instanz, die das Befolgen der Regel durchsetzt.

Aus Untersuchungen wissen wir, dass viele Menschen Konflikte verabscheuen. Sie sehnen sich vielmehr nach Harmonie. „Der Mensch will Eintracht", schrieb der Soziologe *Ralf Dahrendorf* in seinem in den sechziger Jahren des vorigen Jahrhunderts erschienen Buch über *Gesellschaft und Demokratie in Deutschland*. Doch in Wirklichkeit herrscht Zwietracht. Der Politik geht es gerade darum, trotz aller Zwietracht zu einem geregelten und friedlichen Miteinander der Menschen zu kommen. Trotz der Vielfalt und Gegensätzlichkeit der Meinungen und Interessen in einer Gesellschaft Regeln in Form von Gesetzen zu vereinbaren, die von allen (mit Ausnahme einer kleinen Minderheit von Gesetzesbrechern) akzeptiert und eingehalten werden, das ist Gegenstand von Politik.

Da bei diesem Vorgang, Spielregeln für das Miteinander festzulegen, die Anschauungen und Interessen meist heftig aufeinanderprallen, stehen viele sich nach Harmonie sehnende Bürgerinnen und Bürger (s. o.) der Politik ausgesprochen distanziert gegenüber. Sie meinen, Konflikte wären überflüssig und ließen sich vermeiden, wenn nur kluge Fachleute zusammenarbeiteten und nach einer geeigneten Lösung suchten.

Typisch für die tiefe Abneigung gegen Konflikte sind die Reaktionen eines Großteils der westdeutschen Bevölkerung in den ersten beiden Jahrzehnten nach dem Zweiten Weltkrieg auf Meinungsumfragen, die die Verankerung demokratischen Denkens in den Köpfen testen solte. So antwortete mehr als die Hälfte der Bevölkerung auf die Frage, welche Aufgabe der *Opposition* in der Demokratie zukommt, sie *„soll die Regierung bei ihrer Aufgabe unterstützen"*. Ähnlich die Antwort auf die Frage, welche Rolle die *Gewerkschaften* am besten spielen sollten: Sie *„sollen mit den Arbeitgebern harmonisch zusammenarbeiten"*. Mit diesen Antworten drückten die Befragten ein erhebliches Störempfinden gegen Konflikte in Politik und Gesellschaft aus. Die alltäglichen politischen Auseinandersetzungen müssen bei ihnen geradezu Befremden auslösen.

Bei politischen Streitfragen geht es jedoch in den allermeisten Fällen nicht um bloße Zweckmäßigkeits-Entscheidungen, so wie etwa, ob man von Frankfurt aus über Stuttgart oder über Nürnberg nach München fährt. Auch gibt es fast nie eine einzige richtige Lösung für ein Problem – sondern bekanntlich „führen viele Wege nach Rom". Dreh- und Angelpunkt der Politik sind vielmehr in aller Regel wirtschaftliche Interessen (d.h. es geht darum, wie Einkommen und Vermögen bestimmter Gruppen, Organisationen oder Institutionen gesichert und vergrößert werden können) sowie um Machtfragen. Beide hängen häufig eng miteinander zusammen. Denn hohes Einkommen und Vermögen – allgemein: gute finanzielle

Ressourcen – (= Hilfsmittel, Ausstattung) schaffen gute Voraussetzungen, auch Macht ausüben zu können.

Und umgekehrt gilt: Wer Macht hat, kann auch leichter ein hohes Einkommen erzielen, ein entsprechendes Vermögen aufbauen und damit entsprechende Ressourcen einsetzen, um seine Position in der Gesellschaft zu verbessern.

Unter Macht versteht man – einer alten Definition des Soziologen Max Weber folgend – die Fähigkeit, seinen Willen auch gegen Widerstand gegenüber anderen durchsetzen zu können.

Wer mit diesem Grundverständnis an Politik herangeht und sich klarmacht, dass

- Konflikte eine ständige, nicht wegzudenkende Erscheinung in jeder Gesellschaft sind und
- hinter den Konflikten Kämpfe um Ressourcen und Macht stecken,

wird viele Vorgänge leichter durchschauen und besser bewerten können, wie politische Systeme und ihre Einrichtungen funktionieren. Im nächsten Kapitel werden wir zeigen, wie die einzelnen politischen Systeme die gesellschaftlichen Konflikte um Ressourcen und Macht kanalisieren, d. h. in geordnete Bahnen lenken.

2 Spielregeln des Regierens: Die politischen Systeme

Fast täglich sehen wir den amerikanischen Präsidenten, den englischen Premierminister, den französischen Staatspräsidenten und den deutschen Bundeskanzler in den Fernsehnachrichten oder lesen Berichte in der Tagespresse. Wir wissen: Alle bekleiden wichtige politische Ämter. Und doch ist ihre Position ganz unterschiedlich, je nach den Spielregeln, die in ihren jeweiligen Ländern für das Regieren gelten. Diese „Spielregeln" wollen im folgenden Kapitel näher betrachten. Damit werden wir politische Abläufe besser verstehen und einen Blick für die politischen Eigenheiten der wichtigsten Länder gewinnen.

2.1 Grundsätzliches

Jede Gesellschaft muss ihre Konflikte auf irgendeine Weise in geordnete Bahnen lenken, um zu verhindern, dass die Menschen bei Auseinandersetzungen mit den Fäusten aufeinander losgehen und ein Krieg aller gegen alle ausbricht. Die Kanalisierung der Konflikte geschieht in den einzelnen Gesellschaften unterschiedlich. Die Art und Weise, wie die gesellschaftlichen Konflikte reguliert und für alle verbindliche Entscheidungen getroffen werden, kurz: wie Politik gemacht wird, sind die kennzeichnenden Merkmale eines politischen Systems.

Unter einem *politischen System* versteht man die Gesamtheit aller geschriebenen und ungeschriebenen Regeln, nach denen sich der Erwerb, die Ausübung und die Kontrolle der politischen Macht richten.

Der Leser achte darauf, dass hier sowohl von den *geschriebenen* als auch den *ungeschriebenen* Regeln die Rede ist. Was den Unterschied ausmacht, erklären wir am besten wieder an einem Beispiel:

Im Grundgesetz der Bundesrepublik Deutschland heißt es im Artikel 65: „Der Bundeskanzler bestimmt die Richtlinien der Politik und trägt dafür die Verantwortung...". Aber bestimmt er wirklich die Richtlinien der Politik? Muss er nicht stark auf die Wünsche des Koalitionspartners achten? Oder – wenn es sich um einen CDU-Kanzler handelt – auf die Vorstellungen der Schwesterpartei CSU? Und wie sieht es mit Rücksichtnahmen auf die Kirche aus? Oder auf die Wirtschaftsverbände? Oder die Gewerkschaften?

Mit anderen Worten: Allein das, was im Grundgesetz steht, sagt noch nichts darüber aus, wie es in Wirklichkeit ist. Man spricht auch vom Unterschied zwischen Verfassungs*norm* (= die Vorschrift, die in der Verfassung steht) und Verfassungs*wirklichkeit* (= die tatsächliche Praxis).

Vom *politischen System* zu unterscheiden ist das *Regierungssytem*. Darunter versteht man das Zusammenwirken der politischen Einrichtungen im engeren Sinne wie z. B. Regierung, Parlament, Wahlen, Verwaltung und Gerichtsbarkeit. Der Begriff *politisches System* bezieht darüber hinaus die gesamte Gesellschaft ein: die Verbände, die Kirchen, die Bürgerinitiativen, die Medien, kurz alles, was auf die Politik Einfluss nimmt. Er ist damit umfassender als der Begriff *Regierungssystem*.

Politische Systeme lassen sich auf vielerlei Weise voneinander abgrenzen. Die alten Griechen beispielsweise unterschieden nach der Zahl der Regierenden: *Monarchie* (Herrschaft durch einen), *Aristokratie* (Herrschaft durch mehrere) und *Demokratie* (Herrschaft durch das Volk). Ein anderes Unterscheidungsmerkmal ist die Herkunft des Staatsoberhauptes: bei bürgerlicher Herkunft (Präsident) spricht man von einer *Republik,* bei adeliger Herkunft (König oder Kaiser) von *Monarchie.* Im Folgenden werden die politischen Systeme nach der Form des Erwerbs, der Ausübung und der Kontrolle der politischen Macht voneinander abgegrenzt. Dies führt uns zu der Gegenüberstellung von *Demokratie* und *Diktatur.* Andere Bezeichnungen für Demokratie sind *Konstitutionalismus oder Verfassungsstaat.* Die Diktatur wird oft auch *Autokratie* genannt.

Im nächsten Unterabschnitt wird zunächst erläutert, wie anhand der Merkmale „Erwerb", „Ausübung" und „Kontrolle politischer Macht" Demokratien von Diktaturen abgegrenzt werden können. Anschließend wird auf die verschiedenen Erscheinungsformen von Demokratie und Diktatur eingegangen.

2.2 Die Grundtypen Demokratie und Diktatur

Zum Verständnis der Unterscheidungsmerkmale der beiden Grundformen politischer Systeme müssen wir einen Schlüsselbegriff einführen: *Konsens* oder auch *Konsensus.* Er bedeutet *Zustimmung,* und zwar Zustimmung (oder auch *Übereinstimmung*) des Volkes zur bzw. mit der Regierung.

In der *Demokratie* geht dem Erwerb politischer Macht eine Wahl zwischen mindestens zwei voneinander unabhängigen Kandidaten oder Parteien, also ein Prozess der Konsensbildung, voraus. Konsens begleitet und verändert in der Demokratie auch die Ausübung der politischen Macht, konkret: die Art und Weise, wie die Regierenden ihre Macht erwerben und anschließend nutzen, geschieht mit Zustimmung der Regierten. Die Machtkontrolle findet in der Demokratie dadurch statt, dass die Regierenden ständig auf ausreichenden Konsens mit den Regierten bedacht sein müssen, weil sie sonst die politische Macht wieder verlieren.

In der *Diktatur* hingegen wird die politische Macht entweder gewaltsam (durch Putsch) oder durch Mobilisierung einer Massenbewegung (Revolution) errungen. Die Inhaber der politischen Führungspositionen erzwingen mit ihrer Macht den Konsens des Volkes in Form einer scheinbaren Zustimmung. Sie verändern, d. h. manipulieren den Konsens so, dass die Art und Weise der politischen Machtausübung als vom Volk gebilligt erscheint. Ein Kontrollmechanismus für die Ausübung der politischen Macht wie in der Demokratie fehlt in der Diktatur.

Beispiel: Im nationalsozialistischen Deutschland wurde das Volk bei politischen Feiertagen, z. B. am 1. Mai, dem Tag der Arbeit, zu öffentlichen Kundgebungen aufgerufen. Wer daran nicht teilnahm, machte sich verdächtig, gegen die Regierung und das Dritte Reich eingestellt zu sein, und riskierte Nachteile. Die politischen Veranstaltungen in Diktaturen sind deshalb stets gut besucht und täuschen eine Zustimmung des Volkes zu den jeweiligen Machthabern vor, die in Wirklichkeit gar nicht vorhanden ist.

Der Unterschied zwischen Demokratie und Diktatur lässt sich kurz auch so ausdrücken:

Demokratie beruht auf Konsens, Diktatur auf Macht.

Die grundlegenden Merkmale von Demokratie und Diktatur im Hinblick auf politischen Machterwerb, politische Machtausübung und –kontrolle sind in nachstehender Übersicht noch einmal zusammengefasst:

Tabelle 1: Demokratie und Diktatur
Grundsätzliche Unterscheidungsmerkmale

Politische Macht	Demokratie	Diktatur
Erwerb	Wahl zwischen konkurrierenden Kandidaten, Parteien, Koalitionen	Putsch oder Revolution
Ausübung	Konsens, Mehrheitsprinzip	Gewalt, Zwang
Kontrolle	Gewaltenteilung	keine

Der Unterschied zwischen Demokratie und Diktatur wurde hier nach dem Verhältnis der Bevölkerung zu den Inhabern politischer Macht vorgenommen. Obwohl sich diese Merkmale dazu eignen, die meisten der existierenden politischen Systeme dem Grundtyp „Demokratie" oder „Diktatur" zuzuordnen, so bleibt doch eine Reihe von politischen Systemen, die sich nicht darunter fassen lassen.

Beispielsweise gibt es Völker, die sich den Inhabern politischer Macht freiwillig unterwerfen, ohne dass dafür physischer Zwang ausgeübt werden muss. Das führt zu einer Grundfrage menschlichen Zusammenlebens, nämlich:

Warum gehorchen Menschen, wenn sie gehorchen?

Die Antwort auf diese Frage führt zum Begriff der *Legitimität*. Darunter versteht man eine Zustimmung des Volkes, die so weit reicht, dass gewaltsame Unterdrückung unnötig ist. Für die Legitimität einer Herrschaft, der sich Menschen unterwerfen, ohne dazu gezwungen zu werden, gibt es folgende Begründungen:

- *Theokratische Legitimierung*: Hier werden die Herrscher als von Gott eingesetzt angesehen.
- *Traditionale Legitimierung*: Die Regierungsgewalt ist durch Tradition begründet, d. h. sie liegt beispielsweise in der Hand des Königs, weil er König, d.h. Thronfolger ist (und es schon immer so war!).
- *Rationale Legitimierung*: Die Regierungsgewalt liegt in den Händen derjenigen, die beim Regieren die beste Leistung erbringen.
- *Charismatische Legitimierung*: Dem Inhaber politischer Macht werden vom Volk begnadete Fähigkeiten zugeschrieben wie niemandem sonst.

Während die rationale Legitimierung dem Grundtyp „Demokratie" sehr nahe kommt (nämlich dann, wenn das Volk durch Wahl zu entscheiden hat, wer die beste Regierungsleistung erbringt), führen theokratische, traditionale und charismatische Legitimation politischer Macht zu politischen Systemen, in denen einerseits das Element demokratischer Kontrolle politischer Macht fehlt, andererseits aber auch die für Diktaturen üblichen Instrumente des Zwangs und der Unterdrückung nicht angewendet werden. Man nennt diese politischen Systeme, die zwischen Demokratie und Diktatur liegen, *legitime Herrschaftsstaaten*. Zu ihnen zählen viele Monarchien vor dem Entstehen der modernen Demokratie, aber auch manche Systeme in Asien und Afrika, deren Gesellschaften noch vorindustriell geprägt sind.

2.3 Demokratische Systeme

Demokratie als politisches System,

- das auf Konsens beruht,
- in dem die politische Macht in freier Wahl zwischen mindestens zwei Konkurrenten erworben wird,
- in der Gewalten geteilt sind und eine reelle Chance des Regierungswechsels besteht,

gibt es in unterschiedlichen Ausprägungen. Wir wollen im Folgenden zwischen demokratischen *Systemen mit zeitlicher Gewaltenteilung* und demokratischen *Systemen mit institutioneller Gewaltenteilung* unterscheiden. Dies ist nicht die einzige Möglichkeit, demokratische Systeme voneinander abzugrenzen. Sie ist jedoch gut geeignet, politische Abläufe in den einzelnen Systemen zu erklären und zu verstehen.

2.3.1 *Systeme mit zeitlicher Gewaltenteilung*

2.3.1.1 Gemeinsame Merkmale

Kennzeichen demokratischer Systeme mit zeitlicher Gewaltenteilung ist die Verschmelzung der Exekutive (= Regierung) mit Teilen, genauer gesagt: der Mehrheit, in der Legislative (= gesetzgebende Körperschaft, d.h. das Parlament). Die Regierung wird vom Parlament gewählt bzw. sie ist an das Vertrauen der Mehrheit des Parlaments gebunden (d.h. sie kann nicht gegen den Willen der Mehrheit des Parlaments im Amt bleiben). Die Parlaments*mehrheit* wird daher die Regierung in aller Regel stützen und ihr nicht als Kontrollinstanz gegenüberstehen.

Wie aber funktioniert bei Verschmelzung der Regierung mit Teilen des Parlaments das für die Demokratie zentrale Element der Kontrolle der politischen Macht? *Die Kontrolle geschieht durch die Antizipation der Chance des Machtwechsels.* Das müssen wir etwas näher erklären.

Die Mehrheit der Abgeordneten im Parlament, die die Regierung im Amt stützen (= Regierungsmehrheit), operiert nicht im luftleeren Raum, sondern hat ihrerseits eine Mehrheit der Staatsbürger hinter sich, die bei der letzten Wahl für sie gestimmt haben. Oberstes Ziel der Regierung und der hinter ihr stehenden Abgeordneten ist es, auch bei der nächsten Wahl die Mehrheit der Sitze im Parlament zu erringen. Sie ist daher bestrebt, eine Politik zu betreiben, die auch von der Mehrheit des Volkes mitgetragen wird, also ständig ausreichenden Konsens zu gewinnen. Die Opposition, die Minderheit im Parlament, hat ihrerseits das Interesse, die Mehrheit des Volkes hinter sich zu bringen und die Regierungspartei bei der nächsten Wahl abzulösen. Sie wird deshalb die Politik der Regierung, wo immer sich ein Anlass dazu bietet, kritisieren und versuchen, mit einem besseren Konzept die sog. „Wechselwähler" (= Wähler, die politisch nicht festgelegt sind und bei Wahlen zwischen den Parteien „wechseln") zu sich „herüberzuziehen".

Tabelle 2: Demokratische Regierungssysteme

Systeme mit zeitlicher Gewaltenteilung		Mischsysteme	Systeme mit institutioneller Gewaltenteilung	
Kabinetts- regierung	Parlamentari- sche Regierung	Systeme mit bipolarer Exekutive	Präsidial- systeme	Direktorial- systeme
Großbritannien	Bundesrepu- blik Deutschland	Frankreich	USA	Schweiz

Der Zwang von Regierungsmehrheit und Oppositionsminderheit, ständig um die Gunst der Wechselwähler kämpfen zu müssen, ist der im System zeitlicher Gewaltenteilung eingebaute Mechanismus zur Kontrolle der politischen Macht. „Zeitliche Gewaltenteilung" soll dabei ausdrücken, dass die Rollen von Regierung und Opposition, Exekutiv- und Kontrollfunktion, zeitlich begrenzt verteilt sind (nämlich jeweils bis zur nächsten Wahl) und die Rollen durch entsprechende Entscheidung der Wähler jeweils vertauscht werden können.

Wo liegt aber nun im System zeitlicher Gewaltenteilung der Schwerpunkt der politischen Macht? Diese Frage führt uns zur Unterscheidung von zwei Unterformen dieses Demokratietyps: der *Kabinettsregierung* und der *parlamentarischen Regierung*.

2.3.1.2   Die Kabinettsregierung

Musterbeispiel für das System der Kabinettsregierung ist das politische System in *Großbritannien*. Wie es funktioniert, lässt sich am besten an der Sitzordnung im englischen Unterhaus veranschaulichen (*Abbildung 1*). Rechts vom Präsidenten des Unterhauses (in Großbritannien *speaker* = Sprecher genannt) sitzen die

Abgeordneten der Mehrheitsfraktion. In der ersten Reihe sitzt das Kabinett mit dem Premierminister und den Ministern, also die Regierung, die von den dahinter sitzenden Parlamentsmitgliedern gestützt wird. Links vom Speaker, also genau gegenüber (daher der Ausdruck *Opposition* = lat. oppositio: Widerspruch, Gegenüberstellung) sitzen die Abgeordneten der Minderheitspartei, in der ersten Reihe wiederum das Schattenkabinett, d.h. der Oppositionsführer, der im Falle einer Wahl der Minderheitspartei Premierminister werden würde , und die Abgeordneten, die bei einem Wahlsieg ein Ministeramt bekleiden würden.

Allein schon aus dieser Sitzordnung wird deutlich, dass sich im System zeitlicher Gewaltenteilung nicht Regierung und Gesamtparlament, sondern Regierungsmehrheit und Oppositionsminderheit gegenüber stehen. Je nach Wahlausgang werden auch die Plätze im Unterhaus eingenommen. So sitzen die Labourabgeordneten, wenn Labour die Unterhauswahlen gewonnen hat, rechts und die Konservative Partei, vom Speaker aus gesehen, links, d. h. Labour ist dann die „Rechts-Partei" und die Konservativen bilden die „Links-Partei".

Die wichtigsten Merkmale der Kabinettsregierung – auch *Westminster-Modell* genannt nach dem Stadtteil Londons, indem das englische Unterhaus liegt, sind:

- *Relatives Mehrheitswahlrecht* in Wahlkreisen, in denen jeweils nur *ein* Kandidat – der mit den meisten Stimmen – ins Parlament gewählt wird. Man spricht deshalb auch von *Einerwahlkreisen.* Als Folge entsteht ein Zwei-Parteien-System, d. h. einer aus der Wahl hervorgehenden Mehrheits-/Regierungspartei und einer Minderheits-/Oppositionspartei, die eine reelle Chance hat, bei der nächsten Wahl zur Mehrheitspartei zu werden. Neben den zwei dominierenden (= vorherrschenden) Parteien existieren zwar noch weitere Parteien, sie spielen in der Regel aber für die politische Mehrheitsbildung keine Rolle. Die überwiegende Mehrzahl der Wähler gibt ihre Stimme nämlich dem Kandidaten einer der beiden großen Parteien. Denn *nur ein* Kandidat von einer der beiden großen Parteien hat in Einerwahlkreisen eine Chance, tatsächlich auch ins Parlament einzuziehen. Die Wahl des Kandidaten einer weiteren Partei hieße deshalb, einen aussichtslosen Kandidaten zu unterstützen und faktisch „seine Stimme wegzuwerfen". Das wird von den Bürgern bei relativer Mehrheitswahl in Einerwahlkreisen „gelernt". Sie konzentrieren deshalb ihre Stimmabgabe auf die zwei großen Parteien. Ergebnis: ein Zwei-Parteien-System bildet sich heraus.

Abbildung 1: Die Kabinettsregierung (Westminster-Modell)
Die Sitzordnung im englischen Unterhaus

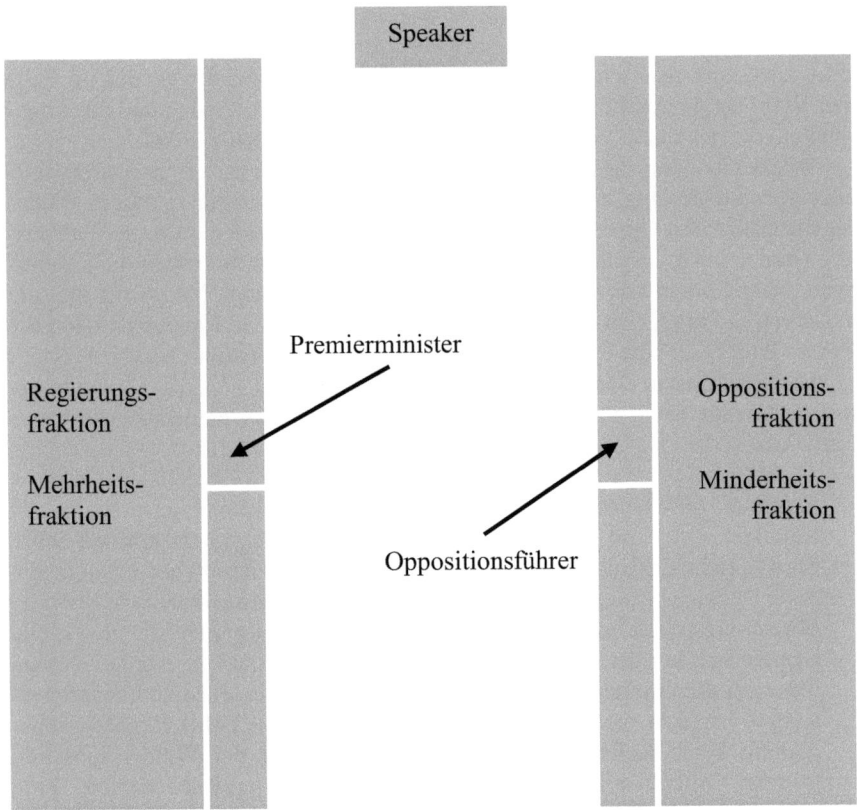

- *Misstrauensvotum* des Parlaments gegenüber der Regierung. Durch Einbringen eines Misstrauensantrags in das Parlament (= Unterhaus) kann die
Opposition versuchen, der Regierung das Misstrauen auszusprechen und sie
dadurch zum Rücktritt zu zwingen. In aller Regel hat ein Misstrauensantrag
jedoch keinen Erfolg, weil die Mehrheitsverhältnisse im Unterhaus eindeutig sind (es sei denn, die Regierung verliert während einer Legislaturperiode
bei Nachwahlen in Wahlkreisen, in denen Abgeordnete gestorben sind oder
ihr Mandat niedergelegt haben, die Mehrheit) und die Abgeordneten der
Regierung, wenn nicht einige davon die Opposition unterstützen, den An-

trag ohne weiteres abschmettern kann. Gleichwohl hat ein Misstrauensantrag die Funktion, die Regierung heftig öffentlich zu kritisieren und unter Druck zu setzen. Sie wird daher in solchen Situationen besonders sensibel reagieren und darauf achten, dass sie nicht nur die eigenen Abgeordneten im Unterhaus, sondern – mit Blick auf die nächste Wahl – auch die Mehrheit der Wähler hinter sich hat und in Übereinstimmung mit ihnen handelt. Insofern stellt die bereits erwähnte Antizipation der Chance des Machtwechsels sicher, dass die Politik der Regierung von einem breiten Konsens in der Bevölkerung mitgetragen wird.

- *Recht zur Auflösung des Parlaments durch den Premierminister.* Innerhalb einer Legislaturperiode (= Wahlperiode) kann der britische Premierminister jederzeit den/die König/in bitten, das Unterhaus aufzulösen und Neuwahlen auszuschreiben. Das Auflösungsrecht ist einerseits ein Mittel in der Hand des Regierungschefs zur Disziplinierung widerstrebender Abgeordneter in den eigenen Reihen. Denn diejenigen, die der „eigenen" Regierung die Gefolgschaft versagen und sie in ihren Handlungsmöglichkeiten einengen, laufen Gefahr, bei dann durchgeführten Neuwahlen entweder von der eigenen Partei nicht mehr nominiert zu werden, wenn die Parteimehrheit hinter dem Premierminister steht, oder im Stimmbezirk dem Oppositionskandidaten zu unterliegen. Andererseits kann ein Regierungschef den Zeitpunkt für eine Neuwahl so festlegen, dass die Chancen für die Wiederwahl der Regierung günstig sind. Dadurch ist die jeweilige Regierung gegenüber der Opposition zwar etwas im Vorteil, und man könnte vermuten, dass dies den politischen Machtwechsel erschwert. Die Praxis in Großbritannien hat jedoch gezeigt, dass Regierungsparteien auch bei „Wunschterminen" für die Neuwahl des Öfteren ihre Mehrheit verloren haben und die Ablösung der Konservativen durch Labour und umgekehrt nicht erschwert hat.

Im politischen System Großbritanniens bilden somit

- relative Mehrheitswahl,
- Zwei-Parteien-System mit reeller Chance des Machtwechsels,
- Misstrauensvotum der Opposition und Parlamentsauflösungsrecht des Premierministers

eine Einheit. Sie führen zu einer *Dominanz (= Vorherrschaft) des Kabinetts* gegenüber dem Parlament (Unterhaus), weshalb die Bezeichnung „Kabinettsregierung" angebracht ist. Die Regierungsmehrheit im Unterhaus ist mit der Regierung verschmolzen.

Dieses System kombiniert die zwei für eine Demokratie wesentlichen Elemente in bestimmter, eigener Weise miteinander, nämlich:

- Größtmögliche *Handlungsfähigkeit der Exekutive.* Sie wird durch sichere Parlamentsmehrheit garantiert, die notfalls durch Drohung mit der Auflösung und vorzeitigen Neuwahlen diszipliniert werden kann.
- Größtmögliche *Kontrolle der Exekutive.* Sie geschieht durch Antizipation der Chance des Machtwechsels.

Tabelle 3: Das Regierungssystem Großbritanniens

Organ	Bezeichnung	Wahl bzw. Ernennungsmodus	Befugnisse
Staatsoberhaupt	König/in	Erbe	Repräsentative und zeremonielle Aufgaben Formale Ernennung von Premier und Ministern
Regierungschef	Premierminister	Einsetzen des Vorsitzenden der siegreichen Partei durch den/die König/in	Alleiniges faktisches Auflösungsrecht Benennung der Minister Richtlinienkompetenz
Kabinett	Minister	Benennung durch Premier Mitglied einer Kammer	Ministerverantwortlichkeit Kollektive Kabinettsverantwortlichkeit
Parlament	Unterhaus (House of Commons)	Rel. Mehrheitswahl in Einer-Wahlkreisen	Redeparlament Misstrauensvotum
Staatsaufbau Zweite Kammer	Unitarisch Oberhaus (House of Lords)	Adelige (durch Erbe) Bischöfe Peers (Ernennung durch König/in oder Premier)	Aufschiebendes Veto (für 1 Jahr) Höchstes Berufungsgericht in Zivil- und Strafsachen
Verfassungsgericht	-	-	-

Allerdings funktioniert dieses System der Kabinettsregierung nur unter bestimmten gesellschaftlichen Voraussetzungen. Darauf werden wir später noch zurückkommen. Der Vollständigkeit halber sei noch erwähnt, dass Großbritannien als einzige moderne Demokratie keine geschriebene Verfassung hat. Sie ergibt sich vielmehr aus zahlreichen Einzelgesetzen, denen eine verfassungspolitische Bedeutung zugemessen wird, gerichtlichen Entscheidungen, Gewohnheiten und Gebräuchen.

2.3.1.3 Die parlamentarische Regierung

Anders als bei der Kabinettsregierung ist die politische Macht bei der parlamentarischen Regierung verteilt. Hier *dominiert das Parlament* gegenüber der Regierung. Nachfolgend werden die ein politisches System mit zeitlicher Gewaltenteilung prägenden Elemente

- Wahlrecht und Parteiensystem
- Misstrauensantrag
- Parlamentsauflösungsrecht

am Beispiel der *Bundesrepublik Deutschland,* einem System mit parlamentarischer Regierung, beschrieben.

- *Verhältniswahlrecht und Mehr- bzw. Vielparteiensystem.* Das in der Bundesrepublik Deutschland geltende *personalisierte Verhältniswahlrecht* eröffnet den Wählern zwar die Möglichkeit, über die Erststimme die personelle Zusammensetzung des Bundestages zu beeinflussen, die Mandatsverteilung im Bundestag richtet sich jedoch nach dem Verhältnis der abgegebenen Zweitstimmen, die für eine Partei abgegeben werden (Ausnahmen: sog. „Überhangmandate"; dazu kommt es, wenn die Kandidaten einer Partei mehr Wahlkreise [und damit Sitze im Parlament] gewinnen, als der Partei nach den abgegebenen Zweitstimmen zusteht. Oder Direktmandate in drei Wahlkreisen, in denen der jeweilige Kandidat der Partei die meisten Stimmen gewonnen hat, die zum Einzug in den Bundestag berechtigen, selbst wenn die Fünf-Prozent-Sperrklausel ansonsten nicht übersprungen wird.) Insofern verdient das Wahlsystem der Bundesrepublik die Bezeichnung „Verhältniswahlrecht". Im Ergebnis hat dieses Wahlrecht zum Entstehen eines *Mehrparteiensystems* geführt, in den fünfziger, sechziger und siebziger Jahren zunächst zu einem 2 1/2-Parteiensystem, in den achtziger Jahren zu einem 2+2-Parteiensystem und nach der Vereinigung in den neunziger Jahren zu einem 2+2+1-Parteiensystem. Hierbei nimmt die PDS als fünfte

Partei eine Sonderrolle ein, weil sie – zumindest auf Bundesebene – bis auf weiteres kein potenzieller Koalitionspartner für die anderen Parteien ist.

- Verhältniswahlrecht und Vielparteiensystem führen dazu, dass in aller Regel nicht in der Wahl durch die stimmberechtigten Bürger, sondern in sich der Wahl anschließenden Koalitionsverhandlungen über die Regierungsbildung bis hin zur Besetzung einzelner Ministerien und Staatssekretärpositionen entschieden wird. Auch der einzuschlagende politische Kurs wird zwischen den Koalitionsspitzen ausgehandelt, ohne dass der Wähler hierauf nach der Wahl noch Einfluss hätte. In einem Mehr- oder Vielparteiensystem, das Koalitionsbildungen erforderlich macht, gilt also nicht wie in einem alternierenden Zweiparteiensystem (= System mit zwei etwa gleich starken Parteien, die beide eine reelle Chance haben, die Mehrheit zu erringen) der Wählerwille, sondern der Koalitionswille. Denn während in einem alternierenden Zweiparteiensystem Mannschaft und Programm beider Parteien vor der Wahl feststehen und die Bürger mit ihrer Stimme entscheiden können, welche Mannschaft das angekündigte Programm realisieren soll, wählen die Bürger in einem Mehr- oder Vielparteiensystem zunächst ein Parlament, und welche Regierung gebildet wird, ergibt sich aus späteren Koalitionsverhandlungen.

- Das *Misstrauensvotum* als Kontrollinstrument der Opposition ist durch seine Konstruktion in der Verfassung der Bundesrepublik in der Anwendung sehr erschwert. Das Grundgesetz sieht in Artikel 67 das sog. *konstruktive Misstrauensvotum* vor: Danach kann einem Bundeskanzler vom Bundestag nur dadurch das Misstrauen ausgesprochen werden, dass er mit der absoluten Mehrheit seiner Mitglieder einen neuen Bundeskanzler wählt. Diese Bestimmung sollte eigentlich die Stellung des Bundeskanzlers stärken und negative Mehrheiten, die in der Weimarer Republik öfter zur Handlungsunfähigkeit der Regierung geführt haben, vermeiden. In Wirklichkeit wurde dieses Ziel jedoch nicht erreicht, stattdessen die Stellung der Opposition geschwächt, wie die Geschichte der Bundesrepublik gezeigt hat:

  Mehrere Male, 1966 (CDU/CSU-FDP-Regierung unter Ludwig Erhard), 1972 (SPD/FDP-Regierung unter Willy Brandt) und 1982 (SPD/FDP-Regierung unter Helmut Schmidt) verlor ein Bundeskanzler die Mehrheit im Bundestag, und die Regierung war mehrere Tage handlungs- und regierungsunfähig. Das Ziel, ständig handlungsfähige Regierungsmehrheiten sicherzustellen, wurde also durch das konstruktive Misstrauensvotum nicht erreicht.

  Die Opposition verliert durch das konstruktive Misstrauensvotum letztlich das Instrument, eine Regierung zum Rücktritt zu zwingen. Denn eine neue Mehrheit, die sich auf einen neuen Regierungschef einigt, ist schwerer zu organisieren als eine negative Mehrheit gegen den amtierenden Kanzler (siehe gescheitertes konstruktives Misstrauensvotum gegen Willy Brandt 1972). Damit steht ihr ein wichtiges Droh- und Kontrollinstrument, das die Opposition im englischen Unterhaus einsetzen kann, in der Bundesrepublik nicht zur Verfügung.

- *Fehlendes unmittelbares Recht des Bundeskanzlers zur Auflösung des Bundestages.* Andererseits fehlt dem deutschen Regierungschef das Auflösungsrecht als Instrument zur Disziplinierung der eigenen Reihen. Denn der Bundestag kann nur in zwei Fällen aufgelöst werden:
  - Wenn bei der Bundeskanzlerwahl auch im dritten Wahlgang kein Kandidat die absolute Mehrheit der Stimmen erhält. Dann obliegt es dem Bundespräsidenten, entweder den Kandidaten mit der einfachen Stimmenmehrheit zum Bundeskanzler zu ernennen oder den Bundestag aufzulösen und Neuwahlen auszuschreiben.
  - Wenn der Bundeskanzler die Vertrauensfrage stellt und der Bundestag ihm nicht mit der absoluten Mehrheit der Stimmen das Vertrauen ausspricht. In diesem Fall kann der Bundeskanzler den Bundespräsidenten ersuchen, den Bundestag aufzulösen und Neuwahlen auszuschreiben, es sei denn, der Bundestag wählt innerhalb von drei Wochen nach der Abstimmung über die Vertrauensfrage mit absoluter Mehrheit der Stimmen einen neuen Bundeskanzler. Diese der Auflösung vor geschaltete Prozedur der Vertrauensfrage ist nicht nur umständlich, sondern für den Bundeskanzler auch mit einem Prestigeverlust, dem öffentlich demonstrierten Vertrauensentzug, verbunden. Besonders deutlich wurde diese Problematik bei der von Bundeskanzler *Gerhard Schröder* (SPD) im Jahr 2005 gestellten Vertrauensfrage, bei der die Niederlage bewusst durch Stimmenthaltung zahlreicher SPD-Abgeordneter herbeigeführt wurde, um die vorzeitige Auflösung des Bundestages und Neuwahlen zu ermöglichen. Ein Druckmittel, um eine bröckelnde Mehrheit wieder hinter sich zu scharen, wie im Westminster-Modell, kann dieser Weg der Parlamentsauflösung jedoch nicht sein. Es ist daher berechtigt zu sagen: der deutsche Regierungschef verfügt nicht über ein wirksames Auflösungsrecht.

Tabelle 4: Das Regierungssystem der Bundesrepublik Deutschland

Organ	Bezeichnung	Wahl bzw. Ernennungsmodus	Befugnisse
Staatsoberhaupt	Bundespräsident	Wahl durch Bundesversammlung	Repräsentative Aufgaben Reservefunktion Formale Ernennung und Entlassung des Bundeskanzlers und der Minister
Regierungschef	Bundeskanzler	Wahl durch den Bundestag mit absoluter Mehrheit (im 3. Wahlgang reicht relative Mehrheit, dann Ernennung durch Bundespräsident möglich)	Kein Auflösungsrecht Vertrauensfrage Benennung der Minister Richtlinienkompetenz
Kabinett	Minister	Benennung und Entlassung durch Bundeskanzler	Kollektive Kabinettsverantwortlichkeit
Parlament	Bundestag	Personalisiertes Verhältniswahlrecht mit 5 %-Sperrklausel	Rede- und Arbeitsparlament Wahl des Bundeskanzlers Konstruktives Misstrauensvotum
Staatsaufbau Zweite Kammer	Föderalistisch Bundesrat	Mitglieder der Landesregierungen, Benennung durch Landesregierung	Einheitliche Abstimmung Mitentscheidung über zustimmungsbedürftige Gesetze* Abstimmung über Einspruchsgesetze**
Verfassungsgericht	Bundesverfassungsgericht (Zwei Senate mit je acht Mitgliedern)	Wahl je zur Hälfte durch Bundestag (Wahlausschuss) und Bundesrat	Prüfen der Verfassungskonformität von Gesetzen Streitigkeiten zwischen Verfassungsorganen Maßnahmen zur Sicherung der Demokratie

* Zustimmungsbedürftig sind Gesetze, die das Bund-Länder-Verhältnis berühren.
** Bei Einspruchsgesetzen kann der Bundestag den Einspruch des Bundesrates mit absoluter Mehrheit zurückweisen.

Der Zwang, Koalitionen einzugehen und Kompromisse mit anderen Parteien schließen zu müssen, sowie das fehlende Druckmittel des Auflösungsrechts schwächen die Position des deutschen Bundeskanzlers und verschieben die politischen Gewichte hin zum Bundestag. Von daher rechtfertigt sich die Bezeichnung „parlamentarische Regierung", weil die Fraktionen der Regierungsmehrheit ein wesentlich stärkeres politisches Gewicht haben als im britischen System der Kabinettsregierung.

2.3.2 Systeme mit institutioneller Gewaltenteilung

2.3.2.1 Gemeinsame Merkmale

Kennzeichen politischer Systeme mit institutioneller Gewaltenteilung ist die strikte Trennung von Regierung und Parlament. Dieses, auf den Franzosen *Montesquieu* zurückgehende Prinzip der Gewaltenteilung geht davon aus, dass eine Regierung am besten dadurch kontrolliert werden kann, dass ihr ein starkes, von ihr völlig unabhängiges Parlament gegenübergestellt wird. Die Trennung von Exekutive und Legislative drückt sich auch darin aus, dass das Parlament die Regierung weder wählen noch stürzen kann. Beide werden vielmehr in jeweils eigenen Wahlen bestimmt. Misstrauensvotum gegen die Regierung und/oder vorzeitige Auflösung des Parlaments kommen daher in Systemen mit institutioneller Gewaltenteilung nicht vor.

Unterscheidungsmerkmal dieser demokratischen politischen Systeme ist die Zahl der Personen, die die Exekutive bilden. Besteht die Exekutive aus nur einer Person, handelt es sich um ein *Präsidialsystem*, setzt sich die Regierung aus mehreren Personen zusammen, spricht man von einer *Direktorialregierung*.

2.3.2.2 Präsidialsystem

Das Beispiel für ein demokratisches Präsidialsystem sind die USA. Der Präsident wird für vier Jahre quasi direkt, d.h. über vom Volk bestimmte Wahlmänner, gewählt. Einmalige Wiederwahl ist zulässig. Ein Präsident der USA ist faktisch nicht absetzbar. Nur für den Fall, dass ein Präsident nachweisbar Hochverrat, Bestechung oder sonstige schwere Verbrechen begangen hat, ist ein Verfahren zur Amtsenthebung, die sog. Amtsanklage vorgesehen, die das Repräsentantenhaus (s.u.) mit Mehrheitsbeschluss einleiten und der der Senat (s. u.) mit Zwei-Drittel-Mehrheit zustimmen muss.

Tabelle 5: Das Regierungssystem der USA

Organ	Bezeichnung	Wahl bzw. Ernennung	Befugnisse
Staats-oberhaupt	Präsident	Direkte Wahl für 4 Jahre (über Wahlmänner)	▪ Chef der Exektive ▪ Gesetzgebung ▪ Außen-/Sicherheitspolitik ▪ Commander in Chief
Regierungs-chef	Präsident		▪ Veto gegen Gesetze (Kann aber mit 2/3-Mehrheit in beiden Kammern überstimmt werden) ▪ Pocket-Veto
Stv. Regierungs-chef	Vizepräsident	Nominierung durch Präsident	Präsident des Senats Entscheidet bei Stimmen-gleichheit im Senat
Minister		Auswahl durch Präsident mit Rücksicht auf Interes-sengruppen-Repräsentanz Billigung durch Senat	Keine exekutiven Entscheidungsbefugnisse
Staatsaufbau	föderal		
Parlament	Kongress		
Bundes-staatliche Kammer	Repräsen-tantenhaus (435 Sitze)	Relative Mehrheitswahl in Einer-Wahlkreisen alle 2 Jahre	Arbeitsparlament Recht zur Erhebung der Anklage gegen den Präsidenten
Föderale Kammer	Senat (je 2 Senatoren für jeden der 50 Bundesstaaten)	Relative Mehrheitswahl in Einer-Wahlkreisen, in zweijährigem Turnus jeweils 1/3 der Senatoren	Ratifizierung von Staatsver-trägen (2/3-Mehrheit) Genehmigung der Ernen-nung von Richtern am Obersten Bundesgericht Amtsenthebung des Präsi-denten (2/3-Mehrheit) bei Verrat, Bestechung, anderer Verbrechen und Vergehen
Verfassungs-gericht	Supreme Court	Ernennung durch Präsiden-ten mit Zustimmung des Senats	Überprüfung von Gesetz-gebung und Exekutive auf Verfassungsmäßigkeit

Die beiden Kammern des amerikanischen Parlaments, der Kongress, werden für unterschiedlich lange Perioden und (teilweise) zu verschiedenen Zeiten gewählt: die 100 Mitglieder des Senats, der Vertretung der 50 Bundesstaaten der USA, werden alle zwei Jahre direkt zu jeweils einem Drittel und für jeweils sechs Jahre gewählt. Die 435 Mitglieder des Repräsentantenhauses, des Bundesparlaments, ebenfalls direkt alle zwei Jahre.

Da weder der Präsident den Kongress auflösen, noch der Kongress den Präsidenten durch ein Misstrauensvotum absetzen kann, stellt sich die Frage, welche der „Gewalten" sich im Konfliktfall durchsetzt. Drei Möglichkeiten, eine derartige Situation „aufzulösen", sind denkbar:

- Kongress und Senat arbeiten vertrauensvoll zusammen *(Kooperation)*.
- Eine der beiden „Gewalten" dominiert die andere. Bei einer *Dominanz* der Legislative, also des Kongresses, wäre *Handlungsunfähigkeit* die Folge, weil Gruppen von der Größe eines Parlaments schwer handeln können. Bei einer Dominanz der Exekutive, also des Präsidenten, wäre zwar die *Handlungsfähigkeit* gesichert, aber die demokratische *Kontrolle* nicht mehr gewährleistet.
- Beide „Gewalten" blockieren sich gegenseitig *(Blockade)*. In diesem Fall wäre *totale Handlungsunfähigkeit* die Folge.

In der amerikanischen Geschichte gab es Perioden der Lähmung ebenso wie solche der Dominanz von Präsidenten. Trotz grundsätzlicher, institutioneller Trennung der Gewalten schreibt die Verfassung allerdings für bestimmte Entscheidungen ein Zusammenwirken von Präsident und Kongress in der Weise vor, dass einerseits der Präsident in den Gesetzgebungsprozess und andererseits der Kongress in den Prozess des Regierens eingeschaltet werden. So hat der Präsident das Recht, gegen ein vom Kongress verabschiedetes Gesetz sein *Veto* einzulegen, das der Kongress nur mit einer Zwei-Drittel-Mehrheit zurückweisen kann *(suspensives Veto)*. Umgekehrt hat der Senat ein Mitspracherecht bei der Ernennung von Ministern, leitenden Beamten, Offizieren und Bundesrichtern sowie beim Abschluss von Staatsverträgen. Diese Berührungspunkte zwischen Präsident und Kongress werden als *Gewaltenverschränkung* bezeichnet.

2.3.2.3 Direktorialregierung

Das einzige Land mit einer Direktorialregierung ist die Schweiz. Wie in den USA gibt es zwei Kammern, den (allerdings nach den Grundsätzen der Verhältniswahl gewählten) *Nationalrat* und den aus je zwei (nach Mehrheitswahl gewählten) Vertretern eines Kantons bestehenden *Ständerat*. Beide Kammern zusammen bilden die *Bundesversammlung*. Diese wählt die Exekutive, den *Bundesrat*, der aus sieben gleichgestellten Mitgliedern besteht, also ein Kollegialorgan ist, und der sich nach der sog. „Zauberformel" zusammensetzt: aus je zwei Freisinnigen (FDP), zwei Christdemokraten (CVP), zwei Sozialdemokraten (SPS) und einem Vertreter der kleinen bürgerlichen Schweizerischen Volkspartei (SVP). Aus Gewohnheitsrecht haben einzelne Kantone wie die drei bevölkerungsreichsten Zürich, Bern und Waadt Anspruch auf je einen und die romanischen auf mindestens zwei, höchstens drei Bundesratssitze. Außerdem soll die Zusammensetzung neben den parteipolitischen auch die sprachliche und regionale Vielfalt der Schweiz berücksichtigen. Während der vierjährigen Amtsperiode sind die Bundesräte nicht absetzbar.

Die Wiederwahl der Bundesräte ist unbegrenzt möglich. Das bedeutet in der Verfassungswirklichkeit: Jeder Bundesrat bleibt solange im Amt, wie er es wünscht. Eine Neubesetzung nimmt die Bundesversammlung in aller Regel erst vor, wenn durch Rücktritt oder Tod eine Position frei wird. Scheitert eine Gesetzesvorlage (meist geht die Initiative dazu vom Bundesrat aus) in der Bundesversammlung, gilt das nicht als eine Entscheidung gegen die Person des entsprechenden Bundesratsmitglieds, sondern als eine Entscheidung in der Sache. Die kollegiale Exekutive bleibt folglich im Amt. Für Opposition ist im Schweizerischen Regierungssystem nicht eine Partei außerhalb der Regierung zuständig, sondern sie ist Angelegenheit der in der Regierung vertretenen Parteien selbst.

Die Regierung selbst versteht sich somit nicht als Regierung im parlamentarischen Sinn, sondern als Spitze der Verwaltung. Jeder Bundesrat leitet Ministerien (Departements), deren Zahl auch festgeschrieben ist. Einer der Bundesräte übt zugleich das Amt des Bundespräsidenten aus, ist also zugleich Staatsoberhaupt. Das Amt wechselt jährlich unter den Bundesräten nach dem Dienstalter.

Besonders ausgeprägt und daher eine Besonderheit des schweizerischen Regierungssystems sind Volksbegehren und Volksentscheid (auch in den USA gibt es auf der Ebene der Einzelstaaten vielfach ähnliche Elemente direkter Demokratie). So unterliegen alle Änderungen der Verfassung sowie die Genehmigung von Staatsverträgen, die den Beitritt zu Organisationen für kollektive Sicherheit (z. B. der NATO) oder zu supranationalen Gemeinschaften (wie etwa der EU) betreffen, einer direkten Abstimmung durch das Volk und die Kantone. Man nennt dies *obligatorisches Referendum* (obligatorisch = pflichtgemäß; Referendum = Volksabstimmung) oder auch *Verfassungsreferendum*. Davon zu unterscheiden ist das *fakultative* (fakultativ = freiwillig) oder *Gesetzesreferendum*. Danach sind Gesetze, allgemeinverbindliche Bundesbeschlüsse sowie völkerrechtliche Verträge, die unbefristet und unkündbar sind oder den Beitritt zu einer

Tabelle 6: Das Regierungssystem der Schweiz

Organ	Bezeichnung	Wahl bzw. Ernennungsmodus	Befugnisse
Staatsoberhaupt	Bundespräsident	Jährlich wechselnd vom Bundesrat aus seiner Mitte gewählt (meist nach Dienstalter)	Repräsentative Aufgaben Vorsitz im Bundesrat
Regierungschef	Bundeskanzler	Bundesversammlung für vier Jahre	Leiter der Bundeskanzlei Kein Auflösungsrecht Sprecherfunktion Koordination der laufenden Regierungsgeschäfte
Kabinett	Bundesrat	Bundesversammlung für vier Jahre Einzelwahl mit absoluter Mehrheit Keine Abwahlmöglichkeit	Wahl des Bundespräsidenten Kollegialbehörde
Parlament	Bundesversammlung	Nationalrat und Ständerat	Wahl des Bundeskanzlers der Bundesräte des Bundesgerichts des Generals der Armee Bündnisse + Verträge mit dem Ausland Kriegserklärungen und Friedensschlüsse Kein Misstrauensvotum
Bundesvertretung	Nationalrat 200 Sitze	Verhältniswahlrecht Sitze nach Kantonen zugeteilt	
Staatsaufbau Zweite Kammer	Föderalistisch Ständerat 46 Mitglieder je zwei für 20 Vollkantone, je einen für 6 Halbkantone	Mehrheitswahl in Kantonen	Arbeitsparlament
Verfassungsgericht	Bundesgericht	Wahl durch Bundesversammlung für 4 Jahre, Proporz nach Landessprachen und Parteien	Überprüfung der Gesetze und Verordnungen der Kantone auf Verfassungsmäßigkeit Keine Überprüfung der Bundesgesetze

internationalen Organisation vorsehen, vom Parlament mit einer sog. Referendumsklausel zu versehen. Das bedeutet: Wenn 50.000 stimmberechtigte Bürger innerhalb von drei Monaten nach Verabschiedung im Parlament die Initiative ergreifen, muss darüber eine Volksabstimmung herbeigeführt werden. Erst wenn die Mehrheit der abstimmenden Bürger (= einfache Mehrheit) zugestimmt hat, tritt das Gesetz in Kraft bzw. kann der Beitritt zu einer internationalen Organisation vollzogen werden.

Nicht nur eine Reaktion des Volkes auf die Gesetzgebung des Parlaments, sondern auch eine Initiative des Volkes ist möglich. So können mindestens 100.000 Bürger die Aufhebung, Änderung oder Neuschaffung eines Verfassungsartikels in Form einer allgemeinen Anregung oder eines konkret ausformulierten Begehrens verlangen. Im Falle eines erfolgreich gestarteten *Volksbegehrens* beraten zunächst Bundesrat und Parlament darüber, geben eine Empfehlung ab und legen das Begehren anschließend dem Volk zur Abstimmung vor. Auch hier entscheidet dann die einfache Mehrheit der abgegebenen Stimmen.

Den Elementen direkter Demokratie wird einerseits eine bremsende Wirkung auf Neuerungen zugeschrieben, die oft von den politisch Verantwortlichen für notwendig gehalten, von wesentlichen Teilen der Bevölkerung aber abgelehnt werden. Andererseits werden Widerstände, die ein Gesetz möglicherweise später im Referendum wieder zu Fall bringen können, von vornherein berücksichtigt, führen bereits im Gesetzgebungsverfahren zu Korrekturen und erhöhen so die Akzeptanz.

Für Minderheiten und kleinere Interessengruppen, die sich im regulären Gesetzgebungsprozess häufig übergangen fühlen und denen es gelingt, die nötige Zahl von Unterschriften für ein Volksbegehren zu mobilisieren, ist dieser Weg ein Mittel, ihre Anliegen zumindest auf die Tagesordnung der politischen Debatte des Landes zu setzen. Zwar sind derartige Initiativen im ersten Anlauf selten erfolgreich. Sie werden jedoch häufig in späteren Gesetzgebungsverfahren angemessen berücksichtigt. So kommt den Elementen direkter Demokratie in der Schweiz eine Art Kontrollfunktion gegenüber Parlament und Regierung zu, die in den USA eher von den Medien ausgeübt wird.

2.3.3 Systeme mit zeitlicher und mit institutioneller Gewaltenteilung - Zusammenfassung

Es ist sinnvoll, sich an dieser Stelle die Kernmerkmale der Systeme mit zeitlicher und mit institutioneller Gewaltenteilung noch einmal zu vergegenwärtigen. In *Tabelle 7* sind die Unterschiede noch einmal übersichtlich zusammen gestellt. Diese Merkmale sind auch insofern wichtig, als sie helfen, ein Regierungssystem in ein Schema einzuordnen. So wie man, um beispielsweise eine Wohnung zu beschreiben, ganz bestimmte Eigenschaften nennt (Baujahr, Lage, Zahl der Zimmer, Quadratmeter Wohnfläche, Art der Heizung, Stockwerk, Balkon, Pkw-Stellplatz oder Garage, Entfernung zur nächsten Bus- oder U-Bahnhaltestelle usw.), so braucht man auch ganz bestimmte Merkmale, um ein Regierungssystem zu charakterisieren.

Tabelle 7: Merkmale politischer Systeme
mit institutioneller und zeitlicher Gewaltenteilung

Zeitliche	Institutionelle
Gewaltenteilung	
Regierung ist gegenüber dem Parlament verantwortlich und kann von ihm gestürzt werden → Misstrauensvotum	Exekutive (Präsident) kann vom Parlament nicht gestürzt werden → kein Misstrauensvotum
Mitglieder des Kabinetts/der Regierung sind i. d. R. auch Mitglieder des Parlaments	Inkompatibilität (= Unvereinbarkeit) von Regierungsamt und Parlamentsmandat
Mehrheitspartei/-koalition im Parlament unterstützt Regierung → Gewaltenverschränkung	Exekutive kann einer Mehrheit der „gegnerischen" Partei gegenüber stehen → Gewaltenteilung
Starke Kohäsion der Parteien → Fraktionsdisziplin	Schwache Kohäsion der Parteien, → Parteien = Wahlkampfapparate
Vorzeitige Auflösung des Parlaments möglich	Keine Auflösung des Parlaments möglich
Kontrolle durch Antizipation der Chance des Machtwechsel „Opposition" in der Regierung durch Koalitionspartner	Kontrolle durch völlige Trennung der Gewalten von Exekutive und Legislative Verantwortlichkeit der Exekutive gegenüber der Verfassung

Tabelle 7 listet nur diejenigen Merkmale auf, die man braucht, um Systeme mit zeitlicher von denen mit institutioneller Gewaltenteilung zu unterscheiden – viele sprechen auch von parlamentarischen und präsidentiellen Systemen. Es gibt noch weitere Merkmale zur Charakterisierung und Abgrenzung, auf die wir aber erst später eingehen werden.

2.3.4 Mischsysteme: Parlamentarische Systeme mit bipolarer Exekutive

Viele Länder versuchen, in ihrer Verfassung einen Mittelweg zwischen einem System mit zeitlicher und einem mit institutioneller Gewaltenteilung einzuschlagen. Ein Kompromiss wird insbesondere dann gesucht, wenn

- die Sozialstruktur eines Landes nicht geeignet ist, in ein alternierendes Zwei-Parteiensystem nach dem Vorbild Großbritanniens „gepresst" zu werden. In solchen Fällen wird versucht, der Vielzahl der sozialen Gruppen und Strömungen in einem Land dadurch gerecht zu werden, dass man ein Parlament schafft, durch das sich möglichst alle repräsentiert fühlen;
- gleichzeitig eine handlungsfähige Exekutive gebildet werden soll, um sicher zu stellen, dass das Land auch regiert werden kann und nicht durch ein zersplittertes Parlament gelähmt wird.

Musterbeispiel eines derartigen politischen Systems ist Frankreichs Fünfte Republik. Sie wurde 1958 gegründet, als Antwort auf die vorher von 1946 bis 1958 bestehende Vierte Republik, die ähnlich wie die deutsche Weimarer Republik von 1919 bis 1933 durch zahlreiche Regierungskrisen und viele Kabinettsneubildungen (ein Kabinett war in dieser Zeit durchschnittlich nur sechs Monate im Amt) charakterisiert war. Ähnlich wie die Fünfte Republik Frankreichs ist auch das Regierungssystem Finnlands konstruiert. Auch das neue politische System Russlands und der Ukraine können wegen der Aufteilung der exekutiven Befugnisse des jeweiligen Präsidenten mit dem Premierminister als semi-präsidentielle Systeme bezeichnet werden.

Zentrale Figur im politischen System Frankreichs ist der *Präsident*. Er wird für sieben Jahre (seit 2002: fünf Jahre) direkt vom Volk gewählt, kann einmal wiedergewählt werden und ist während seiner Amtsperiode nicht absetzbar. Insofern ähnelt die Stellung des Präsidenten in Frankreich der in den USA. Im Unterschied zum Präsidialsystem der USA gibt es in Frankreich jedoch noch eine zweite Exekutiv-Instanz: den *Premierminister* mit seinem Kabinett. Dieser wird vom Präsidenten ernannt, ist aber an das Vertrauen des Parlaments, der Nationalversammlung, gebunden, d.h. er kann von der Mehrheit des Parlaments gestürzt werden (Misstrauensvotum). Umgekehrt steht dem Präsidenten das Recht zur Auflösung der Nationalversammlung und zur Ausschreibung von Neuwahlen zu. Die parlamentarische Verantwortlichkeit der Regierung und das Parlamentsauflösungsrecht als Disziplinierungsmittel sind typische Elemente eines parlamentarischen Systems, die Unabhängigkeit des mit Regierungsvollmachten ausgestatteten Präsidenten ist wiederum Element eines Präsidialsystems. Die *bipolare Exekutive* aus Präsident und Premierminister sind das typische Merkmal des *semipräsidentiellen Systems.*

Problematisch wird die politische Entscheidungsfindung vor allem dann, wenn der Präsident und die Mehrheit in der Nationalversammlung zu unterschiedlichen politischen Lagern gehören. In diesem Fall ist der Präsident nicht in der Lage, einen Premierminister „seiner Couleur" als Regierungschef einzusetzen, weil dieser an das Vertrauen des Parlaments gebunden ist, durch ein Misstrauensvotum also sofort gestürzt werden würde. Als Ausweg bleibt der bipolaren Exekutive dann nichts anderes übrig als sich zu arrangieren. Für diese Situation hat sich die Bezeichnung *„Kohabitation"* eingebürgert. In der Praxis bestand das „Arrangement" darin, dass der Präsident für die Außen- und Verteidigungspolitik und der Premierminister für die Innen-, Wirtschafts- und Sozialpolitik zuständig waren.

Der *Präsident* wird für sieben Jahre (ab 2002: für fünf Jahre) direkt vom Volk gewählt. Wenn im ersten Wahlgang kein Kandidat die absolute Mehrheit der Stimmen erhält, findet ein zweiter Wahlgang (Stichwahl) zwischen den beiden Kandidaten mit der höchsten Stimmenzahl statt. Stellvertreter des Präsidenten ist laut Verfassung der Präsident des Senats, der Vertretung der einzelnen Landesteile, dessen Mitglieder für neun Jahre durch indirekte Wahl bestimmt werden (Ein Drittel wird jeweils alle drei Jahre gewählt.).Der Präsident hat folgende Befugnisse:

- Bestellung des Premierministers (Art. 8).
  Dies ist nicht eine bloße formale Zustimmung, wie im parlamentarischen System, in dem das Staatsoberhaupt nur repräsentative Funktionen hat. Da der Premierminister allerdings vom Vertrauen des Parlaments abhängig ist, muss der Präsident bei der Ernennung des Premierministers die Mehrheitsverhältnisse in der Nationalversammlung berücksichtigen.
- Parlamentsauflösungsrecht (Art. 12).
  Das Recht, die Nationalversammlung aufzulösen, hat der Präsident nach Anhörung des Premierministers und der beiden Kammerpräsidenten, nach einer vorgezogenen Neuwahl jedoch zwölf Monate lang nicht. Es steht ihm auch dann zu, wenn er einen Premierminister, gegen den ein Misstrauensvotum ergangen ist, noch vorläufig im Amt lassen will, um zu versuchen, durch Neuwahlen eine andere Mehrheit zu erhalten.

Tabelle 8: Das Regierungssystem Frankreichs

Organ	Bezeichnung	Wahl bzw. Ernennungsmodus	Befugnisse
Staats-oberhaupt	Präsident	Direkte Wahl für 5 Jahre, bis 2002: für 7 Jahre	▪ Bestellung des Premierministers (Art. 8) ▪ Auflösung der Nationalversammlung (Art. 12) nach Anhörung des Premiers u. beider Kammerpräsidenten ▪ Anwendung des Notstandsrechts (Art. 16)
Stell-vertreter	Präsident des Senats		▪ Ausschreiben von Referenden auf Vorschlag der Regierung (Art. 11) ▪ Domaine réservé
Regierungs-chef	Premier-minister	Ernennung durch Präsidenten	▪ Alleiniges Recht der Gesetzesinitiative innerhalb der Exekutive ▪ Koordination des Regierungshandelns und Festlegung wichtiger Leitlinien ▪ Vorschlag zur Ernennung und Entlas-sung von Ministern ▪ Erlass von Dekreten (Verordnung) ▪ Vertrauensfrage
Kabinett	Ministerrat	Ernennung der Minis-ter durch Präsidenten auf Vorschlag des Premiers	▪ Formal: Kollektive Verantwortlichkeit und „Herr im eigenen Haus" ▪ De-facto: Zuarbeiter des Staatspräsiden-ten (nicht bei Kohabitation)
Parlament	National Versammlung 577 Abgeord-nete	für 5 Jahre in absolu-ter Mehrheitswahl (relative Mehrheits-wahl, 2 Wahlgänge)	▪ Misstrauensvotum ▪ Eingeschränkte Gesetzgebungsbefugnis ▪ Redeparlament ▪ Keine Festlegung der TO
Staats-aufbau	Unitarisch 2. Kammer: Senat	322 Senatoren, alle drei Jahre für neun Jahre durch ca. 47.000 Wahlmänner	▪ Bei Nichteinigung nach 2 Lesungen kann Premierminister Vermittlungsaus-schuss anrufen, bei Nicht-Einigung ent-scheidet NV
Verfas-sungs-gericht	Verfassungsrat	Alle ehemaligen Präsidenten und 9 Richter für 9 Jahre, davon ernannt 3 vom Präsidenten der Nationalversammlung 3 vom Senats-präsidenten 3 vom Staats-präsidenten	Prüfung ▪ der Gesetze vor Verkündigung ▪ der ordnungsgemäßen Durchführung von Wahlen ▪ verfassungsergänzender Gesetze ▪ der GO beider Kammern ▪ ob nicht VO-Recht der Regierung berührt ist

- Anwendung des Notstandsartikels (Art. 16).

  Dieser gibt dem Präsidenten die Macht, nach förmlicher Beratung mit dem Premierminister, dem Präsidenten beider Parlamentskammern und dem Verfassungsrat Maßnahmen zu ergreifen, die notwendig sind, wenn die Institutionen der Republik, die Unabhängigkeit der Nation, die Integrität ihres Staatsgebietes oder die Erfüllung ihrer internationalen Verpflichtungen schwer und unmittelbar bedroht sind und das regelmäßige Funktionieren der verfassungsmäßigen öffentlichen Gewalten unterbrochen ist.

- Ausschreiben von Referenden (Art. 11).

  Jeder Gesetzentwurf, der „die Organisation der öffentlichen Gewalten" betrifft, kann vom Präsidenten auf Vorschlag der Regierung oder beider Parlamentskammern zum Volksentscheid gebracht werden.

- Oberbefehl über die Streitkräfte (Art. 15) und Vorsitz in den obersten Verteidigungsgremien.

- Verhandlungsführung gegenüber anderen Staaten und Ratifizierung von Verträgen (Art. 52)

- Vorsitz im Ministerrat (Art. 9).

  Hier hat der Präsident die Möglichkeit, Beschlüsse des Ministerrats durch Verweigerung seiner Unterschrift zunächst einmal nicht rechtskräftig werden zu lassen. Mit dieser Blockade, die das Parlament mit Mehrheit aus dem Weg räumen kann, bringt der Präsident ggf. sein Missbilligung zum Ausdruck.

Trotz all dieser Kompetenzen des französischen Präsidenten dürfen jedoch zwei Dinge nicht übersehen werden:

- Nach Art. 20 der Verfassung ist es die Regierung, die die Politik der Nation bestimmt und leitet.

- Durch einen Misstrauensantrag, der von 1/10 der Mitglieder der Nationalversammlung eingebracht werden der eine absolute Mehrheit finden muss, kann der Premierminister jederzeit gestürzt werden.

Die Verantwortlichkeit des Premierministers gegenüber dem Parlament macht das französische System insoweit doch zu einem *parlamentarischen System*. Die Bezeichnung *semipräsidentielles System* ist deshalb in der Politikwissenschaft umstritten, drückt sie doch durch das *präsidentiell* aus, dass der politische Schwerpunkt des französischen Regierungssystems beim Präsidenten liegt. Das mag für manche Perioden auch zutreffend gewesen sein. Letztlich hängt es aber von den politischen Mehrheitsverhältnissen in der Nationalversammlung und von der Persönlichkeit des jeweiligen Präsidenten ab, in welche Richtung sich die Waagschale der politischen Macht in Frankreich neigt. Die Charakterisierung als *parlamentarisches System mit bipolarer Exekutive* bzw. *semi-präsidentielles System* trifft zweifellos die Verfassungswirklichkeit Frankreichs am nächsten.

Die Kontroverse (Streit) in der Politikwissenschaft über die Zuordnung des politischen Systems Frankreichs

Theo Stammen
„Aus der Betrachtung der Institutionen der Fünften Republik und ihres Zusammen-wirkens kann man die Frage, welches Regierungssystem hier verwirklicht sei, ein parlamentarisches order ein präsidentielles, nicht eindeutig beantworten.
. . .
Man kann so nur noch fragen, zu welchem der beiden Typen demokratischer Ord-nung das neue französische System tendiert. Auf diese Frage lässt sich die eindeuti-ge Antwort geben: zum präsidentiellen Regierungssystem."
(Theo Stammen, Regierungssysteme der Gegenwart, Stuttgart 1967, S. 116.)

Winfried Steffani
„Das Regierungssystem der USA und das der V. Republik Frankreichs als Variatio-nen des Grundtypus präsidentielles System zu charakterisieren, muss denen überlas-sen bleiben, die entweder eines von beiden oder möglicherweise alle beide nicht ge-nug kennen."
(Winfried Steffani, Regierungsmehrheit und Opposition, in: ders. (Hrsg.), Regie-rungsmehrheit und Opposition in den Staaten der EG, Opladen 1991, S. 15.)

2.3.5 Weitere Kernmerkmale politischer Systeme

2.3.5.1 Die Stellung des Parlaments

Die Beschreibung politischer Systeme mit zeitlicher und institutioneller Gewal-tenteilung in den vorangegangen Abschnitten hat uns gezeigt, dass für die Zu-ordnung eines politischen Systems zu einer bestimmten Kategorie jeweils cha-rakteristische Merkmale ausschlaggebend sind. Eine wichtige Rolle spielen ins-besondere folgende Elemente:

- Ist eine Regierung/Exekutive vom Vertrauen des Parlaments abhängig oder unabhängig? Mit anderen Worten: Kann eine Regierung vom Parlament ge-stürzt werden oder nicht?
- Hat der Regierungschef eine Möglichkeit, z. B. über ein Auflösungsrecht das Parlament zu disziplinieren, oder muss er stets aufs Neue und ohne un-

mittelbare Druckmittel zu haben die Abgeordneten für sich gewinnen, um Mehrheiten für seine Politik zu finden?

Die Ausgestaltung von Misstrauensvotum (= Kontrollrecht des Parlaments) und Parlamentsauflösung (Disziplinierungsmittel des Regierungschefs) sind daher grundlegende Merkmale zur Beschreibung eines politischen Systems, die auch die politische Willensbildung eines Landes prägen. Sie sollten daher in keiner Analyse eines politischen Systems fehlen.

Je nachdem, wie Misstrauensvotum und Parlamentsauflösung geregelt sind, ergeben sich daraus unterschiedliche Funktionen für das jeweilige Parlament. Je stärker die Machtstellung der Exekutive, desto schwächer (und damit unbedeutender) ist das Parlament. Je stärker hingegen die Machtposition des Parlaments, desto schwächer, d. h. in ihren Handlungsmöglichkeiten eingeschränkter, ist die jeweilige Exekutive.

Walter Bagehot (1826-1877, englischer Ökonom und Verfassungstheoretiker) hat wie kein anderer die Wesensmerkmale des politischen Systems Großbritanniens herausgearbeitet. In seinem erstmals 1867 veröffentlichten Werk „The English Constitution" (deutsch: Die englische Verfassung) unterscheidet er zwischen den *dignified* (= würdigen) und den *efficient* (= wichtigen, d. h. tatsächlich wirksamen) *parts of the constitution* (= Teilen des Regierungssystems). Zu den dignified parts, also den erhabenen, aber für den politischen Prozess in Großbritannien eher untergeordneten Instanzen zählt *Bagehot* das Staatsoberhaupt (die Monarchin) und das englische Unterhaus. Das Staatsoberhaupt hat keinerlei Exekutivfunktionen (= Regierungsaufgaben), sondern lediglich das Recht, „konsultiert zu werden, zu ermutigen und zu warnen" (Bagehot, The English Constitution, London 1963, S. 67). Dem Parlament weist er fünf Aufgaben zu (S. 117 ff.):

- Die Wahlfunktion: Es wählt den Regierungschef.
- Die Artikulierfunktion: Es soll die Meinung der Bevölkerung zu aktuellen politischen Fragen deutlich machen.
- Die Erziehungsfunktion: Es soll Vorbild für einen guten politischen Stil sein.
- Die Informationsfunktion: Die Debatten im Unterhaus sollen die Bevölkerung ständig über die politischen Ziele und Maßnahmen der Regierung informieren.
- Erst an letzter Stelle (und daher auch für ihn unwichtig) kommt die Gesetzgebungsfunktion. Es entspricht der inneren Logik des englischen Systems, dass die wichtigsten Gesetze vom Kabinett beschlossen und ins Unterhaus eingebracht werden.

Zu den efficient parts rechnet er dagegen die Exekutive und hier vor allem den Premierminister. Dementsprechend gilt das englische Parlament als *Redeparlament*, das vorwiegend die Aufgabe wahrnimmt, die politischen Strömungen und Kontroversen, die im Land vorhanden sind, in Debatten zu artikulieren und so für das Volk erkennbar zu machen. Es hat jedoch *nicht* die Aufgabe, politische Entscheidungen zu treffen – das geschieht in der Exekutive. Im Unterhaus werden vielmehr die von der Regierung getroffenen Entscheidungen in der Regel nur ratifiziert (= offiziell „abgesegnet", zum Gesetz erklärt).

Dieses Verständnis von Demokratie, bei dem das Parlament eine untergeordnete Rolle in der politischen Willensbildung und Entscheidungsfindung spielt, ist typisch für das System der Kabinettsregierung. Es widerspricht der in Deutschland und vielen anderen Ländern verbreiteten Vorstellung von Demokratie, wonach ein frei gewähltes Parlament die Regierung und ihre Politik kontrollieren soll und nicht, wie es im angelsächsischen System der Fall ist, zu deren Vollzugsorgan degenerieren (= sich rückwärts, zum Schlechteren entwickeln) darf.

Der amerikanische Kongress dagegen gilt als das mächtigste Parlament der Welt. Senat und Repräsentantenhaus debattieren nicht nur, sondern erarbeiten und bestimmen auch maßgeblich die politischen Inhalte. Man bezeichnet diesen Typ Parlament als *Arbeitsparlament*. Der deutsche Politikwissenschaftler *Ernst Fraenkel* (1898-1975) schrieb zur unterschiedlichen Machtstellung der Parlamente: „Das politisch einflussreichste Parlament der Gegenwart sitzt nicht an der Themse, sondern am Potomac." (Die repräsentative und die plebiszitäre Komponente im demokratischen Verfassungsstaat, wiederabgedruckt in: Fraenkel, E., Deutschland und die westlichen Demokratien, 3. Aufl., Stuttgart 1968, S. 96)

Die dominierende Rolle des amerikanischen Kongresses macht allerdings den US-Präsidenten zu einem institutionell-bedingten schwachen Regierungschef (geschichtliche Ausnahmen in der praktischen Politik, die meist auf die Persönlichkeit eines Präsidenten zurückzuführen sind, bestätigen die Regel!). *Jürgen Hartmann* (Helmut-Schmidt-Universität Hamburg) bezeichnete deshalb den US-Präsidenten – gemessen an der Machtfülle beispielsweise des englischen Premierministers – als einen „bedauernswerten Halbinvaliden".

Die Unterscheidung politischer Systeme nach zeitlicher und institutioneller Gewaltenteilung ist somit ein wichtiges politikwissenschaftliches Hilfsmittel, um das Gravitations- (= Schwerpunkt) und Machtzentrum in einem politischen System zu erkennen. Dann lässt sich besser verstehen, wie Entscheidungen zustande kommen bzw. warum es in manchen Systemen so schwer ist, überhaupt Entscheidungen herbeizuführen. Denn jedes politische System bewegt sich zwischen zwei entgegen gesetzten Polen:

Abbildung 2:   Zwei Pole in jedem Regierungssystem

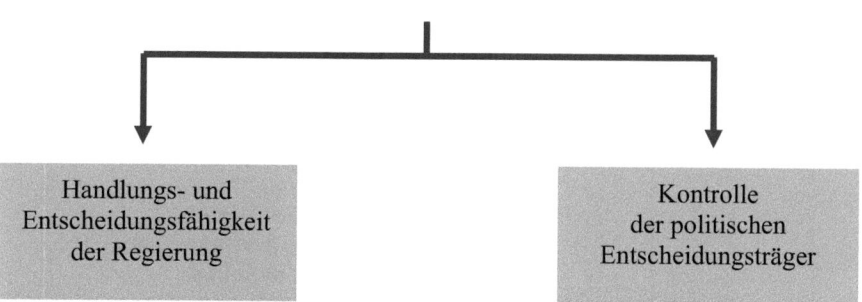

- Dem einer möglichst großen Handlungs- und Entscheidungsfähigkeit der Regierung (Westminister-Modell), aber mit der Gefahr, dass - zumindest zeitweise - über den Willen des Volkes hinweg regiert wird. Beispiele aus jüngerer Zeit sind die Wirtschafts- und Sozialpolitik der britischen Premierministerin *Margret Thather* in den achtziger Jahren des vorigen Jahrhunderts oder die Entscheidung des britischen Premierministers *Tony Blair* zur Beteiligung am Irak-Krieg zu Beginn des neuen Jahrtausends.
- Dem einer möglichst großen und ständigen Kontrolle der Regierung durch ein aus vielen Parteien zusammengesetztes Parlament, aber mit der Gefahr, dass politische Entscheidungsprozesse häufig sehr langwierig sind und mitunter gar keine oder nur mit großen Kompromissen Entscheidungen zustande kommen. Extreme Beispiele dafür sind die Weimarer Republik und die vierte Republik Frankreichs (wurde 1958 durch die fünfte unter Staatspräsident *De Gaulle* abgelöst). Auch in der Bundesrepublik sind seit den neunziger Jahren des vorigen Jahrhunderts langwierige politische Entscheidungsprozesse, an dessen Ende verwässerte Kompromisse stehen, eher zur Regel geworden.

In *Tabelle 9* sind wesentliche Unterscheidungsmerkmale der westeuropäischen Regierungssysteme in Bezug auf Regierungsbildung, Regierungsrücktritt sowie Machtverteilung zwischen Regierung und Parlament aufgelistet.

Tabelle 9: Westeuropäische Regierungssysteme
Unterscheidungsmerkmale*

Regierungsbildung/Ernennung des Regierungschefs	
Irland	Relative Mehrheit für Ernennung des Regierungschefs genügt.
Spanien	Absolute Mehrheit nur für ersten Wahlgang.
BRD	1. und 2. Wahlgang absolute Mehrheit, 3. Wahlgang relative Mehrheit
Belgien, Griechenland, Italien	Einfache Mehrheit, Vertrauen nach Regierungserklärung
Frankreich, Finnland, Portugal	Großer Einfluss des Präsidenten auf die Nominierung des Regierungschefs
Regierungsrücktritt	
In den meisten Staaten:	Parlamentsbeschluss mit einfacher Mehrheit
Frankreich, Griechenland, Portugal, Schweden	Misstrauensvotum mit absolute Mehrheit des Parlaments
BRD, Belgien, Spanien	Konstruktives Misstrauensvotum
Machtverteilung Kabinett-Parlament	
GB und Spanien	Regierungschef jederzeitig Recht zur Parlamentsauflösung
Skandinavische Länder, Belgien, Irland, NL	Kabinett dominierend
Finnland, Italien, Luxemburg, Österreich, BRD	Kabinett = Beschlussorgan von Entscheidungen informeller Gremien
Frankreich	Alle nicht der Legislative vorbehaltenen Bereiche werden durch Rechtsverordnung geregelt

* Nach: Röhrich, W., Die politischen Systeme der Welt, 4. Aufl., München 2006

2.3.5.2 Die vertikale Gewaltenteilung

Misstrauensvotum und Parlamentsauflösungsrecht sind jedoch nicht die einzigen wichtigen Merkmale zur Unterscheidung von politischen Systemen. Weitere bedeutende Kernmerkmale sind:

- Ist der Staatsaufbau *unitarisch* oder *föderalistisch,* d. h. gibt es unterhalb der zentralen Ebene des Staates noch weitere politische Einheiten wie etwa in der Bundesrepublik Deutschland 16 Bundesländer oder in den USA 50 Staaten (zuzüglich des Distrikts Columbia als Sitz der Bundesregierung) mit eigenen Regierungen? Und – was in diesem Zusammenhang noch viel wichtiger ist - : Gibt es eine *zweite Kammer,* die die Interessen der Staaten bzw. Länder vertritt, und wenn ja, welche Befugnisse hat sie?
- Gibt es als oberste Rechtsinstanz ein *Verfassungsgericht,* das auch die Rechtmäßigkeit der mit Mehrheit vom Parlament verabschiedeten Gesetze überprüft?

Der Staatsaufbau ist eine weitere Form der *Gewaltenteilung,* die sich erheblich auf die politische Willensbildung eines Landes auswirkt. Während die zeitliche und die institutionelle Gewaltenteilung auch als *horizontale Gewaltenteilung* (Exekutive, Legislative, Judikative) bezeichnet werden, stellt der föderale Aufbau eines Staates mit Zentralregierung und Bundesparlament einerseits und Landesregierungen und Landesparlamenten andererseits eine *vertikale Gewaltenteilung* dar. Sie drückt sich in der Bildung einer zweiten Kammer aus, die erhebliche Mitspracherechte bei der Gesetzgebung hat.

Die bloße Existenz einer zweiten Kammer ist allerdings nicht unbedingt ein Zeichen dafür, dass es sich um ein föderales politisches System mit vertikaler Gewaltenteilung handelt. So sind zwar das Oberhaus in Großbritannien oder der Senat in Frankreich zweite Kammern, sie haben aber nicht die Befugnisse wie der Senat in den USA oder Bundesrat in der Bundesrepublik Deutschland. So kann das englische Oberhaus einem Gesetz zwar widersprechen, aber seine Verabschiedung nicht auf Dauer blockieren. Vielmehr hat es nur die Möglichkeit eines sog. *aufschiebenden Vetorechts* (Veto = lateinisch: ich verbiete bzw. Verbot): Es kann einem vom Unterhaus verabschiedeten Gesetz widersprechen. Dann muss sich das Unterhaus erneut mit dem Gesetz befassen. Akzeptiert das Unterhaus die Änderungswünsche des Oberhauses nicht, muss sich das Oberhaus erneut damit befassen. Kommt keine Einigung zustande, ist das Gesetz zunächst, d. h. in der laufenden Wahlperiode gescheitert. In der nächsten Legislaturperiode kann das Gesetz dann aber in der vom Unterhaus gewünschten Form verabschiedet werden.

Der Leser beachte: Vor der endgültigen und alleinigen Verabschiedung eines Gesetzes durch das Unterhaus findet also noch mal eine Unterhauswahl statt. Das Volk hat somit die Möglichkeit, falls es dem zwischen Unterhaus und Oberhaus strittigen Gesetz elementare Bedeutung beimisst, die Unterhauswahl auf diesen Konflikt zuzuspitzen und evtl. durch Wahl einer anderen Unterhausmehrheit die Verabschiedung des Gesetzes zu verhindern. Insofern hat das politische System Großbritanniens durchaus plebiszitäre (= das gesamte Volk einbeziehende) Elemente.

Auch die zweite Kammer in Frankreich, der französische Senat, verfügt nur über ein *suspensives Vetorecht* (suspensiv = lateinisch: aufschiebend). Zwar muss zunächst ein Vermittlungsausschuss gebildet werden, wenn sich die Nationalversammlung und der Senat nicht über ein Gesetz einigen können. Gelingt es nicht, eine Einigung erzielen, kann die Regierung das Gesetz noch mal der Nationalversammlung vorlegen. Diese entscheidet dann endgültig. (Artikel 45, Abs. 4 der Verfassung). Damit liegt die Macht, über die Richtung der Politik zu entscheiden, bei der Mehrheit des Bundesparlaments.

Anders ist dagegen die Situation in der Bundesrepublik Deutschland und in den USA. Hier können zustimmungspflichtige Gesetze, (= Gesetze, denen auch die zweite Kammer zustimmen muss), nicht durch ein letztes Entscheidungsrecht des deutschen Bundestages oder des amerikanischen Repräsentantenhauses, in Kraft gesetzt werden. Es gibt somit eine weitere Instanz, die nicht nur an der politischen Willensbildung mitwirkt, sondern auch ein *echtes Vetorecht* hat.

2.3.5.3 Verfassungsgerichte

Schließlich können Regierungssysteme auch danach unterschieden werden, ob sie ein Verfassungsgericht gebildet haben oder nicht. Großbritannien beispielsweise kennt ein derartiges Gericht nicht. Hier spielt eine ganz andere Auffassung von Demokratie eine Rolle, als sie beispielsweise in der Bundesrepublik Deutschland anzutreffen ist. In Großbritannien sagt man: Was das vom Volk in freier Wahl gewählte Parlament mit Mehrheit entschieden hat, ist per se (= lateinisch: aus sich heraus) rechtens und braucht nicht von einem Gericht überprüft zu werden.

In Deutschland herrscht dagegen die Auffassung: Auch das, was die frei gewählten Parlamente mit Mehrheit entschieden haben, muss gerichtlich überprüfbar sein und ggf. von einem obersten Gericht wieder außer Kraft gesetzt werden können. Damit besteht eine weitere Institution, die – zumindest indirekt – Gesetze „machen" darf. Denn Regierung und Parlamente werden bei der Einbringung und Verabschiedung von Gesetzen stets darauf achten, dass sie später nicht vom obersten Gericht für verfassungswidrig erklärt werden. Fachlich ausgedrückt: Sie werden einen Spruch des Verfassungsgerichts antizipieren (= gedanklich vorwegnehmen).

2.4 Andere Kriterien zur Unterscheidung demokratischer Systeme

Um einen ersten Überblick zu gewinnen, war es zweckmäßig, demokratische politische Systeme – wie im Kapitel 2.3 geschehen – nach der Art ihrer Gewaltenteilung zu unterscheiden. Die Wirklichkeit der politischen Willensbildung, also das Zustandekommen politischer Entscheidungen, ist in den einzelnen Demokratien aber weitaus vielschichtiger. Deshalb ist es sinnvoll, auch andere Kriterien zur Unterscheidung demokratischer Systeme zu kennen und auch sie bei der Analyse anzuwenden.

In anderen Bereichen des Lebens gibt es ebenfalls mehrere Unterscheidungsmöglichkeiten. Bei Autos kann man beispielsweise zwischen Pkw, Lkw und Bussen unterscheiden. Bei Pkw wiederum gibt es Limousinen. Cabrios, Coupés. Aber auch nach der Art des Motorantriebs (Diesel oder Benziner) kann man trennen. Je nachdem, welches Merkmal man heranzieht, kommt man zu unterschiedlichen Einteilungen. So ist es auch bei demokratischen politischen Systemen.

2.4.1 Wettbewerbs- oder Konsens- bzw. Verhandlungsdemokratie

Bereits am Ende der Darstellung der Kabinettsregierung, des sog. *Westminster-Modells*, wurde darauf hingewiesen, dass dieses System nur unter bestimmten gesellschaftlichen Voraussetzungen funktioniert. Prägend für das *Westminster-Modell* ist das Wettbewerbsprinzip zwischen zwei Parteien, die sich in der Regierungsverantwortung ablösen können, und die Gültigkeit und Akzeptanz der *Mehrheitsregel*: Politische Entscheidungen werden mit Stimmenmehrheit getroffen.

Das Mehrheitsprinzip bzw. die Mehrheitsregel wird indessen in Demokratien nur so lange akzeptiert, wie für die Minderheit die reelle Chance besteht, zur Mehrheit zu werden und ihrerseits die politischen Entscheidungen treffen zu können. In Gesellschaften, die nach Religion, nach Rassen, nach Sprachen, nach Weltanschauungen oder nach sozialen Klassen derart gespalten sind, dass sich immer dieselben Mehrheiten ergeben, würde die Mehrheitsregel dauerhaft nicht akzeptiert werden und das *Westminster-Modell* nicht funktionieren. Denn es käme zu einer *Tyrannei der Mehrheit*, gegen die die ständige Minderheit rebellieren würde.

Ein Beispiel: Wenn eine Gesellschaft zu 60 Prozent aus Mohammedanern und zu 40 Prozent aus Katholiken besteht und beide Konfessionen eine politische Partei bilden, geht jede Wahl gleich aus, nämlich 60:40 zugunsten der Mohammedaner. Da die Katholiken auf Dauer nicht hinnehmen werden, dass die politischen Entscheidungen immer nur von den Mohammedanern getroffen werden, muss diese Gesellschaft ein anderes System der Konfliktregulierung einrichten, das auch die Interessen der Minderheit bei den politischen Entscheidungen angemessen berücksichtigt.

Politische Systeme, in denen wesentliche Entscheidungen nicht einfach mit Stimmenmehrheit (= *Mehrheits- oder Wettbewerbsdemokratie*), sondern im Wege der Aushandlung getroffen werden, nennt man *Konsens-* oder auch *Verhandlungsdemokratie*. Die charakteristischen Merkmale beider Systeme sind in *Tabelle 10* gegenüber gestellt.

Je nachdem, welche politischen Akteure an den Aushandlungsprozessen beteiligt sind, unterscheidet man innerhalb der Konsens- bzw. Verhandlungsdemokratie

- *die Konkordanzdemokratie* (concordia = lateinisch: Eintracht).
  In diesem System werden die jeweiligen Minderheitsparteien stets in den politischen Entscheidungsprozess eingebunden. Das Mehrheitsprinzip wird durch die Spielregel „gütliches Einvernehmen" abgelöst. Mit anderen Worten: Gegen den ausdrücklichen Willen einer Partei wird keine Entscheidung getroffen. Oder: Die Zustimmung der Partei A in der Frage x wird dadurch „erkauft", dass man ihr dafür in der Frage y voll entgegenkommt (= *Junktim*). Österreich, in denen viele Jahre lang eine große Koalition regierte, oder die Schweiz, in der – wie oben beschrieben – alle Gruppierungen proporzmäßig an den politischen Entscheidungen beteiligt werden, sind Beispiele für Konkordanzdemokratien.

- *den Korporatismus* (corporativus = lateinisch: einen Körper bildend).
  Bei dieser Form der Verhandlungsdemokratie werden Interessengruppen an der Formulierung und Umsetzung politischer Programme beteiligt. Regierungsvertreter (Minister oder leitende Beamte) und Repräsentanten von zentralisierten Verbänden auf der politischen Ebene sowie Ministerialbürokratie und Verbandsexperten auf der Fachebene bilden in bestimmten Politikbereichen (z. B. Konjunktur, Gesundheit) ein Netzwerk. Sie treffen sich unregelmäßig, diskutieren ihre unterschiedlichen Vorstellungen zur Lösung anstehender Probleme und versuchen, bei einigen Fragen zu einer Übereinstimmung und zu einem abgestimmten Vorgehen zu kommen. In der Bun-

desrepublik Deutschland sind die sog. *konzertierte Aktion im Gesundheits-wesen* oder das *Bündnis für Arbeit* Beispiele solcher neo-korporatistischer Arrangements. (neo = neu. Damit soll das in modernen Demokratien häufig praktizierte Einbeziehen der Verbände in die politische Willensbildung von autoritären, ständestaatlichen Organisationsformen in Diktaturen abgegrenzt werden). Während die Konkordanzdemokratie darauf abzielt, den Parteien-wettbewerb abzuschwächen, will der Neo-Korporatismus die sozio-ökonomischen Verteilungskonflikte moderieren (= zwischen den Beteiligten vermitteln).

Tabelle 10: Mehrheitsdemokratie und Konsens-/Verhandlungsdemokratie
Merkmale

Mehrheitsdemokratie	Konsens-/Verhandlungsdemokratie
Konzentration der Regierungsmacht bei einer alleinregierenden Mehrheitspartei	Aufteilung der Regierungsmacht auf eine Mehr-/Vielparteienkoalition
Dominanz der Regierung über das Parlament	Formelles Kräftegleichgewicht zwischen Regierung und Parlament
Zweiparteiensystem oder ein nach der Zahl der wichtigen Parteien ihm nahe stehendes System	Vielparteiensystem
Mehrheitswahlsystem mit disproportiona-ler Stimmen- und Sitzverteilung	Verhältniswahlrecht
Pluralistisches Interessengruppensystem	Koordinierte und korporatistische Interessen-gruppensysteme
Unitarischer und zentralisierter Staat	Föderaler und dezentraler Staatsaufbau
Einkammersystem	Zweikammersystem mit gleich starken und unterschiedlich konstituierten Kammern
Mit einfachen Mehrheiten veränderbare Verfassung oder Fehlen einer geschriebe-nen Verfassung	Nur schwer zu verändernde geschriebene Verfassung, die nur mit großen Mehrheiten geändert werden kann
Letztentscheidung des Parlaments über die Verfassungsmäßigkeit der Gesetzge-bung	Ausgebaute richterliche Nachprüfung der Verfassungsmäßigkeit der Gesetzgebung
Von der Exekutive abhängige Zentralbank	Autonome Zentralbank

Quelle: Lijphart, A., Patterns of Democracy. Government Forms and Performance in Thirty-Six Countries, New Haven/London 1999, zusammengestellt in: Schmidt, M., Demokratietheorien. Eine Einführung, 3. Aufl., Opladen 2000, S. 339 f.

- Konstitutionelle (= in der Verfassung verankerte) Politikverflechtung durch Föderalismus.

Auch die formale Verteilung der Regierungsmacht auf verschiedene regionale Einzelstaaten bzw. Gebietskörperschaften ist eine Form der Verhandlungsdemokratie. Im Unterschied zum Westminster-Modell Großbritanniens, in dem es keine „Bundesländer" mit eigenen Zuständigkeiten und Kompetenzen gibt, sind Zentralregierungen in föderativen Staaten gezwungen, sich in zahlreichen Politikbereichen mit den Mehrheiten in den Einzelstaaten zu arrangieren. Das betrifft die Bundesrepublik Deutschland, in der viele Gesetze der ausdrücklichen Zustimmung der Länderkammer, des Bundesrates, bedürfen, ebenso wie die USA, wo der Senat als Vertretungsorgan der 50 amerikanischen Bundesstaaten ein wichtiges Element der Regierungspraxis darstellt.

Tabelle 11: Dimensionen der Verhandlungsdemokratie

	Konkordanz	Korporatismus	Politikverflechtung
Verhandlungsort	Parteienregierung	Konzertierungs gremien	Parlament
Akteure	Parteien	Regierung und Verbände	Parlament und Regierungen (Bund/Länder)
Entstehungs bedingung	Gesellschaftliche Segmentierung	Verbandliche Störpotenziale	Konstitutionelle Vetostrukturen, funktionale Jurisdiktion
Funktion	Verhindert strukturelle Mehrheiten	Löst Kollektivgutprobleme	Interorgankontrolle konstitutioneller Gewaltenteilung, Besitzstandswahrung
Rückfallposition	Mehrheitsentscheidung	Rein staatliche Politikentwicklung	Nichteinigung bzw. Status-quo-Erhalt

Quelle: Czada, R., Demokratietypen, institutionelle Dynamik und Interessenvermittlung: Das Konzept der Verhandlungsdemokratie, in: Lauth, H.J. (Hrsg.), Vergleichende Regierungslehre. Eine Einführung, Wiesbaden 2002, S. 308.

Tabelle 11 fasst die verschiedenen Dimensionen der Konsens- bzw. Verhandlungsdemokratie zusammen. Sie zeigt, *wer* (Akteure) *wo* (Verhandlungsort) bemüht ist, in Verhandlungen zu einem Konsens zu kommen. Die Zeile *Entste-*

hungsbedingung nennt die Ausgangssituation, in der es zu der jeweiligen Ausprägung der Verhandlungsdemokratie kommt, und in der nächsten Zeile *(Funktion)* wird erklärt, welcher Vorteil damit für die politische Willensbildung verbunden ist. Die *Rückfallposition* droht, wenn es trotz aller Verhandlungsbemühungen zu keiner Einigung kommt. Entweder handelt dann ein Akteur (Mehrheitspartei, Regierung) ohne Übereinstimmung mit den anderen Akteuren (Parteien und Verbänden) oder – wenn das nicht möglich ist, weil andere Gesetzgebungsorgane ein Einspruchsrecht (= Veto) haben – es kommt zur Lähmung einer Regierung. Letzteres kann bei Politikverflechtung auftreten, und die dabei entstehende Handlungsunfähigkeit einer Regierung wird als *Politikverflechtungsfalle* bezeichnet.

2.4.2 Repräsentative und plebiszitäre Demokratie

Eine ganz andere Unterscheidung ist die zwischen repräsentativer und plebiszitärer oder – umgangssprachlich – indirekter und direkter Demokratie. Hierbei geht es insbesondere um die grundlegende Frage:

> *Wie kann der Wille des Volkes optimal in politische Entscheidungen übersetzt werden? Sollen (bzw. können) die Bürger über alles und jedes unmittelbar im Wege der Volksabstimmung selbst entscheiden oder soll die Entscheidungsbefugnis einer kleinen Zahl von Personen, stellvertretend für alle, übertragen werden?*

Oft wird diese Frage mit rein technischen und organisatorischen Hinweisen beantwortet: Unmittelbare Entscheidungen eines jeden Bürgers über alle Fragen seien nur in kleinen Gemeinwesen mit einer überschaubaren Zahl von Personen technisch möglich. In großen Flächenstaaten mit Millionen von Bürgern sei dagegen eine permanente Volksabstimmung organisatorisch gar nicht zu bewältigen. Sinnvoller und zweckmäßiger sei es daher, die Entscheidungsbefugnis auf vom Volk gewählte Vertreter zu übertragen. Wenn dies geschieht, also nicht die Bürger selbst, sondern von ihnen gewählte und dazu ermächtigte Vertreter (mit dem lateinischen Fremdwort: *Repräsentanten*) die Gesetze beschließen, spricht man von *repräsentativer Demokratie*. Ist ein Staat dagegen so organisiert, dass die Bürger im Prinzip über alles in unmittelbarem Volksentscheid (lateinisches Fremdwort: *Plebiszit*) befinden können, bezeichnet man dieses politische System als *plebiszitäre Demokratie*.

Die organisatorisch-technischen Probleme plebiszitärer Demokratie werden im Prinzip von niemandem bestritten (obwohl sie seit Aufkommen des Internets eher als früher lösbar erscheinen). Umstritten ist dagegen, inwieweit auch in grundsätzlich repräsentativ organisierten Demokratien plebiszitäre Elemente in der Verfassung verankert sein sollen und inwieweit gewählte Volksvertreter nach ihrer Wahl in die Parlamente bei ihren Abstimmungen völlig frei sind, welche Position sie einnehmen dürfen. Beide Fragen hängen eng miteinander zusammen und lassen sich nur beantworten, wenn man sich Gedanken macht

- über die Natur des Menschen
- und das, was Gemeinwohl bzw. im allgemeinen Interesse des Volkes liegend bedeutet.

Um das zu verstehen, müssen wir etwas weiter ausholen. Beginnen wir mit der klassischen Definition von Repräsentation, die von dem deutschen Politikwissenschaftler *Ernst Fraenkel* (1898-1975, Professor für Politikwissenschaft an der FU Berlin) stammt:

> *„Repräsentation* ist die rechtlich autorisierte Ausübung von Herrschaftsfunktionen durch verfassungsmäßig bestellte, im Namen des Volkes, jedoch *ohne dessen bindenden Auftrag* handelnde Organe eines Staates oder sonstigen Trägers öffentlicher Gewalt, die ihre Autorität mittelbar oder unmittelbar vom Volk ableiten und mit dem Anspruch legitimieren, dem Gesamtinteresse des Volkes zu dienen und dergestalt dessen wahren Volkswillen zu vollziehen."
> (Fraenkel, E., Die repräsentative und die plebiszitäre Komponente im demokratischen Verfassungsstaat, in: ders., Deutschland und die westlichen Demokratien, 3. Aufl., Stuttgart 1968, S. 81. – Hervorhebungen von mir, H.A.)

An dieser Definition ist insbesondere eines bemerkenswert: Die verfassungsmäßig bestellten Organe, also das Parlament und die Regierung, sollen *ohne bindenden Auftrag des Volkes* handeln können. Das heißt: Wenn Abgeordnete erst einmal gewählt sind, können sie nach eigenem Ermessen entscheiden und handeln und sind zwischen den Wahlen an keinerlei Auflagen oder Weisungen des Volkes bzw. ihrer Wähler gebunden. Parlamente in der repräsentativen Demokratie sind somit in vollkommener Eigenverantwortung und ohne konkrete Einzelaufträge handelnde Organe. Wer erinnert sich an dieser Stelle nicht an Regierungen, die – egal wie sie parteipolitisch ausgerichtet waren – während einer Wahlperiode Maßnahmen ergriffen haben, die sie vor der Wahl noch strikt bekämpft haben. Gerade diese Möglichkeit gehört zu den Wesensmerkmalen repräsentativer Demokratie. Die Volksvertreter können grundsätzlich unabhängig von den in der Bevölkerung vorherrschenden Meinungen umsetzen, was sie für richtig halten.

60

Der Handlungsspielraum von Parlament und Regierung soll allerdings dadurch begrenzt werden, dass sich die Politiker in regelmäßigen Abständen zur Wahl stellen und um die Gunst des Volkes werben müssen. Hier setzt die sog. *ökonomische Theorie der Demokratie* an. Sie überträgt das Prinzip des Wettbewerbs aus der Wirtschaft auf den Bereich der Politik: So wie sich die Unternehmer am Markt mit ihren Produkten um die Gunst der Verbraucher bemühen müssen, um ihre Erzeugnisse verkaufen zu können, so müssen die Politiker ihre „Ware Politik verkaufen", indem sie am „politischen Markt" um die Zustimmung der Wähler kämpfen. Der österreichische Ökonom *Joseph Alois Schumpeter* (1883-1950), der zunächst in Graz und Bonn, dann von 1932-1950 an der Harvard-Universität (USA) gelehrt und mit seinem 1942 in New York erschienenen Werk „Kapitalismus, Sozialismus und Demokratie" die politikwissenschaftliche Diskussion erheblich beeinflusst hat, definierte dementsprechend schon in den vierziger Jahren des vorigen Jahrhunderts Demokratie wie folgt:

> „Die demokratische Methode ist diejenige Ordnung der Institutionen zur Erreichung politischer Entscheidungen, bei welcher einzelne die Entscheidungsbefugnis vermittels eines Konkurrenzkampfes um die Stimmen des Volkes erwerben."
> (Schumpeter, J. A.,. Kapitalismus, Sozialismus und Demokratie, 2. Aufl., Bern 1950, S. 428).

An dieser Definition ist das Verständnis von Demokratie als einer *Methode zur Erreichung politischer Entscheidungen* zu beachten. Demokratie wird ganz pragmatisch (= sich am konkreten Nutzen orientierend) als Methode betrachtet, wie man bei der Vielzahl der gegensätzlichen Meinungen und Interessen in einer Gesellschaft zu einer für alle verbindlichen Entscheidung kommt: über den Wettbewerb zwischen den Politikern. Damit beschreibt *Schumpeter* den politischen Prozess so, wie er sich für ihn in den repräsentativen Demokratien darstellte. Inwieweit der politische Wettbewerb tatsächlich die Gewählten an den Willen ihrer Wähler bindet, wurde erst in den sechziger und siebziger Jahren intensiv und kritisch in der Politikwissenschaft diskutiert (siehe dazu Kapitel 3.2.4).

Kritiker der repräsentativen Demokratie, die das organisatorisch-technische Problem direkter Demokratie in großen Flächenstaaten zwar nicht leugnen, aber dennoch eine stärkere, unmittelbare Kontrolle der Bürger über die Entscheidungen der Parlamente wünschen, stellen den unabhängig entscheidenden Volksvertretern in Parlament und Regierung das Modell einer *Rätedemokratie* gegenüber. Eines der Hauptmerkmale einer Rätedemokratie ist das sog. *imperative Mandat* (imperativum = lateinisch: befehlend; mandatum = lateinisch: Auftrag). Darunter versteht man die zwingende Auflage an einen Abgeordneten/Volksvertreter, in dem Gremium, in das er gewählt worden ist, in einer bestimmten Weise abzustimmen. Damit wollen die Anhänger dieses direktdemokratischen Rätekonzepts sicherstellen, dass sich die Abgeordneten nicht von den Interessen der sie Wählenden entfernen. Die jederzeitige Abberufungsmöglichkeit eines jeden Rates und die Wahl eines neuen gehört ebenfalls zu den Wesensmerkmalen des Rätekonzepts. Vertreten wurde dieses Modell vor allem von marxistisch orientierten Gruppen, aber auch von Teilen der Studentenbewegung in den sechziger Jahren des vorigen Jahrhunderts (sog. „neue Linke"). Dahinter steckt die Vorstellung, Abgeordnete in Demokratien mit kapitalistischem Wirtschaftssystem ständen unter massivem Druck der herrschenden Klasse der Kapitalisten und würden bei den politischen Entscheidungen nur die Interessen dieser Klasse statt die des Proletariats beachten. Um das zu verhindern, müssten die Volksvertreter stets der unmittelbaren Kontrolle des Volkes durch imperatives Mandat und Möglichkeit zu jederzeitiger Abberufung unterworfen werden.

Doch zurück zu den wesentlichen Unterschieden zwischen repräsentativer und plebiszitärer Demokratie. Die Anhänger des Repräsentationsprinzips übertragen die politische Entscheidungsbefugnis nicht nur aus technisch-organisatorischen Gründen gewählten Gremien und Instanzen. Der eigentliche Grund liegt im Menschenbild und im Verständnis von Gemeinwohl.

Die einzelnen Individuen – so die Anhänger der repräsentativen Demokratie – verfolgen allesamt ihre Eigeninteressen und neigen dazu anzunehmen, dass immer nur der andere irrt. Das führe zu leidenschaftlichen Auseinandersetzungen und zu Zwietracht zwischen den Menschen, die den Zusammenhalt und den Bestand eines Gemeinwesens gefährden. Es sei deshalb unabdingbar, eine Gesellschaft so zu organisieren, dass die Leidenschaften und Interessen unter Kontrolle gehalten werden können. Dazu sei eine plebiszitäre Demokratie nicht in der Lage, weil sie keine, die Leidenschaften und Interessen kanalisierenden Mechanismen besitze, sondern ihnen – im Gegenteil – freien Lauf lasse.

Aus diesem Menschenbild (der Mensch ist von Natur aus egoistisch) leitet sich auch das Verständnis von Gemeinwohl ab. Weil die Menschen sehr verschiedenartig sind, d. h. jeweils eigene Auffassungen, Vorstellungen, Vorlieben, Wünsche und Interessen haben, gibt es in aller Regel kein von vornherein bestimmbares Gemeinwohl bzw. Gesamtinteresse. Populär ausgedrückt: Weil jeder etwas anderes will und seine eigenen Vorstellungen durchsetzen möchte, gibt es keinen einheitlichen Volkswillen, d. h. etwas, das alle wollen und mit dem alle einverstanden sind. Es ist vielmehr Aufgabe des politischen Prozesses, der politischen Willensbildung, trotz Vielfalt der Meinungen schließlich zu einer Entscheidung zu kommen, die von allen akzeptiert wird. Das geht aber nur, wenn die Leidenschaften und Interessen unter Kontrolle gehalten werden (s.o.), und das wiederum – so die Anhänger des Repräsentationsgedankens – lässt sich nur in einer repräsentativen Demokratie bewerkstelligen, in der die Volksvertreter nicht bei allem und jedem an direkte Aufträge ihrer Wähler gebunden sind, sondern eigenverantwortlich entscheiden können.

Diese Überlegungen findet man ausführlich dargestellt in den sog. *Federalist Papers*. Dabei handelt es sich um insgesamt 85 Artikel, erschienen Ende des 18. Jahrhunderts, in denen die Verfassung der Vereinigten Staaten von Amerika kommentiert und die ihr zugrunde liegende politische Theorie dargelegt wird. Verfasst wurden die Federalist Papers von

- *Alexander Hamilton* (1755-1804), späterer Finanzminister unter Präsident George Washington
- *James Madison* (1751-1836), Präsident von 1808-1817
- *John Jay* (1745-1829), Rechtsanwalt und von 1789-1795 erster oberster Richter der USA

Alle drei waren an exzellenten US-Universitäten ausgebildete wohlhabende Persönlichkeiten, die – dem damals üblichen Denken folgend – das Stimmrecht nur weißen, Steuer zahlenden und besitzenden Männern zuerkennen wollten. Arme, Farbige und Frauen waren somit von der politischen Teilhabe von vornherein ausgeschlossen. Auch die Sklaverei wurde nicht in Frage gestellt.

Der Gefahr, dass sich die Volksvertreter in einem repräsentativen System vom Willen und den Interessen der Bürger entfernen, wollten sie durch alle möglichen Sicherungen und Gegenkräfte vorbeugen. So entwarfen sie das System der *checks and balances* (= Kontrollen und Gleichgewicht):

- Ein Parlament, bestehend aus zwei Kammern, zusammengesetzt aus unterschiedlichen Personen und auf unterschiedliche Weise gewählt.
- Ein vom Parlament unabhängiger Präsident
- Ein unabhängiges höchstes Gericht

Gewaltenteilung durch Gewaltenverschränkung sollte das Prinzip der amerikanischen Verfassung sein.

Teileelemente plebiszitärer bzw. direkter Demokratie existieren in vielen, grundsätzlich repräsentativ organisierten Demokratien. So gibt es in Italien, Frankreich, Australien, Neuseeland, Irland und Dänemark die Möglichkeit, das Volk durch ein Referendum unmittelbar in eine Beschlussfassung einzubeziehen, ohne allerdings dem Volk die letzte Entscheidung anstelle der Repräsentativorgane zu überlassen. Dadurch wird das Volk nicht zum höchsten Souverän (= Herrscher), sondern lediglich „zu einer Figur im politischen Schachspiel der Akteure der repräsentativen Demokratie", wie es der deutsche Politikwissenschaftler *Peter Graf Kielmansegg* (* 1937, Professor an den Universitäten Köln und Mannheim) einmal ausgedrückt hat. Das Volk wird von denjenigen Akteuren (Opposition, Interessengruppen), die bei einer bestimmten Frage im regulären Prozess der Entscheidungsfindung fürchten zu unterliegen, benutzt, um eventuell doch noch ihre Vorstellungen durchzusetzen. Wo immer plebiszitäre Mechanismen installiert sind und angewendet werden – das direktdemokratische Land schlechthin ist die Schweiz – haben sich folgende Nachteile gezeigt:

- Im Vorteil sind diejenigen Bevölkerungsschichten, die sich für Politik interessieren und bereit sind, aktiv daran mitzuwirken. Wer dagegen auch Politik in der Gesellschaft arbeitsteilig organisiert wissen möchte (um Politik soll sich die sog. politische Klasse kümmern, also die Menschen, die Politik zu ihrem Beruf gemacht haben) und zwar bereit ist, in größeren Zeitabständen zur Wahl zu gehen, aber nicht jede Woche über etwas anderes abstimmen will, gerät leicht ins Hintertreffen. Dann treffen andere die Entscheidungen, und diese werden zugunsten der Interessen der Aktiven verzerrt, die Zeit und Lust haben, sich zu engagieren.

- Die politische Partizipation (= politisches Engagement, aktive Teilnahme) erfolgt wiederum nicht in allen sozialen Schichten gleich. Gut ausgebildete Bürgerinnen und Bürger haben eher die Chance, sich bei direktdemokratischen Verfahren zu artikulieren (z. B. bei öffentlichen Volksversammlungen das Wort zu ergreifen und ihre Position zu vertreten) als weniger Gebildete. Die von vielen Anhängern plebiszitärer Demokratie eigentlich verfolgte Absicht, die Interessen benachteiligter Schichten stärker zur Geltung zu bringen, wird dadurch eher ins Gegenteil verkehrt. Von Direktdemokratie profitieren Reiche und Gebildete mehr als Arme und schlecht Ausgebildete.

- Die fehlende Bereitschaft der überwiegenden Mehrheit eines Volkes, sich „rund um die Uhr" mit politischen Fragen zu befassen, birgt die große Gefahr, dass sich bei direktdemokratischen Verfahren radikale populistische Kräfte (populistisch = Vorurteile, Gefühle und Ängste der Bevölkerung ansprechend) leichter durchsetzen als bei repräsentativen Mechanismen (die Einführung der Todesstrafe wäre vermutlich bei direkter Volksbefragung in vielen Ländern das Ergebnis). Der erste Präsident der Bundesrepublik Deutschland, *Theodor Heuss*, sprach in diesem Zusammenhang von einer „Prämie für Demagogen" (Demagoge = ein die Kunst der Volksverführung durch hervorragende Rednergabe beherrschender Politiker). Zwar gibt es auch bei den in mehrjährigen Abständen in repräsentativen Demokratien durchgeführten Wahlen immer wieder Parteien, die mit demagogischen Mitteln Stimmen auf sich ziehen können. Doch steht bei den Wahlen im Prinzip immer ein ganzes Spektrum politischer Probleme zur Abstimmung – wenn auch häufig von den Parteien versucht wird, eine besonders brisante, die Menschen bewegende Frage in den Mittelpunkt zu rücken. Auch ist die Beteiligung an Wahlen in aller Regel größer als an häufigen Volksbefragungen, so dass die gemäßigten politischen Kräfte eher die Oberhand behalten und die radikalen Stimmen leichter neutralisiert werden können.

Die Erfahrungen, die mit Direktdemokratie in der Schweiz, aber beispielsweise auch im US-Bundesstaat Kalifornien gemacht wurden, sind durchaus unterschiedlich. Während in der Schweiz die größeren Mitspracherechte des Volkes eher integrierend wirken und verhindern, dass sich die „hohe Politik" zu weit vom Volk entfernt, wurden in Kalifornien plebiszitäre Verfahren häufig dazu eingesetzt, um missliebige Bewohner auszugrenzen und sie von staatlichen Leistungen auszuschließen. Auf keinen Fall erleichtern direktdemokratische Verfahren Veränderungen in einem Land. Im Gegenteil: Die Neigung der Menschen zur Besitzstandswahrung, d. h. an dem fest zu halten, was sie haben, wirkt konservierend auf die wirtschaftlichen und gesellschaftlichen Strukturen. So fällt auf, dass die beiden Länder mit starken direktdemokratischen Elementen wie die Schweiz und die USA (letztere nur auf der Ebene der Bundesstaaten) im Vergleich zu den Repräsentativdemokratien in Mittel- und Nordeuropa nur einen gering ausgebauten Wohlfahrtsstaat haben. Das zeigt: Bei direkter Demokratie haben die Besitzenden, die gleichzeitig besser ausgebildet und informiert sind, einen Startvorteil und können Umverteilungsansprüche der Ärmeren leichter abwehren als in Repräsentativdemokratien, in denen oft starke Linksparteien und gut organisierte Gewerkschaften die Interessen der sozial schwächeren Bevölkerungsschichten durchsetzen. Deshalb wäre die Einführung von mehr Direktdemokratie weder ein Instrument, um benachteiligten Bevölkerungsgruppen zu mehr Einfluss und verbesserten wirtschaftlichen und sozialen Bedingungen zu verhelfen, noch ein Mittel, um handlungsgeschwächten Regierungen in Repräsentativdemokratien mehr Durchsetzungskraft zu verleihen.

Die Frage, wie ein Land politisch organisiert sein soll, ist eines der Kernthemen der Politikwissenschaft schlechthin. Sie wurde daher schon in der Antike diskutiert. Im letzten Kapitel dieses Buches werden wir daher noch einmal auf diese Fragen zurückkommen.

2.5 Wie Demokratie sein soll – die normative Demokratietheorie

Wer bis hierher gefolgt ist, mag die Betrachtung politischer Systeme als sehr nüchtern (um nicht zu sagen „trocken") empfunden haben. In der Tat: Viele, die sich für Politik interessieren und politische Fragen diskutieren, möchten lieber darüber sprechen, wie Politik ihrer Meinung nach ablaufen und was die Politiker besser machen sollten. Deshalb sollen an dieser Stelle die drei Grundrichtungen der Politikwissenschaft kurz vorgestellt werden. Anschließend werden Ansätze normativer Demokratietheorie behandelt.

2.5.1 Grundrichtungen der Politikwissenschaft

Eine Richtung der Politikwissenschaft, der sog. *normativ-ontologische Ansatz*, befasst sich genau mit der eben erwähnte Frage: Wie soll Politik ablaufen? Doch zunächst wollen wir die komplizierte Bezeichnung „normativ-ontologisch" erklären: *Normativ* heißt wünschenswert, als Richtschnur dienend. *Ontologie* ist die Lehre von dem, was in Wirklichkeit ist. Demzufolge ist die Fragestellung des *normativ-ontologischen Ansatzes* der Politikwissenschaft: Welche Wirklichkeit ist wünschenswert? Wie soll die Gesellschaft organisiert sein? Wie soll Politik funktionieren? Mit anderen Worten: Es geht um die aus übergeordneten (z. B. christlichen oder humanistischen) Werten abgeleitete, erstrebenswerte „gute Ordnung", um den „guten Bürger" und den „guten Staatsmann".

In diesem Buch wird dieser Ansatz bewusst *nicht* gewählt. Gewiss kann man stundenlang darüber philosophieren, wie ein guter Staatsmann und ein guter Bürger eigentlich beschaffen sein müssten. Für die Erklärung der politischen Wirklichkeit oder das Verständnis aktueller politischer Abläufe bringt dies jedoch nichts. Uns kommt es in diesem Buch darauf an zu verstehen lernen, wie und warum politische Prozesse so passieren, wie sie passieren. Ob man es dann als gerecht oder ungerecht empfindet, dass Politik so stattfindet, ist eine ganz andere Frage. Damit soll nicht behauptet werden, dass es überflüssig ist, über eine anzustrebende „gute Ordnung" nachzudenken. Nur: Dieser gewünschten „guten Ordnung" wird man – wenn überhaupt – nur dann nahe kommen können, wenn man verstanden hat, warum Politik in der heutigen Welt nun mal so funktioniert, wie sie eben funktioniert.

Diese Richtung der Politikwissenschaft, die versucht, ähnlich wie die Naturwissenschaft durch systematische Beobachtung der Wirklichkeit Zusammenhänge in der Politik zu erkennen und daraus so etwas wie Gesetzmäßigkeiten abzuleiten, ist der *empirisch-analytische Ansatz*. Empirisch heißt „auf objektiv feststellbaren Tatsachen beruhend" und Analyse ist die systematische Untersuchung eines Sachverhalts. Der Ansatz geht in der Regel so vor, dass er sog. *nomologische Hypothesen* bildet. Nomologisch heißt „auf Gesetzmäßigkeiten beruhend", eine Hypothese ist eine Annahme bzw. Vermutung. Empirisch-analytisch orientierte Politikwissenschaftler versuchen also, im Bereich der Politik ähnlich wie für die Natur Gesetzmäßigkeiten herauszufinden, z. B. in der Art „Das Verhältniswahlrecht führt zu einer Zersplitterung des Parteiensystems".

Diese Aussage wird dann versucht, empirisch zu belegen, d. h. es wird geprüft, wie die Parteiensysteme in Wirklichkeit in den Ländern aussehen, die ein Verhältniswahlrecht haben. Solange nicht durch Fakten widerlegt werden kann, dass diese Aussage nicht richtig ist (solange also kein Land gefunden wird, in dem es trotz Verhältniswahlrecht ein alternierendes Zwei-Parteien-System gibt wie in Großbritannien), wird die Aussage als gültig gesehen. Wird indessen in der Realität ein Fall gefunden, der der Behauptung widerspricht, muss die Aussage als widerlegt und somit ungültig angesehen werden.

Diese wissenschaftliche Vorgehensweise, nach der ein Zusammenhang solange als wahr betrachtet wird, bis er durch empirische Daten/Fakten widerlegt ist, wurde von dem österreichisch-britischen Sozialphilosophen *Karl Popper* (1902-1994) entwickelt. Das Kriterium der *Falsifikation* (= Widerlegbarkeit) wird nach ihm als *Popper-Kriterium*, die philosophische (wissenschaftstheoretische) Schule als „kritischer Rationalismus" bezeichnet.

Eine dritte politikwissenschaftliche Richtung ist der *kritisch-dialektische Ansatz*. Vertreter dieses Ansatzes sehen in der Politikwissenschaft die Aufgabe, die gegenwärtige Gesellschaft weiter zu entwickeln. Politikwissenschaft dürfe sich daher nicht in der bloßen Beschreibung von Tatsachen oder Zusammenhängen erschöpfen, sondern müsse berücksichtigen, dass die zu einem bestimmten Zeitpunkt gegebene politische Ordnung und Herrschaftsstruktur einer Gesellschaft von Menschen gemacht ist. Herrschaft und Zwang, Über- und Unterordnung, Arm und Reich seien aber nicht schicksalhaft in jeder Gesellschaft ein für alle Mal gegeben. Das, was von den Menschen als erstrebenswert angesehen wird (die Werte), ihr Denken, ihre Verhaltensweisen und Interessen seien Ergebnis der jeweils historisch gegebenen gesellschaftlichen Herrschaftsordnung und würden von ihr geprägt. Sie seien Ergebnis menschlichen Handelns und könnten daher auch verändert werden. Aufgabe der Politikwissenschaft sei es, diese Mechanismen aufzudecken und die Gesellschaft zu einer Demokratie weiter zu entwickeln, in der der Gegensatz zwischen Herrschern und Beherrschten aufgehoben und die Identität von Regierenden und Regierten hergestellt wird.

Lange Zeit waren der politikwissenschaftliche Ansatz, den jemand verfolgte, und sein eigener politischer Standort eng miteinander verknüpft. Der normativ-ontologische Ansatz wurde vor allem von den Konservativen vertreten, der empirisch-analytische Ansatz eher von liberal orientierten Wissenschaftlern. Die kritisch-dialektische Richtung stand für neomarxistische und linkssozialistische Ansätze. Seit dem Niedergang der ehemals sozialistischen Staaten sind die Grenzen zwischen diesen theoretischen Ansätzen fließend geworden. Auch primär normativ-ontologisch oder empirisch-analytisch orientierte Politikwissenschaftler betrachten die politischen Prozesse und Herrschaftsstrukturen in den sog. „bürgerlichen Demokratien" (das sind repräsentative Demokratien mit marktwirtschaftlich-kapitalistischem Wirtschaftssystem) durchaus kritisch. Umgekehrt verwenden diejenigen, die eher dem kritisch-dialektischen Ansatz zuneigen, in ihren Analysen nicht mehr ausschließlich neomarxistische Kategorien.

Im letzten Kapitel des Buches, das sich den politischen Theorien widmet, werden wir auf die unterschiedlichen Ansätze der Politikwissenschaft und auf ihre Konsequenzen für das politische Denken noch mal eingehen.

2.5.2 Die Mitwirkung aller an allem – die partizipative Demokratie

In der bisherigen Darstellung wurde der Demokratiebegriff sehr eng gefasst. Ausgangspunkt war die Feststellung, dass menschliches Zusammenleben zu Konflikten führt und diese für alle verbindlich geregelt werden müssen. Demokratie wurde als formaler Mechanismus gesehen, der diese für alle verbindliche Konfliktregulierung bewerkstelligt.

Dieser Ansatz greift den Anhängern der sog. *partizipatorischen Demokratietheorie* viel zu kurz. Ihnen geht es bei der Demokratie um eines: Möglichst viele sollen über möglichst vieles durch aktive politische Beteiligung (*Partizipation* = Teilhabe, Beteiligung) bestimmen. Das bedeutet mehr als nur die Möglichkeit zu schaffen, über bestimmte Fragen Volksentscheide herbeizuführen, wie es in der plebiszitären oder Direktdemokratie der Fall ist. Partizipatorische Demokratie sieht in der politischen Beteiligung einen Eigenwert, ein Mittel, mit dem die Menschen sich selbst verwirklichen. Nicht das bloße Akzeptieren von Entscheidungen, die andere getroffen haben, sei Demokratie (selbst dann nicht, wenn man mit der getroffenen Entscheidung voll einverstanden ist), sondern das persönliche Mitwirken aller am Zustandekommen der Entscheidung mache Demokratie aus.

Natürlich setzen sich die Vertreter dieses Konzepts mit der vorgefundenen Realität auseinander, die ganz und gar nicht dem Ideal partizipatorischer Demokratie entspricht. Obwohl die Möglichkeit zu politischem Engagement prinzipiell allen Bürgern in der modernen Demokratien offen steht, macht nur eine verschwindend geringe Zahl davon Gebrauch. Nur wenige werden Mitglied einer politischen Partei oder treten einer Gewerkschaft oder einem anderen wirtschaftlichen Interessenverband bei. Selbst von denjenigen, die einer Partei oder einem Verband beigetreten sind, arbeitet nur eine Minderheit aktiv mit. Die Mehrheit ist lediglich passives, d. h. zahlendes Mitglied.

Die Anhänger der partizpatorischen Demokratie erklären das mit den begrenzten Mitwirkungs- und Erfolgschancen im politischen Prozess. Das führe zum Rückzug ins Private, zur Apathie (= Teilnahmslosigkeit, Desinteresse) und Entfremdung von der Politik. Die Hinwendung zu anderen, in der Privatsphäre liegenden Interessen sei jedoch den Menschen nicht angeboren, sondern werde ihnen im Laufe des Erziehungsprozesses vermittelt. Durch Lern- und Aufklärungsprozesse könnte den Bürgern nicht nur mehr Wissen und das Bewusstsein über die eigenen Interessen vermittelt, sondern auch die Motivation für politisches Engagement geweckt werden. Durch zunehmende politische Partizipation wachse auch das Verständnis für Konfliktaustragung, die in einem Konsens münden müsse, und fördere so das gemeinwohlverträgliche Handeln.

Im Gegensatz zur empirisch-analytischen Demokratietheorie, die anhand tatsächlicher Erfahrungen beschreibt, wie die politischen Prozesse in Wirklichkeit ablaufen, sagt die normative Demokratietheorie nur, *wie es sein sollte* bzw. *wie man es sich wünscht.* Doch wünschen kann man sich bekanntlich viel! Die Theorie ist auch so konstruiert, dass sie durch Gegenbeispiele schwer widerlegbar ist. Denn der Einwand, die Menschen sind gar nicht so, wie es für das Funktionieren einer partizipatorischen Demokratie Voraussetzung wäre, kann mit dem Hinweis vom Tisch gewischt werden, dass die Menschen eben falsch erzogen worden sind und bei „richtiger" Erziehung durchaus die hohen Anforderungen erfüllen würden. „Richtig" erzogene Menschen gibt es aber in der repräsentativen, bürgerlichen Demokratie gar nicht.

Hier zeigt sich auch, dass die partizipatorische Demokratietheorie nicht die Anforderungen erfüllt, die von der empirisch-analytischen Politikwissenschaft an eine wissenschaftliche Aussage gestellt werden. Denn die Aussage kann durch keinerlei Fakten widerlegt werden, weil Menschen, die nicht dem Ideal partizpatorischer Demokratie entsprechen, immer „falsch" erzogen sind. Für den kritischen Rationalismus haben Aussagen, die wie diese nicht dem Falsifikationskriterium Poppers Stand halten (weil sie durch Fakten nicht widerlegbar sind), keine Erklärungskraft und keinen Aussagewert. Sie sind schlicht unwissenschaftlich.

Weil eine Demokratie mit der geforderten hohen Partizipation noch nicht verwirklicht ist, bewegt sich die Kritik an dem Konzept auf Erfahrungen, die bereits in repräsentativen Demokratien mit weitaus weniger Beteiligungsmöglichkeiten gemacht worden sind. So wird das zugrunde liegende Menschenbild für zu optimistisch gehalten. Es überschätze die Kompetenzen, das Zeitbudget und das Interesse der Menschen an politischen Fragen. Auch sei zu überlegen, ob der zu treibende Aufwand für Information in vertretbarem Verhältnis zu dem durch Partizipation erzielbaren Nutzen steht. (Warum sollen sich Millionen Bürger mit viel Zeit- und Kostenaufwand über komplizierte Sachverhalte informieren, um letztlich dann doch zu demselben Urteil wie ausgewiesene Experten zu gelangen?) Als besonders gefährlich wird auch eingeschätzt, dass sich die jeweils engagiertesten Gruppen per Entscheidung der aktiven Mehrheit durchsetzen und die Minderheit unterdrücken. Schlimmstenfalls reißen Aktivisten die

Entscheidungsbefugnis an sich, erklären sich selbst zur Avantgarde (= Minderheit, die sich berufen fühlt, dem Volk den „richtigen" Weg zu zeigen), die im Gegensatz zu den anderen aufgeklärt und deshalb befugt ist, die der gesamten Gesellschaft zu vertreten.

> Beispiel: Ende der sechziger Jahre traten zahlreiche Anhänger der Studentenbewegung, der sog. „Neuen Linken", in die SPD ein, um zu versuchen, die gesamte Partei auf einen linkssozialistischen Kurs zu bringen. Sie wirkten engagiert in den Ortsvereinen mit, stellten in den Mitgliederversammlungen zahlreiche Anträge und diskutierten oft bis spät in die Nacht. Da es sich überwiegend um Studenten handelte, verfügten sie auch über die notwenigen zeitlichen Freiräume, die anderen SPD-Mitgliedern, die berufstätig waren, nicht offen standen. Im Ergebnis wurden zu später Stunde, als die neu eingetretenen Studenten fast unter sich waren, Resolutionen verabschiedet, die von der Mehrheit der Parteimitglieder gar nicht mitgetragen wurden. Dies ist ein Beleg dafür, wie schnell Aktivisten politische Entscheidungen zu ihren Gunsten verändern können.

Gleichwohl hat die partizpatorische Demokratietheorie ihre Verdienste. Indem sie den Ist-Zustand mit einem wünschenswerten Soll-Zustand vergleicht, legt sie den Finger in die Wunde repräsentativer Demokratien, in denen die Bürger häufig den Eindruck haben, zu wenig von den Regierenden beachtet zu werden und zu geringe Einflussmöglichkeiten zu haben. Wenn auch die totale Politisierung vermutlich eine Utopie (etwas nicht Erreichbares) bleiben wird, so wird es doch übereinstimmend als Ziel angesehen, einer drohenden Entpolitisierung der Bevölkerung, die sich beispielsweise in geringer Wahlbeteiligung äußert, entgegen zu wirken und durch intensive Aufklärung für ein größeres Verständnis und eine breitere Akzeptanz für Politik zu sorgen.

2.5.3 Materielle Teilhabe der Schwächeren – die soziale Demokratie

Während es der partizipatorischen Demokratietheorie darauf ankommt, möglichst viele an allen Entscheidungen mitwirken zu lassen, geht es der Theorie der sozialen Demokratie vor allem darum dafür zu sorgen, dass die Schwächeren einer Gesellschaft an ihren materiellen Ergebnissen teilhaben. Voraussetzung dafür sei, das Prinzip der Demokratie nicht nur auf den engen staatlichen Bereich zu beschränken, sondern es auf Wirtschaft und Gesellschaft auszudehnen. *Wirtschaftsdemokratie* ist hierfür das Stichwort. Es bedeutet: Die Entscheidungen auf allen Ebenen der Wirtschaft – im Betrieb, im Unternehmen und in der Gesamtwirtschaft – dürfen nicht allein von den Unternehmern getroffen werden, die sich an den Interessen der Kapitaleigner orientieren, sondern sie müssen gemeinsam von Kapital und Arbeit getragen werden.

Im Unterschied zur partizipatorischen Demokratietheorie geht es den Verfechtern der sozialen Demokratie aber nicht um basisdemokratische Lösungen. Keineswegs sollen unternehmerische Entscheidungen über Produktionserweiterungen oder –verlagerungen oder über Neuinvestitionen der kompletten Belegschaft zur Abstimmung vorgelegt werden. Vielmehr sollen die Arbeitnehmer aus den Reihen der Belegschaft oder aus den sie vertretenden Gewerkschaften Vertreter wählen, die gleichberechtigt mit Vertretern der Kapitalseite in den dafür vorgesehenen Gremien – z. B. in den Aufsichtsräten der großen Aktiengesellschaften – die Unternehmenspolitik beraten und gemeinsam beschließen. Der Ansatz ist also durchaus repräsentativ-demokratisch und hat mit plebiszitärem oder partizipatorischem Demokratieverständnis nichts zu tun.

Hinter diesem Konzept, das in dieser Form ausschließlich von der deutschen Sozialdemokratie und den deutschen Gewerkschaften vertreten wird, steht die Absicht, eine Art Mittelweg zwischen kapitalistischer Marktwirtschaft und sozialistischer Planwirtschaft einzuschlagen. Die Sozialisierung der Produktionsmittel, also die Überführung der großen Unternehmen in Staatseigentum, wird als untaugliches Mittel angesehen, um die Wirtschaft gemäß den Bedürfnissen der breiten Arbeitnehmerschichten zu lenken. Gleichwohl wird befürchtet, dass Unternehmen, die in kapitalistischen Marktwirtschaften nur von den Kapitaleigentümern kontrolliert werden, zu große wirtschaftliche Macht haben und deshalb ihre Interessen sowohl gegenüber dem Gesetzgeber als auch im Unternehmen zu Lasten der Arbeitnehmer durchsetzen können. Mit der gleichberechtigten Beteiligung der Arbeitnehmervertreter an den unternehmerischen Entscheidungen soll wirtschaftliche Macht kontrolliert und das Prinzip der Demokratie auf die Wirtschaft ausgedehnt werden. Außerdem sollen auf allen Ebenen – Bund, Ländern und Gemeinden – Wirtschafts- und Sozialräte gebildet werden, die paritätisch mit Arbeitgeber- und Arbeitnehmervertretern besetzt sind und die Aufgabe haben sollen, die Wirtschaftspolitik zu beraten – ohne allerdings das letzte Entscheidungsrecht der Parlamente anzutasten.

Die Übertragung des demokratischen Entscheidungs- und Legitimationsprinzips auf die Wirtschaft ist für die Anhänger der sozialen Demokratie allerdings kein Selbstzweck wie die politische Beteiligung möglichst vieler in der partizipatorischen Demokratietheorie. Vielmehr erhofft man sich von Wirtschaftsdemokratie andere ökonomische Ergebnisse, vor allem im Hinblick auf die Beteiligung der sozial schwächeren Bevölkerungsgruppen am wirtschaftlichen Ergebnis. Mit anderen Worten: Von einer Kontrolle der unternehmerischen Entscheidungen über Arbeitnehmervertreter in den Aufsichtsräten wird letztlich

eine „gerechtere Gesellschaft" im Sinne einer gleichmäßigeren Einkommens-
und Vermögensverteilung erwartet.

Wir wollen an dieser Stelle nicht diskutieren, ob diese Erwartungen realis-
tisch sind. Im Kapitel 5 kommen wir noch einmal auf diese Fragen zurück. Fest
zu halten bleibt jedoch, dass auch die Theorie der sozialen Demokratie die bloße
formale, bürgerliche Demokratie als unvollkommen ansieht. Erst mit der
Verbreitung demokratischer Entscheidungsstrukturen auf die gesamte Wirtschaft
und Gesellschaft hält sie wahre Demokratie für verwirklicht.

2.5.4 Zusammenfassung

Wir konnten hier nur einen kleinen Ausschnitt der empirisch-analytischen und
der normativen Demokratietheorie behandeln. Nachzulesen, wie politische Denker vor über zweitausend Jahren die politische Organisation menschlichen Zusammenlebens analysiert und sich dabei letztlich immer mit den gleichen Fragen
und Problemen befasst haben, ist eine faszinierende Erfahrung, die keiner, der
sich mit Politik und ihrer Wissenschaft befasst, auslassen sollte. Der Leser hat
nun ein Grundgerüst, um vertiefend in zwei Teilbereiche der Politikwissenschaft
einzudringen: in den Bereich der politischen Theorie – in der Lehre an den Universitäten oft auch als Geschichte der politischen Ideen bezeichnet – und in den
Bereich der Analyse und des Vergleichs politischer Systeme, oft auch Vergleichende Politikwissenschaft genannt. Die Literaturhinweise am Ende des Buches
sollen helfen, geeignete Quellen für weitergehende Studien zu finden.

Bevor wir aber das Kapitel über die politischen Systeme verlassen, wollen
wir uns noch den nicht-demokratischen Systemen – den Diktaturen – zuwenden.

2.6 Diktatorische Systeme

Auch die Diktatur als politisches System, das im Unterschied zur Demokratie auf
Gewalt und Zwang beruht und in dem die politische Macht durch Putsch oder
Revolution errungen wird und in der Kontrolle politischer Macht fehlt, gibt es in
unterschiedlichen Ausprägungen. Hier wird unterschieden zwischen *autoritärer*
und *totalitärer Diktatur*.

2.6.1 *Autoritäre Diktatur*

2.6.1.1 Entstehung

Autoritäre Systeme entstehen häufig in Gesellschaften, die sich in einer Zwischenphase von vormodern und modern befinden. Entweder lösen sich in derartigen Gesellschaften traditionell legitimierte Herrschaftsstrukturen auf und machen Platz für eine autoritäre Diktatur. Oder aber die Gesellschaften sind instabil, weil ihre wirtschaftliche Entwicklung noch keinen Massenwohlstand hervorgebracht hat und somit die sozialen Voraussetzungen für eine demokratische Regierungsform fehlen (Zur Frage, unter welchen sozialen Voraussetzungen eine Demokratie existieren kann, siehe auch Kapitel 2.8).

Unter derartigen gesellschaftlichen Rahmenbedingungen bildet eine hohe Position in der Armee oder der Regierung die Grundlage für die Übernahme der politischen Macht durch einen Diktator. Gewaltsamer Umsturz und Ablösung des bisherigen Regimes statt Wettbewerb um die Zustimmung des Volkes begründet also autoritär-diktatorische Herrschaft. Am Anfang ihrer Herrschaft wird dann meist eine Reihe von gesellschaftlichen Umschichtungen vorgenommen, um ihre Anhänger auf Kosten ihrer Gegner durch „Belohnungen" an sich zu binden.

2.6.1.2 Machtausübung

In erster Linie stützen sich Diktatoren in autoritären Systemen auf Armee, Polizei und staatliche Verwaltung. Eine Einheitspartei oder dominierende Staatspartei kann dazukommen, nicht jedoch eine Massenpartei wie in totalitären Regimen. Wesentliches Merkmal der autoritären Diktatur ist es, dass sie sich mit der politischen Kontrolle des Staates begnügt und nicht darauf aus ist, das gesamte gesellschaftliche Leben zu beherrschen. Das System verlangt nur äußere Konformität und lässt Gewissensfreiheit – zumindest im privaten Bereich – zu. Das gibt der Opposition zwar keinen großen, aber doch einen gewissen Spielraum. So ist es den Bürgern zwar nicht möglich zu sagen, was sie denken, aber es besteht in der Regel auch kein Zwang, das sagen zu müssen, was man nicht denkt. Wer schweigt, nicht offen gegen die Machthaber opponiert und ihnen auch nicht gefährlich wird, kann unter einer autoritären Diktatur existieren, ohne ständig um Leib und Leben bangen zu müssen.

2.6.1.3 Machtsicherung

Typisch für autoritäre Diktatoren ist es, dass sie sich nach der gewaltsamen Machtübernahme ihre Herrschaft durch scheindemokratische Verfahren legitimieren lassen. Häufig werden Wahlen für eine Verfassung gebende Versammlung ausgeschrieben. Doch entweder sind die Wahlen zu dieser Körperschaft manipuliert oder der Versammlung wird eine autoritäre Verfassung aufgezwungen. Beliebt bei den Diktatoren ist auch eine Volksabstimmung über die Verfassung. Dieser Volksentscheid hat mangels einer Alternative, über die abgestimmt werden könnte, lediglich den Charakter einer Akklamation (= Beifallsbekundung ohne vorheriges, kritisches Nachdenken).

Da autoritäre Regime nicht beanspruchen, die ganze Gesellschaft zu beherrschen, können sie gegenüber oppositionellen Gruppen, die ihrerseits Chancen für einen Putsch sehen, zu wesentlich nackterer Gewalt greifen als totalitäre Systeme. Die Entwicklung Spaniens unter der Franco-Diktatur zeigte jedoch, dass im Laufe der Zeit die Mechanismen, die eine Pseudolegitimation der politischen Entscheidungen bewirken sollten, den Charakter von Konfliktregelungstechniken annahmen, die in einem Konkordanzsystem üblich sind.

Ein Problem in einer autoritären Diktatur stellt die Nachfolge des Diktators dar. Er kann es sich nicht leisten, einen Nachfolger aufzubauen, weil er damit riskieren würde, selbst früher als geplant „abgelöst" zu werden. Eine Partei, die in Demokratien für die Rekrutierung des politischen Personals sorgt, gibt es nicht, oder sie wird ebenfalls so autoritär geführt, dass sich kein „Thronfolger" entwickeln kann. Beim Tod des Diktators entsteht daher oft ein politisches Machtvakuum, d. h. es gibt vorübergehend niemanden, der die Richtung vorgibt. In dieses Machtvakuum dringen dann mehrere Personen ein, um nach einiger Zeit aus dem entbrennenden Machtkampf als Sieger und damit als Nachfolger des Diktators hervorzugehen. Möglich ist aber auch, dass demokratische Kräfte die historische Gunst der Stunde zu nutzen verstehen und das Machtvakuum ausfüllen, um eine Demokratie zu etablieren (siehe dazu auch Abschnitt 2.8.2).

2.6.1.4 Konkrete Fallbeispiele

Die Einteilung der autoritären Diktaturen ist sehr vielfältig. Unterschieden wird häufig nach der Hauptsäule, auf die sich die autoritäre Herrschaft stützt: nach *Einparteiensystemen* wie in Schwarzafrika und nach *Militärregimen* wie früher in Südamerika. Weit verbreitet ist der sog. *Neopräsidentialismus*, autoritäre Diktaturen, in denen Verfassungsbestimmungen dem Präsidenten deutlich mehr politische Macht zuerkennen als allen anderen Staatsorganen. Dieses System ist häufig in Staaten anzutreffen, die sich aus der Kolonialherrschaft befreit haben. In der Regel kamen die Präsidenten ohne Bürgerkrieg und Militärputsch an die Macht. Beispiele aus der Vergangenheit sind: Indonesien unter *Sukarno,* Tansania unter *Nyerere,* Kenia unter *Kenyatta,* Ghana unter *Nkrumah,* Tunesien unter *Bourgiba,* Guinea unter *Sekou Toure* und Sambia unter *Kaunda.* Die Grenzen von *Neopräsidentialimus* und einer *Entwicklungsdiktatur,* einem „aus erzieherischen Gründen" und mit dem Ziel, die wirtschaftlichen, gesellschaftlichen und kulturellen Strukturen des Landes zu entwickeln, etablierten autoritären System, sind fließend.

2.6.2 Totalitäre Diktatur

2.6.2.1 Begriff

Im Unterschied zur autoritären Diktatur bezeichnet *totalitäre Diktatur* oder *Totalitarismus* ein politisches System, in dem die technisch fortgeschrittenen Instrumente politischer Machtausübung von der zentralisierten Führung einer sich selbst als Elitebewegung verstehenden politischen Gruppe unbeschränkt eingesetzt werden. Wesentlicher Unterschied zur autoritären Diktatur ist eine alles durchdringende politische Beherrschung des gesamten menschlichen Lebens.

2.6.2.2 Entstehung

Im Unterschied zu autoritären Diktaturen, die sich häufig (Ausnahmen: neopräsidentielle Systeme nach Befreiung von der Kolonialherrschaft, s. o.) mit Hilfe eines Militärputsches etablieren, entsteht Totalitarismus durch Mobilisierung einer sozialen Massenbewegung. Diese findet zwar millionenfache Unterstützung in der Bevölkerung, kann jedoch nicht so viele Anhänger hinter sich scharen, dass sie bei regulären demokratischen Wahlen die Mehrheit erringen würde. So wird eine Situation, in der die verfassungsmäßigen politischen Instanzen gelähmt sind und das Land in Chaos zu versinken droht, zur Ergreifung der politischen Macht genutzt, wobei die Anhänger – organisiert in eigenen bewaffneten Truppen – mit gewaltsamen Mitteln etwas „nachhelfen".

2.6.2.3 Machtausübung

Die totalitäre Diktatur wendet sechs Instrumente zur Machtausübung an:

- die Ideologie
- die Partei
- die Geheimpolizei
- das Nachrichtenmonopol
- das Waffenmonopol
- eine zentral gelenkte Wirtschaft.

Unter einer *Ideologie* versteht man ein System von Ideen zur Veränderung und Verbesserung einer bestehenden Gesellschaft, die einer mehr oder weniger eingehenden Kritik unterzogen wird. Speziell die Ideologie, die einem totalitären System zugrunde liegt, beansprucht, unfehlbar und allwissend zu sein und die Welt schlechthin zu „erklären". Sie ist Werkzeug zur Ergreifung, aber auch zur Sicherung der politischen Macht.

Die totalitäre Ideologie wird von der *Partei* verkündet. Sie ist sozusagen die „Elite der totalitären Gesellschaft", interpretiert die Ideologie und sagt, was „richtig" und was „falsch" ist und wie die von der Ideologie versprochene „bessere Gesellschaft" verwirklicht werden kann. Die Partei ist hierarchisch aufgebaut, d.h. die Willensbildung erfolgt nicht, wie in demokratischen Parteien, von unten nach oben, sondern von oben nach unten: Das jeweils hierarchisch höherstehende Gremium gibt den darunter stehenden Organen die Richtung vor. Dieses Prinzip wird entweder als *Führerprinzip* (bei den Nationalsozialisten) oder als *„demokratischer Zentralismus"* (bei den Kommunisten) bezeichnet.

Die *Geheimpolizei* hat die Aufgabe, die Bevölkerung des eigenen Landes zu bespitzeln und zu terrorisieren und Gegner zu vernichten. Dabei ist typisch, dass sich der Terror nicht auf die offenen Gegner des Systems beschränkt. Denn wer Feind ist, richtet sich nicht nach tatsächlich beobachteten Verhaltensweisen, sondern danach, wen die Machthaber zum Feind erklären. Die Nationalsozialisten nannten ihn „objektiven Gegner". Ziel des Terrors ist es, die Bevölkerung vollkommen einzuschüchtern und gefügig zu machen. Säuberungen und Konzentrationslager gehören deshalb zu den zentralen Instrumenten totalitärer Herrschaft, die letztlich darauf abzielt, ein völlig anderes Wertesystem in der gesamten Gesellschaft durchzusetzen.

2.6.2.4 Machtsicherung

Das *Waffenmonopol* macht jeden Widerstand der Bevölkerung zwecklos und sichert die Unterwerfung unter den Willen der Partei und ihrer Führung. Durch das *Nachrichtenmonopol* wird die ständige Beeinflussung der gesamten Bevölkerung im Sinne der Ideologie gewährleistet. Zum Instrumentarium des totalitären Propaganda-Apparates gehören regelmäßig inszenierte Massenveranstaltungen, die das Volk permanent „auf Trab halten" und die Zustimmung der Bevölkerung zum System und seinen Herrschern vortäuschen sollen (= *manipulierter Konsens*). Eine *zentralgeleitete Wirtschaft* rundet das totalitäre Herrschaftsgefüge ab, indem es die autonomen Wirtschaftseinheiten, die Unternehmen und Wirtschaftsverbände, ebenfalls einer zentralen Kontrolle unterstellt und sie einer gesamtwirtschaftlichen Planung unterwirft.

2.6.2.5 Konkrete Fallbeispiele und Kritik am Totalitarismus-Konzept

Einigkeit besteht in der politikwissenschaftlichen Literatur darüber, dass das Dritte Reich in Deutschland und die Sowjetunion unter Stalin diesem System totalitärer Diktatur zuzuordnen sind, wenn man das *System der Machtausübung* zur Kennzeichnung von politischen Systemen heranzieht. Denn ohne Zweifel sind die Instrumente, die sowohl die Nationalsozialisten als auch die Stalinisten bei Ausübung und zum Erhalt ihrer Macht angewendet haben, die gleichen gewesen.

Kontrovers wird hingegen diskutiert, ob es angesichts sehr unterschiedlicher Ideologien und grundlegend anderer gesellschaftlicher Rahmenbedingungen in der Sowjetunion bzw. der Weimarer Republik zum Zeitpunkt der Machtergreifung der Stalinisten bzw. der Nationalsozialisten vertretbar ist, beide Systeme unter ein- und denselben Oberbegriff „totalitäre Diktatur" zu fassen. Insbesondere nach dem Ende der Stalin-Ära wandelten sich die sozialistischen Länder Osteuropas zu politischen Systemen, die mehr die Merkmale einer autoritären als einer totalitären Diktatur aufwiesen – bedingt auch durch die Tatsache, dass einer totalen Kontrolle der Gesellschaft auf Dauer doch Grenzen gesetzt sind. So wurde das politische System der DDR nach dem Mauerbau als *„konsultativer Autoritarismus"* bezeichnet, in dem die Konkurrenz zwischen den Inhabern der Spitzenpositionen in Politik, Wirtschaft und Gesellschaft zunahm und unterschiedliche Meinungen zwischen Herrschenden und Beherrschten doch immer wieder offen zutage traten.

Tabelle 12: Unterscheidungsmerkmale von Diktaturen

	Autoritäre	Totalitäre
	Diktatur	
Entstehung	Zwischenphase von vormoderner zu moderner Gesellschaft	Mobilisierung einer sozialen Massenbewegung. Lähmung der politischen Instanzen des Vorgängerregimes
Machtausübung	Dominierende Staatspartei Armee, Polizei, staatliche Verwaltung	Massenpartei Ideologie Geheimpolizei und Terror
Machtsicherung	Scheindemokratische Legitimation der Verfassung Passiver Konsens	Waffen- und Nachrichtenmonopol Zentral gelenkte Wirtschaft Manipulierter Konsens

2.6.3 Autoritäre und totalitäre Diktatur - Zusammenfassung

Die Gegenüberstellung von autoritärer und totalitärer Diktatur dürfte dem Leser ebenso wie die Behandlung unterschiedlicher Formen von Demokratie im vorhergehenden Abschnitten gezeigt haben: Auch Diktatur ist nicht gleich Diktatur. Bei genauerer Betrachtung erkennt der Politikwissenschaftler viele Unterschiede zwischen den einzelnen Systemen, die ihn in die Lage versetzen, die tatsächlichen politischen Abläufe in Diktaturen noch viel differenzierter zu sehen. In *Tabelle 12* sind die Unterscheidungsmerkmale von autoritärer und totalitärer Diktatur noch einmal zusammengefasst.

2.7 Das politische System der EU

In diesem Abschnitt wird der Leser vermutlich erwarten, dass das politische System der EU vorgestellt und in eines der unter 2.3 aufgezählten Kategorien eingeordnet wird. Das ist jedoch nicht möglich. Die EU ist nämlich ein politisches System sui generis (= lateinisch: eigener Art). Im Folgenden wollen wir die Organe der EU sowie ihre Kompetenzen und ihr Zusammenwirken beschreiben, die Rückwirkungen auf die politische Willensbildung in der Bundesrepublik darstellen und fragen, ob die EU hinreichend demokratisch aufgebaut ist.

2.7.1 Die Organe der EU

Die Grundstruktur der EU bilden vier Organe:

- die Kommission,
- der Ministerrat,
- das Parlament,
- der Europäische Gerichtshof.

Dazu gibt es den (keineswegs unwichtigen, siehe dazu später!) *Europäischen Rat*, der erst in den neunziger Jahren im Vertrag von Maastricht verankert wurde.

2.7.1.1 Die Kommission

Jedes Mitgliedsland der EU stellt einen Kommissar, so dass die *Kommission* so viele Kommissare hat wie die EU Mitglieder, derzeit (2006) also 25. Der Kommissar wird für die Dauer von fünf Jahren von der Regierung des jeweiligen Landes benannt, muss allerdings vom Europäischen Parlament mit qualifizierter Mehrheit (siehe dazu später) bestätigt werden. Die Regierungen spielen somit bei der Ernennung der Kommissare eine wichtige Rolle. Der Zwang, sich auf einen Präsidenten zu einigen, sowie die Einbeziehung des Parlaments machen jedoch eine Kompromissfindung erforderlich. Hierbei spielt nicht zuletzt der Gesichtspunkt eine Rolle, dass die Kommissare auch willens und in der Lage sein müssen, miteinander zu arbeiten.

Den Kommissaren obliegt die fachliche und technische Vorbereitung von Entscheidungen auf dem Gebiet, für das sie jeweils zuständig sind, z. B. für die Generaldirektion „Verkehr und Energie, z. Zt. von *Jacques Barrot,* Frankreich, oder für die Generaldirektion „Unternehmen/Industrie", z. Zt. von *Günter Verheugen,* Deutschland, besetzt. Da die Entscheidungen von der gesamten Kommission als Kollegialorgan gefällt werden, tragen die Kommissare keine politische Verantwortung wie ein Minister für sein Ressort innerhalb einer nationalen Regierung, sondern sind noch am ehesten mit Staatssekretären zu vergleichen. Über die Verteilung der Aufgaben bzw. der Generaldirektionen entscheidet der Präsident der Kommission, auf den sich die Mitgliedsländer ebenfalls einigen müssen. Das hat zur Folge: Die Benennung des Präsidenten, der Vizepräsidenten und der sonstigen Kommissare sowie die Aufgabenzuordnung erfolgen in einem „Kuhhandel", bei dem auch noch das Parlament mitmischt, indem es die fachliche Qualifikation der Gewählten überprüft.

Die Kommission hat gleichzeitig legislative, exekutive und repräsentative Funktionen. Sie arbeitet alle Rechtsakte der Gemeinschaft aus und bringt sie als Beschlussvorlage in den Ministerrat ein. Dieser darf ohne einen von der Kommission vorgelegten Entwurf nicht tätig werden, kann allerdings ebenso wie das Parlament die Kommission auffordern, eine Vorlage auszuarbeiten. Dieses Initiativrecht der Kommission verleiht der Kommission eine starke Stellung, eröffnet es ihr doch die Möglichkeit, nicht nur die Inhalte der Gesetze, sondern auch die Tagesordnung des Ministerrats weitgehend vorzubestimmen. Für ihre Arbeit steht den Kommissaren eine Verwaltungsbehörde zur Seite, die z. Zt. über 23.000 Personen (einschließlich Übersetzungsdienste) umfasst.

Die Exekutivaufgaben der Kommission bestehen in der Umsetzung der vom Ministerrat getroffenen Entscheidungen bzw. in der Überwachung der Umsetzung der Rechtsakte in den einzelnen Mitgliedsländern, soweit die Umsetzung in deren Zuständigkeit fällt. Daraus ergeben sich für die Kommission weit reichende Befugnisse im Bereich des Wettbewerbs (Überprüfung der Einhaltung der Wettbewerbs- und der Subventionsregeln) und bei der Kontrolle von Unternehmenszusammenschlüssen, aber auch bei der Abwicklung von EU-Subventionen in Landwirtschaft und Industrie.

Die Repräsentativfunktionen der Kommission erstrecken sich auf die Vertretung der Gemeinschaft in Beitritts- oder Assoziationsverhandlungen (associare = lateinisch: verbinden, vereinigen mit) mit Drittstaaten oder bei Außenwirtschaftsfragen in internationalen Vereinigungen.

2.7.1.2   Der Ministerrat – der Rat der Europäischen Union

Im Ministerrat, der seit dem Vertragsschluss von Maastricht (7.2.1992) als Rat der Europäischen Union bezeichnet wird, sind alle Mitgliedsstaaten mit einem Vertreter (Minister) bzw. einem Stellvertreter vertreten. Allerdings werden die Stimmen je nach Bevölkerungszahl der Mitgliedsländer unterschiedlich gewichtet. Trotzdem sind die kleineren Länder – gemessen an der Größe ihrer Bevölkerung – in den Räten überrepräsentiert. Dies wurde bewusst so geregelt, um den Schutz vitaler Interessen der kleinen Länder zu gewährleisten und sie nicht dem Diktat der großen zu unterwerfen. Die Stimmengewichtung ergibt sich aus *Tabelle 13*.

Es gibt nicht *den Ministerrat*, sondern mehrere Räte: Der wichtigste ist der Rat der Außenminister, der für alle Grundsatzfragen und Entscheidungen von grundsätzlicher Bedeutung zuständig ist. Daneben existieren zahlreiche Fachministerräte, die sich aus den fachlich zuständigen Ministern der jeweiligen Ressorts der Länder zusammensetzen:

- Wirtschaft und Finanzen (ECOFIN-Rat)
- Justiz und Inneres
- Beschäftigung, Sozialpolitik, Gesundheit und Verbraucher
- Wettbewerbsfähigkeit
- Verkehr, Telekommunikation und Energie
- Landwirtschaft und Fischerei
- Umwelt
- Bildung, Jugend und Kultur

Tabelle 13: Stimmengewichtung im Rat der Europäischen Union

Land	Stimmenzahl	Land	Stimmenzahl
Deutschland	29	Schweden	10
Frankreich	29	Dänemark	7
Großbritannien	29	Finnland	7
Italien	29	Irland	7
Spanien	27	Litauen	7
Polen	27	Slowakei	7
Niederlande	13	Estland	4
Belgien	12	Lettland	4
Griechenland	12	Luxemburg	4
Portugal	12	Slowenien	4
Tschechische Republik	12	Zypern	4
Ungarn	12	Malta	3
Österreich	10		321
		Sperrminorität	90

Stand: 1.11.2004 – Vertrag von Nizza

Den Vorsitz des Rates hat ein Mitgliedsland inne, er wechselt im Turnus von sechs Monaten nach dem Alphabet, wobei auch auf den Wechsel zwischen großen und kleinen Staaten geachtet wird. Um außerdem eine gewisse Kontinuität (Beständigkeit) zu garantieren, wird der jeweilige Vorsitzende von seinem unmittelbaren Vorgänger als auch seinem unmittelbaren Nachfolger in seiner Amtsführung unterstützt. Unterstützt wird der Rat von einem Generalsekretariat mit über 3.000 Mitarbeitern.

Der Rat der Europäischen Union ist das eigentliche Rechtsetzungsorgan und somit die oberste Entscheidungsinstanz. Wie bereits festgestellt, kann er allerdings nur auf Vorschlag der Kommission aktiv werden; er kann diese jedoch auffordern, Entscheidungsvorlagen auszuarbeiten.

Ferner hat er die Aufgabe,

- die Wirtschaftspolitiken der Mitgliedsstaaten zu koordinieren, indem er Empfehlungen oder Abmahnungen ausspricht oder sogar Sanktionen gegenüber Mitgliedsstaaten im Falle deren Fehlverhaltens beschließt,
- Mitglieder von EU-Institutionen wie die des Wirtschafts- und Sozialausschusses, des Ausschusses der Regionen sowie des Rechnungshofes ernennt,
- den Haushaltsplan auf Vorschlag der Kommission zu erstellen.

Für die Abstimmungsprozedur des Rates gibt es drei Verfahrensregeln:

- Bei Fragen von grundsätzlicher Bedeutung oder Angelegenheiten, die vitale Interessen von Mitgliedsstaaten betreffen, ist Einstimmigkeit erforderlich.
- Für die meisten Politikbereiche reicht eine qualifizierte Mehrheit aus. Diese gilt bei 232 Stimmen (72,3 %) als erreicht. Das bedeutet: Die Sperrminorität (= Minderheit, die einen Beschluss verhindern kann) liegt bei 90 Stimmen. Die vier großen Länder Deutschland, Frankreich, Großbritannien und Italien können eine Entscheidung verhindern oder z. B. drei große Länder und ein kleines Land.
- Wenn nichts anderes in den Verträgen bestimmt ist (nur selten der Fall), genügt auch eine einfache Mehrheit.

Wenn der Verfassungsvertrag in Kraft tritt, wird sich die qualifizierte Mehrheit deutlich verändern. Dann gilt: Pro Land eine Stimme. Eine qualifizierte Mehrheit soll dann bei 55 % der Stimmen, mindestens aber 15 Staaten erreicht sein, und diese müssen 65 Prozent der Bevölkerung repräsentieren.

2.7.1.3 Der Europäische Rat

Fast wortgleich und ähnlich klingend wie „Rat der Europäischen Union", aber nicht damit zu verwechseln ist der *Europäische Rat.* Dabei handelt es sich nicht um das formale oberste Beschlussorgan der EU, sondern um die regelmäßigen Gipfeltreffen der Staats- und Regierungschefs der Mitgliedstaaten, an denen auch die Außenminister teilnehmen. Diese Konferenzen wurden 1974 auf Initiative des damaligen französischen Staatspräsidenten *Giscard d'Estaing* eingerichtet und fanden zunächst informell statt, d. h. ohne dass es für die Gipfeltreffen eine vertragliche Verankerung gab. Insofern ist der *Europäische Rat* – juristisch betrachtet – kein offizielles Organ der EU.

In Artikel 4 des Vertrages von Maastricht wurde der *Europäische Rat* dann auch formal aufgenommen. Laut Verfassungsvertrag soll er von einem Präsidenten geleitet werden, der für 2 ½ Jahre gewählt wird. Das Gipfeltreffen findet zur Zeit zwei- bis viermal im Jahr statt.

2.7.1.4 Das Europäische Parlament

Das Europäische Parlament als die Vertretung der Völker der in der Gemeinschaft zusammengeschlossenen Staaten umfasste 732 Abgeordnete (Stand: 2005). Ihre Aufteilung nach Ländern ergibt sich aus festgelegten Quoten (*Tabelle 14*).

Die Abgeordneten werden bisher in den Einzelstaaten getrennt für fünf Jahre gewählt, wobei die jeweils nationalen Wahlrechte und damit unterschiedliche Sperrklauseln gelten: in Deutschland, Frankreich, Litauen, Polen Slowakei, Tschechien und Ungarn eine Fünf-Prozent-Klausel, in Österreich und Schweden eine Vier-Prozent-Klausel. Zwanzig Staaten bilden innerhalb ihres Landes *ein* Wahlgebiet, Belgien, Großbritannien, Italien, Irland und Polen haben ihr Wahlgebiet in mehrere Wahlkreise aufgeteilt. Ein europaweit gleiches Wahlverfahren ist zwar vereinbart, auf entsprechende Vorschläge des Parlaments konnte man sich jedoch bisher nicht einigen.

Die Rechte des Europäischen Parlaments erstrecken sich auf vier Bereiche:

- Rechtsetzung
- Haushalt
- Kontrolle
- Außenbeziehungen

Bei der *Rechtsetzung* und damit bei seinen legislativen Funktionen – der eigentlichen Kernfunktion eines Parlaments in der Demokratie – hatte das Europäische Parlament lange Zeit nur Beratungskompetenzen. Mit der Einheitlichen Europäischen Akte – am 1.7.1987 in Kraft getreten – und später dem Maastricht-Vertrag (zum 1.11.1993 in Kraft getreten) erhielt das Europäische Parlament erstmals begrenzte Mitentscheidungsrechte. Nach dem sog. *Kodezionsverfahren* (= Mitentscheidungsverfahren; Art. 251c EG-Vertrag) finden bei Gesetzestexten drei Lesungen im Parlament statt. Lehnt das Parlament in zweiter Lesung einen Vorschlag mit absoluter Mehrheit ab, muss ein Vermittlungsausschuss darüber befinden, dem Vertreter von Rat und Parlament angehören. Gelingt auch im Vermittlungsausschuss keine Einigung, kann das Parlament in dritter Lesung einen Gesetzentwurf mit absoluter Mehrheit endgültig ablehnen. Mit dieser Regelung bleiben die Rechte des Europäischen Parlaments zwar hinter den Befugnissen der nationalen Parlamente zurück, durch sein Vetorecht kann es jedoch erheblichern Druck auf den Rat ausüben, bei kontroversen Gesetzesvorlagen Kompromisse zu suchen.

Weiter reichen die Befugnisse des Europäischen Parlaments beim *Haushalt*. Hier hat es die letzte Entscheidung über alle nicht-obligatorischen Ausgaben der EG wie Struktur- und Entwicklungspolitik, Technologie- und Umweltpolitik, die Hilfsmaßnahmen für Osteuropa sowie eine Reihe kleinerer Förderprogramme. Ausgaben für die Agrarpolitik, die sich unmittelbar aus den EG-Verträgen ableiten lassen, unterliegen dagegen nicht der Zustimmungspflicht des Parlaments.

Diese Ausgaben, die insbesondere der Stabilisierung der Erzeugerpreise für die landwirtschaftlichen Produkte dienen, machen derzeit noch rund die Hälfte des EU-Budgets aus. Allerdings ist vorgesehen, künftig zwischen obligatorischen und nicht-obligatorischen Ausgaben nicht mehr zu unterscheiden. Damit hätte das EU-Parlament letztlich die Entscheidungsgewalt über alle Ausgaben.

Sehr begrenzt sind im Vergleich dazu die *Kontrollbefugnisse* des Parlaments. Sie beziehen sich nur auf die Kommission. Neben der Durchführung von Anhörungen und dem Einsetzen von Untersuchungsausschüssen hat das Parlament das Recht hat, der Kommission mit einer Zweidrittelmehrheit das Misstrauen auszusprechen. Petitionen von EU-Bürgern an das Parlament werden von einem Bürgerbeauftragten (Ombudsmann) entgegen genommen.

In den *Außenbeziehungen* kommt dem Parlament noch insofern eine Rolle zu, als es zu allen wichtigen internationalen Abkommen der EU sowie zum Beitritt neuer Staaten über ein Vetorecht verfügt.

Tabelle 14: Verteilung der Abgeordnetensitze des Europäischen Parlaments auf die Mitgliedsstaaten

Land	Sitze	Land	Sitze
Deutschland	99	Österreich	18
Frankreich	78	Dänemark	14
Großbritannien	78	Finnland	14
Italien	78	Slowakei	14
Polen	54	Irland	13
Spanien	54	Litauen	13
Niederlande	27	Lettland	9
Belgien	24	Slowenien	7
Griechenland	24	Estland	6
Portugal	24	Luxemburg	6
Tschechien	24	Zypern	6
Ungarn	24	Malta	5
Schweden	19		732

Stand: 2005

2.7.1.5 Der Europäische Gerichtshof

Der Europäische Gerichtshof (EuGH) hat die Aufgabe, die Rechtmäßigkeit der europäischen Entscheidungen zu überprüfen und die Einhaltung des im Rahmen der EU gesetzten Rechts zu überwachen. Damit ist er die *Judikative* im politischen System der EU, der es – wie es im Art. 220 des EG-Vertrages heißt – obliegt, „die Wahrung des Rechts bei der Auslegung und Anwendung dieses Vertrages" zu sichern.

Im Augenblick besteht der Europäische Gerichtshof aus 25 Richtern aus je einem der Mitgliedstaaten sowie acht Generalanwälten, die einvernehmlich von den Mitgliedstaaten für sechs Jahre berufen werden. Er verfügt über vier Klage-bzw. Verfahrensarten: das Vertragsverletzungsverfahren bei Nicht-Einhaltung des EG-Vertrages durch einen Mitgliedstaat, Nichtigkeitsklagen zur Überprüfung von Rechtshandlungen der EU-Organe, Untätigkeitsklagen gegenüber EU-Organen sowie Vorab-Entscheidungen. Bei letzteren handelt es sich um Verfahren, die in Mitgliedstaaten anhängig sind, bei denen aber das Gemeinschaftsrecht eine ausschlaggebende Rolle für die Entscheidung spielt. In solchen Fällen holen die Gerichte vieler Mitgliedstaaten eine Vorab-Entscheidung des EuGH ein, um eine einheitliche Rechtsauslegung in allen EU-Staaten zu gewährleisten. Seit 1989 gibt es einen Gerichtshof erster Instanz, der sich insbesondere mit Klagen gegen die Gemeinschaft und gegen die Kommission sowie mit Rechtsstreitigkeiten zwischen der Gemeinschaft und ihren Bediensteten befasst. Die genannten Vorab-Entscheidungen sind grundsätzlich der zweiten EuGH-Instanz vorbehalten, die auch als Berufungsinstanz gegenüber der ersten Instanz fungiert.

2.7.2 Die Struktur der EU – die politische Wirklichkeit

Die vertraglich vereinbarten Organe sind nur *eine* Seite der politischen Wirklichkeit des EU-Systems. Die *andere* Seite ist, wie die Organe in Wirklichkeit mit- oder gegeneinander arbeiten. Dies ist im Falle der EU ausgesprochen komplex, so dass hier nur ein erster, ganz grober Eindruck vermittelt werden kann.

Die politischen Systeme einzelner Länder kennen für gewöhnlich *ein* politisches Machtzentrum – so z. B. das Westminster-Modell Großbritanniens das Kabinett, die parlamentarischen Systeme das Parlament. Ein derartiges, vergleichbares Machtzentrum existiert im EU-System nicht! Keines der vorhin beschriebenen Organe ist in der Lage, den Politikprozess zu steuern – geschweige denn in seinem Sinne zu bestimmen. Die Ohnmacht jedes Akteurs führt vielmehr zu einem ständigen Bemühen aller, größeren Einfluss zu gewinnen, „Herr der Lage zu werden" und eine dominierende Rolle im System zu Lasten der anderen Akteure einzunehmen.

Da niemand gewissermaßen „am Drücker" sitzt, sind alle bestrebt, bei gesetzgeberischen Projekten denkbare Widerstände anderer im vorhinein zu erkennen und zu versuchen, möglichst viele einflussreiche Akteure in einem informellen Prozess hinter sich zu bringen. Das hat im Laufe der Zeit das Entstehen weiterer informeller Gremien, Ausschüsse, Räte entstehen lassen, in denen durch Einbeziehen der vielfältigen Interessen im Vorfeld Kompromisse gesucht werden, um bei den späteren Beratungen in den eigentlich dafür zuständigen Organen die Konsensbildung zu erleichtern.

Abbildung 3: Der Kern der EU-Institutionen

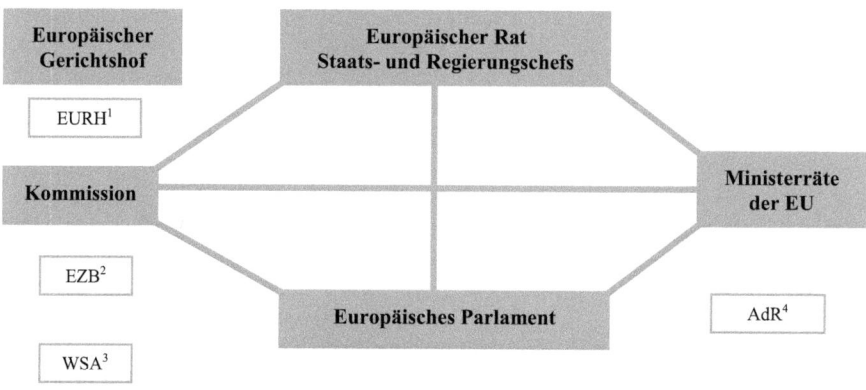

1 Europäischer Rechnungshof   2 Europäische Zentralbank   3 Wirtschafts- und Sozialausschuss 4 Ausschuss der Regionen
Nach: Wolfgang Wessels, Das politische System der Europäischen Union, in: Wolfgang Ismayr (Hrsg.), Die politischen Systeme Westeuropas, 3. aktualisierte und überarbeitete Auflage, Opladen 2003, S. 785.

So bestand von Anfang der EG an ein *Wirtschafts- und Sozialausschuss*, der sich aus Vertretern der Sozialpartner – Arbeitgeber und Arbeitnehmer – und weiterer Interessengruppen zusammensetzt und der auf Vorschlag der Kommission zu zahlreichen Fragen gehört werden muss. Dem Ministerrat stand ebenfalls schon zu Beginn der EG ein *Ausschuss der ständigen Vertreter der Regierungen* zur Seite (französische Abkürzung: COREPER, für Commission de Représentants Permanents), der die Sitzungen des Ministerrats vorbereitete und Kompromissvorschläge erarbeitete, wenn sich Konflikte abzeichneten. Die Kommission bediente sich seit jeher zahlreicher Beratungsgremien, zusammengesetzt speziell aus Spitzenbeamten aus den Fachministerien der Mitgliedsstaaten, um von vornherein bestimmte länderspezifische Vorstellungen in die Kommissionsvorschläge einfließen zu lassen. Je mehr Vorlagen allerdings in der Kommission scheiterten, desto mehr informelle Arbeitsgruppen und Beratungsgremien wurden gebildet und desto mehr Beamte aus der mittleren Fachebene, aber zunehmend auch von Interessengruppen wurden in den Vorbereitungsprozess miteinbezogen. Letztere fanden insbesondere bei sog. Round-Table-Gesprächen (Gespräche am Runden Tisch) oder in Expertengremien Gelegenheit, ihre Positionen zu vertreten und einzubringen.

Die Vielzahl der Ausschüsse, Beratungsgremien und Arbeitsgruppen, die fast alle informell im Umfeld der formellen Institutionen Kommission, Ministerrat und Parlament agieren, macht das politische System der EU ausgesprochen undurchsichtig. Da es kein alleiniges Macht- und Entscheidungszentrum gibt, sondern Kommission, Ministerrat und Parlament aufeinander angewiesen sind, wenn überhaupt Entscheidungen zustande kommen sollen, befindet sich das EU-System in einem schwer zu durchschauenden, ständigen Kompromiss- und Konsensbildungsprozess. Es ist eine einzigartige Mischung aus Institutionen, die mehr am Vorbild internationaler Organisationen aufgebaut sind, und aus Gremien, die eher nach dem Muster supranationaler, also den einzelnen Staaten übergeordneter Instanzen, konstruiert sind.

So ist einerseits der *Ministerrat* als oberste Entscheidungsinstanz und mit seinen abgestuften und gewichteten Abstimmungsverfahren mit dem Aufbau einer internationalen Organisation vergleichbar, der in Gestalt der Kommission ein Sekretariat zur Verfügung steht. Andererseits wurde mit der *Europäischen Zentralbank (EZB)* eine Institution geschaffen, der weit reichende geld- und währungspolitische Kompetenzen übertragen wurden und die aufgrund ihrer Autonomie von den nationalen Regierungen als supranationale Institution anzusehen ist. Der *Europäische Gerichtshof* ist zwar den Gerichten der Mitgliedsstaaten nicht im Sinne einer letzten oder obersten Instanz übergeordnet. Aber da die erwähnten Vorab-Entscheidungen für die nationalen Gerichte verbindlich sind und es dagegen keine Berufungsmöglichkeit gibt, sind der EuGH und die nationalen Gerichte zu einem Rechtssystem verbunden, in dem der *Europäische Gerichtshof* den Charakter eines Verfassungsgerichts einnimmt. Damit wurde ebenfalls eine supranationale Struktur geschaffen, die auf die gesamte Rechtsordnung der Mitgliedsstaaten einen prägenden Einfluss hat.

2.7.3 Das System der EU aus demokratietheoretischer Perspektive

Spätestens seit der Einführung des Euro haben die Bürger am eigenen Leib gespürt: es gibt eine EU, die sich auf jeden Einzelnen auswirkt. „Wer hat eigentlich beschlossen, dass der Euro eingeführt wird?" wurde damals oft gefragt. Und: „Wie konnte unsere Regierung zustimmen, dass die gute alte Deutsche Mark abgeschafft und durch den Euro ersetzt wird?" lautete eine andere Frage. Viele Menschen hatten das Gefühl, dass mit dem Euro alles teurer geworden ist und er nicht so viel wert ist wie die frühere D-Mark. Ist das alles mit rechten Dingen zugegangen?

Hier soll jetzt nicht die Geschichte der Europäischen Währung nacherzählt werden. Die seinerzeitige Einführung des Euro zeigte jedoch deutlich: Die Bürger der europäischen Länder begleiten die Integration keineswegs immer wohlwollend. Deshalb stellt sich seit der Verabschiedung des Maastrichter Vertrages verstärkt die Frage, ob das politische System der EU, das in der Bevölkerung stark umstrittene Entscheidungen wie die Einführung des Euro möglich machte, hinreichend demokratisch aufgebaut ist.

Legt man die Maßstäbe zugrunde, die man allgemein in der Politikwissenschaft an nationale demokratische Systeme anlegt, dann stellt man erhebliche Demokratiedefizite fest:

- Die Exekutive der EU wird weder, wie in Systemen mit zeitlicher Gewaltenteilung, vom aus demokratischen Wahlen hervorgegangenen Parlament, noch, wie in Präsidialsystemen, direkt vom Volk gewählt. Vielmehr wird der Präsident des Europäischen Rates von den – ihrerseits allerdings demokratisch gewählten – Regierungen in einem Aushandlungsprozess benannt. Es gibt weder eine zeitliche, noch eine institutionelle Gewaltenteilung, wie wir sie im Kapitel 2.3 beschrieben haben.
- Das Europäische Parlament hat im Vergleich zu allen nationalen Parlamenten in Demokratien unzureichende Kontrollbefugnisse.
- Es gibt weder europaweite Parteien, noch Interessenverbände, noch entsprechende Medien. Die für das Funktionieren repräsentativer Demokratien so wichtigen intermediären Institutionen (siehe dazu Kapitel 3 in diesem Buch) fehlen.
- Ministerrat und Kommission haben beide exekutive Funktionen, ohne dass sie mit einem Zwei-Kammer-System wie in nationalen Demokratien gleichzusetzen wären.
- Die Bevölkerung in den Ländern der EU ist keine Gemeinschaft von Bürgern, die sich mit der Europäischen Union identifiziert, gemeinsame Belange auch öffentlich – mit Hilfe europaweiter Medien – diskutiert und auf dieser Basis eine politische Willensbildung organisiert.

Stattdessen kann das politische System der EU als eine Herrschaft diverser Räte bezeichnet werden, die sich aus Vertretern der jeweiligen Regierungen, der EU-Bürokratie und den nationalen Ministerialbürokratien zusammensetzen. Die Mitglieder der Räte sind zwar als Fachminister in ihren jeweiligen Ländern demokratisch legitimiert. Doch letztlich haben sie ihre Funktionen bei Wahlen erhalten, in denen es um nationale Streitfragen ging. Noch bei keiner Bundestagswahl standen europäische Themen zur Diskussion, und selbst bei den Wahlen zum Europäischen Parlament werden die innenpolitischen Kontroversen in den Vordergrund gerückt. Hinzu kommt: Die Wahlbeteiligung bei Europawahlen ist extrem niedrig (um die 50 %), was nicht gerade zur Stärkung des EU-Parlaments beiträgt.

Die kritischen Anmerkungen zum Demokratiedefizit des EU-Systems werden prinzipiell von den meisten Politikwissenschaftlern geteilt. Gleichwohl ist zu fragen, ob der Demokratisierungsgrad des EU-Systems ausschließlich an den Maßstäben nationaler Demokratien gemessen werden kann. Erfordert nicht vielmehr der Versuch, eine Reihe autonomer, heterogener Nationalstaaten politisch und wirtschaftlich zu integrieren, eine andere Form von Demokratie als die Typen mit zeitlicher und institutioneller Gewaltenteilung, wie wir sie von den parlamentarischen und den Präsidialsystem kennen?

Fest steht: Die Mehrheitsregel, wie sie in Mehrheitsdemokratien angewandt wird, kann angesichts der nationalstaatlich geprägten – manche sprechen sogar von einer versäulten – Struktur nicht auf die EU übertragen werden – sie würde nicht akzeptiert und das System sprengen. Auch die Direktwahl des EU-Präsidenten ist schwer vorstellbar, weil für den Länderproporz Regelungen gefunden werden müssten, die ebenfalls von allen dauerhaft respektiert werden. Auch wäre für die politische Willensbildung innerhalb der EU allein mit einem direkt gewählten Präsidenten nichts gewonnen. Das Beispiel der USA zeigt vielmehr, dass ein Präsident nicht automatisch zu einer starken Figur, zu einem demokratisch legitimierten (innenpolitischen) Machtzentrum wird. Die Einführung von Referenden würde zwar den Bürgern die Möglichkeit geben, über Fragen von grundsätzlicher Bedeutung unmittelbar abzustimmen. Zu befürchten ist allerdings, dass dies den Integrationsprozess eher bremsen als forcieren würde.

Der beschriebene Umstand, dass im politischen System der EU kein richtiges politisches Machtzentrum auszumachen ist, lässt sich indessen auch als eine spezielle Form der *Gewaltenteilung* interpretieren. Kommission und Ministerrat stehen in einem Verhältnis wechselseitiger Abhängigkeit zueinander: Auch wenn der Ministerrat die Kommission beauftragen kann, sie allein hat das Gesetzesinitiativrecht. Ohne und gegen sie kann der Ministerrat nicht tätig werden. Umgekehrt ist die Kommission auf den Ministerrat angewiesen; denn bei ihm liegt die alleinige Entscheidungsbefugnis, und ohne ihn verschwinden alle Vorlagen der Kommission wieder in der Schublade. Dieses System einer wechselseitig voneinander abhängigen „Doppelspitze" birgt durchaus den Mechanismus einer institutionellen Kontrolle, einer *Gewaltenteilung*, in sich und entspricht damit den Anforderungen, die *Montesquieu* oder die Autoren der *Federalist Papers* (siehe Kap. 7.3.3.1) an ein System des Machtausgleichs, der „Checks and Balances" gestellt haben. Von daher ist der Vorwurf des Demokratiedefizits des EU-System differenziert zu sehen.

2.7.4 Die EU und das politische System der Bundesrepublik

Wie verändert die Verlagerung von politischen Entscheidungen auf die EU die Machtverteilung im politischen System der Bundesrepublik? Zur Beantwortung dieser Frage ist insbesondere zu klären:

1. Wer entscheidet in der Bundesregierung über die in der EU zu vertretenden Positionen?
2. Welche Rolle spielt der Bundestag bei Entscheidungen auf EU-Ebene?

Früher, d. h. in den fünfziger Jahren des vorigen Jahrhunderts, lag die Zuständigkeit für europäische Fragen innerhalb der Bundesregierung bei zwei Ministerien: dem Auswärtigen Amt und dem Wirtschaftsministerium. Die Abgrenzung der Zuständigkeiten war relativ einfach: Das Auswärtige Amt war zuständig in allen außenpolitischen Angelegenheiten im Ministerrat sowie für alle Fragen, die die Weiterentwicklung der Verträge und die Erweiterung der Union betrafen. Das Wirtschaftsministerium kümmerte sich logischerweise um alle wirtschaftspolitischen Fragen. Da Wirtschaftsfragen im Mittelpunkt der Europapolitik standen, spielte das Wirtschaftsministerium bis in die achtziger Jahre hinein innerhalb der Bundesregierung die zentrale Rolle auf diesem Gebiet.

Mit dem Vertrag von Maastricht und der Erweiterung der EU gerieten immer mehr Politikfelder, so die Umwelt-, Verkehrs- und Regionalpolitik, aber auch Justiz und Inneres, unter die Regulierungshoheit der EU. Folge: Die frühere zentrale Rolle des Wirtschaftsministeriums in europäischen Fragen besteht nicht mehr. Die einzelnen Ressorts (Ministerien) haben eigene Europareferate aufgebaut und werden im Rahmen ihres fachlichen Zuständigkeitsbereichs unmittelbar gegenüber den EU-Institutionen tätig. Ihre Durchsetzungsmöglichkeiten auf europäischer Ebene stoßen allerdings schnell an enge Grenzen, weil sie in ihrem jeweiligen EU-Fachministerrat nicht in der Lage sind, Forderungen und Zugeständnisse bereichsübergreifend miteinander zu verhandeln.

Da diese Kompetenz nur die Staats- und Regierungschefs haben, wird ihre Position in den politischen Systemen der EU-Staaten bei europapolitischen Fragen grundsätzlich gestärkt. Sie sind gewissermaßen diejenigen, die bei festgefahrenen Beratungen von EU-Fachministerräten ressortübergreifend Verhandlungspakete schnüren können und so in der Lage sind, im Wege des Junktims (lateinisch: zusammengefügt, vereint) Kompromissentscheidungen herbeizuführen. Beispiel: Deutschland gibt in einer verkehrspolitischen Frage nach, setzt sich dafür aber mit seiner Auffassung in der Umweltpolitik durch oder umgekehrt.

Nicht nur der Bundeskanzler, auch der Bundesfinanzminister spielt eine wichtige Rolle in der europapolitischen Entscheidungsfindung. Bei Bildung der

Bundesregierung aus SPD und GRÜNEN 1998 wurde die Europaabteilung, die bislang im Wirtschaftsministerium angesiedelt war, auf Drängen des damaligen Finanzministers *Oskar Lafontaine (SPD)* in das Finanzministerium eingegliedert. Das ist insofern bedeutsam, als alle offiziellen EU-Unterlagen wie Richtlinien- und Verordnungsentwürfe beim Bundesfinanzminister eingehen und dieser sie an die übrigen Ministerien sowie an Bundestag und Bundesrat weiterleitet. Daraus erwächst dem Bundesfinanzminister die Chance, die Meinungsbildung innerhalb der Bundesregierung zu koordinieren und dabei stärker als andere Ressorts auf die politischen Inhalte Einfluss zu nehmen.

Die Tatsache, dass alle Ministerien ihre eigene Europapolitik verfolgen, ist für die Vertretung deutscher Interessen gegenüber den EU-Institutionen nicht immer vorteilhaft. Denn letztere werten die von einem einzelnen deutschen Ressort vertretenen Positionen häufig nicht als abgestimmte Position der Bundesregierung, sondern als Einzelmeinung, die bei der Formulierung der Richtlinien- und Verordnungsentwürfe der EU-Kommission nicht berücksichtigt werden müssen. Zur Überwindung dieser institutionellen Schwäche der Bundesrepublik gegenüber den Brüsseler Instanzen gibt es mehrere Überlegungen. Sie sind jedoch allesamt politisch schwer zu realisieren. Denn jede Bündelung der europapolitischen Kompetenz, gleichgültig ob durch Bildung eines neuen Superministeriums für Europa oder durch Ernennung eines für Europafragen zuständigen Staatsministers im Kanzleramt, würde die Gewichte innerhalb der Regierung verschieben: Insbesondere das Außen- und das Finanzministerium würden geschwächt. Da in einer Koalitionsregierung mindestens eines dieser bedeutsamen Ministerien vom kleineren Koalitionspartner geführt wird, dürfte dieser kaum jemals einer solchen Lösung zustimmen. Umgekehrt würde die Übertragung der gesamten Europazuständigkeit auf den kleineren Koalitionspartner diesem eine dominierende Rolle zuweisen, und damit könnte sich die größere Regierungspartei kaum einverstanden erklären. Deshalb blieb es bisher bei der Situation einer zersplitterten deutschen Europapolitik.

Erzeugt die Einbindung in die EU auf der einen Seite einen Machtzuwachs beim Bundeskanzler und Bundesfinanzminister, so gelten allgemein die nationalen Parlamente als Verlierer der europäischen Integration, weil sie zunehmend mehr Kompetenzen in der Gesetzgebung an die EU abgeben mussten. Zwar gibt es seit 1992 einen im Artikel 45 des Grundgesetzes verankerten EU-Ausschuss, der z. Zt. aus 33 Mitgliedern des Bundestages und 16 deutschen Mitgliedern des Europäischen Parlaments besteht. Dieser ist aber in der politischen Praxis weitgehend bedeutungslos:

- Der EU-Ausschuss übernimmt bei fachpolitischen Angelegenheiten keine Federführung, es sei denn, es handelt sich um Fragen von grundsätzlicher integrationspolitischer Bedeutung. Die Umsetzung der Vielzahl von EG-Richtlinien in deutsches Recht geschieht im normalen Gesetzgebungsverfahren durch die zuständigen Fachausschüsse des Bundestages. Eine vorherige Einflussnahme auf EU-Vorlagen durch Einbringen einer Beschlussvorlage findet nur in Ausnahmefällen statt. In der 13. Legislaturperiode traf dies beispielsweise nur auf etwa acht Prozent der EU-Vorlagen zu.

- Für den Bundestag gilt der Satz: Kein Gesetz wird so vom Bundestag verabschiedet, wie es eingebracht worden ist. Für europäisches Recht gilt dies absolut nicht. Denn diese Eingriffsmacht hat der Bundestag beim deutschen Recht nur deshalb, weil er hier das letzte Entscheidungsrecht hat. Bei EU-Vorlagen liegt die Entscheidungskompetenz jedoch beim Ministerrat. Die Erlanger Politikwissenschaftler *Roland Sturm* und *Heinrich Pehle* charakterisieren deshalb die politische Willensbildung in EU-Angelegenheiten so, „dass das Parlament dem Brüsseler ‚Alltagsgeschäft' mehr oder weniger ausgeliefert ist, ihm zumindest weitgehend passiv gegenübersteht." Dem Bundestag bliebe nicht viel mehr übrig, als die Ergebnisse der Brüsseler Entscheidungsprozesse zur Kenntnis zu nehmen und zu notifizieren.

Die Verlagerung von politischen Entscheidungen auf die EU schwächt also den Bundestag und macht ihn in Europafragen zu einem bloßen Redeparlament. Sie stärkt den Bundeskanzler und den Finanzminister und führt innerhalb des Regierungssystems der Bundesrepublik Deutschland zu einer Machtverlagerung zugunsten der Exekutive. Die Umsetzung dieses Machtzuwachses auf europäischer Ebene ist allerdings durch die komplizierten Abstimmungs- und Entscheidungsprozesse in den EU-Institutionen keineswegs garantiert. Letztlich hat der Bundestag auf europäische Entscheidungen so gut wie keinen und die Regierung nur begrenzten Einfluss, weil sie sich mit den Regierungen der wichtigsten anderen EU-Länder abstimmen muss. Das politische System der Bundesrepublik Deutschland wird deshalb aufgrund der Einbindung in die EU auch als *penetriertes System* (pentriert = lateinisch: durchdrungen) bezeichnet.

2.8 Die Transformation politischer Systeme

Bisher hatten wir in diesem Kapitel die beiden Grundtypen politischer Systeme – Demokratie und Diktatur und ihre jeweiligen Erscheinungsformen – betrachtet. Politische Systeme bleiben über die Zeit hinweg aber häufig nicht das, was sie sind. Demokratien gehen unter und werden zu Diktaturen. Umgekehrt werden aus Diktaturen Demokratien. Die Veränderungen von einem demokratischen zu einem diktatorischen System und umgekehrt nennt man in der Politikwissenschaft *Transformation* (= lateinisch: Umwandlung). Der Begriff ist nicht auf das Gebiet der Politik begrenzt. Auch die Veränderung eines Wirtschaftssystems, speziell von einer sozialistischen Planwirtschaft zu einer Marktwirtschaft, wird als *Transformation* bezeichnet.

Nach dem Zweiten Weltkrieg stand in der westdeutschen Politikwissenschaft insbesondere die Frage:

Warum ist die erste deutsche Demokratie, die Weimarer Republik, untergegangen und in ein totalitäres System gemündet?

im Vordergrund des Forschungsinteresses. Eng damit verbunden ist die Frage nach den sog. *Funktionsvoraussetzungen der Demokratie:*

Unter welchen (politischen, ökonomischen und gesellschaftlichen) Voraussetzungen bleiben Demokratien stabil und unter welchen Bedingungen gehen sie unter?

Seitdem sich politische Systemwechsel verstärkt auch in umgekehrter Richtung vollziehen, gibt es in der Politikwissenschaft eine ganze Reihe von Untersuchungsergebnissen, die die früheren Erkenntnisse über die Funktionsvoraussetzungen der Demokratie ergänzen. Der nachfolgende Unterabschnitt erläutert, wann Demokratien in aller Regel dauerhaft Bestand haben und stabil sind. Anschließend wird erklärt, welche Faktoren den Untergang von Diktaturen und die Ablösung durch eine Demokratie begünstigen. Am Schluss dieses Kapitels werden die Bedingungen für das Entstehen neuer Demokratien diskutiert.

2.8.1 *Funktionsvoraussetzungen der Demokratie*

Früher, d. h. in der Antike und im Mittelalter, glaubte man, Demokratie sei nur in kleinen, überschaubaren Gemeinwesen zu verwirklichen. Erst in neuerer Zeit setzte sich die Auffassung durch, dass Demokratie nur unter bestimmten wirtschaftlichen und gesellschaftlichen Voraussetzungen dauerhaft funktioniert. Prominentester Vertreter dieser „Wohlstandstheorie der Demokratie" ist der amerikanische Sozialwissenschaftler *Seymour Martin Lipset* (Stanford Universität), der in seinem Werk „Soziologie der Demokratie" (englischer Originaltitel „Political Man", erschienen 1960) diese These erstmals vertrat. Die Kernaussage lautet:

„Je wohlhabender ein Volk, desto größer die Chance, dass es die Demokratie aufrechterhält. "

Nach *Lipset* ist allerdings nicht allein der wirtschaftliche Entwicklungsstand eines Landes, der die Voraussetzung für den Wohlstand des Volkes ist, maßgebend, sondern auch und vor allem die Bewältigung wirtschaftlicher und gesellschaftlicher Strukturprobleme, wenn diese eine Gesellschaft in religiöse Teilgruppen oder in soziale Klassen zu spalten drohen. Insbesondere nennt *Lipset* folgende Bedingungen, die eine Demokratie begünstigen:

- Hohes Niveau sozioökonomischer Entwicklung (Bruttoinlandsprodukt pro Kopf, Verbreitung von Medien, hoher Industrialisierungs- und Verstädterungsgrad, d. h. hoher Anteil von Menschen, die in der Industrie arbeiten und in größeren Städten wohnen).
- Große Mittelschicht und eine sozial in hohem Maße abgesicherte Unterschicht.
- Aufstiegschancen für alle (die Soziologen nennen das *vertikale soziale Mobilität*).
- Hohes Engagement der Bürger in Parteien und Verbänden.
- Relativ hoher Ausbildungsstand der Bevölkerung.
- Relativ egalitäres Wertesystem (= hohes Maß an Übereinstimmung darüber, was politisch und sozial wünschenswert ist).

Der Zusammenhang zwischen Wohlstand und Demokratie ist allerdings *nicht zwingend*. Denn es gibt durchaus Gegenbeispiele wie z. B. Indien, in dem trotz eines unterdurchschnittlichen wirtschaftlichen Entwicklungsstandes ein demokratisches System besteht, das sich auch behauptet hat. Trotzdem: *Lipset* hatte, als er diese Kernaussage formulierte, den wirtschaftlichen Entwicklungsstand der Industrieländer Ende der fünfziger Jahre des vorigen Jahrhunderts vor Augen. Und zahlreiche Länder, z. B. Spanien, Portugal und Griechenland, sind rund 20 bis 30 Jahre danach Demokratien geworden, als ihre ökonomische Situation in etwa das Niveau erreicht hatte, das dem der genannten Industrieländer Ende der fünfziger Jahre entsprach.

    Seit ihrer erstmaligen Formulierung im Jahr 1960 haben zum Teil *Lipset* selbst, im Wesentlichen aber andere Wissenschaftler die „Wohlstandtheorie der Demokratie" weiterentwickelt, indem sie neben dem Entwicklungsniveau der Wirtschaft weitere Faktoren einbezogen haben, die Demokratie begünstigen. Viel beachtet wurden die Arbeiten des finnischen Politikwissenschaftlers *Tatu Vanhannen* (emeritierter Professor an der Universität Tampere).Für ihn hängt der Grad der Demokratie davon ab, wie breit die Machtressourcen (= Mittel oder

Grundlage zur Ausübung von Macht) in Wirtschaft und Gesellschaft gestreut sind. Dabei misst er die Streuung der Machtressourcen an drei Merkmalen:

- Wirtschaftliche Machtressourcen: Verteilung des Landbesitzes und des Eigentums außerhalb der Landwirtschaft.
- Machtressource Wissen: Alphabetisierungsgrad und Anteil der Universitätsstudierenden an der Gesamtbevölkerung.
- Berufsstruktur: Verstädterungsgrad und Aufteilung der Bevölkerung auf Agrarsektor und Nicht-Agrarsektoren.

Tabelle 15: Funktionsbedingungen der Demokratie – Standarderklärungsmodell

Politische Voraussetzungen	Wirtschaftliche Voraussetzungen	Gesellschaftliche Voraussetzungen
Gewaltenteilung und Zivilkontrolle polizeilicher und militärischer Gewalt	Hoher wirtschaftlicher Entwicklungsstand und Verstädterungsgrad, kleiner bzw. schrumpfender Agrarsektor	Ethnische Homogenität bzw. Akzeptanz friedlicher Konfliktregulierung
Demokratiefreundliches internationales Umfeld und unstrittige Grenzen	Vertikale soziale Mobilität	Kulturell tief verankerte Wertschätzung individueller Freiheit
Regelmäßiger Regierungswechsel. Keine Partei dauerhaft über Zwei-Drittel-Mehrheit	Ausgeglichene wirtschaftliche und gesellschaftliche Machtverteilung	Tief verwurzelte rechtsstaatliche Tradition

Begründen lässt sich der Zusammenhang zwischen der Streuung der Machtressourcen und dem Demokratisierungsgrad damit, dass es dann, wenn die Macht breit gestreut ist, schwieriger wird, einzelne gesellschaftliche Gruppen zu unterdrücken.

Neben der – wie man in der Politikwissenschaft auch sagt – Dispersion (lateinisch = Verstreuung) der Machtressourcen ist die Homogenität (= Gleichartigkeit) der Gesellschaft in Bezug auf die ethnische und religiöse Zusammensetzung des Landes eine wichtige Vorbedingung für eine stabile und dauerhafte Demokratie. Je größer der Anteil der Menschen in einem Land ist, die dem gleichen Kulturkreis und der gleichen Religion angehörten, desto höher ist die Wahrscheinlichkeit, dass eine Demokratie dauerhaft Bestand hat. In Gesellschaften mit unterschiedlichen Religionen, die nicht friedlich nebeneinander leben wollen, sondern sich gegenseitig bekämpfen, ist es schwierig, demokratische

Entscheidungsverfahren einzurichten, um Konflikte für alle verbindlich zu regulieren. Nach einer Untersuchung von Freedom House (engl. = Haus des Friedens), einer 1941 in den USA gegründeten, unabhängigen Nicht-Regierungsorganisation (zum Begriff und zur Rolle von Nicht-Regierungsorganisationen siehe Kap.6.4.2.3), gehört die übergroße Mehrheit der Demokratien dem christlichen Glauben an. Allerdings stellen auch hier Demokratien wie Indien (Hinduismus) oder Japan (Schintoismus oder Buddhismus) Ausnahmen dar.

Weitere Faktoren, die das Gedeihen einer Demokratie begünstigen, sind

■ die internationalen Rahmenbedingungen, in die ein Staat eingebettet ist: Bündnis mit einer mächtigen Demokratie bzw. Abhängigkeit von ihr, wie es die Verlierer des Zweiten Weltkrieges von den USA waren;
■ die kolonialgeschichtliche Tradition: ehemals britische Kolonien haben bessere Voraussetzungen für Demokratie als diejenigen, die unter französischer Kolonialherrschaft standen, sowie
■ ein tief verankertes rechtsstaatliches Bewusstsein in dem Sinne, dass die Regierenden an Recht und Gesetz gebunden sind und ihr Handeln stets von unabhängigen Gerichten überprüft werden kann.

Führt man die bisher vorliegenden Studien über alle Faktoren, die das Bestehen von Demokratie begünstigen, zusammen, kommt man zu einer Reihe politischer, wirtschaftlicher und gesellschaftlicher Voraussetzungen, die erfüllt sein müssen, damit eine Demokratie gut funktioniert und aufrechterhalten werden kann. Die Politikwissenschaft nennt sie Standarderklärung der Funktionsbedingungen für Demokratie. Sie sind in *Tabelle 15* dargestellt.

2.8.2 Wann gehen Diktaturen unter?

Aus den dargestellten Funktionsvoraussetzungen für Demokratie ließe sich im Umkehrschluss ableiten: Sobald in einem Land die wirtschaftlichen und gesellschaftlichen Bedingungen für eine dauerhaft funktionierende Demokratie annähernd erfüllt sind, geraten diktatorische Systeme unter Druck Die Wirklichkeit ist jedoch etwas komplizierter. Wirtschaftliche und gesellschaftliche Faktoren spielen zwar eine wichtige Rolle, sind allerdings nicht die allein ausschlaggebenden. Wie häufig bei politischen Vorgängen muss ein Bündel von Faktoren zusammentreffen, um derart tief greifende Veränderungen wie die Ablösung einer Diktatur auszulösen. Zu unterscheiden sind zum einen interne Faktoren, die den Untergang einer Diktatur herbeiführen, zum anderen externe Gründe, die zu ihrem Ende mit beitragen.

Die wirtschaftliche Entwicklung des Landes spielt dabei in doppelter Hinsicht eine wichtige Rolle. Entweder sie ist enttäuschend verlaufen und hat der Bevölkerung nicht den erhofften Wohlstandszuwachs gebracht. Dann gerät das diktatorische System in eine Legitimitätskrise, d. h. die Menschen zweifeln an seiner Leistungsfähigkeit und erkennen die politische Ordnung nicht mehr an. Oder aber, die wirtschaftliche Entwicklung verläuft sehr positiv. Dann schrumpft der Agrarsektor, und es entstehen eine städtische Industriearbeiterschaft und eine neue Mittelschicht gut ausgebildeter Angestellter. Beide fordern politische Mitspracherechte und eine größere Beteiligung am volkswirtschaftlichen Ergebnis.

Abbildung 4:   Das Ende von Diktaturen

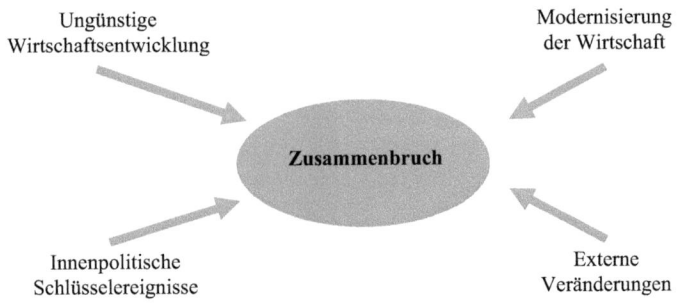

Nach: Merkel, W., Transformation politischer Systeme, in: Münkler, H. (Hrsg.), Politikwissenschaft. Ein Grundkurs, Reinbek 2003, S. 224 ff.

Des Weiteren können innenpolitische Schlüsselereignisse wie der Tod des Diktators, der das Land in ein politisches Machtvakuum stürzt, Machtkämpfe zwischen den Angehörigen der politischen Elite, Skandale, Korruption und Menschenrechtsverletzungen Protestbewegungen hervorbringen, die ein Regime in eine prekäre Lage bringen.

Andere Ursachen für den Sturz einer Diktatur liegen außerhalb des Landes. Oft macht die Niederlage in einem Krieg den Weg frei für die Demokratisierung eines Landes: Die Verlierer des Zweiten Weltkrieges Deutschland, Italien und Japan sind prominente Beispiele dafür. Auch der Wegfall der externen Unterstützung eines Regimes kann sein Ende bedeuten: Als die Sowjetunion unter *Gorbatschow* Mitte der achtziger Jahre des vorigen Jahrhunderts die Unterstützung der damaligen sozialistischen Länder Osteuropas aufkündigte, begann der allmähliche Auflösungsprozess, der dann zum Zusammenbruch der real existierenden sozialistischen Länder führte. Auch die südamerikanischen Militärdiktaturen konnten sich nicht halten, nachdem ihnen die USA die Unterstützung entzogen hatten.

Tabelle 16: Formen des Übergangs zur Demokratie

Form	Beispiele
Wiedereinführung der Demokratie in Staaten, die während eines Krieges von einer Besatzungsmacht regiert wurden.	Niederlande, Belgien, Norwegen und Dänemark nach dem Rückzug bzw. der Niederlage der deutschen Wehrmacht im Zweiten Weltkrieg.
Wiedereinführung der Demokratie durch eine Besatzungsmacht nach dem militärischen Sieg über ein diktatorisches Regime.	Alte Bundesrepublik, Japan, Österreich, Italien nach dem Zweiten Weltkrieg.
Anstoß durch militärische oder zivile Gruppen des alten Regimes – Pakt zwischen maßgeblichen Vertretern des alten Regimes und der Opposition: vom Regime ausgelöste Transformation.	Griechenland, Spanien und Portugal in den siebziger Jahren des vorigen Jahrhunderts.
Veränderung durch Reformkräfte des alten Regimes mit maßgeblicher Beteiligung der Opposition: Mischform aus Transformation und Strukturbruch.	Uruguay, Südkorea, Polen, ehemalige Tschechoslowakei.
Zusammenbruch oder Umsturz des alten Systems: Oppositionsgruppen übernehmen die Führungsrolle.	DDR 1989/1990, Portugal und Griechenland in den 70er Jahren, Argentinien in den 80er Jahren.
Revolutionäre Veränderung.	Mündet bald in ein (neues) diktatorisches Einparteiensystem.

Nach: Schmidt, M. G., Demokratietheorie, 3. Aufl., Opladen 2000, S. 470.

Wie vollzieht sich der Übergang zur Demokratie, d. h. was passiert, wenn die in *Abbildung 4* dargestellten Faktoren eingetreten sind und das Ende einer Diktatur naht? Dies zu analysieren ist Gegenstand der politikwissenschaftlichen *Transitionsforschung* (Transition = lateinisch: Übergang), die seit den achtziger Jahren des vorigen Jahrhunderts, seitdem verstärkt Systemwechsel stattgefunden haben, einen stürmischen Aufschwung erfahren hat. Fest steht inzwischen: Der Übergang von der Diktatur zur Demokratie vollzieht sich nicht nach einem überall gleichen, festen Schema, sondern auf ganz unterschiedlichen Wegen. Sie sind in *Tabelle 16* dargestellt.

2.8.3 Bedingungen für das Entstehen neuer Demokratien

Wann etabliert (= bildet sich) sich nach der Ablösung einer Diktatur eine dauerhaft stabile Demokratie? Die deutschen Politikwissenschaftler *Wolfgang Merkel* (Humboldt-Universität Berlin) und *Hans-Jürgen Puhle* (Universität Frankfurt/Main) haben in ihrem 1999 erschienen Werk „Von der Diktatur zur Demokratie: Transformationsbedingungen, Erfolgsbedingungen, Entwicklungspfade" die bisherigen Erkenntnisse der Transformationsforschung zusammengefasst.

Die Phase der *Konsolidierung* eines demokratischen Systems wird allgemein als *dritte Phase* eines Transformationsprozesses gesehen. Ihr gehen die *erste Phase* – das Ende bzw. der Zusammenbruch des diktatorischen Systems – und die *zweite Phase* – die Institutionalisierung der Demokratie (= Schaffung demokratischer Einrichtungen wie z. B. Durchführung von Wahlen und Erlass von allgemein anerkannten Spielregeln) voraus. Insbesondere die zweite und die dritte Phase sind in der Realität schwer voneinander zu trennen. Die Grenzen sind fließend.

Die allerwichtigste Bedingung dafür, dass die Demokratie stabil bleibt, ist nach heutigem Erkenntnisstand eine tief verankerte Legitimität des Systems der Demokratie. Das heißt:

Ein wesentlicher Teil der Bürger muss überzeugt sein, dass die Demokratie besser als jede andere politische Ordnung ist.

Wie entsteht diese Legitimität? Hier kommt man wieder auf *Lipsets* Grundthese zurück, wonach wirtschaftliche Stabilität und soziale Entwicklung die grundlegenden Erfolgsbedingungen einer dauerhaft bestehenden Demokratie sind. Die Gewährung von Freiheitsrechten schafft für sich allein noch keine hinreichende Unterstützung der Demokratie. Denn was nützt es, wählen zu dürfen, wenn trotzdem die Masse der Bürger in bitterer Armut lebt? Was helfen die demokratischen Grundrechte wie z. B. Schutz des Eigentums, Unverletzlichkeit der Wohnung, freie Entfaltung der Persönlichkeit, wenn die Mehrheit der Menschen eines Landes nur das besitzt, was sie am Leib tragen? Und wie sollen die Millionen Armen mit dem Grundrecht der freien Entfaltung ihrer Persönlichkeit anfangen, wenn es für sie jeden Tag aufs Neue ums nackte Überleben geht? Mit anderen Worten: Solange die Mägen nicht gefüllt und elementare Grundbedürfnisse der Menschen nicht befriedigt sind, werden sie sich kaum mit dem politischen System der Demokratie anfreunden können – zumal dann, wenn sie schon mal bessere Zeiten erlebt haben und die Situation des Mangels auch als solchen empfinden. (Wer allerdings nie Schokolade, Kaffee oder Champagner kennen gelernt hat, wird diese Dinge auch nicht vermissen!)

Wirtschaftliche Stabilität und soziale Entwicklung im Sinne der Teilhabe möglichst vieler an einem sich aufbauenden Wohlstand stellen sich jedoch nicht von selbst ein. Die politischen und wirtschaftlichen Eliten eines Landes, also Regierung und Führungskräfte der Wirtschaft, müssen in der Lage sein, ihre Konflikte angemessen auszutragen und Entscheidungen herbeizuführen, mit denen die wirtschaftlichen und gesellschaftlichen Probleme des Landes gelöst oder zumindest spürbar gemildert werden. Hier standen (und stehen) insbesondere die ehemals sozialistischen Länder vor geradezu übermächtigen Aufgaben. Denn im Unterschied zu allen anderen Ländern der Welt, die den Weg in Richtung Demokratie eingeschlagen haben, stehen sie nicht nur vor der Notwendigkeit, ihr politisches System zu transformieren und dafür Akzeptanz zu finden, sondern auch ihre Wirtschaftsordnung in ein stärker marktwirtschaftlich orientiertes System umzuwandeln. Die Politikwissenschaft spricht daher vom *Dilemma der Gleichzeitigkeit* (Dilemma = Zwangslage, unangenehme Situation), das diese Länder zu bewältigen haben.

Der wirtschaftliche Transformationsprozess von einer ehemaligen Planwirtschaft zu einer Marktwirtschaft erzeugt in aller Regel einen radikalen Bruch mit den vorhandenen Strukturen: Ganze Produktionszweige brechen zusammen, neue müssen aufgebaut werden. Viele verlieren ihren Arbeitsplatz und damit ihre Existenzgrundlage. Der Lebensstandard breiter Bevölkerungsschichten sinkt und liegt oftmals unter dem, den sie im alten System hatten. Mittlere Jahrgänge verlieren ihre Zukunftsperspektive, jüngere können nur auf eine bessere Zukunft hoffen. Solange sich die wirtschaftliche und soziale Situation nicht ausreichend bessert, besteht in solchen Ländern stets die latente (= verborgene, unterschwellige) Gefahr instabiler politischer Verhältnisse. Kommen dann in einem Land noch ethnische, religiöse oder nationalstaatliche Konflikte hinzu (bei nationalstaatlichen Konflikten handelt es sich um unterschiedliche Auffassungen darüber, welche Bevölkerungsgruppen einen Staat bilden und wo die Staatsgrenzen verlaufen sollen), entsteht ein „explosives Gemisch". Es ist ausgesprochen schwierig, unter diesen Bedingungen eine Demokratie zu festigen, die dauerhaft stabil ist und breite Zustimmung und Unterstützung findet.

2.8.4 Fehlgeschlagene Demokratisierung: Defekte Demokratien

Wo die Bedingungen für eine stabile Demokratie fehlen und von den Regierungen kurzfristig auch nicht hergestellt werden können, sind neue *Mischformen* zwischen Demokratie und Diktatur entstanden. Man nennt sie *fragile* (= zerbrechliche) oder *defekte* (= schadhaft, nicht in Ordnung) *Demokratien.* Sie sind dadurch gekennzeichnet, dass ihnen im Vergleich zu gefestigten Demokratien ein oder mehrere Merkmale fehlen, die Demokratie ausmachen. Zu unterscheiden sind:

- *Ausschließende (= exklusive) Demokratien.* In diesen wird ein erheblicher Teil der erwachsenen Bevölkerung wegen Rasse, Religion, Geschlecht, Weltanschauung oder Besitz vom Wahlrecht ausgeschlossen. Beispiel: USA zur Zeit der Sklavenhaltung.
- *Dömanendemokratien* (Domäne = Gebiet oder Bereich, der bestimmten Personen vorbehalten ist). In diesen Systemen regieren Militär oder große Wirtschaftsunternehmen in Teilgebieten bzw. diktieren der gewählten Regierung das Handeln. Viele süd- und mittelamerikanische Länder, die in den 70er und 80er Jahren des vorigen Jahrhunderts ihre Militärdiktaturen abgeschüttelt haben, zählen zu diesen Ländern. (Costa Rica ist allerdings eine alte und stabile Demokratie).
- *Illliberale Demokratien.* Sie sind dadurch gekennzeichnet, dass die wechselseitige Kontrolle der Gewalten nicht funktioniert und das Prinzip der Rechtsstaatlichkeit (= Bindung staatlicher Handlungen an Recht und Gesetz) nicht durchgesetzt wird.
- *Delegative Demokratien.* Dies sind Staaten mit einem mächtigen Präsidenten an der Spitze, der das gewählte Parlament umgeht und über Populismus (= Schüren von im Volk weit verbreiteten Vorurteilen, Ängsten und Gefühlen) die Masse des Volkes hinter sich bringt. Die Person des Präsidenten gewinnt die Oberhand und hat Vorrang vor rechtsstaatlichen und demokratischen verfahren.

Allen defekten Demokratien ist eine eigentümliche Mischung aus demokratischen und autoritären Elementen gemeinsam. Insofern stellen diese Systeme Mischsysteme zwischen Demokratie und Diktatur dar, jedoch anderer Art als die legitimen Herrschaftsstaaten, die wir am Ende des Abschnitts 2.2. kurz erwähnt hatten. Während die legitimen Herrschaftsstaaten wie die Monarchien traditionelle Systeme *vor* dem Entstehen moderner Demokratien waren, sind die defekten Demokratien Erscheinungsformen des 20. und 21. Jahrhunderts, die aus modernen Diktaturen hervorgegangen sind. Defekte Demokratien können viele Jahre bestehen, ohne in die alte Diktatur zurück zu fallen, aber auch ohne sich zu einer „Voll-Demokratie" weiterzuentwickeln. Solange sie in ihrer wirtschaftlichen Entwicklung hinter den meisten anderen Ländern zurück bleiben, wird ihre politische Ordnung vermutlich in diesem fragilen (= zerbrechlichen) Zustand verharren.

2.9 Die politischen Systeme der Welt

Die politischen Systeme der Welt sind in ihrer Gesamtheit so vielfältig, dass es ausgesprochen schwierig ist, sie in ein übersichtliches Raster (= Liniennetz) zu fassen. Der Kieler Politikwissenschaftler *Wilfried Röhrich* hat dies gleichwohl versucht. Er unterscheidet drei große Gruppen politischer Systeme:

- Westliche Demokratien
- Postkommunistische Systeme
- Entwicklungsgesellschaften

Schon diese Gruppenbezeichnungen zeigen, wie schwer es ist, konsequent einem Einteilungsmerkmal zu folgen. „Westliche Demokratien" ist insofern nicht ganz zutreffend, als Länder wie Japan, Australien und Neuseeland zweifellos auch Demokratien sind, aber nicht im Westen liegen. Der Begriff „Entwicklungsgesellschaften" sagt eigentlich etwas über den Stand der sozialen und ökonomischen Entwicklung und weniger über sein Regierungssystem aus. Die Unterteilung dieser Entwicklungsgesellschaften folgt einmal einem politikwissenschaftlichen (postautoritär = System, das früher eine autoritäre Diktatur war), dann einem religiös-kulturellen (islamisch) und schließlich einem geografischen (= schwarzafrikanisch) Merkmal. Trotzdem sind Länder wie Indien und Israel in dieses Schema eigentlich nicht einzuordnen und werden von *Röhrich* deshalb als Spezialfall jeweils in einem Exkurs (= kurze Erörterung eines Sonderthemas) zu geographisch benachbarten Ländern behandelt. Sie sind infolgedessen in *Tabelle 17* in Klammern gesetzt und durch einen Strich von den darüber stehenden Ländern getrennt. Denn für Indien gilt zwar das Merkmal „Entwicklungsgesellschaft" (in letzter Zeit allerdings auch zunehmend weniger), aber nicht postautoritär. Israel ist wirtschaftlich gesehen keine Entwicklungsgesellschaft und hat mit den in der gleichen Spalte stehenden Ländern neben seiner geographischen Lage im Nahen Osten nur gemeinsam, dass es stark von einer Religion – wenn auch einer ganz anderen als dem Islam – geprägt ist.

Damit sind wir am Ende des Kapitels über die politischen Systeme. Im folgenden Kapitel 3 befassen wir uns nur noch mit politischen Prozessen innerhalb der Demokratie, und zwar mit all den Instrumenten, die dem Regieren der Exekutive, der Mitwirkung und Einflussnahme der Bürger und der Kontrolle der politisch Handelnden dienen.

Tabelle 17: Typologie der Regierungssysteme der Welt

Westliche Industriegesellschaften			Post-kommunistische Systeme	Post-autoritäre	Islamische	Schwarz afrikanische
Parlamentarische	Parlamentarisch-präsidentielle Systeme	Präsidentielle		Entwicklungsgesellschaften		
GB BRD	Frankreich	USA	*Mittel- und südosteuropäische Länder* Russische Föderation Georgien und Kasachstan VR China	*Anden-Republiken:* Chile, Bolivien, Peru. *Schwellenländer:* Argentinien Brasilien *Asiatische Schwellenländer:* Korea, Thailand, Philippinen	Iran, Saudi-Arabien, Marokko, Tunesien	*Subsaharische Länder:* Liberia, Sierra Leone, Tschad, Ruanda, Burundi, Benin, Burkina, Faso, Gabun, Kamerun, Kenia, Kongo-Brazzaville, Mali, Sambia, Sierra-Leone, Togo, Zaire, Côte d'Ivoire, Komoren
(Japan)				(Indien)	(Israel)	*Ostafrikanische Republiken:* Kenia, Tansania *Südafrikanische Republiken:* Namibia, Südafrika

Nach: Röhrich, W., Die politischen Systeme der Welt, 4. Aufl., München 2006

3 Instrumente demokratischen Regierens und der demokratischen Kontrolle: die intermediären Institutionen

Wer Fußball verstehen will, muss sich zunächst einmal mit den Spielregeln vertraut machen. Er muss beispielsweise die Bedeutung des Strafraums und des 4-Meter-Raums vor dem Tor kennen, wissen, was ein Foul ist und wann es mit Freistoß und wann mit Elfmeter geahndet wird. Kurz: Die Rahmenbedingungen und die Spielregeln des Fußballs müssen ihm bekannt sein.

Ähnlich sind wir in Kapitel 2 für den Bereich der Politik vorgegangen, indem wir die wichtigsten „Spielregeln" und Rahmenbedingungen für *Politik* beschrieben haben. Nun kommen wir von den Rahmenbedingungen zu den eigentlichen „Spielern", den politischen Akteuren. Und so, wie wir beim Fußball jetzt die Rolle eines Stürmers, eines Libero und eines Torwarts deutlich machen würden, so müssen wir jetzt die Aufgaben der verschiedenen Akteure in der Politik erklären, vor allem die der Parteien, der Interessenverbände, der Bürgerinitiativen und der Massenmedien. Politikwissenschaftler nennen sie die *intermediären Institutionen* (intermediär = dazwischen, d.h. zwischen Politik und Gesellschaft liegend). Und so wie es auf dem Fußballfeld zwischen den Spielern einer Mannschaft eine Rollen- und Aufgabenverteilung gibt und die Mannschaften oft harte Kämpfe ausfechten, so haben auch in der politischen Arena die einzelnen „Spieler" ihre jeweiligen Aufgaben und tragen häufig harte Auseinandersetzungen miteinander aus.

3.1 Politische Parteien

Die meisten Bürger in der Bundesrepublik Deutschland würden wahrscheinlich auf die Frage, ob sie einer Partei angehören, mit Entrüstung reagieren. Sie empfänden es geradezu als Geringschätzung ihrer Person, in die Nähe einer Partei gerückt zu werden. Es gilt in Deutschland eher als Zeichen von Klugheit und Überlegenheit, sich nicht mit einer Partei zu identifizieren, sondern „überparteilich" zu sein (sprich: über den Dingen, d. h. den vorgeblich „engstirnigen" parteipolitischen Auseinandersetzungen zu stehen).

Hier sollen nicht die geschichtliche Entwicklung der einzelnen Parteien, wie sie in der Bundesrepublik Deutschland derzeit existieren, beschrieben oder gar ihre Leistungen oder Versäumnisse bzw. Fehler bewertet werden. Vielmehr geht es darum, ihre Funktion im demokratischen politischen Prozess klar zu machen.

3.1.1 Begriff und Aufgaben

Das Wort „Partei" kommt vom lateinischen „pars" und heißt „Teil". Das deutet schon an: Eine Partei vertritt grundsätzlich nicht alle Bürgerinnen und Bürger eines Landes, sondern eben nur einen Teil von ihnen, eben diejenigen, die hinter der Partei stehen und ihr bei der letzten Wahl ihre Stimme gegeben haben. Viele werden sich jetzt allerdings an den Eid erinnern, den beispielsweise unser Bundeskanzler und seine Minister vor dem Bundestag ablegen müssen, wenn sie ihr Amt antreten. Darin schwört jedes Mitglied der Regierung, den Nutzen des *ganzen* deutschen Volkes zu mehren und Schaden von ihm zu wenden. Mit anderen Worten: Obwohl politische Funktionsträger über eine Partei ins Amt kommen, sind sie verpflichtet, ihr Amt zum Wohle aller auszuüben. Nur selten werden Personen zu Ministern berufen, die keiner Partei angehören, wie z. B. im ersten Kabinett *Schröder* der Bundesminister für Wirtschaft *Werner Müller*.

Das bringt uns zu zwei wichtigen Voraussetzungen demokratischen Regierens:

- der *Wahl* von Personen, die bereit sind, ein politisches Amt zu übernehmen, durch das Volk und
- der vorherigen *Auswahl* derjenigen, die sich zur Wahl stellen.

Hier kommen wir zur zentralen Aufgabe von Parteien. In großflächigen Ländern mit Millionen Wahlberechtigten ist beides nämlich ohne politische Parteien schwer vorstellbar. Warum?

Jeder kennt zwar persönlich viele Menschen, davon aber nur einige so gut, dass er über ihre Stärken und Schwächen Bescheid weiß und über ihre politischen Ansichten informiert ist. So sind einem normalerweise Politiker, die sich zur Wahl stellen, persönlich nicht bekannt, und es ist den Kandidaten auch trotz allen Einsatzes nicht möglich, alle Bürgerinnen und Bürger ihres Wahlkreises persönlich kennen zu lernen.

Parteien leisten hier zweierlei: Erstens wählen sie aus dem Kreis ihrer Mitglieder solche Personen aus, die bereit sind, ein politisches Amt zu übernehmen und dafür zu kandidieren. Natürlich wird niemand schon nach zwei Monaten beansprucht, von seiner Partei als Kandidat für die Position des Bundeskanzlers nominiert zu werden. Vielmehr beginnt eine politische Laufbahn in aller Regel zunächst mit kleinen politischen Aufgaben. Man übernimmt zunächst ein Amt in der Partei, der man beigetreten ist, z. B. Mitglied des Vorstandes der örtlichen Parteiorganisation, steigt im Laufe der Zeit zum stellvertretenden Vorsitzenden oder zum Vorsitzenden des Orts- oder Kreisverbandes der Partei auf und kandidiert schließlich für das örtliche Gemeindeparlament. Wer diese Aufgaben zur Zufriedenheit der Mehrheit der aktiven Parteimitglieder des Ortes erledigt, wird bald zum Kandidat für das nächst höhere Parlament aufsteigen oder im Ort für das Amt des Bürgermeisters nominiert werden. Mandate im Parlament des jeweiligen Bundeslandes (= Landtag) und später auch im Bundestag können folgen. Mit anderen Worten: Die Parteien erfüllen die für eine Demokratie wichtige Aufgabe, *politisches Personal* für die verschiedenen zu besetzenden politischen Positionen heranzuziehen oder – wie es in der politikwissenschaftlichen Fachsprache heißt – *zu rekrutieren.*

Zweitens hilft die Existenz von Parteien den Wählern, die Kandidatinnen und Kandidaten politischen Grundauffassungen zuzuordnen, auch wenn sie die Betreffenden persönlich gar nicht kennen. Insbesondere diejenigen, die sich zumindest ein wenig für Politik interessieren, brauchen ihre Wahl damit nicht allein nach persönlicher Sympathie für den/die Bewerber/in treffen, sondern können sich bei ihrer Entscheidung auch an längerfristigen politischen Grundüberzeugungen orientieren.

Parteien sind somit auf Dauer angelegte, freiwillige Organisationen, die Wählern und Mitgliedern eine Teilnahme am politischen Geschehen ermöglichen. Sie formulieren Ziele und Maßnahmen für politisches Handeln, legen diese in (langfristigen) Grundsatz- und/oder (kurzfristigen) Aktionsprogrammen nieder und rekrutieren politisches Personal mit der Absicht, Ämter in Parlamenten und Regierungen mit ihrem Personal zu besetzen und auf diesem Weg ihre kurz- und langfristigen politischen Ziele zu verwirklichen.

Diese Merkmale sind zwar allen Parteien in Demokratien gemeinsam. Aber je nach Regierungssystem, Wahlrecht und Art der gesellschaftlichen Konflikte in einem Land gibt es unterschiedliche Parteitypen und -konstellationen. Damit wollen wir uns im nächsten Unterabschnitt befassen.

3.1.2 Parteitypen – die Rolle des Regierungssystems

Jeder hat schon einmal gehört, dass das Wort „Partei" mit einem anderen Begriff verknüpft wird, z. B.: *Volks*partei, *Honoratioren*partei, *Klassen*partei, *Koalitions*partei, *Rechts*partei usw. Das lässt schon darauf schließen: Partei ist nicht gleich Partei, sondern es gibt unterschiedliche Parteitypen. Wir wollen zunächst am Beispiel der USA und der Bundesrepublik Deutschland zwei ganz verschiedenartige Parteitypen erklären. Später im Laufe dieses Abschnitts werden wir weitere Typen erklären.

Die maßgeblichen, d. h. im Deutschen Bundestag vertretenen Parteien in der Bundesrepublik Deutschland wollen mit ihrem Namen schon ausdrücken, welche Ziele sie vorrangig anstreben: das C bei CDU und CSU steht für Ziele, die das Christentum verfolgt, das S bei der SPD, der PDS und der CSU deutet auf das Ziel „soziale Gerechtigkeit", das F bei der F.D.P. auf möglichst wenig staatliche Vorschriften für die Bürger (frei vom Staat). Grün im Namen von Bündnis 90/DIE GRÜNEN weist auf das Ziel „Bewahrung der natürlichen Lebensgrundlagen der Menschen" hin (Bündnis 90 war die Bürgerrechtsbewegung in den neuen Bundesländern, die sich 1993 der westdeutschen Partei DIE GRÜNEN angeschlossen hat). Man spricht deshalb bei den deutschen Parteien auch von *Programmparteien*.

Ganz anders die Parteien in den USA. Dass Politiker in einer Demokratie Demokraten sein müssen, versteht sich eigentlich von selbst. Insofern sagt „Partei der Demokraten" nichts weiter über die eigentlichen Ziele dieser Partei aus. Dasselbe gilt für die andere amerikanische Partei, die Republikaner. Republik ist der Gegenbegriff zu Monarchie und bezeichnet einen Staat mit einem bürgerlichen, weltlichen Staatsoberhaupt im Gegensatz zu einem König in einer Monarchie. Doch niemand will in den USA die Monarchie einführen und statt eines Präsidenten einen König haben – auch nicht die Republikaner. Insoweit sind die Parteinamen der USA nichts sagend.

Das blasse „Etikett" der amerikanischen Parteien hängt mit dem politischen System der USA und der daraus abgeleiteten Rolle der Parteien zusammen. Die Parteien der USA verstehen sich als reine Wahlkampforganisatoren, deren Aufgabe es ist, politisches Personal für alle politischen Ebenen bis hin zum Präsidentschaftskandidaten zu rekrutieren. Ständige Mitgliedschaft in einer Partei mit regelmäßiger Beitragszahlung wie in Deutschland gibt es in den USA nicht. Wenn eine Wahl vorüber ist, löst sich die Parteiorganisation wieder auf, und für die nächste Wahl finden sich erneut Gleichgesinnte, um den Wahlkampf zu organisieren. Die Finanzierung erfolgt über Spenden.

Diese lose Parteistruktur ist in den USA nicht zuletzt deshalb möglich, weil die Regierung – der Präsident – nicht von einer disziplinierten Mehrheit im Parlament abhängig ist. Ist der Präsident erst einmal gewählt und im Amt, kann er de facto nicht mehr abgesetzt werden. Die Partei hat somit ihre Aufgabe erfüllt und muss – zumindest für die Präsidentenwahl – erst in vier Jahren wieder aktiv werden.

Da die amerikanischen Parteien bloße Wahlkampfmaschinerien sind, denen es darauf ankommt, bestimmte Personen in politische Ämter zu bringen, spielt auch die Formulierung von politischen Grundsatzprogrammen und –analysen keine große Rolle. Zwar beziehen die Kandidaten, speziell die Präsidentschafts-kandidaten, zu zentralen politischen Fragen Position, und es gibt sog. „Wahl-plattformen", in denen die angestrebte politische Richtung angedeutet wird. Doch werden die Aussagen in diesen Plattformen nicht von grundsätzlichen politischen Theorien oder weltanschaulichen Positionen abgeleitet, sondern eher von kurzfristigen pragmatischen Überlegungen.

Während die Funktion der amerikanischen Parteien hauptsächlich in der Rekrutierung des politischen Personals besteht, messen die deutschen Parteien seit jeher auch der Formulierung grundsätzlicher langfristiger Positionen eine große Bedeutung bei. Auch das hängt (wenn auch nicht ausschließlich) mit dem politischen System der Bundesrepublik zusammen. Wenn eine Regierung an das Vertrauen der Mehrheit des Parlaments gebunden ist, muss dafür gesorgt wer-den, dass nicht erst nach der Wahl in der Partei eine Debatte über den Kurs der Regierungspolitik geführt wird. Dies würde die Regierung schwächen und sie in ihrer Handlungs- und Entscheidungsfähigkeit beeinträchtigen. Vielmehr führen die deutschen Parteien meist langwierige interne Programmdiskussionen, die den Wählern die jeweilige politische Ausrichtung und Schwerpunkte verdeutlichen.

In den Kategorien der Politikwissenschaft ausgedrückt sind die amerikani-schen Parteien also vorwiegend *Instrumente des Machterwerbs*, die deutschen Parteien darüber hinaus auch *Instrumente der Machtausübung* und – soweit sie sich gerade in der Opposition befinden – der *Machtkontrolle*. Dies drückt sich auch im unterschiedlichen Verhalten in den jeweiligen Parlamenten aus. Im amerikanischen Parlament – dem Kongress – gibt es so gut wie keine Abstim-mungen entlang der Parteigrenzen, es sei denn, es handelt sich um die Besetzung wichtiger Ämter in der politischen Verwaltung. Hier kommt die Funktion der amerikanischen Parteien als Personalrekrutierungsinstanz wieder zum Tragen. Im deutschen Bundestag herrscht dagegen in der Regel – ungeachtet des Artikels 38 GG, nach dem die Abgeordnete nur ihrem Gewissen unterworfen sind – Frakti-onsdisziplin: Bei Abstimmungen folgt jeder der Linie der jeweiligen Fraktion. Hier geht es im Lager der jeweiligen Regierungsparteien eindeutig um Macht-ausübung und Stützung der politischen Machtinhaber, im Lager der Oppositi-onsparteien um Machtkontrolle durch Aufzeigen politischer Alternativen.

3.1.3 Das Wahlsystem und seine Folgen für die Parteien

Unter einem *Wahlsystem* versteht man das Verfahren, nach dem die von den Wählern abgegebenen Stimmen in Parlamentsmandate umgesetzt werden. Im Wesentlichen unterscheidet man zwei Wahlsysteme: das Mehrheitswahlrecht und das Verhältniswahlrecht.

Beim *Mehrheitswahlrecht* wird das Land in so viele Wahlkreise aufgeteilt, wie Sitze im Parlament zu vergeben sind. Nach Möglichkeit sollen in allen Wahlkreisen etwa gleich viele stimmberechtigte Bürger wohnen, damit alle annähernd gleiche politische Einflussmöglichkeiten haben. In jedem Wahlkreis gilt derjenige Kandidat als gewählt, der die meisten Stimmen auf sich vereinigt. Einfache Stimmenmehrheit genügt (*Mehrheitsprinzip*). Dieses System wird auch *relative Mehrheitswahl in Einer-Wahlkreisen* genannt. Relativ deshalb, weil die relative Mehrheit der Stimmen genügt und nicht die absolute Mehrheit der Stimmen erforderlich ist, um einen Wahlkreis zu gewinnen. Einer-Wahlkreis deshalb, weil pro Wahlkreis immer nur *ein* Kandidat gewählt werden kann. Dieses Wahlrecht gilt in Großbritannien und ist wesentlicher Bestandteil des sog. *Westminster-Modells* (siehe Abschnitt 2.3.1.2).

Eine andere Form der Mehrheitswahl wird in Frankreich praktiziert. Auch dort wird das Land in Wahlkreise aufgeteilt, für die Wahl ins Parlament (die französische Nationalversammlung) reicht aber nicht die einfache (relative) Stimmenmehrheit aus. Erforderlich ist vielmehr die absolute Mehrheit (also 50 % plus 1 Stimme) der abgegebenen Stimmen. Das hat zur Folge, dass in den meisten Wahlkreisen im ersten Wahlgang kein Kandidat gewählt ist, weil er die absolute Mehrheit der Stimmen verfehlt. Es muss deshalb in einem zweiten Wahlgang eine Stichwahl zwischen den beiden stimmenstärksten Kandidaten des ersten Wahlgangs stattfinden. Aus dieser Stichwahl zwischen zwei Kandidaten geht dann einer als Sieger hervor. Dieses Wahlsystem wird *absolute Mehrheitswahl* oder auch *romanisches Wahlrecht* genannt.

Davon zu unterscheiden ist das *Verhältniswahlrecht*, das in der Bundesrepublik Deutschland angewendet wird. Hierbei werden die zu vergebenden Mandate im gleichen Verhältnis wie die abgegebenen Stimmen auf die einzelnen Parteien verteilt (Proporzsystem). Das bundesdeutsche Wahlrecht weicht insofern vom reinen Verhältniswahlrecht ab, als es die *Fünf-Prozent-Sperrklausel* gibt. Danach muss eine Partei mindestens fünf Prozent der abgegebenen Stimmen erreichen, um in den Bundestag einziehen zu dürfen. Alternativ würde auch der Gewinn von Direktmandaten in drei Wahlkreisen ausreichen.

Die Tatsache, dass die Hälfte der Bundestagsabgeordneten in Einer-Wahlkreisen nach dem Prinzip der relativen Mehrheitswahl gewählt wird, darf nicht zu dem häufigen Fehlschluss verleiten, als handelte es sich in der Bundesrepublik um ein gemischtes Wahlsystem. Entscheidend ist, dass die Sitze im deutschen Bundestag nach dem Verhältnis der für die Parteien abgegebenen Zweitstimmen verteilt werden und die bereits in der Direktwahl in den Wahlkreisen errungenen Mandate auf die insgesamt zu verteilenden Mandate angerechnet werden. Wegen der Möglichkeit, die Hälfte der Bundestagskandidaten in direkter

Wahl in Einer-Wahlkreisen wählen zu können, wird das Wahlrecht der Bundesrepublik auch *personalisiertes Verhältniswahlrecht* genannt.

Die Verteilung der Bundestags-Mandate erfolgt nach dem sog. *Hare-Niemeyer-Verfahren*: Die für eine Partei abgegebenen Zweitstimmen werden mit der Zahl der zu vergebenden Mandate vervielfacht, das Ergebnis durch die Gesamtzahl der abgegebenen Stimmen geteilt. Die so ermittelten ganzen Zahlen bestimmen die Zahl der auf die Partei entfallenden Mandate. Die Restmandate werden nach der Höhe der Zahlenbruchteile hinter dem Komma auf die Parteien aufgeteilt. Von den auf die einzelnen Parteien entfallenden Mandate werden die bereits in direkter Wahl in den Wahlkreisen errungenen Mandate (= sog. Direktmandate) abgezogen. Die übrigen Mandate werden von den Kandidaten der jeweiligen Partei nach der Reihenfolge ihres Platzes auf der entsprechenden Landesliste besetzt. (Für jedes der 16 Bundesländer wird von den Parteien eine Landesliste mit ihren Kandidaten aufgestellt.) Erringt eine Partei in einem Bundesland mehr Direktmandate als ihr nach dem Anteil der Zweitstimmen in diesem Bundesland zusteht, bleiben die Direktmandate als sog. *Überhangmandate* erhalten. Das Hare-Niemeyer-Verfahren wird in der Bundesrepublik Deutschland seit 1985 praktiziert.

Über die Frage, welches Wahlsystem „gerecht" ist, wird immer wieder heftig diskutiert. Die Befürworter der Mehrheitswahl sehen in einer Wahl vor allem einen Mechanismus, der die Stimmabgabe der Bürger in eine eindeutige Mehrheit für eine Regierung übersetzen muss. Dabei nehmen sie bewusst in Kauf, dass die Mehrheitsverhältnisse im Parlament mitunter erheblich zugunsten der stärkeren Partei verzerrt sind. Ihnen kommt es insbesondere auf die Bildung einer handlungsfähigen Regierung an.

Die Anhänger der Verhältniswahl sehen in der Wahl dagegen die Aufgabe, ein Spiegelbild der unterschiedlichen Strömungen und Interessen, die im Volk vorhanden sind, im Parlament abzubilden. Die Gefahr einer Zersplitterung des Parteiensystems, die die Bildung handlungsfähiger Regierungsmehrheiten erschwert, wird als zweitrangig angesehen. Als noch wichtiger für die Funktionsfähigkeit des politischen Systems wird es vielmehr betrachtet, dass alle sich auch tatsächlich im Parlament vertreten fühlen.

Welche Folgen hat das jeweils geltende Wahlrecht für die Parteien in einem Land? Die bisherigen Forschungen dazu haben ergeben: Unumstößliche Gesetzmäßigkeiten gibt es nicht. Jedoch lässt sich feststellen:

Das Mehrheitswahlrecht führt zu einer größeren Konzentration der Parteien und erleichtert den Prozess der Regierungsbildung durch nur *eine* Partei. Ein Zwei-Parteien-System wie in Großbritannien entsteht nur dann, wenn es keine Parteien mit regionalen Schwerpunkten gibt oder die Parteien des gleichen politischen Lagers keine Bündnisse schließen.

Beispiel: Gäbe es in der Bundesrepublik Deutschland ein Mehrheitswahlrecht, würde zumindest die CSU als dritte Partei in den Bundestag einziehen, weil sie auf das Bundesland Bayern konzentriert ist und dort keine andere sozial-konservative Partei als Konkurrent hätte. In Frankreich existieren dank der dortigen romanischen Mehrheitswahl in beiden politischen Lagern mehrere Parteien. Das hängt damit zusammen, dass sich bei der Stichwahl die politischen Lager jeweils auf einen Kandidaten verständigen, die sozialistische Partei im zweiten Wahlgang beispielsweise auch einen kommunistischen Kandidaten unterstützt und umgekehrt. Grundsätzlich wären derartige Bündnisse auch bei Mehrheitswahl in der Bundesrepublik vorstellbar, so dass ein Zwei-Parteien-System nur aus CDU/CSU und SPD nicht unbedingt die Folge wäre.

Die Mehrheitswahl fördert somit prinzipiell das Entstehen großer Parteien, die breite Schichten des Volkes anzusprechen versuchen und sich nicht allein kleinen Partikularinteressen (= Sonderinteressen) verpflichtet fühlen. Man nennt diesen Typ *Volkspartei*. Die Verhältniswahl begünstigt demgegenüber auch kleine Parteien bis hin zu Splittergruppen, die meist nur Spezialinteressen einzelner Bevölkerungsgruppen vertreten. Das führt dazu, dass große Parteien sich häufig Abspaltungstendenzen ihrer Flügel ausgesetzt sehen und Probleme haben, radikale Anhänger in ihre Reihen zu integrieren.

Letztlich muss aber unabhängig vom Wahlsystem das Grundproblem jeder politischen Willensbildung gelöst werden, nämlich trotz der Vielzahl unterschiedlicher Meinungen und Interessen in einem Volk eine Entscheidung herbeizuführen, die von allen akzeptiert wird. Bei Mehrheitswahl sind die Parteien gezwungen, diesen Prozess des Interessenausgleichs und der politischen Willensbildung intern und schon *vor der Wahl* zu leisten. Über den gefundenen, sich im Programm niederschlagenden Kompromiss und die dafür stehenden Personen können die Bürger dann in der Wahl abstimmen. Bei Verhältniswahl werden die Konflikte nicht vor der Wahl ausgetragen, sondern auf die Zeit nach der Wahl verschoben und in die Regierung bzw. ins Parlament hineinverlagert. Erst *nach der Wahl* findet in einem meist langwierigen Aushandlungsprozess zwischen mehreren Parteien, die eine Koalition bilden müssen, die Formulierung des Regierungsprogramms statt. Die Bürger bleiben von diesem Prozess weitgehend ausgeschlossen, sie müssen hinnehmen, was sich aus dem Koalitionspoker ergibt.

3.1.4 Parteienstruktur als Spiegelbild gesellschaftlicher Konflikte

Schon im vorigen Unterabschnitt wurde der Zusammenhang zwischen der Bildung von Parteien und gesellschaftlichen Konflikten angedeutet. Diesem Zusammenhang wollen wir hier am Beispiel der Bundesrepublik Deutschland noch etwas näher nachgehen.

Die Soziologen sagen: Jede Gesellschaft ist sozial differenziert. Und sie meinen damit: In jeder Gesellschaft gibt es unterschiedliche Berufe mit jeweils verschiedenem Einkommen und Ansehen, mehrere Glaubensbekenntnisse, mehrere ethnische Gruppen (ethnos = griech. Volksstamm) und verschiedene Weltanschauungen. All diese Differenzierungen bedingen unterschiedliche Vorstellungen darüber, wie eine Gesellschaft organisiert werden sollte, was Gerechtigkeit bedeutet, was der Sinn menschlichen Lebens ist und welche Ziele man als Mensch anstreben sollte.

Es liegt nahe, dass sich Menschen mit gleichem Beruf und damit gleicher sozialer Lage, mit gleichem Glaubensbekenntnis oder gleicher Weltanschauung zu einer politischen Partei zusammenschließen, um ihre Auffassungen und Interessen im politischen Raum zu vertreten und durchzusetzen. Historisch sind auch die deutschen Parteien auf der Basis der gesellschaftlichen Konfliktlinien entstanden:

- die SPD als Partei der gewerkschaftlich organisierten Arbeitnehmer und als Ausdruck des Klassenkonflikts Kapital gegen Arbeit;
- die CDU und CSU als Partei der kirchlich gebundenen, vornehmlich katholischen Wählerschaft;
- die F.D.P. als Partei des nicht kirchlich gebundenen mittelständischen Bürgertums.

Diese Konfliktlinien, in der soziologischen Fachsprache auch mit dem englischen Ausdruck *cleavages* (= Spaltungen) belegt, prägten das Parteiensystem der Bundesrepublik Deutschland in den fünfziger und sechziger Jahren. Schon damals waren allerdings die Parteigrenzen nicht trennscharf, gab es doch zahlreiche Personen mit Merkmalen, die sie nicht eindeutig als Stammwähler der einen anderen Partei zuordnen ließen, z. B. gewerkschaftlich nicht organisierte Arbeitnehmer oder kirchlich gebundene *und* gewerkschaftlich organisierte Arbeitnehmer. Dies waren häufig typische Wechselwähler, die sich bei jeder Wahl neu entschieden.

In den siebziger Jahren trat neben die traditionellen Konfliktlinien

- Kapital/Arbeit bzw. Marktfreiheit/soziale Gerechtigkeit und
- religiös/säkular bzw. Kirchenbindung/ohne Kirchenbindung

eine weitere Differenzierung in der bundesrepublikanischen Gesellschaft: Der sog. *Wertewandel* trennte die Bevölkerung in Befürworter traditioneller Werte

113

wie unbegrenztes Wirtschaftswachstum zur Steigerung materieller Produktion, Fleiß, Karriere (= materielle Werte) und in Anhänger immaterieller Werte wie Lebensqualität und –genuss durch saubere Umwelt (ggf. auch zu Lasten des Wirtschaftswachstums), Freizeitaktivitäten und politisches Engagement gegen Atomenergie und Ausbeutung der Dritten Welt außerhalb der traditionellen Parteien und Verbände (siehe dazu Kapitel 3.4 Bürgerinitiativen und soziale Bewegungen).

Träger dieser postmaterialistischen Bewegung (postmaterialistisch = nicht auf materielle Dinge wie Reichtum ausgerichtet) waren insbesondere gut ausgebildete jüngere Menschen aus allen sozialen Schichten. Zahlenmäßig machten die „Postmaterialisten" zwar kaum mehr als 10 bis 15 Prozent der Bevölkerung bzw. der Wählerschaft aus, und nicht alle kehrten bei den Wahlen den traditionellen Parteien den Rücken. Gleichwohl kosteten sie den großen Parteien CDU und SPD (die bayerische CSU war davon weniger betroffen) einige Prozentpunkte an Stimmenanteilen, so dass sich in den achtziger Jahren das bis dahin herrschende Zweieinhalb-Parteiensystem (CDU/CSU, SPD, F.D.P.) in ein Zweiplus-Zwei-Parteiensystem (CDU/CSU und SPD; F.D.P. und GRÜNE) auffächerte. Die Konfliktstruktur war somit dreidimensional:

- Marktfreiheit/soziale Gerechtigkeit (CDU/CSU+F.D.P. – SPD+GRÜNE)
- religiös/nicht-religiös (CDU/CSU – SPD+GRÜNE+F.D.P.)
- materialistisch/postmaterialistisch (CDU/CSU+SPD+F.D.P. – GRÜNE)

Gegen Ende der achtziger Jahre sind auf der einen Seite des Parteienspektrums CDU/CSU und F.D.P. durch ihre langjährige gemeinsame Regierungstätigkeit im Bund, auf der anderen Seite SPD und GRÜNE durch ihre ebenso langjährige gemeinsame Opposition wieder näher zusammengewachsen. Nachdem die Alt-Parteien viele ökologische Aspekte in ihre Programmatik aufgenommen haben, hat die Konfliktlinie „materialistisch/postmaterialistisch" wieder an Bedeutung verloren. So gesehen tritt die klassische Konfliktlinie

Soziale Gerechtigkeit	oder	Marktfreiheit
SPD und Bündnis 90/DIE GRÜNEN	oder	CDU/CSU und F.D.P.

mit dem traditionellen Gegensatz zwischen Links- und Rechtsparteien wieder stärker in den Vordergrund.

Die Vereinigung der beiden deutschen Staaten hat jedoch nicht nur zwei nach völlig anderen Prinzipien organisierte und arbeitende Volkswirtschaften, sondern auch zwei Wahlgebiete mit unterschiedlichem politischen Denken und dementsprechend anderem Wahlverhalten zusammengefügt. So treten im vereinten Deutschland nach Ansicht maßgeblicher Parteienforscher frühere Konfliktlinien wie „religiös/nicht-religiös" und „materialistisch/postmaterialistisch" zurück. Die traditionelle Konfliktlinie „Arbeit/Kapital" bzw. „Soziale Gerechtigkeit/Marktfreiheit" besteht zwar weiter, wird jedoch durch den Gegensatz „Libertarismus/ Autoritarismus ergänzt bzw. überlagert.

Was verbirgt sich hinter den Bezeichnungen *libertär* bzw. *autoritär*? Und haben *links* und *rechts* noch eine Bedeutung in der Politik? Damit kommen wir zu den politischen Grundorientierungen.

Libertär (politikwissenschaftliche Fachsprache, umgangssprachlich meist: *liberal*) bezeichnet eine politische Grundeinstellung, die so wenig wie irgend möglich vom Staat und seinen Instanzen regeln oder durchführen lassen möchte. Sie setzt nicht nur auf die Mündigkeit und Selbstbestimmung jedes Einzelnen, sie vertraut auch auf die dem Menschen eigene Sozialnatur und sein soziales Verantwortungsbewusstsein. Diese würden seinen Egoismus bremsen und verhindern, dass Menschen, die anderen etwas voraus haben, diese Überlegenheit zur Machtausübung und Unterdrückung anderer Menschen ausnutzen.

Autoritär als Gegenbegriff zu libertär charakterisiert demgegenüber eine politische Grundorientierung, die dem Staat und seinen Instanzen viele, ggf. auch die Freiheit einzelner Individuen einschränkende gesellschaftliche Regelungsbefugnisse übertragen möchte. Sie hält die Menschen für von Natur aus für wenig sozialorientiert und egoistisch. Deshalb wird befürchtet, dass eine Gesellschaft ohne staatliche Schranken und Verpflichtungen nur zur freien Entfaltung einer kleinen Minderheit führen würde und die Mehrheit der Menschen durch diese Minderheit unterdrückt würde.

Beides klingt zunächst sehr abstrakt. Deshalb sollen zwei krasse Beispiele verdeutlichen, worum es geht:

Erstes Beispiel: Kinderspielplatz. Mehrere Kinder im Vorschulalter spielen friedlich nebeneinander im Sandkasten. Plötzlich kommt es zum Streit: Ein vierjähriger Junge schlägt mit seiner kleinen Schaufel auf ein dreijähriges Mädchen ein. „Lass sofort das Mädchen in Ruhe", ruft die Mutter des Jungen. „Die hat auf mein Auto getreten", rechtfertigt der Knirps sein aggressives Verhalten. Dank seiner körperlichen Überlegenheit hat er das Mädchen inzwischen zu Boden geworfen, das sich verzweifelt wehrt. Erst als die Mutter eingreift, ihn mit Gewalt wegzieht und ihm ihrerseits mit Strafe droht, lässt er von dem Mädchen ab.

Was lehrt uns dieser Vorfall, den wir wahrscheinlich so oder ähnlich alle schon mal beobachten konnten? Konflikte zwischen Menschen dürfen nicht im Wege körperlicher Gewalt ausgetragen werden. Eine höhere Instanz – hier die Mutter – unterbindet den Konflikt, ggf. selbst mit körperlicher Gewalt. Auf der Ebene einer Gesellschaft liegt hier die ureigenste Zuständigkeit des Staates: Er darf nicht nur, er *soll* bzw. *muss* sogar Konflikte zwischen seinen Bürgern, die gewaltsam ausgetragen werden, notfalls mit Gewalt (Polizei) unterbinden. Unabhängige Gerichte entscheiden darüber, wer im Recht und wer im Unrecht war.

Insoweit werden staatliche Regelungen und Vorschriften auch von den Anhängern libertärer Auffassungen nicht in Frage gestellt. Niemand käme auf die Idee, jedem etwa zu gestatten, sich im Fitness-Studio Muskeln anzutrainieren und seine erworbene körperliche Überlegenheit dazu zu nutzen, andere Menschen zu etwas zu zwingen, wozu sie freiwillig nicht bereit wären (etwa die gefüllte Brieftasche herauszugeben).

Zweites Beispiel: In allen entwickelten Ländern gibt es ein ausgebautes Schulsystem, und die Eltern sind verpflichtet, ihre Kinder zur Schule zu schicken. Überall dort, wo eine gesetzliche Schulpflicht eingeführt wurde, ist die Zahl der Analphabeten und derjenigen, die überhaupt nicht rechnen können, bis auf eine verschwindend kleine Minderheit zurückgegangen. Staatlicher Zwang kann sich also zum Wohle jedes Einzelnen und letztlich der gesamten Gesellschaft auswirken.

Auch die allgemeine Schulpflicht wird von den Anhängern libertärer Positionen nicht in Frage gestellt. Strittig wird es jedoch, sobald es um soziale Sicherung geht. Sollen alle Menschen gezwungen werden, eine Krankenversicherung abzuschließen? Oder eine Unfall- oder Rentenversicherung? In den USA beispielsweise sind nur rund 55 Prozent krankenversichert, weil es keine gesetzliche Krankenversicherungspflicht gibt und viele, vor allem Arme, die regelmäßige Beitragszahlung vermeiden wollen, haben keine Krankenversicherung.

Strittig ist ferner, wie weit die Rechte von Eigentümern gehen sollen bzw. dürfen. Wer über etwas verfügt, was knapp ist und andere dringend benötigen, hat ebenso wie der körperlich Überlegene die Möglichkeit, andere Menschen zu etwas zu zwingen, wozu sie freiwillig gar nicht bereit wären – und das, *ohne* körperliche Gewalt anzuwenden. Darf beispielsweise jemand, der mit anderen in der Wüste unterwegs ist und als einziger eine Flasche Wasser bei sich hat, diesen Vorteil für sich ausnutzen? Darf er die anderen zu Unterwürfigkeit zwingen, indem er ihnen einen Schluck Wasser nur dann „gewährt", wenn sie vor ihm auf die Knie fallen und darum betteln? (Gewaltsam darf ihm das Wasser nach den allgemein akzeptierten Spielregeln ja nicht entwendet werden!) Oder – auf eine moderne Industriegesellschaft übertragen: Darf jemand sein Spezialwissen, das er sich durch intensives Studium und Forschen angeeignet hat, so teuer am Markt „verkaufen", dass andere in der Gesellschaft dafür auf vieles verzichten müssen?

Hier geht es nicht nur um Fragen der Ethik (= Lehre vom sittlich guten menschlichen Handeln) oder der Moral. Es geht darum, bis zu welchem Grad ein Staat jedem seiner Bürger Spielregeln setzt und Vorschriften macht, was er – in seinem eigenen Interesse – tun muss, was er gegenüber anderen Menschen noch tun darf und was verboten ist.

Die demokratischen Staaten sind hier unterschiedlich liberal. Ob und inwieweit Menschen geistige Überlegenheit und/oder knappe Ressourcen (= Mittel), über die sie verfügen, zum eigenen Vorteil ausnutzen dürfen, wird je nach dem, welche politischen Grundorientierungen vorherrschen, gehandhabt. Hier kommen wir zur zweiten Konfliktlinie: der zwischen Kapital und Arbeit, zwischen Marktfreiheit und sozialer Gerechtigkeit oder – mit den traditionellen Bezeichnungen – zwischen Rechts und Links.

Tabelle 18: Politische Grundorientierungen

	Links	Rechts
Libertär	Ablehnung marktorientierter Verteilungsprinzipien als auch bürokratisch-hierarchischer Koordinationsmechanismen; Befürwortung beteiligungsfreundlicher, dezentralisierter Formen der Entscheidungsfindung. *Klientel*: Humandienstleistungen, Kultur	Ablehnung zentralisierter, bürokratisch-hierarchischer Entscheidungsstrukturen; Befürwortung marktorientierter Verteilungsmechanismen. *Klientel*: Spezialberufe im privaten Dienstleistungssektor, Freiberufler
Autoritär	Ablehnung marktorientierter Verteilungsprinzipien; Befürwortung zentralisierter, bürokratisch-hierarchischer Koordinationsmechanismen. *Klientel*: Öffentlicher Dienst, vom Strukturwandel bedrohte Wirtschaftsbereiche	Ablehnung staatsinterventionistischer Verteilungsprinzipien; Befürwortung zentralistischer, hierarchisch-autoritärer Entscheidungsmechanismen. *Klientel*: Traditionelles Kleinbürgertum, Management des wettbewerbsfähigen Sektors

Nach: Alemann, U. v., Das Parteiengesetz der Bundesrepublik Deutschland, Bonn 2003 (Schriftenreihe der Bundeszentrale für politische Bildung, Bd. 395), S.104.

Die Bezeichnungen *Rechts* bzw. *Links* für die politische Grundorientierung der Parteien stammt aus der Zeit der französischen Revolution. In der französischen Nationalversammlung saßen die Progressiven (= Fortschrittlichen), d. h. die Parteien, die die Ideen der französischen Revolution vertraten, links vom Parlamentspräsidenten, die Abgeordneten der konservativen und reaktionären Parteien rechts vom Parlamentspräsidenten. Auch die Sitzordnung im Deutschen Bundestag ist an diesem Schema ausgerichtet, während im englischen Unterhaus rechts grundsätzlich die Mehrheitsfraktion sitzt (auch wenn es die Labour-Party ist) und links die Opposition.

Heute haben die Begriffe *Rechts* und *Links* allerdings nichts mehr mit der Einstellung gegenüber der französischen Revolution zu tun. Vielmehr geht es um Positionen zum Verhältnis *Markt und Lenkung* in der Wirtschaft. So bezeichnet

- *Rechts* eine politische Grundorientierung, die den Marktmechanismus und den Wettbewerb als Verteilungsprinzip akzeptiert, während
- *Links* eine politische Grundauffassung charakterisiert, die die Ergebnisse von Markt und Wettbewerb als sozial ungerecht und korrekturbedürftig ansieht.

Tabelle 19: Das deutsche Parteiensystem zu Beginn des 21. Jahrhunderts

	Mitte			
	Links			Rechts
Libertär	Bündnis 90/ Die GRÜNEN			F.D.P.
Mitte		SPD	CDU/CSU	
Autoritär	PDS/WASG			Republikaner

Kombiniert man jetzt die Merkmale Libertär und Autoritär mit Links und Rechts, so ergeben sich vier Grundpositionen, die in Tabelle 18 zusammengefasst sind. Wie jede Typologisierung (= Einteilung) ist auch diese idealtypisch, d. h.: In Wirklichkeit lassen sich nicht alle Bürgerinnen und Bürger 100%ig diesen Grundpositionen zuordnen. Beispielsweise ist selbstverständlich nicht jeder im Öffentlichen Dienst Beschäftigte linksautoritär eingestellt oder jeder Bankangestellte (= Spezialberuf im privaten Dienstleistungssektor) rechtslibertär. Wohl aber ist der Prozentsatz derjenigen, die diese sozialen Merkmale aufweisen, mit der entsprechenden politischen Grundorientierung deutlich höher als im Bevölkerungsdurchschnitt.

Wollte man die deutschen Parteien diesen Konfliktlinien zuordnen, so passen nur die kleineren Parteien in eines der Felder. Die beiden großen Volksparteien CDU/CSU und SPD versuchen, ein möglichst breites Spektrum abzudecken und in ihrem jeweiligen „Lager" sowohl das libertäre als auch das autoritäre Segment anzusprechen. Sie sind deshalb zwischen der autoritären und der libertären Konfliktlinie angesiedelt (Tabelle 19).

Tabelle 20: Ergebnisse der Bundestagswahlen seit 1949
Stimmenanteil in %

Jahr	CDU/CSU	FDP	SPD	GRÜNE	Linksparteien[1]	Sonstige[2]
1949	31,0	11,9	29,2	-	5,7	22,2
1953	45,2	9,5	28,8	-	2,2	14,3
1957	50,2	7,7	31,8	-	-	10,3
1961	45,3	12,8	36,2	-	1,9	3,8
1965	47,6	9,5	39,3	-	1,3	2,3
1969	46,1	5,8	42,7	-	-	5,4
1972	44,9	8,4	45,8	-	0,3	0,6
1976	48,6	7,9	42,6	-	0,3	0,6
1980	44,5	10,6	42,9	1,5	0,2	0,3
1983	48,8	7,0	38,2	5,6	0,2	0,2
1987	44,3	9,1	37,0	8,3	-	1,3
1990	43,8	11,0	33,5	3,9	2,4	5,4
1994	41,5	6,9	36,4	7,3	4,4	3,5
1998	35,2	6,2	40,9	6,7	5,1	5,9
2002	38,5	7,4	38,5	8,6	4,0	3,0
2005	35,2	9,8	34,2	8,1	8,7	4,0

1) 1949 und 1953: KPD; 1961 und 1965: DFU; 1972 bis 1983: DKP; ab 1990: PDS.
2) Bis 1961 insbesondere Deutsche Partei, Bayernpartei, Gesamtdeutscher Block/Bund der Heimat-vertriebenen und Entrechteten.

Auffallend ist, dass bis Mitte der neunziger Jahre das deutsche Parteiensystem seinen Schwerpunkt im Mitte-Rechts-Lager hatte. Mit anderen Worten: Es gab bei Bundestagswahlen stets eine „bürgerliche Mehrheit" aus CDU/CSU und F.D.P., selbst im Zeitraum von 1969 bis 1982, als die SPD zusammen mit der F.D.P. die sozial-liberale Koalition bildete. Erst nach der Vereinigung ab Mitte der neunziger Jahre ist das Kräfteverhältnis zwischen den Lagern Mitte-Links und Mitte-Rechts relativ ausgeglichen, d. h.: Bündnis 90/Die GRÜNEN plus SPD einerseits und CDU/CSU plus F.D.P. andererseits fanden in der Wähler- schaft nach den regelmäßig durchgeführten Meinungsumfragen (z. B. des Politi- barometers der Forschungsgruppe Wahlen an der Universität Mannheim) in etwa gleich starke Unterstützung – mit abwechselndem Vorsprung von nur wenigen Prozentpunkten mal des einen, mal des anderen Lagers. Seit der Bundestagswahl 1998 gibt es erstmals in der Geschichte der Bundesrepublik Deutschland keine Mitte-Rechts-Mehrheit aus CDU/CSU und F.D.P. mehr, sondern eine Mitte- Links-Mehrheit aus SPD, Bündnis 90/DIE GRÜNEN und der Linkspartei/PDS (*siehe Abbildung 5*). Dies gilt insbesondere für den Norden und den Osten der Bundesrepublik, während im Süden - vor allem in Baden-Württemberg und in Bayern – nach wie vor CDU/CSU und F.D.P. – das Mitte-Rechts-Lager – die Mehrheit haben (siehe *Abbildung 6*).

Abbildung 5:   Das Kräftverhältnis der Parteien in der Bundesrepublik
Deutschland nach politschen Lagern

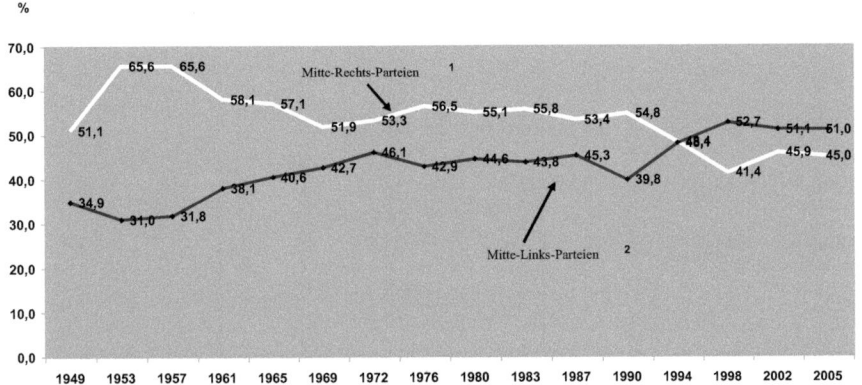

1) CDU/CSU, FDP (in den 50er Jahren zuzügl. DP/BP, BHE/GB. -
2) SPD, Bündnis 90/DIE GRÜNEN, Linkspartei bzw. PDS (vor der Vereinigung: KPD, DFU oder DKP)

Ferner ist zu beachten: Das Parteiensystem ist nicht bundesweit gleichmäßig strukturiert. Libertäre politische Grundorientierungen sind in den neuen Bundes- ländern nicht stark verankert, so dass Bündnis 90/Die GRÜNEN und die F.D.P.

120

bei Wahlen in Ostdeutschland bislang gleichermaßen schlecht abschneiden und häufig sogar unter die Fünf-Prozent-Klausel fallen. Die Linkspartei/PDS ist dagegen neben den beiden Volksparteien CDU und SPD in den neuen Bundesländern die dritte Kraft mit zumeist mehr Stimmen, als sie jeweils die libertären Parteien im Westen in die Waagschale werfen können. In den alten Bundesländern spielt dagegen die Linkspartei/PDS bisher keine große Rolle.

Abbildung 6:   Die politischen Gewichte in der Bundesrepublik Deutschland

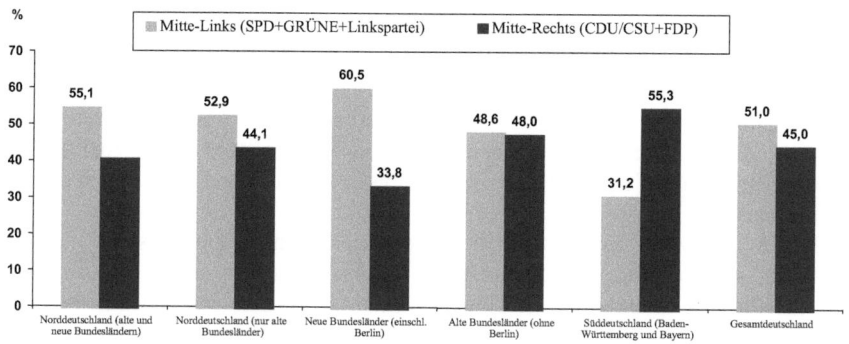

Anteile der jeweiligen politischen Lager bei der Bundestagswahl 2005 in %

Das Parteiensystem der Bundesrepublik Deutschland unterscheidet sich damit von dem anderer Staaten. In den skandinavischen Ländern haben die Linksparteien traditionell eine sehr starke Stellung, in Australien, Japan und in den USA dominiert – trotz gelegentlichen Regierungswechsels – lange Zeit das konservativ-liberale Lager etwas stärker. Ob sich – wie im Moment in der Bundesrepublik – auch dort der Trend zu einer größeren Ausgeglichenheit der beiden Lager ausbreitet, bleibt abzuwarten.

3.1.5   Probleme der Parteien

Wie eingangs schon betont, genießen die Parteien in der Bundesrepublik Deutschland bei vielen kein hohes Ansehen. Das ist jedoch kein speziell deutsches Problem. Vergleicht man die Umfrageergebnisse, so ist das Ansehen der Parteien in fast allen Ländern im Schwinden, stellt der an der Universität Düsseldorf lehrende Politikwissenschaftler *Ulrich von Alemann* fest. Er nennt in

121

seinem Standardwerk „Das Parteiensystem der Bundesrepublik Deutschland"
acht Symptome (= Anzeichen, Warnzeichen), die typisch sind für die Probleme,
mit denen die Parteien zu kämpfen haben:

1. Die *Mitgliedschaft* der Parteien schmilzt. Selbst die Partei mit der traditio-
    nell größten Mitgliederzahl, die SPD, hat ihren Höhepunkt von Mitte der
    siebziger Jahre von über 1 Mio. Mitglieder überschritten und zählte 1998
    nur noch 775.000 Mitglieder. CDU/CSU kommen zusammen auf etwa
    800.000 Mitglieder, während die kleineren Parteien nur eine Zahl im fünf-
    stelligen Bereich an Mitgliedern aufweisen können.
2. Die *Wahlbeteiligung* geht zurück. Zwar steht die Bundesrepublik mit einer
    Wahlbeteiligung von rund 78 Prozent bei der letzten Bundestagswahl 2005
    im Vergleich zu den USA (50 Prozent) noch gut da. Trotzdem: In den sieb-
    ziger Jahren lag die Beteiligung bei Bundestagswahlen über 90 Prozent.
3. Der *Konzentrationsgrad* des Parteiensystems wird schwächer. In den sieb-
    ziger Jahren vereinigten die beiden großen Volksparteien über 90 Prozent
    der Stimmen auf sich, bei der Bundestagswahl 2005 bereits weniger als 70
    Prozent.
4. Der *Stammwähleranteil*, d. h. der Anteil der Wähler, die stets die gleiche
    Partei wählen, geht zurück. Konnten die Volksparteien früher gut 60 Pro-
    zent ihrer Wähler zu ihrem Stamm zählen, so sind es Ende der neunziger
    Jahre nur noch etwa 40 Prozent. Dementsprechend stieg die Zahl der Wech-
    selwähler, also diejenigen, die ihre Wahlentscheidung von Wahl zu Wahl
    neu treffen, ständig.
5. *Skandale* wie Korruption, Parteispendenaffären und Verfilzung (Besetzung
    wichtiger Positionen nicht nach Fähigkeit, sondern nach Parteizugehörig-
    keit) überschatten immer häufiger das Erscheinungsbild der Parteien.
6. *Entfremdung junger Bürgerinnen und Bürger* von der etablierten Politik
    generell. So beteiligten sich 1990 22,2 Prozent *aller* Wahlberechtigten nicht
    an der Bundestagswahl, bei den „Jungwählern" im Alter zwischen 18 und
    24 Jahren waren es 37,1 Prozent. In den neuen Bundesländern enthielten
    sich gar 44,7 Prozent in dieser Altersgruppe der Stimme. Bei der Bundes-
    tagswahl 2005 ging ein Drittel der 21 bis 25Jährigen nicht zur Wahl.
7. Das *Vertrauen in die Fähigkeit der Politiker, Probleme zu lösen,* sinkt.
8. Trotz wachsender Unzufriedenheit mit der Leistung der jeweiligen Regie-
    rungsparteien gelingt es den jeweiligen *Oppositionsparteien* häufig nicht,
    bei der nächsten Wahl Stimmen auf sich zu ziehen. Oft mündet politische
    Unzufriedenheit in Wahlenthaltung, gelegentlich auch in der vorübergehen-
    den Unterstützung von Protestparteien. Im Ergebnis führt aber gerade dieses
    Verhalten dazu, dass sich die von der jeweiligen Regierungsmehrheit ge-

schaffenen, kritisierten und zur politischen Entfremdung beitragenden Strukturen langfristig verfestigen.

Vor diesen Problemen stehen jedoch nicht allein die Parteien. Andere Institutionen wie Gewerkschaften und Kirchen sehen sich ähnlichen Schwierigkeiten gegenüber. Es würde in einem einführenden Politik-Lehrbuch wie diesem zu weit führen, den vielfältigen Ursachen, die im gesellschaftlichen und ökonomischen Bereich liegen, weiter nachzugehen.

3.2 Verbände

Genießen schon die Parteien in der Bundesrepublik Deutschland kein hohes Ansehen, so stehen die Interessenverbände in der Prestigeskala noch eine Stufe tiefer. Im öffentlichen Bewusstsein haftet der Durchsetzung von Interessen etwas Anrüchiges an. Interesse, das wird vielfach gleichgesetzt mit einem für das Gemeinwohl schädlichen Egoismus. Dementsprechend gelten die Vertreter von Verbänden als nicht objektiv, weil sie angeblich nur die Vorteile derjenigen im Auge haben, die sie von Berufs wegen vertreten.

Interessenverbände sind jedoch aus einer modernen Demokratie nicht wegzudenken. Wir wollen uns in diesem Unterabschnitt mit ihrer Rolle in der politischen Willensbildung befassen, aber auch Probleme aufzeigen, die sich aus ihren Aktivitäten ergeben können. Dabei werden wir wieder – wie bisher – vieles am Beispiel der Bundesrepublik Deutschland erläutern.

3.2.1 Begriff und Aufgaben

Unter einem *Verband* bzw. einem *Interessenverband* versteht man einen Zusammenschluss bzw. eine Organisation von Bürgerinnen und Bürgern, aber auch von Unternehmen oder öffentlichen Körperschaften mit dem Ziel, ihre Interessen als Forderungen an die politischen Entscheidungsträger heranzubringen und durchzusetzen. Statt von Verbänden oder Interessenverbänden spricht man oft auch von *Interessengruppen* oder von *Pressure groups* (engl. = Druck ausübende Gruppen).

Von dieser Begriffsbestimmung her lassen sich Verbände zum einen von bloßen Vereinen, zum anderen von Parteien abgrenzen. Ein Sportverein z. B. ist kein Verband in dem hier verstandenen Sinne, weil es sein Ziel ist, gemeinsame sportliche Aktivitäten seiner Mitglieder zu organisieren. Nur im Einzelfall mag er auch auf politische Entscheidungsträger Einfluss nehmen, etwa wenn es darum geht, Zuschüsse von der Gemeinde für den Unterhalt des Sportplatzes oder der Sportgeräte zu erhalten. Ein Verband ist auch keine politische Partei, weil er kein parlamentarisches Amt und kein Regierungsamt anstrebt, um seine Ziele und Interessen durchzusetzen. Vielmehr geht es ihm nur darum, alle diejenigen in seinem Sinne zu beeinflussen, die politische Entscheidungen entweder maßgeblich vorbereiten oder selbst treffen.

Warum braucht eine Demokratie Verbände? Würden Parteien nicht ausreichen, wo diese doch auch, wie wir im letzten Unterabschnitt gesehen haben, nicht das gesamte Volk vertreten, sondern nur einen Teil davon?

Wir kommen an dieser Stelle zu einer Grundsatzfrage, die sich stellt, wenn man menschliches Zusammenleben in einer Gesellschaft organisieren will, nämlich:

Was sind die eigentlichen (sprich „wahren") Bedürfnisse der Menschen? Wo liegen ihre wirklichen Interessen?

Spontan werden jedem, der mit dieser Frage konfrontiert wird, Antworten einfallen: Essen und Trinken sind Bedürfnisse des Menschen. Atmen (Luft), Wärme (aber nicht zu viel!), Sex, Kommunikation (Gedankenaustausch mit anderen Menschen) kommen hinzu. Aber schon bei diesen Grundbedürfnissen gibt es ganz unterschiedliche Formen, sie zu befriedigen: Essen könnte man theoretisch auf die Zahl der Kalorien reduzieren, die ein Mensch zum Überleben braucht. Es kann eine Handvoll Reis, ein großer Teller kräftiger Eintopf oder ein 7-Gänge-Menü sein. Ein Getränk kann lediglich ein Glas Wasser oder eine Flasche Wein für 300 Euro sein.

Wir alle kennen es von uns selbst: Manchmal wissen wir gar nicht so recht, was wir eigentlich wollen. Gehen wir wirklich immer aus einem Kaufhaus wieder raus mit genau (und *nur*) dem, was wir ursprünglich kaufen wollten? Hat das eine oder andere Angebot vielleicht ein Bedürfnis geweckt, das wir beim Betreten des Kaufhauses noch gar nicht verspürten? Empfinden wir manchmal vielleicht erst dann Hunger, wenn wir den gefüllten Teller des Nachbarn sehen oder den feinen Geruch eines Bratens in der Nase riechen?

Aus diesen alltäglichen Erfahrungen lernen wir: Die Menschen haben zwar einige elementare Grundbedürfnisse wie Essen, Trinken, Schlaf und Sex, aber schon die Art und Weise, wie diese elementaren Grundbedürfnisse befriedigt werden, ist den Menschen nicht vorgegeben, sondern ist – wie die Sozialwissenschaftler sagen – gesellschaftlich vermittelt. Das bedeutet: Was und wie wir essen, wurde uns beispielsweise von den Eltern vermittelt. Sozialwissenschaftlich ausgedrückt: Bedürfnisse und Interessen entwickelt der Mensch in einem *Sozialisationsprozess.*

Unter *Sozialisation* versteht man alle Vorgänge und Bedingungen, durch die der einzelne seine Vorlieben, Bedürfnisse, Werte (= was ist gut und erstrebenswert, was ist schlecht und abzulehnen), Handlungsmuster, Interessen usw. erwirbt und verinnerlicht (= als natürlich und selbstverständlich ansieht).

Jeder kann an sich selbst nachvollziehen, welche sportlichen, kulturellen oder sonstigen Interessen er aufgrund welcher äußeren Einflüsse – sei es von Eltern, Freunden und Bekannten, Schule, Betrieb oder Universität, Kollegenkreis usw. entwickelt hat.

Welchen Interessen jemand nachgeht und welche Bedürfnisse er entwickelt, hängt aber nicht nur davon ab, welche von seiner Umgebung in ihm „geweckt" und entwickelt worden sind. Es hängt auch davon ab, welche Angebote zur Befriedigung von Bedürfnissen und Interessen eine Gesellschaft bereit hält und wem und in welchem Ausmaß sie den Menschen das „Ausleben" ihrer Interessen gestattet.

Damit ist die Frage nach den Schranken aufgeworfen, die in jeder Gesellschaft dem Ausleben von Interessen und Bedürfnissen gesetzt werden. Aber nach welchen Kriterien (= Maßstäben) sollen diese Schranken gesetzt werden und vor allem: von wem? Hier stoßen wir auf total entgegen gesetzte Grundpositionen, von denen ebenso gegensätzliche politische Konsequenzen abgeleitet werden. Die *eine* Grundposition lautet:

Die Interessen der Menschen lassen sich wissenschaftlich erkennen bzw. ableiten. Daraus folgt: Es gibt wahre, sprich „objektive" Interessen, aber auch subjektive Interessen, die die Menschen zwar als solche empfinden, die aber nicht ihren wahren Bedürfnissen entsprechen. Deshalb ist nicht nur notwendig, sondern zur möglichst großen Selbstentfaltung der Menschheit sogar geboten, sie zur Befriedigung der „wahren" Bedürfnisse hinzuführen und die Befriedigung „falscher" Bedürfnisse zu unterbinden.

Das klingt zunächst sehr abstrakt. Konkrete Alltagsbeispiele sollen uns helfen zu verstehen, worum es geht:

1. Beispiel: Ein kleines Kind möchte auf die kochend heiße Herdplatte fassen. Frage: Ist es das „wahre" Bedürfnis des Kindes, sich die Finger zu verbrennen? Wenn nein, soll das „falsche" Bedürfnis des Kindes – notfalls durch Zwang – unterbunden werden, um es zu schützen?

2. Beispiel: Rauchen ist erwiesenermaßen gesundheitsschädlich, ebenso übermäßiger Alkoholgenuss. Frage: Soll der Staat beides verbieten, im Interesse der Gesundheit der Menschen?

3. Beispiel: In den Regalen unserer Geschäfte findet man eine erdrückende Vielfalt von Waren. Doch: Entsprechen mehrere Sorten Klopapier, zahlreiche Waschmittel (mit unterschiedlichen Verpackungen und Namen, aber oft mit gleichem Waschpulver), unzählige Biermarken tatsächlich unseren „wahren" Bedürfnissen. Ist ein Kind, das keine sprechende Puppe hat, wirklich deshalb unglücklich, weil es ein „wahres" Bedürfnis nicht befriedigen kann? Oder nur deshalb, weil ein „falsches" Bedürfnis geweckt wurde und im Vergleich zu anderen Kindern, die dieses „falsche" Bedürfnis befriedigen können, ein Gefühl des Zurück gesetzt sein entsteht?

Während beim ersten und zweiten Beispiel viele dazu neigen werden, von einem „wahren" Bedürfnis zu sprechen – im ersten Fall, sich nicht die Finger zu verbrennen, im zweiten Fall, nicht an Krebs oder Alkoholismus zugrunde zu gehen – ist im dritten Beispiel eine Antwort schon ausgesprochen schwierig. Sind in den ersten beiden Fällen Verbrennungen, Krebs und Alkoholismus noch objektiv feststellbar und ihre schädlichen Wirkungen unbestritten, so ist das Glücksgefühl der Menschen über die Vielfalt an Klopapier, Waschmitteln und Bier und über eine sprechende Puppe leider nicht mehr mit naturwissenschaftlicher Exaktheit nachweisbar. Es fehlt – wie die *Wissenschaftstheorie* (Lehre von den Voraussetzungen und Grenzen wissenschaftlicher Erkenntnis) sagt – die intersubjektive Überprüfbarkeit.

Mit *intersubjektiver Überprüfbarkeit* ist gemeint: Eine Erscheinung muss von mehreren Personen unabhängig voneinander (daher: intersubjektiv) und mit gleichem Ergebnis festgestellt werden können, wie z. B. in der Physik die Falldauer eines Steins aus 50 m Höhe bis zum Aufschlag. Gefühle wie Freude, Trauer, Angst, Glück werden von jedem Menschen anders empfunden und sind nicht intersubjektiv überprüfbar.

Damit kommen wir zu der *anderen* Grundposition. Sie lautet:

*Die Interessen und Bedürfnisse der Menschen lassen sich grundsätzlich **nicht** aus einer Wissenschaft ableiten. Sie sind rein subjektive Empfindungen. Es gibt deshalb keine wahren und falschen Bedürfnisse, sondern eine Vielzahl von unterschiedlichen Interessen. Zur Selbstentfaltung der Menschen muss deshalb den unterschiedlichen, subjektiv empfundenen Bedürfnissen und Interessen Spielraum gegeben werden. Die Menschen dürfen in ihren Aktivitäten nicht auf vermeintlich „wahre" Interessen eingeengt werden.*

Auf diesen beiden Grundpositionen beruhen unterschiedliche politische Grundordnungen – wir haben sie in Kapitel 2 als Demokratie und Diktatur bezeichnet. Und je nachdem, ob man die Bedürfnisse und Interessen der Menschen für eindeutig bestimmbar hält oder nicht, folgen daraus auch unterschiedliche Aufgaben von (Interessen)Verbänden im politischen System.

In Demokratien, in denen die Bedürfnisse und Interessen der Menschen nicht für eindeutig bestimmbar gehalten werden, haben die Verbände im politischen Prozess die wichtige Aufgabe, die *vielfältigen und zum Teil auch gegensätzlichen Interessen zu artikulieren* (= in der Öffentlichkeit zum Ausdruck zu bringen). Da es in der Bundesrepublik Deutschland mit einem Volk von 80 Millionen Bürgerinnen und Bürgern unzählige Einzelinteressen und Bedürfnisse gibt, kommt den Verbänden des weiteren die wichtige Funktion zu, die *Interessen zu aggregieren*, d. h. sie zu bündeln. Schließlich werden Verbände häufig *an politischen Entscheidungen beteiligt*, wenn es um Fragen geht, die ihre Mitglieder berühren. Den Verbandsführern kommt dann die nicht immer einfache Aufgabe zu, ihren Mitgliedern die mit Beteiligung des Verbandes gefällte politische Entscheidung, die in der Regel einen Kompromiss darstellt und daher nicht alle Verbandswünsche berücksichtigt, zu erläutern und um Zustimmung und Verständnis bei den Mitgliedern zu werben. Insoweit haben die Verbände die Funktion, den *gesellschaftlichen Konsens zu sichern.*

Im Grundgesetz der Bundesrepublik Deutschland werden die Verbände und ihre Mitwirkung an der politischen Willensbildung zwar nicht ausdrücklich genannt, ihre Stellung ist jedoch durch Artikel 9 abgesichert, in dem es heißt:

(1)   Alle Deutschen haben das Recht, Vereine und Gesellschaften zu bilden.

(2)   Vereinigungen, deren Zwecke oder deren Tätigkeit den Strafgesetzen zuwiderlaufen oder die sich gegen die verfassungsmäßige Ordnung oder gegen den Gedanken der Völkerverständigung richten, sind verboten.

(3)   Das Recht, zur Wahrung und Förderung der Arbeits- und Wirtschaftsbedingungen Vereinigungen zu bilden, ist für Jedermann und für alle Berufe gewährleistet. . . .

In Dikaturen, in denen die Bedürfnisse und Interessen der Menschen dagegen für eindeutig bestimmbar gehalten werden, müssen die Verbände logischerweise eine andere Rolle spielen. Die *Artikulation von Bedürfnissen und Interessen* erscheinen in diesem System überflüssig. Denn die „wahren" Bedürfnisse lassen sich – so die in Diktaturen vertretene Grundposition – wissenschaftlich ermitteln, werden von der Regierung erkannt und durchgesetzt. Deswegen wird auch spezielle *Einflussnahme* der Verbände auf die Regierung oder gar ihre *Beteiligung an politischen Entscheidungen* als nicht notwendig angesehen, handelt die Regierung doch ohnehin so, dass sich die von ihr als „wahr" erkannten Interessen des Volkes entfalten können. Die Aufgabe von Verbänden in Diktaturen wird lediglich darin gesehen, den Mitgliedern die Entscheidungen der Regierung zu erläutern, d. h. konkret sie als richtig und im Interesse des Volkes liegend, darzustellen und so den gesellschaftlichen Konsens zu sichern. Vielfach wurde diese Funktion, speziell im Hinblick auf die Funktion von Massenorganisationen in totalitären Regimen, als *Transmissionsriemen* bezeichnet. So sahen insbesondere die Kommunistischen Parteien in den sozialistischen Ländern die Rolle der Gewerkschaften als die eines Transmissionsriemens der Partei.

3.2.2 Typen

Eine vom Bundesinnenminister eingesetzte Parteienrechtskommission lieferte 1958 folgende anschauliche Beschreibung der bundesrepublikanischen Verbändelandschaft:

> „Die mannigfaltigen größeren und kleineren Verbände, die soziale, wirtschaftliche, kulturelle oder politische Interessen vertreten, verkörpern ein antagonistisches (= gegensätzliches, entgegen gesetzte Interessen verfolgend, *H.A.*) soziales System differenzierter Gruppeninteressen, die in der Regel auf gesellschaftlichen Gegensätzen und Spannungen beruhen, und unter denen sich einige große beherrschende Organisationen wie Gipfel über einem Meer anderer Erscheinungen emporheben."
> (Rechtliche Ordnung des Parteiwesens. Bericht der vom Bundesminister des Innern eingesetzten Parteienrechtskommission, Frankfurt-Berlin 1958, S. 79 f.)

Die genaue Zahl der in der Bundesrepublik Deutschland existierenden Verbände ist unbekannt. Sie wird auf etwa 4.000 geschätzt. Aus politikwissenschaftlicher Perspektive verdienen vor allem solche Organisationen Beachtung, deren Tätigkeit auf dauerhafte Beeinflussung des politischen Entscheidungsprozesses ausgerichtet ist und die somit als tatsächlicher Faktor der politischen Willensbildung gelten können. Legt man dieses Kriterium zugrunde, dürfte die Zahl politischrelevanter Verbände auf weniger als 500 schrumpfen.

Die einzelnen Verbände lassen sich danach unterscheiden,

- welches Interesse sie vorrangig vertreten (z. B. wirtschaftliches, soziales oder kulturelles)
- welchen Rechtsstatus sie haben (z. B. Verein, Körperschaft öffentlichen Rechts)
- ob sie einzelne Personen, Institutionen (z. B. Städte oder Unternehmen) oder andereVerbände vertreten.

In der Regel wird eine Einteilung nach folgenden Handlungsbereichen verwendet:

- Wirtschafts- und Arbeitswelt
  Dazu gehören Gewerkschaften und sonstige Arbeitnehmervereinigungen, Arbeitgeber- und Wirtschaftsverbände, Berufsverbände der Selbständigen und der Freien Berufe, Bauernverbände und Verbraucherschutzorganisationen.
- Sozialer Bereich
  Dazu zählen Wohlfahrtsverbände sowie Familien-, Frauen- und Jugendverbände.
- Freizeit
  Darunter fallen die diversen Sportvereine, Autofahrerclubs wie z. B. der ADAC, Briefmarkensammler, Jäger u.ä.

Schwer in diese Systematik einzuordnen, aber nicht minder bedeutsam, sind die vier Kommunalen Spitzenverbände, die Vereinigungen der Städte, Gemeinden und Landkreise:

- der Deutsche Städtetag,
- der Deutsche Städte- und Gemeindebund,
- der Deutsche Landkreistag,
- die Vereinigung der Kommunalen Arbeitgeberverbände.

Sie vertreten keine privaten Interessen, sondern die Belange der Gebietskörperschaften, also öffentliche Anliegen. Gleichwohl liegen ihre Interessen häufig quer zu den Interessen der Bundesländer und denen des Bundes, insbesondere dann, wenn es um steuerpolitische Fragen (jede steuerpolitische Maßnahme beeinflusst die Verteilung des Steueraufkommens auf Bund, Länder und Gemeinden) oder um Veränderungen der öffentlichen Ausgabenstruktur (Kürzungen im Bundeshaushalt bedeuten oft Mehrbelastungen der Gemeindehaushalte) geht.

Nicht so recht in die gängigen Typologien von Interessenverbänden lassen sich auch die Kirchen einordnen. Auf sie wollen wir in einem gesonderten Unterabschnitt eingehen.

3.2.3 Techniken der Einflussnahme

Eine besonders interessante Frage ist, wie die verschiedenen Verbände auf die politischen Entscheidungen Einfluss nehmen. Hier stößt die Politikwissenschaft allerdings schnell an ihre Grenzen. Denn viele Einflussnahmen vollziehen sich nicht-öffentlich. Sie sind daher schwer zu rekonstruieren (= im Nachhinein aufzuzeigen). Oft möchten die betroffenen Verbände auch nicht, dass ihre Kanäle, über die sie versuchen, ihre Interessen durchzusetzen, bekannt und näher durchleuchtet werden. Entsprechend wenig auskunftsfreudig verhalten sie sich gegenüber Recherchen von Journalisten oder Sozialwissenschaftlern.

Dennoch lassen sich einige grundlegende Aussagen über die Techniken der Einflussnahme treffen. Zunächst richtet sich das Handeln eines Verbandes danach, ob sich seine Mitglieder in hinreichender Zahl für Aktionen wie z. B. öffentliche Demonstrationen mobilisieren lassen. Bei Gewerkschaften und Bauernverbänden ist dieses Mobilisierungspotenzial grundsätzlich vorhanden, wie zahlreiche und immer wiederkehrende Demonstrationen zeigen. Die Funktion derartiger Aktionen besteht darin, zum einen auf das Anliegen aufmerksam zu machen und eine breite Berichterstattung in den Medien zu erreichen. Zum anderen sollen die politisch Verantwortlichen unter Druck gesetzt werden, die Entscheidung so zu treffen, wie die Verbände es im Interesse ihrer Mitglieder wünschen.

Die Erfolgschancen dieses Vorgehens hängen von einer Reihe von Faktoren ab:

1. An Demonstrationen muss sich tatsächlich ein großer Prozentsatz von persönlich Betroffenen beteiligen und damit seine Unterstützung der Verbandsforderung unterstreichen. Andernfalls wird daraus eine Minderheitenaktion, die zwar in den Medien, aber weniger von den politischen Entscheidungsträgern beachtet wird. Dies gilt umso mehr, wenn sich unter die Demonstranten zahlreiche andere Personen mischen, die generell jeden Protest einer Gruppe nutzen, um ihre eigenen politischen Ziele damit zu verfolgen.
2. Das mit den Demonstrationen verfolgte Anliegen muss zumindest von einem Teil der Medien positiv kommentiert werden. Wenn die Medien dagegen fast durchweg gegen die Demonstranten Partei ergreifen, werden sich die verantwortlichen Politiker kaum veranlasst sehen, das Anliegen der Protestierenden aufzugreifen.
3. Der gewollte Druck wird nur dann seine Wirkung zeigen, wenn die demonstrierenden Gruppen genügend Wähler repräsentieren, die der regierenden Partei bei der nächsten Wahl ihre Unterstützung versagen können. Dieser Entzug der Unterstützung kann auch darin bestehen, der nächsten Wahl

fern zu bleiben. Bei knappem Wahlausgang könnten Bauern, die gar nicht wählen, oder Arbeiter (SPD-Stammwähler), die keine Stimme abgeben, der CDU bzw. der SPD eine Schlappe zufügen, weil ihnen beim Ergebnis entscheidende Prozente fehlen.

Verbände, die genügend Mitglieder mobilisieren können, die bereit sind, „auf die Straße zu gehen", sind jedoch eine Ausnahme. Selbst der ADAC mit seinen mehr als einer Million Mitgliedern dürfte es kaum schaffen, seine Mitglieder dazu zu bewegen, gegen eine Erhöhung der Mineralölsteuer oder die Einführung einer generellen Geschwindigkeitsbegrenzung auf den Autobahnen zu demonstrieren. Bei Verbänden, die keine Einzelpersonen vertreten, sondern juristische Personen (wie etwa der private Bankenverband) oder Städte (wie der Deutsche Städtetag) verbietet sich das Mittel „Demonstration" schon von der Organisations- und Mitgliederstruktur her.

Fast alle Interessengruppen müssen deshalb andere Wege einschlagen, um zu versuchen, ihre Interessen durchzusetzen. Auch die Verbände mit mobilisierungsfähigen Mitgliedern wie der Bauernverband oder die Gewerkschaften beschreiten diese anderen Wege. Sie haben nur das Mittel der Demonstration noch als zusätzliche Möglichkeit, um ihrem Anliegen das nötige Gewicht zu verleihen.

Wie sehen diese „anderen Wege" konkret aus? Letztlich lassen sich alle Bemühungen der Verbände auf *ein* Prinzip zurückführen: den Versuch, die politischen Entscheidungsträger davon zu überzeugen, dass die Berücksichtigung des vorgetragenen Anliegens nicht nur im Interesse des speziellen Verbandes und seiner Mitglieder liegt, sondern im Interesse der Gesamtheit. In den USA wurde dies am Beispiel des weltgrößten Automobilkonzerns auf folgende Kurzformel gebracht:

„Was gut ist für General Motors, ist gut für die Vereinigten Staaten".

Dabei erfolgt die „Überzeugungsarbeit" zum einen indirekt, indem versucht wird, die Medien zu einer positiven Berichterstattung über das eigene Anliegen zu bewegen und letztlich damit auch die politischen Entscheidungsträger im eigenen Sinne zu beeinflussen. Dies ist eine Form des Lobbyismus im weiteren Sinn und lässt sich als *Öffentlichkeitsarbeit* bezeichnen. Zum anderen müssen die Verbände, wenn sie erfolgreich sein wollen, die eigenen Vorstellungen auch direkt in geeigneter Form in den politischen Willensbildungsprozess einbringen und gegenüber den politischen Entscheidungsträgern vorbringen. Das wird unter Lobbyismus im engeren Sinne verstanden.

Lobby (engl. = Wandelhalle) ist die Bezeichnung der Halle, des Vorraums, vor dem englischen Unterhaus. Lobbyismus oder Lobbyarbeit nannte man in den Anfängen der parlamentarischen Demokratie das Einreden der Interessenvertreter auf die Abgeordneten in der Wandelhalle, bevor sie das Unterhaus zu einer Abstimmung betraten.

Sowohl für die direkte als auch für die indirekte Form des Lobbyismus haben sich neben den formal vorgesehenen Verfahrensweisen gewisse Praktiken eingespielt, die im Folgenden beschrieben werden.

Die Öffentlichkeitsarbeit nimmt bei allen Verbänden einen großen Stellenwert ein. Um die Glaubwürdigkeit der eigenen Position gegenüber den Medien zu erhöhen, treten die Verbände häufig nicht selbst, sondern über ihnen nachstehende (oder von ihnen mitfinanzierte) wissenschaftliche Institute an die Öffentlichkeit. Das bekannteste und wohl auch größte ist das Institut der Deutschen Wirtschaft (IW), ein von den Arbeitgeber- und Wirtschaftsverbänden getragenes Institut mit etwa 100 Wissenschaftlern. In den Medien werden die Meldungen dieses Institutes in der Regel mit dem von den Journalisten erläuternden Zusatz „das die Interessen der Wirtschaft publizistisch vertritt" wiedergegeben. Mit seinen Publikationen zu allen Fragen der Wirtschafts-, Sozial- und Gesellschaftspolitik wendet sich das Institut der Deutschen Wirtschaft nicht nur an die politischen Entscheidungsträger in den Parlamenten und Ministerien, sondern an alle möglichen Multiplikatoren wie Journalisten und Lehrer in der Erwartung, dass diese die Materialien journalistisch auswerten bzw. im Schulunterricht verwenden.

Das Institut auf Seiten der Gewerkschaften, das Wirtschafts- und Sozialwissenschaftliche Institut in der Hans-Böckler-Stiftung (WSI), ist mit ca. 10 fest angestellten Wissenschaftlern nicht nur wesentlich kleiner, es verfolgt im Rahmen der gewerkschaftlichen Strategie auch eine andere Zielrichtung. Im Mittelpunkt der Tätigkeit des WSI steht die Beratung des DGB und seiner Einzelgewerkschaften in allen Fragen der Wirtschafts-, Sozial- und Gesellschaftspolitik. Daneben kommt es dem WSI darauf an, den Dialog mit Wirtschafts- und Sozialwissenschaftlern an Universitäten, Fachhochschulen und außeruniversitären wissenschaftlichen Einrichtungen zu pflegen. Die Öffentlichkeitsarbeit gegenüber den Medien tritt dagegen in den Hintergrund.

Auch kleinere Verbände, ja sogar einzelne Unternehmen, unterhalten mitunter eigene wissenschaftliche Institute, die fundiert zu speziellen Fragen forschen und publizieren, beispielsweise

- das Institut „Finanzen und Steuern" im Auftrag des Bundes der Steuerzahler, einer Vereinigung, die sich für möglichst niedrige Steuern einsetzt und mit dieser Grundposition FDP- und Unternehmer nah einzustufen ist

- das Wissenschaftliche Institut der Ortskrankenkassen (WIDO)
- das Deutsche Institut für Altersvorsorge (DifA), das von der Deutschen Bank finanziert wird und mit Untersuchungen zur künftigen Entwicklung der gesetzlichen Rentenversicherung und privaten Altersvorsorgemaßnahmen hervorgetreten ist.

Die Mehrzahl der Verbände bedient sich jedoch nicht eines eigenen Instituts zur Flankierung ihrer Öffentlichkeitsarbeit. Die meisten erteilen vielmehr von Fall zu Fall Forschungsaufträge, wobei natürlich die Institute nach ihrer politischen und wissenschaftlichen Grundorientierung ausgewählt werden. Dieses Vorgehen bietet häufig sogar Vorteile, werden die Institute doch nicht von vornherein von den Medien einer bestimmten „Ecke" zugeordnet wie das Arbeitgeber- und das Gewerkschaftsinstitut , sondern eher als neutrale Gutachter angesehen und deshalb in ihren Aussagen für glaubwürdiger gehalten. In diese Auftragsvergabe von Verbänden werden auch die sechs führenden wirtschaftswissenschaftlichen Forschungsinstitute einbezogen, die z. T. aus öffentlichen Mitteln, z. T. aber auch durch private Forschungsaufträge finanziert werden. Die sechs führenden wirtschaftswissenschaftlichen Forschungsinstitute sind:

- das Institut für Weltwirtschaft, Kiel (IfW)
- das Hamburger Weltwirtschaftsinstitut (HWWI)
- das Deutsche Institut für Wirtschaftsforschung, Berlin (DIW)
- das Institut fürHalle Wirtschaftsforschung, Halle (IWH)
- das Rheinisch-Westfälische Institut für Wirtschaftsforschung, Essen (RWI)
- das Ifo-Institut für Wirtschaftsforschung, München (Ifo)

Auch diese Institute stehen allerdings nicht „über den Interessen", sondern je nach ihrem wissenschaftlichen Ansatz bestimmten Gruppen näher als anderen. So ist in der Wirtschaftswissenschaft seit jeher strittig, wie viel Markt, d.h. wie viel Wettbewerb und freies Spiel der Kräfte in einer Gesellschaft zugelassen werden sollen und wie viel Lenkung notwendig ist, d.h. in welchem Umfang der Staat korrigierend in die Abläufe eingreifen soll. Das Institut für Weltwirtschaft (IfW) vertritt beispielsweise eine stark an marktwirtschaftlichen Prinzipien orientierte Position und ist dementsprechend bereits mehrfach mit Vorschlägen zu durchgreifendem Subventionsabbau (Subvention = staatliche Unterstützungsleistungen an einzelne Unternehmen oder ganze Wirtschaftszweige) hervorgetreten. Da alle Verbände letztlich für Eingriffe des Staates in den Wirtschaftsablauf zum Schutze ihrer Mitglieder eintreten – die Unternehmens- und Wirtschaftsverbände bilden da keine Ausnahme!, findet das IfW mit seinen Vorschlägen zwar meist Resonanz in der Presse, aber wenig Unterstützung bei den Lobbyisten.

Auch Interessengruppen, die vom Vorschlag, bestimmte Subventionen zu kürzen, nicht berührt sind, weil es gerade eine andere Branche „trifft", halten sich in der Diskussion solcher Vorschläge zurück, um nicht Gefahr zu laufen, als nächstes mit Vorschlägen zur Subventionskürzung für den eigenen Bereich konfrontiert zu werden. Für die anderen Forschungsinstitute sind Markt und Wettbewerb kein Ziel an sich, sondern Instrumente zur Erreichung wirtschaftlicher Ziele. Am stärksten „interventionistisch orientiert" (interventionistisch = staatliche Eingriffe befürwortend) ist das Deutsche Institut für Wirtschaftsforschung (DIW), das sich auch mit sozialpolitischen Fragestellungen befasst und u. a. auch von den Gewerkschaften gelegentlich Forschungsaufträge erhält.

Ein die Durchsetzung von Interessen begünstigender Faktor ist die gegenseitige personelle Durchdringung von Ministerien und Verbänden, die sich in der Praxis herausgebildet hat. Zahlreiche Mitarbeiter von Verbänden, die ihre berufliche Laufbahn dort begonnen haben, wechseln, sobald sie nach dem Studium hinreichend praktische Erfahrungen gesammelt und Fachkenntnisse erworben haben, in das entsprechende Fachministerium, wobei der Wechsel meist mit einem Karrieresprung verbunden ist: Vom schlichten Referenten in einem Verband zu einem Unterabteilungsleiter in einem Ministerium, vom Abteilungsleiter in einem Verband zum Ministerialdirektor in einem Ministerium usw. Aber auch Sprünge in umgekehrter Richtung finden statt: Vom Referenten im Ministerium zum Abteilungsleiter in einem Verband, vom Unterabteilungsleiter im Ministerium zum Verbandsgeschäftsführer usw. Dabei bleibt man dem jeweiligen Politikfeld „treu": der Gewerkschaftsfunktionär wechselt ins Arbeitsministerium, der Referent eines Unternehmensverbandes ins Wirtschaftsministerium, der Bauernlobbyist ins Landwirtschaftsministerium.

Die Folgen dieses „Personalkarussells" liegen auf der Hand: Zwar versteht sich kein Ministerialbeamter als verlängerter Arm des Verbandes, in dessen Reihen er einst „groß geworden" ist. Doch Kontakte und eine gewisse Aufgeschlossenheit gegenüber den Belangen der früheren Klientel bleiben – ganz abgesehen davon, dass viele Fachinformationen aus dem früheren Verband in der neuen Funktion mitunter sehr nützlich sein und die eigene Position im Ministerium stärken können. Für den umgekehrten Wechsel gilt ähnliches: Der ehemalige Ministeriale in der Verbandsfunktion weiß, wie die Abläufe in der Ministerialbürokratie sind, wer welchen Einfluss hat, von wem er gegebenenfalls vertrauliche interne Informationen erhalten kann und wem man am besten seine Anliegen vorträgt und seine Wünsche „platziert".

Die gegenseitige personelle Durchdringung ist dabei nicht Ergebnis einer gezielten Strategie der Verbände. Sie ergibt sich mehr oder weniger von selbst, zum einem, weil die Menschen sich beruflich verändern bzw. verbessern möchten und deshalb die Möglichkeit eines Stellenwechsels nutzen, zum anderen, weil Kenntnisse und Erfahrungen von der „anderen Seite des Schreibtisches" Ministerien und Verbänden gleichermaßen nützen.

Eine politikwissenschaftlich hochinteressante Frage ist nun, welche Interessen sich im Prozess der politischen Willensbildung durchsetzen und welche auf der Strecke bleiben. Damit wollen wir uns im nächsten Unterabschnitt befassen.

3.2.4 Welches Interesse setzt sich durch?

So einfach es ist, diese Frage zu stellen, so schwierig ist es, sie zu beantworten. Zahlreiche theoretische und empirische (= mit Daten belegte) Untersuchungen sind inzwischen in der Politikwissenschaft dazu angestellt worden, ohne dass die Ergebnisse zufrieden stellen können. In diesem einführenden Lehrbuch wollen wir versuchen zu erklären, warum es so schwer fällt, auf diese Frage eine eindeutige Antwort zu finden.

Letztlich geht es bei der Frage, welches Interesse sich durchsetzt, darum zu klären:

Wer hat die Macht in der Gesellschaft?
oder:
Wie ist die Macht in der Gesellschaft verteilt?

Die politische Soziologie hat im Wesentlichen auf zwei Wegen versucht, den Einfluss sozialer Gruppen in der Gesellschaft zu ermitteln: mit dem *positionellen und dem reputativen Ansatz*.

- Beim *positionellen Ansatz* werden die sozialen Merkmale der Inhaber gesellschaftlicher Führungspositionen analysiert und untersucht, wer aufgrund welcher Kriterien in welche Führungspositionen gelangt ist und welche politischen Auffassungen er vertritt.
- Beim *reputativen Ansatz* (von Reputation = Ansehen) wird ein repräsentativer Querschnitt der Bevölkerung oder ein Personenkreis, der Kenntnisse über interne Vorgänge in staatlichen oder privaten Bürokratien besitzt, danach befragt, wer zu den mächtigsten und einflussreichsten Personen gehört.

Beide Ansätze führen jedoch nicht zu brauchbaren Ergebnissen, d. h. zu plausiblen Aussagen über die gesellschaftliche Machtverteilung. Mit Hilfe des *positionellen Ansatzes* kommt man im Grunde genommen lediglich zu einer Statistik der sozialen Merkmale der Inhaber von Führungspositionen – in der Soziologie neutral als *Elite* bezeichnet. Ob dieser Personenkreis, der formal die Führungspositionen innehat, tatsächlich Macht ausüben bzw. Einfluss haben, wird nicht nachgewiesen. Völlig ausgeklammert bleibt bei dieser Betrachtungsweise etwa die Rolle, die persönliche Referenten, Freunde und Berater der als mächtig Angesehenen spielen.

Der *reputative Ansatz* hat eine andere Schwäche: Hiermit werden nur diejenigen Personen ermittelt, die von den Befragten *für mächtig gehalten* werden. Ob sie jedoch tatsächlich mächtig oder einflussreich sind, wird nicht empirisch (= mit Fakten) belegt.

Da diese soziologisch orientierten Ansätze wenig ergiebig sind, wird in der Politikwissenschaft immer wieder über Fallstudien versucht, das Zustandekommen wichtiger Gesetze nachzuvollziehen und daraus Erkenntnisse über die gesellschaftliche Machtverteilung abzuleiten. Dieser Weg wird als *entscheidungsgenetischer Ansatz* (genetisch = von der Entstehung, vom Ursprung her) bezeichnet. Doch auch dieser Ansatz ist mit einer Reihe methodischer Probleme verbunden.

Die Schwierigkeit beginnt schon mit der Auswahl derjenigen Entscheidungen, die als „Schlüsselentscheidungen" (engl: *key-decisions*) angesehen werden. Denn je nach politischen Wertvorstellungen des Forschers werden bestimmte Entscheidungen als zentral wichtig, andere wiederum als nebensächlich angesehen. So mag beispielsweise für die einen die rechtliche Gleichstellung gleichgeschlechtlicher Partnerschaften eine grundlegende Reformentscheidung bedeuten, anderen wiederum ist sie völlig gleichgültig.

Oft erfolgt die Auswahl von Entscheidungen, deren Zustandekommen von Politikwissenschaftlern rekonstruiert wird, nach dem Gesichtspunkt, ob das benötigte Material zugänglich ist und die an der Entscheidung Beteiligten auskunftsbereit sind. Gerade bei Entscheidungen, die nicht unter „fairen Bedingungen" zustande gekommen sind, sondern bei denen „unlautere Methoden" (persönliche Drohung, Erpressung, Bestechung usw.) angewandt worden sind, dürften sich einer wissenschaftlichen Rekonstruktion entziehen, weil das Material unter Verschluss gehalten und Auskünfte verweigert werden. So beschränken sich Fallstudien (engl.: *case-studies*) in aller Regel auf nebensächliche Gesetzgebungen, aus denen sich allgemeine Erkenntnisse über *die gesellschaftliche Machtverteilung schlechthin* nicht ableiten lassen.

Ist schließlich eine Gesetzgebung gefunden, deren Zustandekommen rekonstruiert werden soll, treten weitere Probleme auf. Definiert man *Einfluss* als die durch die Aktivitäten von Verbänden erreichte Mitgestaltung bzw. Änderung der staatlichen Entscheidungen gemäß den verbandsspezifischen Zielen und Bewertungen, so müssten drei Tatbestände empirisch erfasst werden:

1. die *Aktivitäten* der Verbände
2. ihre Ziele und Bewertungen
3. das *Ausmaß der Änderungen* der staatlichen Entscheidungen als Folge der Verbandstätigkeit.

Soweit die Verbände öffentlich wirken, lassen sich ihre Aktivitäten ohne weiteres beschreiben. Ein Großteil der Verbandstätigkeit vollzieht sich jedoch nicht öffentlich. Informationen darüber sind in der Regel sehr schwer zu beschaffen, weil vertrauliche Unterlagen der Wissenschaft meist erst dann zugänglich gemacht werden, wenn sie nicht mehr tagesaktuell sind, sondern nur noch historische Bedeutung haben. Über vieles gibt es außerdem gar keine schriftlichen Unterlagen, z.b. über den Inhalt vertraulicher Gespräche oder Telefonate. Dann muss sich die Wissenschaft auf die mündlichen Aussagen derjenigen Personen stützen, von denen bekannt ist, dass sie an den Entscheidungsprozessen mitgewirkt haben.

Doch selbst einmal unterstellt, die an Entscheidungen beteiligten Personen sind bereit, sich einem detaillierten Interview zu stellen, setzt diese Methode der Datenerhebung nicht nur ein enormes Erinnerungsvermögen der Befragten an meist mehrere Jahre zurückliegende Vorgänge und Abläufe voraus, sondern auch intime Kenntnis der tatsächlichen Prozesse sowie eine objektive Einschätzung, welche Rolle sie selbst und andere dabei gespielt haben.

In der Realität sind die Entscheidungsabläufe meist viel zu kompliziert, als dass sie für einen Einzelnen objektiv nachvollziehbar werden. Häufig fördern Interviews mit den Beteiligten widersprüchliche Einschätzungen der Vorgänge zutage, so dass die Wissenschaft vor dem Dilemma steht, bewerten zu müssen, welche Aussage die „richtige" und welche die „falsche" ist.

Manche Forderungen von Verbänden sind oft auch nur taktisch bedingt, d. h. einzelne Forderungen sind Teil eines ganzen Pakets von Wünschen mit jeweils unterschiedlicher Priorität (= Wichtigkeit). Den Verbänden weniger wichtige Forderungen werden von ihnen dann nur deshalb artikuliert, um im Verhandlungspoker etwas zu haben, das man wieder zurückziehen kann. So lässt sich scheinbare Kompromissbereitschaft signalisieren, um die anderen dazu zu bewegen, ebenfalls auf ein Anliegen zu verzichten. Für die Bewertung des Erfolges oder Misserfolges eines Verbandes ist es indessen wichtig zu wissen, welche Bedeutung er seinen einzelnen Forderungen beimisst, um das Ergebnis eines politischen Entscheidungsprozesses korrekt bewerten zu können.

All diese Probleme – auf weitere wird jeder stoßen, der versucht, das Entstehen eines Gesetzes objektiv zu rekonstruieren und Sieger und Verlierer in der politischen Willensbildung auszumachen – lassen verständlich erscheinen, warum wissenschaftlich fundierte Aussagen darüber, wer in einer Gesellschaft die

Macht hat und seine Interessen gegenüber anderen durchsetzen kann, schwer zu treffen sind. Auf den ersten Blick eingängige, aber bei näherer Betrachtung leicht zu widerlegende Behauptungen wie *„In bürgerlichen Demokratien beherrscht das Kapital die politischen Entscheidungen"* oder das Gegenteil wie *„Im modernen Wohlfahrtsstaat kann nichts gegen den Willen der Gewerkschaften durchgesetzt werden"* sind daher mit großem Vorbehalt zu versehen.

3.2.5 Verhältnis von Staat und Verbänden in der Demokratie

Eng mit der Fragestellung des vorigen Unterabschnitts hängt die Frage nach dem Verhältnis von Staat und Verbänden in der Demokratie zusammen. Hier geht es nicht um die Machtstellung eines *einzelnen* Verbandes oder einer Verbändegruppe, sondern um den Spielraum staatlichen Handelns gegenüber den Anforderungen und Wünschen *der Verbände schlechthin*. Können Parlament und Regierung überhaupt eine eigenständige Politik, losgelöst von den Lobbyisten, verfolgen? Oder befinden sich die politischen Entscheidungsträger voll in der Hand der Interessenvertreter und können nur noch deren Anliegen umsetzen? Wie vollzieht sich das Mit- und Gegeneinander von staatlichen Entscheidungsträgern und Verbänden?

3.2.5.1 Herrschaft der Verbände?

Dass die jeweils Regierenden voll in der Hand der Verbände sind oder zumindest zu geraten drohen, ist eine These, die bereits in den fünfziger Jahren von dem Tübinger Politikwissenschaftler *Theodor Eschenburg* aufgestellt wurde (eine kleine, 1955 erschienene Publikation von ihm trägt genau diesen Titel, allerdings – wie auch dieser Abschnitt – mit Fragezeichen versehen!). Die Debatte hält bis heute an. Sie wird stark vorgeprägt von der politisch-ideologischen Grundposition der jeweiligen Verfasser.

Liberal oder konservativ orientierte Theorien sehen in den Aktivitäten der Verbände eher ein Grundübel des modernen Staates, das seine Regierbarkeit gefährdet. *Regierbarkeit* wird von diesen Kritikern verstanden als die Fähigkeit einer Regierung bzw. Parlamentsmehrheit, Entscheidungen zu treffen, die das Ausmaß der Staatstätigkeit und der staatlich regulierenden Eingriffe in allen Bereichen des gesellschaftlichen Lebens wieder auf das absolut Notwendige zurückführen. Derartige Maßnahmen wären unpopulär, würden die Interessen mengenmäßig bedeutender Wählerschichten negativ berühren und deshalb gar nicht erst in Angriff genommen. Mit anderen Worten: Das Wirken der Verbände

138

wird als Aushöhlung der staatlichen Souveränität (= Möglichkeit zum eigenständigen Handeln) begriffen. Gesellschaftliche Fehlentwicklungen werden zum überwiegenden Teil den Verbänden angelastet, weil sie die Durchsetzung von zahlreichen Partikularinteressen (= Sonderinteressen) ihrer Klientel erzwingen und eine Regierung am gemeinwohlorientierten Handeln hindern.

Progressive, reformorientierte Theoretiker sehen die Rolle der Verbände dagegen mehr in einer Blockiererfunktion. Sie verstehen *Regierbarkeit* als die Fähigkeit einer Regierung bzw. Parlamentsmehrheit, Entscheidungen zu treffen, die wirtschaftlich-gesellschaftliche Strukturen zugunsten benachteiligter sozialer Gruppen verändern. Derartige Maßnahmen stießen auf den entschiedenen Widerstand all derjenigen, die vom augenblicklichen Zustand profitieren. Mit anderen Worten: Das Wirken der Verbände wird als Blockade privilegierter (= bevorrechtigter) Minderheiten gegen Reformbemühungen zugunsten unterprivilegierter Mehrheiten begriffen. Die Zunahme sozialer Ungleichheiten und die wachsende wirtschaftliche Instabilität in den westlichen Demokratien wird weitgehend den Veto-Gruppen (veto = lateinisch: ich verbiete) angelastet, weil sie die Aufrechterhaltung von Privilegien erzwingen und gemeinwohlorientiertes Handeln der Regierung blockieren.

Beiden Theorien ist eine gewisse Relevanz (= Bedeutung) für die politische Realität nicht abzusprechen. So tun sich bürgerliche Regierungen in den meisten Ländern schwer, Staatsanteil (= Anteil der Staatsausgaben am Bruttosozialprodukt) und Staatsverschuldung dauerhaft zu senken, wie es eigentlich ihrem programmatischen Ansatz entspräche, weil sie auf den entschiedenen Widerstand reformorientierter Gruppen stoßen. Umgekehrt schrecken sozialistisch bzw. sozialdemokratisch geführte Regierungen davor zurück, strukturelle Reformen durchzuführen, die mit stärkeren Eingriffen in die wirtschaftlichen Verfügungsrechte der Unternehmensleitungen verbunden wären, aus Sorge, die gesamtwirtschaftliche Entwicklung könnte darunter leiden. So überrascht es nicht, wenn beide politische Lager die „Reformunfähigkeit" der Staaten beklagen und von zunehmender „Unregierbarkeit" sprechen: die einen, weil sie entschiedenes staatliches Handeln in Richtung „weniger Staat" und „Deregulierung" vermissen, die anderen, weil ihnen eine Politik für „mehr soziale Gerechtigkeit" fehlt.

In ihrer Gesamtheit wirken die Verbände als „Besitzstandswahrer" ihrer jeweiligen Klientel. Da die vielen Verbände die Regierung meist in unterschiedliche Richtungen zu ziehen versuchen, üben sie eher eine Bremserfunktion aus und tragen zum politischen Stillstand bei, als dass sie, wie *Theodor Eschenburg* seinerzeit befürchtete, Herrschaft anstelle der Regierung ausüben und ihr die Entscheidungen vorgeben.

3.2.5.2 Korporatismus

Die große Bedeutung, die den Verbänden in der politischen Willensbildung zukommt und die den Erfolg der Politik einer Regierung häufig davon abhängen lässt, dass maßgebliche Verbände sie mittragen, hat zu vielfältigen Formen der Einbindung von Verbänden in die staatlichen Entscheidungsprozesse geführt. Man spricht in diesem Zusammenhang von *Neo-Korporatismus* oder auch *neo-korporatistischen Arrangements* und bezeichnet damit die institutionalisierte, gleichberechtigte und freiwillige Zusammenarbeit und Abstimmung von Staat und Wirtschaftsverbänden bei der Formulierung und Ausführung gesamtgesellschaftlich verbindlicher Entscheidungen, vor allem in der Wirtschafts- und Sozialpolitik.

Im Unterschied zur herkömmlichen, klassischen Lobbyarbeit, bei der die Verbände durch Druck versuchen, wirtschaftliche Interessen durchzusetzen, werden bei neo-korporatistischen Arrangements die Verbände in die Politikentwicklung und –formulierung einbezogen (= inkorporiert). Damit erlangen sie eine Mittlerrolle zwischen Staat und Gesellschaft, bei der sie nicht nur die Interessen ihrer Mitglieder gegenüber dem Staat, sondern auch umgekehrt die von ihnen mit beeinflussten staatlichen Entscheidungen gegenüber den Mitgliedern vertreten müssen. In der politikwissenschaftlichen Fachsprache heißt es auch, im Neo-Korporatismus sind die Verbände nicht nur mit Repräsentationsaufgaben (Mitgliederinteressenvertretung), sondern auch mit Steuerungsaufgaben (Um- und Durchsetzung staatlicher Entscheidungen) betraut.

In diesem Sinne stark neo-korporatistische Strukturen weisen die Länder Österreich, die Schweiz sowie die skandinavischen Länder auf. Die anglo-amerikanischen Länder, aber auch Frankreich, binden ihre Verbände weniger in die staatlich-politischen Entscheidungen ein. Deutschland nimmt eine Mittelrolle ein: die Konzertierte Aktion in der Wirtschaftspolitik Ende der sechziger und der ersten Hälfte der siebziger Jahre, die konzertierte Aktion im Gesundheitswesen oder das Bündnis für Arbeit in der zweiten Hälfte der neunziger Jahre sind Ansätze, die in Richtung Neo-Korporatismus zielen, jedoch weniger weit reichend und auch weniger erfolgreich waren als die Arrangements in den o. g. Ländern.

Der Korporatismusgrad eines Landes ist vielfach (neben anderen) ein wichtiger Faktor dafür, welche Strategie in der Wirtschafts- und Sozialpolitik eines Landes verfolgt wird und wie sich Erfolg oder Misserfolg einer bestimmten Politik erklären lassen.

3.2.5.3 Administrative Interessenvermittlung

Eine ganz andere Beziehung zwischen Staat und Verbänden charakterisiert die in der Politikwissenschaft als *administrative Interessenvermittlung* bezeichnete Form des Verhältnisses der organisierten Gruppen zu den staatlichen Entscheidungsträgern. In der klassisch-liberalen Sicht waren die Verbände mächtige Institutionen, die dem Staat, d. h. der Ministerialbürokratie, im Wege des Lobbyismus den Weg wiesen. Mit anderen Worten: Staatliche Entscheidungsträger waren die Adressaten Einflussnahme der Verbände. Im System administrativer Interessenvermittlung sind wichtige staatliche Entscheidungsträger nicht mehr Adressat des Einflusses, sie sind vielmehr zu Einrichtungen geworden, die selbst die Interessen ihrer Klientel vertreten, haben also Instrumentalcharakter erlangt. Dies geschieht zum einen dadurch, dass die Verbände bestimmte Ministerien personell so weit durchdringen, dass an Schlüsselpositionen bis hin zum Minister Leute ihres Vertrauens sitzen, zum anderen dadurch, dass das Fachressort selbst im Regierungsapparat und im Kabinett als Sachwalter des spezifischen, von ihm zu vertretenden Interesses betrachtet wird. Einzelne Ministerien werden somit zu „Verbandsherzogtümern". Beispiele sind das Landwirtschaftsministerium (Bauernverband), das Arbeitsministerium (Gewerkschaften), das Wirtschaftsministerium (Unternehmens- und Wirtschaftsverbände) und früher das Vertriebenenministerium, das zum Instrument der Vertriebenenverbände wurde.

Der Vorteil der Rolle von Fachressorts/Ministerien als Instrument der Interessenpolitik besteht zweifellos darin, dass eine Regierung den Konsens mit dem jeweils dahinter stehenden Verband leichter sicherstellen kann. Als großer Nachteil fällt dagegen ins Gewicht, dass politische Veränderungen ungeheuer schwer durchzusetzen sind, wenn sich wirtschaftliche Interessen in Form ganzer Ministerien etabliert haben, ja sogar mit am Kabinettstisch sitzen.

3.2.6 Probleme der Verbände

Ebenso wie die politischen Parteien stehen die Verbände in den westlichen Demokratien vor einem großen Problem: Immer weniger Menschen sind bereit, einem Verband beizutreten und sich in dessen Arbeit zu engagieren. Vielfach ist sogar die gegenläufige Entwicklung zu beobachten: Mitglieder treten aus „ihrem" Verband aus, weil sie ihre Interessen nicht mehr genügend repräsentiert sehen.

Gewerkschaften und Arbeitgeberverbände in der Bundesrepublik haben gleichermaßen mit Mitgliederschwund zu kämpfen. Schon immer fiel es den Gewerkschaften schwer, Arbeitnehmer davon zu überzeugen, dass sich der Mitgliedsbeitrag – im Regelfall 1 % des Bruttomonatseinkommens – „lohnt". Denn von den Ergebnissen der Gewerkschaftsarbeit profitieren Mitglieder wie Nicht-Mitglieder gleichermaßen. Entweder eine gewerkschaftliche Forderung wird Gesetz wie z. B. der Kündigungsschutz oder die Lohnfortzahlung im Krankheitsfall, dann gilt dieses Gesetz für *alle* Arbeitnehmer. Oder eine gewerkschaftliche Forderung ist in einem Tarifvertrag mit dem Arbeitgeberverband verankert, z. B. eine bestimmte Lohn- oder Gehaltserhöhung. Dann sind zwar nur diejenigen Unternehmen, die Mitglied des Arbeitgeberverbandes sind, verpflichtet, das tarifliche Entgelt zu bezahlen, und das wiederum auch nur den Gewerkschaftsmitgliedern. In der Praxis zahlen jedoch *alle* Arbeitgeber *allen* Arbeitnehmern, egal ob Gewerkschaftsmitglied oder nicht, mindestens den Tariflohn bzw. das tarifliche Gehalt, um zu verhindern, dass sich mehr Arbeitnehmer einer Gewerkschaft anschließen. Dies nennt man das *free-rider-Problem* (engl. = Frei-Fahrer-Problem, Trittbrettfahrer-Problem).

Unternehmen verlassen in letzter Zeit aus anderen Motiven „ihren" Arbeitgeberverband. Vor allem kleine und mittlere Betriebe sind zunehmend unzufrieden mit der Höhe der in den letzten Jahren getroffenen Tarifabschlüsse und wollen sich mit dem Austritt die Möglichkeit eröffnen, ihre Beschäftigten unter Tarif zu bezahlen. Das wird insoweit von den betroffenen Arbeitnehmern und ihren betrieblichen Interessenvertretern, den Betriebsräten, mitgetragen, als Arbeitsplätze in Unternehmen, die sich in einer schwierigen wirtschaftlichen Situation befinden, dadurch gesichert werden können.

Kritisch zu fragen ist allerdings, ob diese Arbeitsplatzsicherung dauerhaft ist. Beruht die schwierige wirtschaftliche Situation darauf, dass die Nachfrage nach den Erzeugnissen der betreffenden Unternehmen *nur vorübergehend (!)* gesunken ist (Beispiel: In einem kühlen Sommer lassen sich leichte Kleidung, Speiseeis und Erfrischungsgetränke nur schleppend verkaufen, in einem Winter mit nur wenig Schnee bleiben Winterreifen, dicke Pullover und Skier „auf Halde"), kann untertarifliche Bezahlung den finanziellen Engpass dieser Unternehmen überbrücken helfen. Ist das Produkt jedoch *generell nicht mehr absetzbar* (Beispiel: Trabant oder Plattenspieler), dann können auch durch untertarifliche Bezahlung die Arbeitsplätze nicht dauerhaft aufrechterhalten werden.

Auch Großunternehmen fühlen sich häufig durch ihren Verband nicht ausreichend gegenüber der Politik vertreten. Sie reagieren dann nicht mit Austritt, sondern gründen zusätzlich an Standorten, an denen wichtige politische Entscheidungen gefällt werden (Berlin, Brüssel) eigene Repräsentanzen bzw. Verbindungsbüros. Ihre Aufgabe ist es, die Interessenvertretung ihres Konzerns „in die eigene Hand" zu nehmen und *neben* dem Branchenverband Kontakte zu Ministerien und Parlament zu pflegen. Zwar ist diese Form des Lobbyismus nicht offiziell – nur registrierte Verbände sind bei Hearings (= Anhörungen durch Ministerien) zugelassen und von Ministerien bei Gesetzgebungsverfahren einzubeziehen –, doch in der Praxis wird kein Minister und kein Bundeskanzler einem Konzernchef einen Gesprächstermin verweigern. Dadurch wird die Bedeutung der Verbände ausgehöhlt und durch informelle Einflussnahme von Großkonzernen ersetzt.

Allgemein wird – quer durch die politischen Lager – die Tätigkeit von Verbandsfunktionären zunehmend kritischer verfolgt. Viele Bürger sehen nicht genügend Einflussmöglichkeiten auf die Verbandspolitik und vermissen ein hinreichendes Verständnis der Verbandsfunktionäre für die eigentlichen Anliegen des sog. „Mannes auf der Straße". Kurz: Die Distanz zu „denen da oben", Verbandsspitzen mit eingeschlossen, wächst.

3.3 Kirchen

Ein in Lehre und Forschung der Politikwissenschaft stark vernachlässigter Bereich ist die Rolle der Kirchen in der politischen Willensbildung. Zwar begegnen dem an politischen Fragen Interessierten die Kirchen beim Studium der einschlägigen Fachliteratur an zwei Stellen:

1. In der Wahlforschung in Zusammenhang mit dem Merkmal „Kirchenbindung", das in der Bundesrepublik immer noch das Wählerverhalten mancher Menschen (und damit auch sonstiges politisches Verhalten) prägt; unter *Kirchenbindung* versteht man das Ausmaß, in dem Bürgerinnen und Bürger – sei es bewusst, sei es gefühlsmäßig – an die Institution Kirche gebunden sind. Sie wird im Regelfall an der Häufigkeit des Kirchgangs und der Bejahung bzw. Ablehnung zentraler religiöser Glaubensgrundsätze gemessen.

2. In der Verbände- und Interessengruppenforschung, wobei die Kirchen hier zwar als „Verbände besonderer Art", die sich nicht in übliche Verbandsschemata einordnen lassen, erwähnt, aber kaum im Hinblick auf ihre politische Bedeutung analysiert werden.

Dabei sind die beiden christlichen Kirchen mit ihren rund 27,5 Mio. Mitgliedern, das sind knapp 67 % der Bevölkerung, die größten Vereinigungen in der Bundesrepublik Deutschland, die sogar den Deutschen Sportbund mit seinen 23 Mio. Mitgliedern übertreffen. Auch als Wirtschaftsfaktor sind die Kirchen eine nicht zu vernachlässigende Größe: Mit ca. 850.000 Beschäftigten in von ihnen getragenen Krankenhäusern, Kindergärten, Seniorenheimen und Beratungsstellen sind sie nach dem Staat der größte Arbeitgeber, ihr Haushalt für soziale Dienstleistungen belief sich um die Jahrtausendwende auf 7,5 – 8 Mrd. DM pro Jahr.

Es gibt kaum eine politische Frage, zu der die Kirchen nicht Stellung beziehen. Ihre Positionen zur guten und richtigen Ausrichtung des Lebens und die vorzuziehenden Lebensformen – in der soziologischen Fachsprache *Wertorientierungen* genannt – bringen sie insbesondere zu Ehe, Familie und Sexualität, zu Erziehungsfragen sowie zu medizin-ethischen Fragen wie z. B. Abtreibung oder Sterbehilfe ein. Die katholische Soziallehre und die evangelische Sozialethik bilden ein System von Vorstellungen, aus denen Problemlösungen im sozialpolitischen Bereich abgeleitet werden.

Als Körperschaften öffentlichen Rechts genießen sie eine privilegierte Stellung, ihre Einnahmen sind an die Einkommensteuer und die staatliche Finanzverwaltung als Einzugsapparat gekoppelt. Zwar hat die zunehmende Verlagerung des Steueraufkommens von den direkten zu den indirekten Steuern zu sinkenden Kirchensteuereinnahmen geführt. Gleichwohl kann keine andere, gesellschaftlich bedeutende Institution auf ähnliche staatliche Unterstützung bei der Finanzierung ihrer Aufgaben rechnen.

Trotz ihrer exponierten Stellung dürfte der Einfluss beider Kirchen in den letzten 50 Jahren tendenziell eher gesunken sein. Dies lässt sich – ungeachtet von anfänglichen Erfolgen der Kirchen in den fünfziger und bis Mitte der sechziger Jahre – an Entwicklungen festmachen, die sich in einigen Bereichen gegen die ausdrückliche Haltung der Kirchen vollzogen haben:

1. So wurde die Forderung speziell der Katholischen Kirche nach der Verankerung der Bekenntnisschule im Grundgesetz nicht erfüllt. Allerdings setzten sich die Kirchen in den fünfziger und sechziger Jahren auf Bundesländerebene – Bayern, Baden-Württemberg, Saarland, Rheinland-Pfalz und Nordrhein-Westfalen – mit ihrem Wunsch nach konfessioneller Bekenntnisschule als Regelschule durch. Außerdem wurde 1961 das Ehescheidungsrecht novelliert und das seit 1938 geltende Zerrüttungsprinzip wieder durch das Verschuldensprinzip abgelöst.

2. Zwischen 1966 und 1968 wurden die christlichen Konfessionsschulen in den vorgenannten Ländern wieder abgeschafft – mit ausdrücklicher Billigung der Mehrheit der Kirchenmitglieder. Reformen im Scheidungs-, Abtreibungs- und Sittenstrafrecht in den siebziger Jahren machten deutlich, dass der moralische Führungsanspruch der Kirchen nicht mehr wie zu früheren Zeiten anerkannt wurde. Selbst nach dem Regierungswechsel 1982 konnten sich die Kirchen mit ihrer Position in der Frage des Schwangerschaftsabbruchs nicht mehr gegenüber einer christlich-liberalen Mehrheit durchsetzen. Die deutsche Gesellschaft hatte sich auch in ihren Werten zu-

nehmend pluralisiert (= nicht mehr einige wenige traditionelle, sondern eine Vielzahl von Werten sind in der Gesellschaft vorhanden und werden anerkannt), so dass der politische und gesellschaftliche Einfluss der Kirchen sank.

3. In den neunziger Jahren ergab sich zum einen wegen der Vereinigung, zum anderen wegen der großen Zuwanderungen eine veränderte Lage für die etablierten Kirchen. In den neuen Bundesländern ist die Mitgliedschaft der Bevölkerung in einer Kirche erheblich geringer als im Westen. In den alten Bundesländern hat die jahrelange Zuwanderung aus Staaten mit anderen als christlichen Religionen in bestimmten Schwerpunkten zu einer regelrechten religiösen Durchmischung geführt. Die mehr oder weniger unspektakuläre Abschaffung des Buß- und Bettages als kirchlicher Feiertag in diesen Jahren kann als Zeichen dafür gewertet werden, dass die Veto-Macht der Kirchen im politischen Raum erheblich eingebüßt hat.

Gleichwohl stellen kirchlich gebundene Bürgerinnen und Bürger beider Konfessionen nach wie vor ein zahlenmäßig zwar langfristig schrumpfendes, doch immer noch stabiles Stammwählerreservoir der CDU/CSU dar. So gesehen bleiben die Kirchen in der Bundesrepublik Deutschland ein Faktor der politischen Willensbildung, der nicht außer Betracht bleiben sollte.

3.4 Soziale Bewegungen und Bürgerinitiativen

Bislang haben wir uns mit den klassischen, etablierten Institutionen in der modernen Demokratie befasst. Das hatte seinen guten Grund: Parteien und Verbände haben nämlich eine derart große Bedeutung, dass man bei der Beschreibung des demokratischen politischen Systems sogar oft vom *Parteienstaat* bzw. der *Parteiendemokratie* oder von *Verbändeherrschaft* spricht. In diesem Unterabschnitt wollen wir uns nun weiteren Kräften zuwenden, die auf die politische Willensbildung Einfluss ausüben: den sozialen Bewegungen bzw. den Bürgerinitiativen.

3.4.1 Begriff

Der Ausdruck *soziale Bewegung* bezeichnete ursprünglich die politisch-gesellschaftlichen Gegenreaktionen, die im Zuge der industriellen Revolution auftraten und vom Konflikt zwischen Lohnarbeit und Kapital geprägt waren. Insofern sind die *Gewerkschaften* die klassische soziale Bewegung.

Ende der sechziger Anfang der siebziger Jahre des vorigen Jahrhunderts entstanden jedoch in der alten Bundesrepublik, aber auch in den anderen westlichen Industrienationen neue Gruppierungen, die außerhalb der klassischen Institutionen der repräsentativen Demokratie, also neben den politischen Parteien und den etablierten Verbänden, agierten und ihre Anliegen durchzusetzen versuchten. Um diese Gruppierungen von der klassischen sozialen Bewegung, der *Arbeiter- und Gewerkschaftsbewegung*, abzugrenzen, hat sich Anfang der achtziger Jahre in Politikwissenschaft und politischer Soziologie dafür der Sammelbegriff *neue soziale Bewegungen* durchgesetzt. Darunter werden in der Regel die

- Umweltbewegung
- Friedensbewegung
- Frauenbewegung

aber auch kleine *„Teilbewegungen"* wie z. B. Hausbesetzer, Studentenbewegung, Schwulen- und Lesbenbewegung zusammengefasst.

Eng mit den neuen sozialen Bewegungen verwandt, aber doch davon zu unterscheiden sind die seit dieser Zeit vermehrt auftretenden *Bürgerinitiativen*. Darunter sind spontane, zeitlich meist begrenzte, nur gering organisierte Zusammenschlüsse einzelner, zahlenmäßig weniger Bürger zu verstehen, die außerhalb der etablierten Parteien und Interessengruppen ein konkretes, meist regional begrenztes Anliegen durchzusetzen versuchen.

3.4.2 Merkmale und Ziele

Die eben vorgestellten Definitionen von *neuen sozialen Bewegungen* und *Bürgerinitiativen* lassen Gemeinsamkeiten und Unterschiede zwischen den Gruppierungen erkennen. Überregionale Umweltbewegung und lokale Bürgerinitiativen trafen sich beispielsweise stets dann, wenn es das Ziel war, den Bau eines bestimmten Kernkraftwerks zu verhindern. Hier wurden Kernkraftgegner aus der ganzen Bundesrepublik stets auch von Bürgerinitiativen unterstützt, die sich aus Anwohnern *der* Gegend rekrutierten, in der das Kernkraftwerk errichtet werden sollte. Auch die Friedensbewegung fand Anhänger in regionalen Bürgerinitiativen, die sich in Gegenden bildeten, in denen atomare Mittelstreckenwaffen stationiert werden sollten.

Die Bereiche, in denen sich die Interessen der neuen sozialen Bewegungen mit lokalen Bürgerinitiativen trafen, markieren jedoch auch deren Unterschiede. Den neuen sozialen Bewegungen geht es nicht wie der klassischen sozialen Bewegung *Gewerkschaft* um eine andere, gerechtere Verteilung des erwirtschafteten materiellen Wohlstandes, sondern um grundsätzliche Fragen der Lebensqualität in einer hoch industrialisierten Gesellschaft. Obwohl man sicher nicht so weit gehen kann, den neuen sozialen Bewegungen eine einheitliche, geschlossene Ideologie zuzuordnen wie etwa der Arbeiterbewegung, so sind ihnen doch die sog. *postmaterialistischen Wertvorstellungen* gemeinsam.

Die Unterscheidung zwischen *materialistischen* und *postmaterialistischen Werten* stammt von *Ronald Inglehart*, Professor für Politikwissenschaft an der Universität Michigan (USA). In seinem 1977 erschienenen und nicht ins Deutsche übersetzten Werk *The Silent Revolution: Changing Values and Political Styles among Western Publics* (deutsch: Die stille Revolution: Wertewandel und politische Stile in westlichen Gesellschaften) vertrat er – kurz ausgedrückt – folgende These:

Die Bedürfnisse, die die Menschen haben, sind für sie unterschiedlich wichtig. Zunächst ist den Menschen wichtig, ihre naturgegebenen Bedürfnisse (Hunger, Durst, Wärme, Sicherheit usw. = materielle Bedürfnisse) zu befriedigen. Erst wenn diese materiellen Bedürfnisse befriedigt sind, entsteht der Wunsch nach sozialen (z. B. Spielen mit anderen Menschen), kulturellen (z. B. Musik hören) oder intellektuellen (z. B. Bücher lesen) Betätigungen (= postmaterialistische Bedürfnisse).

Wer in seiner Jugend oder als junger Erwachsener unbefriedigte materielle Bedürfnisse hat, weil nur knappe Mittel zur Verfügung stehen, für den haben laut *Inglehart* materielle Bedürfnisse zeit seines Lebens eine herausragende Bedeutung. Wer jedoch in einer Zeit und in einer Umgebung groß wird, in der Hunger, Durst und ein Dach über dem Kopf nie ein Problem darstellten, für den rangieren postmaterielle Werte an erster Stelle.

Vereinfacht könnte man sagen: Bei den *materiellen Werten* geht es für die Menschen ums *nackte Überleben*, bei den *immateriellen Werten* ums *schöne, genussvolle Leben*. Den Bedeutungswechsel von materiellen hin zu immateriellen bzw. postmateriellen (post = nach den materiellen Werten kommend) Werten bezeichnet man als *Wertewandel*.

Mit Hilfe der Theorie des Wertewandels lassen sich der Entstehungszeitpunkt der neuen sozialen Bewegungen – ca. 20 bis 25 Jahre nach Ende des Zweiten Weltkrieges – und die Zusammensetzung ihrer Anhängerschaft erklären. Nach Beendigung der Wiederaufbauphase in den führenden, am Zweiten Weltkrieg beteiligten westlichen Ländern waren die materiellen Bedürfnisse bei breiten Schichten der Bevölkerung weitgehend befriedigt. Die nachgewachsene Generation hatte den in der unmittelbaren Nachkriegszeit noch herrschenden Hunger, Durst und den Zustand schlecht geheizter Wohnungen nicht mehr miterlebt. Für sie traten deshalb automatisch andere Bedürfnisse – die postmateriellen Werte – in den Vordergrund.

Dementsprechend richteten sich die Ziele der neuen sozialen Bewegungen, speziell der Umwelt- und der Friedensbewegung, primär gegen die Gefahren, die moderne industrialisierte Gesellschaften für die Menschen mit sich bringen: gegen die steigende Umweltbelastung und den Raubbau an den Rohstoffvorräten der Erde, die mit dem ungezügelten Wirtschaftswachstum einhergehen, und gegen die Entwicklung und Verbreitung raffinierter Waffensysteme, die – vor allem dann, wenn sie in die Hand von Diktatoren geraten – eine Gefahr für den Weltfrieden darstellen. Auch die autonome Frauenbewegung konnte entstehen bzw. zum Teil an ihre Frühgeschichte im 19. Jahrhundert anknüpfen, als die wirtschaftlichen Rahmenbedingungen die Befriedigung der materiellen Bedürfnisse breiter Bevölkerungsschichten erlaubt hatten und der Blick auf geschlechtsspezifische Benachteiligungen der Frauen in der Gesellschaft wieder stärker frei wurde.

Die Anhänger der neuen sozialen Bewegungen stammen überwiegend aus dem gutbürgerlichen Milieu, d. h. ihr Elternhaus ist gut situiert und eher zum oberen Mittelstand zu rechnen. Sie sind jung, stehen entweder noch in einer qualifizierten Ausbildung (Studenten) oder befinden sich in den ersten Berufsjahren einer qualifizierten Berufes (häufig im Humandienstleistungsbereich). Ihre Orientierung an postmaterialistischen Werten kann nicht überraschen, kommen sie doch größtenteils aus familiären Verhältnissen, in denen materielle Knappheit kein Problem darstellt. Wahlforscher haben deshalb festgestellt, dass die Kinder von F.D.P.-Wählern überproportional in diesen Gruppen vertreten sind.

3.4.3 Formen der Einflussnahme

Ein spezifisches Merkmal der Bürgerinitiativen und der sozialen Bewegungen besteht darin, dass sie bei ihren Aktivitäten den für die politische Willensbildung üblichen Instanzenweg, wie den über Parteien und Verbände, umgehen, sich direkt an die zuständigen Behörden wenden (die etwas genehmigt haben oder genehmigen müssen, es aber auch untersagen könnten) und diese durch Mobilisierung der Öffentlichkeit unter Druck setzen. Dabei kommt ihnen die Funktionsweise der Medien (siehe Kap. 3.5) in der modernen Demokratie zugute. Journalisten, immer auf der Suche nach sog. „Nachrichten" mit Sensationswert (denn „normale" Ereignisse sind langweilig und keine Berichterstattung wert) greifen gern Protestaktionen auf und bringen sie in die Medien, zumal dann, wenn die Aktionen unkonventionell und spektakulär sind und Stoff für eine Schlagzeile liefern.

So sind Informationsstände an Plätzen mit regem Publikumsverkehr, Unterschriftssammlungen, Plakataktionen und Demonstrationen die sanften Formen, mit denen sich diese Gruppierungen Gehör verschaffen. Wenn sie massivere Aktionsformen anwenden, etwa weil friedliche Proteste häufig zu wenig Aufmerksamkeit finden, greifen sie beispielsweise zu unangemeldeten Demonstrationen. Denn die Auflösung der Versammlung bzw. Demonstration, die dann durch die Polizei vorgenommen werden muss, genießt in der Folge größeren Aufmerksamkeitswert und findet eher Eingang in die Medien als ein angemeldeter und genehmigter Marsch durch irgendwelche Nebenstraßen. Das Gleiche gilt für Besetzungen von Gebäuden und Institutionen oder auch von wichtigen Verkehrsknotenpunkten wie Kreuzungen mit der Folge größerer, wenn auch nur vorübergehender Behinderungen Unbeteiligter. Mit diesen Aktionsformen setzten Bürgerinitiativen und neue soziale Bewegungen häufig die Vorgehensweisen der Studentenbewegung aus den sechziger Jahren des vorigen Jahrhunderts fort.

3.4.4 Bedeutung für das politische System

Die neuen sozialen Bewegungen sind Ende der siebziger Jahre des vorigen Jahrhunderts vor allem deshalb entstanden, weil die etablierten Parteien und Interessengruppen bestimmte Themen von sich aus nicht hinreichend aufgegriffen haben: Umweltschutz, Rechte der Frauen und ihre Benachteiligung in der Gesellschaft, Sicherheit der Atomkraft, Angst vor dem Wettrüsten der Supermächte. In der Anfang der achtziger Jahre regierenden SPD hat die Vernachlässigung dieser Themen insbesondere durch den Kanzler *Helmut Schmidt* zu innerparteilichen Widerständen geführt, die seinen Rückhalt in der Partei geschmälert und seinen Sturz zwar nicht ausgelöst haben, aber dafür mitverantwortlich waren (der eigentliche Auslöser waren tief greifende Differenzen zwischen den Koalitionspartnern SPD und F.D.P. in der Wirtschafts- und Sozialpolitik). Insofern ist das Entstehen und zeitweise Erstarken der neuen sozialen Bewegungen ein Indiz für die gelegentlich zu geringe Aufnahmefähigkeit der etablierten politischen Institutionen wie Parteien und Verbände für wichtige politische Strömungen in der Bevölkerung.

Das trifft auch auf die Bürgerinitiativen zu, die ebenfalls Anliegen – wenn auch nur von zahlenmäßig und lokal eng begrenzten Gruppen – vertraten, die von den Parteien vernachlässigt wurden. In solchen Fällen brechen sich derartige Gruppierungen auf unkonventionelle Weise Bahn. Politikwissenschaftlich interessant ist die Frage, welche Rückwirkungen sich daraus langfristig für das politische System ergeben haben.

Im Bereich der politischen Ordnung im engeren Sinne – also der verfassungsmäßigen Zuständigkeit der einzelnen politischen Organe und ihres Zusammenspiels – lassen sich keine Veränderungen feststellen. Zwar flackerten gelegentlich Diskussionen darüber auf, ob das politische System der Bundesrepublik durch plebiszitäre Elemente – speziell Volksbegehren oder Volksentscheid – ergänzt werden sollte. Doch haben diese Debatten nie zu ernsthaften Initiativen geführt, die in den Bundestag eingebracht worden wären und sich in Form eines Antrags auf Änderung des Grundgesetzes niedergeschlagen hätten.

Die größte Veränderung im Bereich des politischen Prozesses ist zweifellos das Entstehen der neuen Partei DIE GRÜNEN, die aus den neuen sozialen Bewegungen hervorgegangen ist. Das bundesdeutsche Parteiensystem änderte sich damit in den achtziger Jahren von einem bis dahin bestehenden 2 ½ - Parteiensystem zu einem 2 + 2 – Parteiensystem, in dem das bürgerliche Lager aus CDU/CSU und F.D.P. bis Mitte der neunziger Jahre dominierte. Die neue Partei im linken Spektrum bedeutete eine Konkurrenz für die SPD speziell bei den Wählern der neuen Mittelschicht und führte zu Einbußen ihres Wählerpotenzials, die eine Ablösung der CDU/F.D.P.-Koalition unter Helmut Kohl lange Zeit in weite Ferne rücken ließ. Denn DIE GRÜNEN strebten zunächst keine Regierungsmacht an, sondern sahen ihre Rolle zunächst als Opposition zu den Alt-Parteien. Ihre Kritik an den Begleiterscheinungen der Industriegesellschaft und am ungebremsten wirtschaftlichen Wachstum brachte DIE GRÜNEN zunächst in Distanz zur SPD, die im wirtschaftlichen Wachstum die Voraussetzung für den materiellen Wohlstand der Arbeiter, der Kernklientel der SPD, sah. Hinzu kamen stark pazifistisch geprägte Positionen der GRÜNEN, mit denen sie auf Bundesebene lange Zeit als potenzieller Koalitionspartner nicht in Frage kamen.

Davon abgesehen blieb der Stimmenanteil von SPD und GRÜNEN zusammen genommen in den Bundestagswahlen 1987 mit 45,3 % deutlich hinter dem bürgerlichen Lager (CDU/CSU und F.D.P.: 53,4 %) zurück. In den neunziger Jahren gelang es den GRÜNEN zwar schon bei den Bundestagswahlen 1994, drittstärkste politische Kraft zu werden und die F.D.P. auf den vierten Platz zu verweisen. Doch erst 1998 gelang es, die bürgerliche Koalition aus CDU/CSU und F.D.P. nach 16 Jahren Amtszeit durch eine Rot-Grüne-Koalition abzulösen. Dies war für die Bundesrepublik in zweierlei Hinsicht ein Novum: Zum einen war erstmalig eine amtierende Regierung durch ein eindeutiges Wählervotum abgelöst worden (der Regierungswechsel zur sozial-liberalen Koalition 1969 erfolgte durch ein Bündnis gegen die stärkste Fraktion CDU/CSU, die „Wende" 1982 durch ein konstruktives Misstrauensvotum, das durch Wechsel der F.D.P. von der sozial-liberalen in die christlich-liberale Koalition möglich war). Zum anderen hatte erstmalig das bürgerliche Lager seine Mehrheit im Bundestag an das linke Lager verloren. Auch in der Ära der sozial-liberalen Koalition von

1969-1982 hatte stets die F.D.P. als bürgerliche Partei mit wirtschafts- und nationalliberalem Flügel mitregiert. Neben dieser gravierenden Veränderung des Parteiensystems ist die politische Etablierung der GRÜNEN auch auf das Politikergebnis nicht ohne Folgen geblieben. So haben DIE GRÜNEN den Frauen den Weg zu einer stärkeren Einbeziehung in die Politik geebnet. Mit der radikalsten Quotenregelung (50 %) waren DIE GRÜNEN hier in den achtziger Jahren Schrittmacher, die anderen Parteien folgten wenige Zeit später, wenn auch mit niedrigeren Zielquoten, diesem Beispiel. Insofern hat die Frauenbewegung als Teil der neuen sozialen Bewegungen Teilerfolge erzielt.

Ebenso hat eine Reihe von Forderungen im Bereich des Arten- und Umweltschutzes, die von der Umwelt- und Ökologiebewegung erhoben wurden, in gesetzliche Regelungen auf nationaler und internationaler Ebene Eingang gefunden. Auch alle Alt-Parteien haben mittlerweile ökologische Fragen aufgegriffen und in ihre Programmatik integriert. Staatliche Steuerungselemente wie die Belegung Umwelt belastender Produkte und Verhaltensweisen mit speziellen Verbrauchssteuern (Ökosteuern) gehören in vielen Ländern inzwischen zum selbstverständlichen Instrumentarium der Politik.

Die Beteiligung der Partei DIE GRÜNEN an der Regierungsverantwortung, in einzelnen Bundesländern bereits seit den achtziger Jahren, im Bund bislang von 1998 bis 2005, und das Akzeptieren zahlreicher „grüner" Zielsetzungen durch die traditionellen Parteien hat die Frage nach der Zukunft der neuen sozialen Bewegungen aufkommen lassen. Fest steht: Die neuen sozialen Bewegungen haben die alte soziale Bewegung, die Gewerkschaften, nicht abgelöst. Die Anhänger der neuen sozialen Bewegungen stehen der Arbeiterbewegung zwar kritisch, aber nicht feindselig gegenüber. Insbesondere haben die neuen sozialen Bewegungen keine anderen Antworten auf die sozialen Probleme, vor denen Industriegesellschaften angesichts des wachsenden internationalen Wettbewerbsdrucks, der ständig fortschreitenden Rationalisierung und der zunehmend älter werdenden Bevölkerung stehen. Umstritten in der Fachwissenschaft ist jedoch, ob die neuen sozialen Bewegungen eine Generationenfrage sind, die sich mit Älterwerden dieser Jahrgänge im Laufe der Zeit von selbst „erledigt" (*Lebenszykluseffekt*) oder ob auch nachwachsende Generationen die Ideen der neuen sozialen Bewegungen aufgreifen und weiterentwickeln (*Kohorteneffekt*). Dies wird erst in Zukunft beantwortet werden können.

3.5 Massenmedien und ihre Wirkung auf die Politik

Unter *Massenmedien* versteht man die Gesamtheit der technischen Einrichtungen, mit deren Hilfe schriftliche, bildliche oder akustische Informationen an einen großen, weit verstreuten und unterschiedlich zusammengesetzten Empfängerkreis „transportiert" werden. Ebenso wie die Parteien und Verbände stehen auch die Massenmedien im Kreuzfeuer der Kritik aller, die sich für Politik interessieren oder aktiv an der politischen Willensbildung mitwirken. So manche gesellschaftliche Fehlentwicklung wird *der* Presse, *den* Journalisten, *dem* Fernsehen, angelastet. Beispielsweise werden häufig die zunehmende Gewalt in unserer Gesellschaft, Aufstieg und Fall von Stars der Unterhaltungsbranche oder der Ausgang von Wahlen mit der Berichterstattung in den Medien in Verbindung gebracht. Doch wie bedeutend sind die Medien wirklich, speziell für die Politik? In diesem Abschnitt wollen wir versuchen, diese Frage – soweit der Stand der Wissenschaft es zulässt – zu beantworten.

3.5.1 *Massenkommunikation und ihre politische Bedeutung*

Zeitungen, Rundfunk und Fernsehen sind heute aus unserem täglichen Leben nicht mehr wegzudenken. Dabei sind diese modernen Mittel, mit denen die Menschen Informationen übermitteln, noch relativ neu. Zeitungen gibt es erst seit Erfindung der Buchdruckerkunst im 17. Jahrhundert, der Rundfunk erlebte seine Verbreitung erst in den dreißiger Jahren des vorigen Jahrhunderts, und das Fernsehen begann seinen Einzug in die privaten Haushalte ab 1950.

Fest steht: Ohne die Medien wäre unsere heutige Demokratie nicht vorstellbar. Wie anders als über Presse, Rundfunk und Fernsehen sollten die Regierenden die Bürgerinnen und Bürger über ihre politischen Ziele und Programme informieren, wie sonst sollten Regierung und Opposition flächendeckend ihre unterschiedlichen Standpunkte darlegen? Wenn das Leitbild der modernen Demokratie ist, dass Millionen von Menschen, die in einem sich über viele Hunderte oder Tausende von Quadratkilometern erstreckenden Gebiet leben, politische Vorgänge bewerten und in Wahlen über Personen und Programme entscheiden sollen, dann sind Medien unverzichtbar.

Doch nicht nur die moderne Demokratie – man spricht auch von *Massendemokratie* im Unterschied zu räumlich und personell eng abgegrenzten demokratischen Staatsformen in der Antike - , sondern auch die totalitären Diktaturen des vergangenen Jahrhunderts haben sich für ihre Herrschaftszwecke der Medien bedient. So spielte der Einsatz des damals neuen Mediums „Rundfunk" bei den Nationalsozialisten im Dritten Reich eine wichtige Rolle für die Sicherung ihrer

Herrschaft. Umgekehrt haben die Westmedien Rundfunk und Fernsehen die Bevölkerung in den ehemals sozialistischen Ländern Osteuropas mit sonst nicht zugänglichen Informationen versorgt und damit die Machtbasis der sozialistischen Regierungen in diesen Ländern langfristig ausgehöhlt.

Kommen wir, um uns der Kernfrage nach der Rolle der Massenmedien in der Politik zu nähern, zunächst zu dem, was Massenkommunikation eigentlich ausmacht und was man konkret darunter versteht.

Unter *Massenkommunikation* versteht man den von den Massenmedien erzeugten Transport von Informationen und Bewertungen zu einem weitgehend anonymen, oft weit verstreuten Empfängerkreis. Im Unterschied zum direkten Austausch von Informationen und Meinungen zwischen einzelnen Personen oder innerhalb einer kleinen Gruppe von Menschen (= interpersonelle Kommunikation) stehen bei der *Massenkommunikation* Sender (= das Massenmedium wie z. B. das ZDF) und Empfänger (z. B. Herr Meier am Bodensee, Frau Hinrichs auf der Insel Helgoland und viele andere) nicht in direktem Kontakt zueinander, sondern nehmen im Regelfall die vom ZDF gesendete Mitteilung – jeder für sich – auf, ohne gegenüber dem ZDF zu reagieren (keine Rückkoppelung zwischen Sender und Empfänger).

Lange Zeit hat man sich in der Bundesrepublik im Rahmen der Soziologie mit Fragen der Massenkommunikation beschäftigt. Erst in der zweiten Hälfte der achtziger Jahre des vorigen Jahrhunderts ist an vielen Universitäten eine eigene Disziplin, die *Kommunikationswissenschaft*, mit Lehrstühlen und Instituten entstanden, die sich mit den vielfältigen Fragen der *Kommunikation* (= Austausch von Informationen und Meinungen) befasst. Dabei geht es der Kommunikationswissenschaft nicht nur um die Erforschung der Prozesse, die beim Austausch von Informationen und Meinungen politischen Inhalts stattfinden, sondern um alle Kommunikationsprozesse, also beispielsweise auch um kommerzielle Werbung für Produkte und ihre Wirkung oder um Kommunikationsabläufe zwischen Einzelpersonen, z. B. zwischen Ehepartnern.

Für Politikwissenschaftler sind alle Kommunikationsprozesse interessant, die politischen Inhalt oder politische Wirkungen haben. Dementsprechend nennt man diesen Bereich der (Massen)Kommunikation *politische Kommunikation*. Je nach Politikbegriff und –verständnis fallen unterschiedliche Vorgänge und Ereignisse unter politische Kommunikation. Ein Beispiel:

Strahlt ein Fernsehsender etwa eine Unterhaltungssendung aus, so kann man darüber streiten, ob es sich bei dieser Sendung um eine politische Kommunikation handelt. Stellen wir uns vor, die in der Tagesschau gemeldeten Nachrichten haben in der Familie Schmitz, die gemeinsam um 20 Uhr abends vor dem Fernseher sitzt, eine heftige Diskussion über politische Fragen ausgelöst. Diese Diskussion verstummt in dem Moment, wo die Unterhaltungssendung beginnt. Dann könnte man kritisch sagen: Unterhaltungssendungen haben die Familie Schmitz von den eigentlich wichtigen Themen dieser Gesellschaft abgelenkt. Oder: Was suggeriert eine Fernsehsendung (= Welches Denken legt sie nahe?) wie z. B. *Wer wird Millionär?*. Wird da nicht vorgetäuscht, jeder in unserer Gesellschaft könne Millionär werden, wenn er nur genügend Wissen hat und sich für die Sendung bewirbt? Mit anderen Worten: Werden mit einer derartigen Sendung nicht die eigentlichen gesellschaftlichen Probleme verharmlost, die zu sozialer Ungleichheit, zu extremen Unterschieden zwischen Arm und Reich führen?

Die aufgeworfenen Fragen lassen erkennen: Was zu politischer Kommunikation gezählt wird, hängt eng mit dem gesellschaftspolitischen Standort des jeweiligen Kommunikationswissenschaftlers zusammen. Insofern können wir hier keine allgemein gültige Definition von politischer Kommunikation geben. Da jedes Verhalten von Menschen auch politisch gewertet werden kann (sich nicht für Politik zu interessieren, nicht zur Wahl zu gehen, diese Verhaltensweisen haben *auch* politische Wirkungen!) und Kommunikation im menschlichen Leben eine zentrale Rolle spielt, ließe sich im Prinzip *jede* Kommunikation als politische Kommunikation charakterisieren. Wenn beispielsweise zwei Männer sich über Fußball und zwei Frauen sich über Mode statt über die letzte Bundestagsdebatte unterhalten, gingen von den Botschaften anderer Sender (dem Fußballspiel bzw. der Modenschau) offenbar stärkere Anreize aus, sich darüber zu unterhalten, als von der Bundestagsdebatte. Haben die „Botschaften" der Bundestagsdebatte ihre Empfänger also nicht erreicht?

Schon sind wir mitten in der Diskussion der Fragen, mit denen sich die Kommunikationswissenschaft beschäftigt. Ihre zentrale Fragestellung lautet:

Wer sagt was auf welchem Kommunikationsweg zu wem und mit welchem Effekt?

Diese Leitfrage wurde erstmals 1949 von dem amerikanischen Soziologen *H. D. Lasswell* formuliert. Sie liefert gute Ansatzpunkte für die Analyse von Kommunikationsprozessen:

1. *Wer* ist der Absender einer Mitteilung, einer Botschaft, einer Information oder Meinung? (Analyse der Struktur der Medien und all derjenigen, die auf sie Einfluss ausüben)

2. Was ist der *Inhalt der Mitteilung?* Was genau will der Absender übermitteln? Was will er damit erreichen? (Inhaltsanalyse)

3. *Welches Medium* wird genutzt? Neben den in der heutigen Zeit bedeutendsten Medien Zeitung, Rundfunk und Fernsehen sind beispielsweise auch Bücher, Schallplatten, Kassetten, Filme, Theater, Telefon, Internet Medien.

Auch eine Person kann ein Medium sein, indem es eine Nachricht überbringt oder ein Ereignis aus seiner Sicht gegenüber einer anderen Person bewertet. (Medienanalyse)

4. *Wer* ist *der Empfänger (= Rezipient)* der Mitteilung? Ist es eine Einzelperson, ein abgrenzbarer, sich am gleichen Ort befindender Personenkreis, eine festgelegte Zielgruppe (z. B. alle Soldaten eines Landes) oder ein unbestimmtes Publikum? (Zielgruppenanalyse)

5. *Was* sind *die Wirkungen* der Mitteilung, der Botschaft auf den bzw. die Empfänger? (Wirkungsanalyse)

Die Wirkungsanalyse ist das aus politikwissenschaftlicher Sicht interessanteste Teilgebiet der Kommunikationswissenschaft. Aber auch aus anderer Perspektive sind die Medienwirkungen ungeheuer wichtig. So kann es für den wirtschaftlichen Erfolg eines Unternehmens entscheidend sein, ob eine Werbebotschaft bei den potenziellen Käufern die beabsichtigte Wirkung erzielt. Und für ein Medium selbst, etwa einen Fernsehsender, kommt es darauf an, Sendungen auszustrahlen, die bei den Zuschauern auch „ankommen", d. h. gern gesehen werden und dementsprechend hohe Zuschauerzahlen aufweisen.

3.5.2 Medienstruktur

Unter der *Struktur der Medien* (Medienstruktur) versteht man Zusammensetzung und Bedeutung der Medien eines Landes nach bestimmten Kriterien. Merkmale für die Aufteilung der Medien sind:

- der Transportweg der Kommunikation: Wird eine Botschaft über *Printmedien* (= Druckerzeugnisse) wie z. B. Zeitungen, Plakate oder Bücher oder über *elektronische Medien* wie z. B. Radio, Fernsehen oder Internet transportiert.

- die Rechtsform und – damit verbunden – die Finanzierungsquelle des Mediums: Handelt es sich, wie beispielsweise beim ZDF, um öffentlich-rechtliche Anstalten, also staatlich kontrollierte Einrichtungen, oder um in privatwirtschaftlich arbeitenden Unternehmen hergestellte Erzeugnisse wie z. B. die BILD-Zeitung.

- die Verbreitung: Ist das Medium nur in einer Region wie z. B. die *Kieler Nachrichten* oder *RSH (Radio Schleswig-Holstein)* oder in der ganzen Bundesrepublik (oder darüber hinaus) verbreitet wie etwa *Der Spiegel* oder die *FAZ (Frankfurter Allgemeine Zeitung)*.

- die inhaltliche Ausrichtung: Behandelt ein Medium vorwiegend politische und wirtschaftliche Themen mit dem Ziel gründlicher Information (z. B. *Die Zeit*) oder will es vor allem unterhalten und über Stars aus Showgeschäft, Sport und Adel berichten (z. B. *BUNTE*).

Bis 1984 existierte in der Bundesrepublik ein klar strukturiertes *duales Mediensystem*: den privatwirtschaftlich arbeitenden Printmedien standen der öffentlich-rechtlich organisierte Rundfunk und das Fernsehen gegenüber. Ein Staatsvertrag der Bundesländer ermöglichte seit 1984 auch die Gründung privater Rundfunk- und Fernsehsender. Damit wurde im elektronischen Bereich eine duale Struktur mit je spezifischen Aufgaben geschaffen: die öffentlich-rechtlichen Anstalten sollen einen Grundversorgungsauftrag erfüllen und sich wie bisher über Gebühren finanzieren. Die privat-kommerziellen Sender sind gehalten, ihre Kosten auf andere Weise, vorrangig durch Werbeeinnahmen, zu decken.

In den achtziger und neunziger Jahren des vorigen Jahrhunderts wurde ausgiebig darüber diskutiert, welche Folgen die Änderung der Medienstruktur in der Bundesrepublik auf die politische Kommunikation gehabt hat und noch haben wird. Fest steht: Die Medienlandschaft und damit auch das Angebot an Rundfunk- und Fernsehsendungen haben sich seit Entstehen der privaten Medien gravierend verändert. Die Fernsehsender SAT 1 und RTL haben neben den öffentlich-rechtlichen Anstalten ARD (Arbeitsgemeinschaft der Rundfunkanstalten Deutschlands) und dem ZDF einen festen Platz erobert und ziehen mit zahlreichen beliebten Serien und Unterhaltungssendungen, aber auch mit Spielfilmen viele Zuschauer an. Im Rundfunkbereich haben sich mehrere regionale Sender etabliert (z. B. Antenne Bayern, Radio Schleswig-Holstein), die mit permanenter Musikausstrahlung, unterbrochen nur durch meist kurze Nachrichten mit Wetterbericht und Verkehrsdurchsagen, ebenfalls bestimmte Hörer an sich binden.

Die privaten Sender, egal ob Rundfunk oder Fernsehen, müssen den Geschmack eines breiten Publikums treffen und seine Bedürfnisse befriedigen. Nur dann gewinnen sie so viele Zuhörer bzw. Zuschauer, dass sie für die Werbung treibende Wirtschaft interessant sind. Ein ausreichendes Werbeaufkommen wiederum ist Voraussetzung für die wirtschaftliche Existenz privater Programmanbieter; denn Werbung bildet ihre einzige Einnahmequelle. Zwar erzielen auch ARD und ZDF Werbeeinnahmen, indem sie Sendeplätze für Werbung bereitstellen, doch spielen sie bei den öffentlich-rechtlichen Anstalten im Vergleich zu den Gebühren nur eine untergeordnete Rolle.

Für das Programmangebot ergibt sich daraus: Politik steht in den privaten elektronischen Medien nicht im Mittelpunkt. Weil

- die Beschäftigung einer fachlich qualifizierten Politikredaktion einerseits hohe Kosten verursachen würde,
- andererseits Politik-Informationen beim breiten Publikum weniger gewünscht werden als allgemein unterhaltende Beiträge und
- die Werbung treibende Wirtschaft ihrerseits genau auf das Umfeld achtet, in dem sie ihre Werbung platziert (im Umfeld von Politiksendungen erreicht man in der Regel weniger potenzielle Käufer von Massenprodukten!),

wird Politik in den privaten Rundfunk- und Fernsehsendern mehr oder weniger an den Rand gedrängt. Kritiker sprechen deshalb im Zusammenhang mit der Etablierung privater Anstalten von einer „Entpolitisierung und Ökonomisierung der Medienlandschaft": Die Programme werden den Zwängen des wirtschaftlichen Nutzens untergeordnet und erfüllen nicht die Aufgabe, breite Schichten der Bevölkerung über politische und gesellschaftliche Zusammenhänge aufzuklären.

Hinter dieser Kritik steckt eine unrealistische Auffassung vom Verhalten der Bürger in einer Demokratie und der Rolle der Medien. Danach sollten alle Menschen „durch und durch politisiert" sein, d. h. das Interesse an politischen Vorgängen sollte einen Mittelpunkt ihres Lebens bilden. Den Medien komme die Aufgabe zu, durch ständige politische Informationen das Interesse der Bürgerinnen und Bürger wach zu halten.

Die Wirklichkeit sieht jedoch anders aus. Die meisten Menschen interessieren sich wenig oder gar nicht für Politik: Für nahezu die Hälfte der Deutschen ist – laut Umfragen – Politik kein Gesprächsthema. Nur bei politischen Großereignissen – etwa Bundestagswahlen oder außenpolitischen Krisen wie einem drohenden Krieg – werden größere Teile der Bevölkerung für politische Themen aufgeschlossener. Man könnte sogar – überspitzt formuliert – sagen: Das Recht, abseits zu stehen und sich nicht für Politik zu interessieren, ist ein Privileg (= Vorrecht) der Bürger in Demokratien. Denn in totalitären Diktaturen wie beispielsweise im Dritten Reich wurde es von den Machthabern nicht gerne gesehen, wenn man politischen Kundgebungen fern blieb oder nicht zur „Wahl" ging.

Auch die Befürchtung, das zusätzliche Angebot von Sendungen mit unterhaltendem Charakter oder von Filmen ohne anspruchsvolle Inhalte verleite noch größere Teile der Bevölkerung zu politischem Desinteresse und lenke sie von der Beschäftigung mit politisch-gesellschaftlich relevanten Themen ab, ist unbegründet. So belegen die Statistiken über die Mediennutzung, dass durch das Aufkommen der privaten Sender der durchschnittliche Fernsehkonsum der Bevölkerung nicht nennenswert gestiegen ist. Er lag 1998 im Schnitt bei 173 Minuten pro Tag. Nach wie vor werden Zeitungen gelesen (von rund 80 % mehrmals wöchentlich): Sie genießen in den Augen der Leser eine hohe Glaubwürdigkeit. Auch wird den öffentlich-rechtlichen Medien mehr Glaubwürdigkeit zuerkannt als den privaten Fernsehanstalten. Von daher hat sich zwar die Medienlandschaft in der Bundesrepublik gravierend verändert. Ob sich dadurch das politische Denken und Handeln der Bürger wesentlich verändert hat, ist mit einem großen Fragezeichen zu versehen. Stellen wir dieses Thema noch einen Moment bis zum Abschnitt 3.5.3 Wirkungen der Medien zurück.

Kommen wir nun zu den wichtigsten *Unterscheidungsmerkmalen* der Medien in der Bundesrepublik. Die gängige Trennung nach *Printmedien* (Druckerzeugnissen) und *elektronischen Medien* (Rundfunk und Fernsehen) sagt nicht nur etwas über den Transportweg zum Empfänger (Fachausdruck: *Rezipient*), sondern auch über die Aktualität und Vollständigkeit einer Information aus. Ein elektronisches Medium ist ein schnelles Medium: Eine Nachricht über ein Ereignis kann unmittelbar nach Eingang in der Redaktion und somit sehr schnell, nachdem es eingetreten ist, übermittelt werden. Eine Tageszeitung dagegen verarbeitet die Meldungen eines gesamten Tages, der Druck findet am späten Abend statt, und am Morgen des nächsten Tages wird das Erzeugnis an die Leser ausgeliefert. Vorteil gegenüber dem elektronischen Medium: Die Information über das Geschehene kann sehr viel umfassender sein als im Rundfunk oder Fernsehen; zum einen, weil seit dem Ereignis etwas mehr Zeit verstrichen ist und mehr Fakten vorliegen als bei erstmaliger Meldung im elektronischen Medium, zum anderen, weil in der Tageszeitung je nach Bedeutung des Ereignisses viel mehr Platz für die Information eingeräumt werden kann, als in einer zeitlich begrenzten Nachrichtensendung von Rundfunk oder Fernsehen (nur in wenigen Ausnahmefällen, d. h. bei Großereignissen, wird die übliche Sendezeit bei der ARD-Tagesschau oder bei den *heute*-Nachrichten überschritten).

Noch ein wichtiger Unterschied darf nicht vergessen werden: Das Medium Fernsehen „lebt" von der sog. „Visualisierung" (Darstellung in Form von wechselnden Bildern), während die Tageszeitung ihre Information vorrangig im geschriebenen Text unterbringt. Sehr viele Menschen sind sog. „visuelle Typen", d. h., sie werden von bewegten Bildern angesprochen und nehmen szenische Abfolgen eher auf als gesprochene oder geschriebene Sätze. Die meisten Ereignisse eines Tages lassen sich jedoch nur sehr schwer „bebildern": Wenn beispielsweise das Bundeskabinett einen Gesetzentwurf beschließt, ist dieser Vorgang selbst wenig spektakulär. Das Vorfahren der Minister vor dem Kanzleramt, das Aussteigen aus der Dienstlimousine oder das Betreten des Kabinettssaals, das alles sind letztlich die gleichen (und wenig aufrüttelnden) Bilder. Die eigentliche Nachricht besteht im Inhalt des Gesetzentwurfs, und dieser wiederum ist eine schwer zu lesende Aneinanderreihung von Paragraphen. Oft wird deshalb auf Archivfilme aus dem Bereich zurückgegriffen, um den es in dem Gesetzentwurf geht. Oder hinter dem Sprecher wird ein zentrales Stichwort oder ein Schaubild eingeblendet, das den visuellen Bedürfnissen des Zuschauers entgegenkommt.

Hier hat das Printmedium den Vorteil, etwas mehr Zeit und bei Bedarf auch mehr Platz zu haben, um eine Meldung den Leserbedürfnissen entsprechend aufzubereiten.

Diese Eigenart des Mediums „Fernsehen" verleitet die Redaktionen mitunter dazu, Nachrichten auch nach dem vorhandenen Bildmaterial auszuwählen. Das wiederum führt dazu, dass Bildfrequenzen, in denen „Action" stattfindet, lieber gesendet werden als langweilige Alltagsszenen. So sind kämpfende Soldaten, flüchtende Menschen, brennende Häuser, gewalttätige Demonstranten „interessanteres Material" als etwa der zum wiederholten Mal festgehaltene Händedruck des Bundeskanzlers mit seinem Stellvertreter. Durch diese „mediengerechte" Auswahl wird beim Zuschauer jedoch leicht der Eindruck erweckt, in der ganzen Welt herrschten nur noch Konflikt und Gewalt.

Eine Unterscheidung der Medien, die mehr die politikwissenschaftliche Perspektive berücksichtigt, ist die nach *Leitmedien* und *Populärmedien*, unabhängig davon, welcher Kommunikationsschiene sie sich bedienen.

Unter einem *Leitmedium* – von machen auch *Qualitätsmedium* oder *meinungsbildendes Medium* genannt – versteht man ein Medium, das sowohl von Journalisten anderer Medien als auch von den politischen Akteuren besonders geschätzt wird und dessen publizistische Leistungen allgemein anerkannt werden. Ihre besondere Stellung innerhalb der Medien wird daran deutlich, dass Berichterstattung und Kommentierung der Leitmedien aufmerksam verfolgt und diskutiert werden und dass das, was von den Leitmedien aufgegriffen (= thematisiert) wird, meist – wenn auch in angepasster Form – ebenso in die Populärmedien Eingang findet.

Zu diesen *Leitmedien* gehören in der Bundesrepublik

die überregionalen Tageszeitungen
- Süddeutsche Zeitung
- Frankfurter Allgemeine Zeitung
- Die Welt
- Frankfurter Rundschau
- Handelsblatt

die überregionalen Magazine bzw. Wochenzeitungen
- Der Spiegel
- Focus
- Die Zeit

sowie die Nachrichtensendungen der öffentlich-rechtlichen Fernsehanstalten

- Tagesschau
- Heute

und ihre Magazinsendungen wie

- Panorama
- Report
- Monitor

Eine wichtige Rolle spielen ferner die großen Nachrichtenagenturen, insbesondere *dpa* (Deutsche Presse Agentur) und *Reuters*. Sie üben eine Selektionsfunktion (= Auswahlfunktion) aus. Bekanntlich ist die Fülle der Nachrichten und Informationen, die täglich auf den „Markt" kommt und angeboten wird, umfangreicher als in den Medien verarbeitet werden kann. Folglich muss eine Auswahl (= Selektion) getroffen werden. Mit Ausnahme der eben genannten Leitmedien, die über einen größeren Journalistenstab verfügen und selbst recherchieren (= Informationen über Ereignisse aus unterschiedlichen Quellen zusammentragen), verlassen sich die übrigen Medien darauf, dass die Agenturen bereits die „wichtigsten" Nachrichten von den unwesentlichen getrennt haben, und veröffentlichen ihrerseits hauptsächlich eine Auswahl von Agenturmeldungen.

So stellt sich die grundsätzliche Frage:

Nach welchen Kriterien wählen die Agenturen und – in einem zweiten Schritt – die Redaktionen die Meldungen aus? Was wird gebracht und was wird als unwichtig eingestuft und fällt „unter den Tisch"?

Hier gelten einige „Grundregeln des Journalismus", die für die Trennung der „Spreu vom Weizen" bei den Meldungen maßgeblich sind. Der Schlüsselbegriff lautet: Eine Meldung muss *Nachrichtenwert* haben. Als für den „Nachrichtenwert" maßgebliche Faktoren gelten

- der Status (= Stellung in einer sozialen Rangordnung) desjenigen bzw. derjenigen, über die berichtet wird: So ist der Finanzminister wichtiger als der/die Minister/in für wirtschaftliche Zusammenarbeit, der Geschäftsführer des Bundesverbandes der Deutschen Industrie mehr „wert" als der Geschäftsführer des Bundesverbandes Freier Berufe, hat der Vorsitzende der IG Metall einen größeren Stellenwert als der Vorsitzende der Gewerkschaft Erziehung und Wissenschaft.
- die Konflikthaltigkeit eines Themas und das Ausmaß der Betroffenheit von einer Maßnahme: So finden allgemeine Steuererhöhungen oder –senkungen

größere Aufmerksamkeit als die rechtliche Gleichstellung gleichgeschlechtlicher Partnerschaften, die Verschlechterung der steuerlichen Regelungen für die Fahrten zwischen Wohn- und Arbeitsstätte mehr Beachtung als die Einführung von Studiengebühren.

- die gefühlsmäßige Betroffenheit von einem Ereignis: Eine Naturkatastrophe im eigenen Land, ein Verbrechen oder ein Unglück in der unmittelbaren Nachbarschaft erregen mehr Mitgefühl und damit Aufmerksamkeit als ausgehungerte Kinder in der Sahel-Zone, ein Amokläufer in Arizona oder ein Flugzeugabsturz in Chile.

Allgemein gilt: das Atypische (= Mann beißt Hund) hat Vorrang vor der Normalität (= Hund beißt Mann), die Sensation vor dem Alltäglichen, das Schlechte vor dem Guten. Auf eine Kurzformel gebracht lautet die journalistische Grundregel:

Only bad news are good news.
(deutsch: Nur schlechte Nachrichten sind gute Nachrichten, d. h. sie haben Nachrichtenwert.)

Dadurch wird den „Konsumenten" der Medien jedoch ein Zerrbild der Wirklichkeit vermittelt: Die übermittelten Nachrichten sind eine einzige Aneinanderreihung von Krisen- und Katastrophenberichten. Und sollten sich tatsächlich mal einige Tage lang auf der ganzen Welt keine Katastrophen ereignen, werden an und für sich harmlose Vorkommnisse, die mehr in der Privatsphäre als im eigentlichen Tätigkeitsbereich eines Akteurs liegen (z. B. die Ehekrise eines Politikers, Showstars oder Spitzensportlers) so hochgespielt, dass sie die Aufmerksamkeit eines breiteren Publikums erregen.

Der Zwang privater Medien, Aufmerksamkeit zu erregen, um über eine ausreichende Leser- oder Zuschauerzahl ihre wirtschaftliche Existenz zu sichern, fördert diese Tendenz zur Sensationshascherei noch zusätzlich. Sie setzt auch die öffentlich-rechtlichen Medien unter Druck, sich mit ihrem Nachrichten- und Programmangebot nicht zu weit vom Publikumsgeschmack zu entfernen.

Interessant, aber noch nicht bis ins Letzte untersucht sind die Prozesse, die sich zwischen den Journalisten der Leitmedien, den Journalisten der übrigen Medien und den politischen Akteuren abspielen. Fest steht: Diejenigen, über die die Medien informieren und berichten, die politischen Akteure, sind nicht passiv. Im Gegenteil: Sie reagieren auf das, was die Leitmedien zum Thema machen, und versuchen ihrerseits, bestimmte Fragen zum Thema in den Medien zu machen. Dabei können auch Organe, die eigentlich nicht zu den Leitmedien gehören, denen aber wegen ihrer hohen Reichweite erheblicher Einfluss auf die politische Meinungsbildung in der Bevölkerung zugeschrieben wird – insbesondere die Boulevard-Zeitung BILD – zu einem wichtigen Faktor werden.

Aus jüngerer Zeit ist bekannt, dass eine Boulevardzeitung Ende der neunziger Jahre das Vorhaben des damaligen Bundesarbeitsministers *Riester*, eine obligatorische private Altersrente einzuführen, mit einer großen Schlagzeile als Zwangsrente brandmarkte, worauf er diesen Vorschlag sofort wieder zurückzog und auf eine freiwillige, d. h. mit Steuervergünstigungen arbeitende Lösung umschwenkte. Umgekehrt wurde Bundeskanzler *Schröder* lange Zeit die Pflege guter Beziehungen zu den Medien, insbesondere auch zur Redaktion von BILD nachgesagt, die zu einer wohlwollenden Berichterstattung über ihn beigetragen und zumindest zu Beginn seiner Amtszeit zur Steigerung seiner Popularität beigetragen hat.

An dieser Stelle liegt es nahe, zwei Fragen aufzuwerfen:

1. Wo stehen die Journalisten politisch?
2. Versuchen sie bzw. haben sie überhaupt die Möglichkeit, ihre politische Gesinnung weiter zu tragen und die politische Meinungsbildung ihrer Leser, Zuhörer oder Zuschauer zu beeinflussen?

Über die erste Frage wurde nach der Bundestagswahl 1976 in Wissenschaft und auch in der breiteren Öffentlichkeit heiß diskutiert. Auslöser war die Behauptung der Mainzer Kommunikationswissenschaftlerin *Noelle-Neumann*, die bundesdeutschen Journalisten stünden mehrheitlich politisch links und hätten deshalb die Wiederwahl der sozial-liberalen Koalition unter Bundeskanzler *Helmut Schmidt* (SPD) gegen den Oppositionskandidaten *Helmut Kohl* (CDU) unterstützt. Zwar kann man Frau *Noelle-Neumann* bestimmte Eigeninteressen in dieser Frage nicht absprechen: Sie hatte nicht nur einen Lehrstuhl an der Universität Mainz, sondern war auch Leiterin des renommierten Meinungsforschungsinstituts Allensbach und Wahlkampfberaterin von *Helmut Kohl*. Gleichwohl ließ sich nicht bestreiten: Untersuchungen über die politische Präferenz der Journalisten ergaben, dass diese mehrheitlich dem sozial-liberalen Spektrum zuneigten und damit ein anderes politisches Meinungsbild als die Bevölkerung aufwiesen.

Davon zu trennen ist allerdings die zweite Frage, ob die Journalisten ihre Aufgabe vor allem darin sehen, die Bevölkerung über die Medien im Sinne der eigenen politischen Position zu beeinflussen.

Mit anderen Worten: Verstehen sich die Journalisten als *Missionar* oder *Gesinnungsjournalist* für eine bestimmte politische Richtung oder als *neutraler Vermittler* politischer Informationen? Eng damit zusammen hängt auch die Funktion, die den Medien in der Demokratie zuerkannt wird. Sollen sie *nur informieren* über das, was geschehen ist und wie die politischen Akteure das

Geschehene bewerten? Oder sollen die Medien auch Kritik an Regierung, Parteien und anderen politischen Akteuren üben und eine *Kontrollfunktion* im Sinne einer vierten Gewalt (neben Exekutive, Legislative und Judikative) ausüben? Und – was eigentlich noch viel wichtiger ist – haben Journalisten überhaupt die Möglichkeit, als „Missionar" zu wirken, wenn sie sich denn als ein solcher begreifen sollten?

Auch hierzu gibt es Untersuchungen. Sie relativieren das Bild, das *Noelle-Neumann* von den bundesdeutschen Journalisten gezeichnet hat. So verstehen sich laut einer repräsentativen deutschen Journalismusstudie 1993/94 mehr als drei Viertel der Journalisten als „neutrale Vermittler", die ihr Publikum schnell, präzise und zuverlässig informieren wollen. Lediglich ein Drittel der Journalisten versteht sich als „Gegenpart zur Politik". Und in einer anderen, in der Kölner Zeitschrift für Soziologie und Sozialpsychologie veröffentlichten Studie aus dem Jahre 1994 heißt es:

> „Man muss Abschied nehmen von Vorurteilen über den deutschen Journalismus: Die erste gesamtdeutsche Journalistenbefragung erweist sich als Legendenkiller. Die viel zitierte Dichotomie (= Gegensatzpaar) Missionar versus Spürhund bzw. Gesinnungspublizist versus Vermittler formuliert Gegensätze, die mit der journalistischen Realität in der Bundesrepublik nicht viel zu tun haben. ... Reine Missionare gibt es so gut wie nicht, die reinen Vermittler sind deutlich in der Mehrheit."
> (Schönbach, K./Stürzebecher, D./Schneider, B., Oberlehrer und Missionare? Das Selbstverständnis deutscher Journalisten, in: Neidhardt, F. (Hrsg.), Öffentlichkeit, öffentliche Meinung, soziale Bewegung, Sonderheft 34 der Kölner Zeitschrift für Soziologie und Sozialpsychologie, Opladen 1994, S. 158 f.)

Die politische Orientierung der Journalisten links von der Bevölkerungsmehrheit ist also die eine, ihr Selbstverständnis die andere Sache. Zudem entspricht die politische Ausrichtung der Medien keineswegs der der Journalisten. So zeigt eine weitere Untersuchung (Weischenberg, S./Löffelholz, M./Scholl, A., Dualisierung des Journalismus? In: Jarren, O. (Hrsg.), Medienwandel – Gesellschaftswandel? 10 Jahre dualer Rundfunk in Deutschland. Eine Bilanz, Berlin 1994), dass die politischen Einstellungen der Journalisten nicht mit der wahrgenommenen Grundhaltung *des* Mediums, für das sie tätig sind, übereinstimmt. Im Gegenteil: Sehen sich die Journalisten selbst mehr im links-liberalen Spektrum angesiedelt, verfolgen die Medien schwerpunktmäßig eher eine christdemokratisch und rechtsliberale Grundlinie. Denn letztere wird von den Chefredakteuren, den Verlagsleitungen und den Medien-Eigentümern vorgegeben und schränkt den Freiraum des einzelnen Journalisten entsprechend ein.

Was für den politischen Journalismus gilt, trifft allerdings nicht in gleichem Maße für den Wirtschaftsjournalismus zu. Hier haben Erhebungen ergeben, dass unter den Wirtschaftsjournalisten F.D.P.-Anhänger weit mehr vertreten sind als in der Bevölkerung. Zusammen mit der eben erwähnten konservativ-rechtsliberalen Grundausrichtung der Medien spiegelt sich diese stark wirtschaftsliberale Orientierung der Wirtschaftsjournalisten im Wirtschaftsteil der Leitmedien deutlich wider. In der *FAZ*, der *Welt* und im *Handelsblatt* findet man fast durchweg liberale ökonomische Positionen, und selbst in der eher linksliberal ausgerichteten *Süddeutschen Zeitung* ist der Wirtschaftsteil eher von liberalen Standpunkten geprägt. Für das Politikfeld „Wirtschaftspolitik" ist die Medienstruktur daher etwas anders einzuschätzen als für andere Politikbereiche.

Damit hätten wir die Medienstruktur und die Rolle der Journalisten in Deutschland hinreichend beschrieben. Wir können uns damit der letzten und hochinteressanten Frage nach den *Wirkungen der Medien* zuwenden.

3.5.3 Wirkungen der Massenmedien

Im letzten Unterabschnitt haben wir uns mit der *Medienstruktur* befasst und damit die Rahmenbedingungen umschrieben, unter denen politische Kommunikation in der Bundesrepublik stattfindet. Dabei hatten wir schon festgestellt, dass sich aus der Struktur der Medien, insbesondere von ihrer stärkeren Kommerzialisierung, der Eigenart der Medien sowie der politischen Orientierung der Journalisten und ihrem Selbstverständnis bestimmte Tendenzen in der Berichterstattung ergeben. Doch wie wirkt die Berichterstattung tatsächlich auf das politische Verhalten der Menschen?

Im Alltag haben wir alle schon unsere persönlichen Erfahrungen mit der Kommunikation und ihren Wirkungen gemacht. Folgende Beispiele:

A sagt zu B: „Das war gestern vielleicht ein Theater!" B guckt A verständnislos an und antwortet: „Ich weiß jetzt nicht, was Du damit meinst."

Ehemann (möchte Ehefrau ein Kompliment machen): „Das Kleid, das Du heute anhast, steht Dir ausgesprochen gut". Ehefrau antwortet: „Aha, das, was ich gestern anhatte, hat Dir also nicht gefallen!"

Diese beiden Fälle zeigen: Die Botschaft, die einer übermitteln will, kommt beim Empfänger noch lange nicht so an, wie sie vom Sender gemeint ist. Beide Male handelt es sich um eine interpersonale Kommunikation, die dadurch gekennzeichnet ist, dass der Sender vom Empfänger sofort eine Rückkoppelung erhält. Durch die Art der Rückkoppelung wird dem Absender in unseren Beispielen klar, dass seine Botschaft nicht so angekommen ist, wie sie von ihm gemeint war. Beispiel 2 ist übrigens ein Fall, wie ein Ehepaar durch eine unbeabsichtigte

Kommunikationsstörung in einen Streit geraten kann. Häufig muss in solchen Fällen ein unbeteiligter Dritter die Ursachen der Missverständnisse und der sich aufschaukelnden Konflikte entwirren.

In der politischen Kommunikation haben wir jedoch in der Regel keine unmittelbare Rückkoppelung. So lässt sich gar nicht ohne weiteres sagen, wie eine politische Botschaft, etwa die Rede eines Ministers im Parlament oder der Auftritt des Oppositionsführers in einer Fernsehdiskussion, beim Publikum aufgenommen und bewertet wird. Falsch wäre es auf jeden Fall, davon auszugehen, dass andere die ausgesendeten Botschaften genau so aufgenommen haben, wie der Politiker selbst sie verstanden wissen wollte oder wie man selbst sie aufgefasst hat. Besonders deutlich wird das an folgendem Test, den Sozialwissenschaftler bei der Bundestagswahl 1972 durchgeführt haben:

Zwei Gruppen von Testpersonen wurden zwei gleich lange Ausschnitte von Wahlkampfreden der beiden damaligen Spitzenkandidaten, des amtierenden Bundeskanzlers Willy Brandt (SPD) und des Herausforderers Rainer Barzel (CDU), vorgeführt. Aufgabe war jeweils, die Aussagen der beiden wiederzugeben. Um den Effekt auszuschalten, dass man sich an das, was man zuletzt gehört hat, am besten erinnert, wurden die Gruppen geteilt und ihnen die Ausschnitte in unterschiedlicher Reihenfolge vorgespielt.

Als Ergebnis kam heraus, dass manche Personen sich gut an die Aussagen von Willy Brandt erinnerten, aber lückenhaft und verzerrt die Aussagen von Rainer Barzel wiedergaben. Bei anderen Testpersonen war es genau umgekehrt: Sie konnten gut die Inhalte der Ausschnitte von Rainer Barzel nacherzählen, wiesen jedoch Lücken und Verzerrungen bei den entsprechenden Passagen von Willy Brandt auf.

Dieser Test demonstriert den Mechanismus, der wissenschaftlich *selektive Wahrnehmung* (selektiv = auswählend) bezeichnet wird. Unterteilte man nämlich die Personen nach SPD- und CDU-Anhängern, ergab sich: Die SPD-Anhänger gaben relativ fehlerfrei und vollständig die Aussagen Willy Brandts wider, jedoch lückenhaft und verzerrt die Aussagen Rainer Barzels. Und bei den CDU-Anhängern war es genau umgekehrt. Eine Botschaft wird also von einem Empfänger nicht völlig unvoreingenommen entgegen genommen. Vielmehr wird jede Botschaft, jede Meldung, jede Information „gefiltert". Man könnte auch sagen: Die Wirklichkeit wird durch eine jeweils „eigene Brille" gesehen: das, was dem eigenen Weltbild entspricht, wird durchgelassen, das, was dem eigenen Weltbild widerspricht, wird „aussortiert". Dieser Prozess des Filterns und Aussortierens wird als *selektive Wahrnehmung* bezeichnet.

Die Kommunikationswissenschaft zerlegt diesen Prozess der *selektiven Wahrnehmung* noch in drei Teil-Prozesse: Erstens in die *Auswahl* der Kommunikation (Welches Medium nutze ich bzw. welche Nachricht lasse ich auf mich zukommen?), zweitens die eigentliche *Wahrnehmung* bzw. *Deutung* der Meldung und drittens die *"Abspeicherung"* der Information (An was erinnere ich mich nach einiger Zeit noch?).

Selektive Wahrnehmung geschieht in der Regel nicht absichtlich, d. h. sie wird nur teilweise vom Willen des Individuums gesteuert. Sie stellt vielmehr eine Art eingebauten Schutzmechanismus für die Psyche (= Seele) dar. Alle Menschen *wollen* nicht nur, sie *müssen* sogar mit sich (d. h. ihrem Denken) und der Umwelt (d. h. ihren Wahrnehmungen) eins sein. Sie würden es auf Dauer seelisch nicht verkraften, ständig widersprüchliche "Wirklichkeiten" – man spricht von *kognitiven Dissonanzen* (kognitiv = erkennend, wahrnehmend; Dissonanzen = Missklänge, Widersprüchliches) – mit sich herumzutragen. Denn Wirklichkeiten, die nicht ins eigene Weltbild passen, werden als unangenehm empfunden, und unangenehme Empfindungen werden vermieden, indem das Nicht-Passende durch Umdeutung "passend" gemacht wird. Fachlich ausgedrückt: Der Mensch tendiert (= neigt) zur Reduktion (= Rückführung) kognitiver Dissonanzen.

Jeder merkt das auch an sich selbst: An angenehme Dinge erinnert man sich gut, Unangenehmes verblasst in der Erinnerung. Funktioniert dieser Verarbeitungsprozess, bleibt der Mensch seelisch gesund. Wird Negatives nicht mehr in dieser Weise verarbeitet, erkrankt der Mensch und braucht ärztliche Hilfe.

Was bedeutet nun die Tatsache selektiver Wahrnehmung für die Wirkung der Medien oder besser gesagt: für die Nutzung der Medien? Der Werbeslogan der *Frankfurter Allgemeinen Zeitung* lautet bekanntlich: "Dahinter steckt ein kluger Kopf". Eigentlich müsste er korrekt heißen: "Dahinter steckt ein konservativ denkender Kopf". Denn die *FAZ* verfolgt eine konservative Grundlinie, und die Menschen wählen den größten Teil der Medien, die sie nutzen, nach der eigenen politischen Grundlinie aus. Umgekehrt wird die linksliberale *Frankfurter Rundschau* überwiegend von SPD-Anhängern und Gewerkschaftern gelesen, und das sehr kritische Fernsehmagazin *Monitor* findet ebenfalls seine meisten Anhänger im linken Spektrum. So gesehen erfüllen viele Medien die Funktion, ihre Nutzer in der bereits feststehenden Auffassung zu bestärken und *nicht* darin, die Meinung der Nutzer zu ändern.

Verknüpfen wir nun den Prozess der selektiven Wahrnehmung als eingebauten Mechanismus zur Reduktion kognitiver Dissonanzen mit dem Kommerzialisierungsdruck, unter dem vor allem die privatwirtschaftlich arbeitenden Medien stehen, dann stellt sich eine Grundfrage:

Denkt die Mehrzahl der Menschen in der Bundesrepublik in einer bestimmten Weise, weil die BILD-Zeitung es ihnen so vermittelt, oder schreibt die

Bild-Zeitung nur das, was die Menschen ohnehin denken (weil sie dann die höchsten Verkaufszahlen erzielt)?

An dieser Stelle sollte dem Leser klar geworden sein: Bei der Medienwirkung geht es um zentrale Herrschaftsmechanismen in der Demokratie. Die Studentenbewegung, die in der zweiten Hälfte der sechziger Jahre gegen die gesellschaftlichen Verhältnisse in der Bundesrepublik aufbegehrte und die gerne auch die Arbeiter für ihre Vorstellungen gewonnen hätte, stand vor dem Problem erklären zu müssen, warum die Arbeiterschaft sich nicht ebenso wie Teile der Studenten auflehnte. Orientiert an der sog. „Kritischen Theorie der Gesellschaft", einer Richtung der Soziologie, die am Institut für Sozialforschung der Universität Frankfurt von *Theodor W. Adorno* vertreten wurde, begründete man den „sozialen Frieden" damit, dass die Massenmedien die Menschen von ihren „wahren Bedürfnissen" ablenkten und sie damit daran hinderten, ein revolutionäres Bewusstsein zu entwickeln und sich durch Klassenkampf aus ihren Fesseln zu befreien. Hier wurde den Medien also eine geradezu überragende Rolle bei der Beeinflussung der Bevölkerung zugeschrieben.

Wie bereits eingangs dieses Kapitels erwähnt, war die Kommunikationswissenschaft in der Bundesrepublik zum damaligen Zeitpunkt noch nicht als Disziplin an den Hochschulen etabliert. In den USA waren die Prozesse der selektiven Wahrnehmung jedoch schon in den 30er und 40er Jahren erforscht worden, und das Standardwerk von *Joseph T. Klapper*, The Effects of Mass Communication (deutsch: Die Wirkung der Massenkommunikation), 1960 bereits in dritter Auflage, aber nur in englischer Sprache erschienen, beschrieb diese Zusammenhänge bereits ausführlich und relativierte damit die Theorie von der „Allmacht der Massenmedien" und ihrer angeblichen „Opfer", der breiten Masse der Bevölkerung. Allerdings setzt selektive Wahrnehmung auch die Chance voraus, selektiv wahrnehmen zu können, also aus dem Angebot der Medien zwischen unterschiedlichen Inhalten (und politischen Orientierungen) wählen zu können.

Zweifellos war das Medienangebot während der zweiten Hälfte der sechziger Jahre in der Bundesrepublik noch bei weitem nicht so vielfältig wie heute. Insbesondere in West-Berlin, einem Zentrum der damaligen Studentenproteste, war der Zeitungsmarkt stark von Erzeugnissen aus dem Axel-Springer-Verlag beherrscht. Bezogen auf dieses Teilgebiet kann man durchaus von einer gewissen Einseitigkeit in der politischen Kommunikation sprechen. Das erklärt zwar, warum die Konflikte zwischen radikalen Studenten und Westberliner Bürgern damals zeitweise eskaliert sind (= sich zugespitzt haben), kann aber nicht die „kritische Theorie" bestätigen, wonach die Massenmedien das Entstehen eines „richtigen Klassenbewusstseins" verhinderten. Es wäre also verfehlt, aus einer empirisch nicht belegbaren Theorie über die Wirkung der Massenmedien eine

„Theorie kapitalistischer Klassenherrschaft" ableiten zu wollen, die die Wirklichkeit westlicher Demokratien beschreibt.

Wir können somit festhalten: Während die These von der „Allmacht der Medien" die Menschen offensichtlich als passives „Opfer" sieht nach dem Motto

Was machen die Medien mit den Menschen?

dreht die *Theorie der selektiven Wahrnehmung* das Verhältnis zwischen Menschen und Medien geradezu um, und die Frage lautet

Was machen die Menschen mit den Medien?

Die Menschen sind danach also nicht „Opfer" einer anonymen Medienmacht, sondern die Menschen nutzen die Medien selbstbestimmt und nach ihren eigenen Bedürfnissen.

Die Kommunikationsforschung hat indessen weitere Erkenntnisse gebracht. Häufig erreicht eine Information einen Empfänger nicht unmittelbar durch das Medium, sondern über einen Dritten. Oder eine Information wird gemeinsam mit anderen „empfangen" und gleich im Empfängerkreis „eingeordnet". Zwei Beispiele:

Erstes Beispiel: Eine Familie sitzt um 20:00 Uhr vor dem Fernsehapparat und verfolgt die Tagesschau. Gezeigt wird ein Interview mit dem Bundeskanzler. Schon nach den ersten beiden antwortenden Sätzen des Kanzlers ruft der Vater: „Dem glaube ich kein Wort mehr. Mit dem könnt Ihr Euch ein Interview sparen". Sofort setzt in der Familie eine heftige Diskussion ein. Als der 16jährige Sohn daran erinnert, dass auch Politiker der Oppositionspartei ihre Meinung schon öfter geändert haben, wird der Vater etwas nachdenklich. Es beginnt eine heftige Diskussion über die Glaubwürdigkeit von Politikern im Allgemeinen.

Zweites Beispiel: Fünf Minuten später. Hinter dem Tagesschausprecher erscheint die Schrift: „Wirtschaftsweise prognostizieren Erholung." Gleichzeitig werden die Kernsätze eines neuen Gutachtens des Sachverständigenrates zur Begutachtung der gesamtwirtschaftlichen Entwicklung zitiert, nach denen die Wirtschaftsexperten eine leichte Besserung der Wirtschaftslage in den kommenden Monaten erwarten. Die Meldung geht bei unserer Beispielfamilie jedoch in der seit dem Kanzlerinterview entbrannten Diskussion über die Glaubwürdigkeit von Politkern unter. Am nächsten Morgen spricht ein Arbeitskollege den Vater der Familie an. Sie treffen sich häufig schon morgens auf dem Weg zur Arbeitsstätte, weil sie den gleichen Bus nehmen. „Hast Du gestern gehört? Diese 'Weisen' sagen, es geht mit unserer Wirtschaft wieder aufwärts." „Ach ja?", antwortet der Vater. „Nein, habe ich nicht gehört. Aber ich hab' schon die Schlagzeile in unserer Zeitung gelesen. Da stand so etwas in der

Richtung". „Siehst Du, der Kanzler hat doch recht behalten", triumphiert der Arbeitskollege. „Nur: Du hast ihm ja nie geglaubt." Der Vater murmelt etwas vor sich hin, was zwar nicht wie Zustimmung klingt, die Aussage des Kollegen aber auch nicht widerlegt.

An diesen zwei Beispielen erkennen wir zweierlei über die Kommunikationsprozesse:

1. Eine Information oder Meldung wird häufig von einem Empfänger nicht allein aufgenommen, sondern in einer Gruppe. In der Gruppe selbst wird die Meldung dann „gewürdigt", d. h. durch die „Brille" auch anderer gesehen und bewertet. Das kann eine homogene Gruppe (z. B. eine Familie, in der alle 100%ige Anhänger der SPD oder der CDU sind) in ihrer vor gefassten Meinung bestärken. In einer „pluralistischen Familie" mit unterschiedlichen politischen Grundorientierungen kann die unterschiedliche Bewertung durch einzelne Mitglieder die „Parteilichkeit" der in der Meldung enthaltenen Aussage deutlich werden lassen und zu einer differenzierteren Betrachtung eines Sachverhalts führen.

2. Eine Meldung wird oft auch von einem „Mittler" überbracht, der nun seinerseits ein Medium darstellt. Durch die Auswahl der Meldung und die Art ihrer Überbringung möchte der Mittler nun selbst etwas bewirken (in unserem Beispiel: ein positives Bild vom Kanzler und seiner Glaubwürdigkeit vermitteln). Mit anderen Worten: Die eigentliche Wirkung der Kommunikation findet nicht zwischen dem Medium „Fernsehen" und den Empfängern, sondern zwischen einem Dritten und dem Empfänger statt.

Diese Rolle von Dritten, insbesondere die Frage, wer solche Dritte sind, wie sie sich verhalten und welchen Einfluss sie letztlich haben, wird immer wieder von der Kommunikationswissenschaft aufgegriffen. Man nennt diese Dritten, die im Kommunikationsprozess neben den Medien im eigentlichen Sinne und den Empfängern agieren, *Meinungsbildner* bzw. *Meinungsführer* oder engl. *Opinion leader*. Ihnen kommt eine nicht zu unterschätzende Bedeutung zu, die in zahlreichen Studien bestätigt wurde.

So hat der aus Österreich stammende amerikanische Soziologie *Paul Felix Lazarsfeld* in einer berühmt gewordenen Untersuchung des amerikanischen Präsidentschaftswahlkampfes von 1940 herausgefunden, dass viele Menschen ihre Informationen nicht aus den Medien beziehen, sondern sich Ihre Meinung in politischen Diskussionen mit anderen Menschen bilden und danach auch ihr politisches Verhalten bis hin zur Wahlentscheidung ausrichten. Die Personen, die somit Meinung und politisches Verhalten anderer wesentlich beeinflussen, werden seitdem als *Meinungsführer* bezeichnet. Sie genießen aus unterschiedlichen

Gründen die Anerkennung und das Vertrauen anderer, weil sie sich intensiv um bestimmte Fragen kümmern, sich dazu auch äußern und als „Experten" auf diesen Gebieten gelten. Diese Meinungsführer nutzen ihrerseits wieder häufig zur eigenen Information die Leitmedien, weshalb letzteren auf dem Umweg über die „Transporteure" Meinungsführer wieder eine große Bedeutung für die politische Willensbildung in der Bevölkerung zukommt.

Meinungsführer gehören – auch das haben Studien ermittelt – zumindest im Bereich der Politik häufig zur oberen sozialen Schicht. In anderen gesellschaftlichen Bereichen wie z. B. der Mode gilt das allerdings nicht. Da die obere soziale Schicht wiederum politisch eher konservativ orientiert ist, verstärken die Meinungsführer auch das Denken in bürgerlich-konservativen Kategorien in breiten Schichten der Bevölkerung. Insoweit spricht einiges für die marxistische These: „Die herrschenden Ideen sind die Ideen der herrschenden Klasse".

3.5.4 Zusammenfassung

Zu Beginn dieses Kapitels über die Massenmedien hatten wir die Frage aufgeworfen, wie bedeutend die Medien für die Politik sind? Fest steht: Die Medien sind weit mehr als nur ein Mittler der Kommunikation zwischen den Bürgern und den professionellen politischen Akteuren. Sie sind vielmehr Instrument für alle am politischen Prozess Beteiligte:

- Die Regierenden versuchen, sie zu nutzen, um ihre Position zu vermitteln und ihr Handeln als richtig (und „wiederwählenswert") darzustellen.
- Die Opposition, die Verbände und sozialen Bewegungen versuchen ihrerseits, mit Hilfe der Medien Druck auf die Regierenden auszuüben und ihr – je nach Interessensposition – den Stempel „nicht-wiederwählenswert" oder „nur-bedingt-wiederwählenswert" aufzudrücken.
- Die Medien ihrerseits nehmen in diesem Geschehen in aller Regel nicht die Position eines neutralen Schiedsrichters ein, sondern verfolgen eine eigene politische Grundlinie, soweit ökonomische Zwänge ihnen dazu Spielraum lassen.

Medienstruktur und Medienwirkung sind dabei keine Konstanten. So lässt sich nicht ein- für allemal sagen, die Medien wirkten in einer ganz bestimmten Weise. Vielmehr sind Struktur und Wirkung der Medien ständigen Änderungen unterworfen, so dass ihre Rolle im politischen Prozess häufig wechselt und von den Ereignissen ebenso wie von den handelnden Personen abhängt. So war beispielsweise *Helmut Kohl* alles andere als ein Medienstar, und wenn der politische Einfluss der Medien tatsächlich so überragend wäre, wie ihnen häufig nachgesagt wird, hätte *Kohl* sich nicht 16 Jahre im Amt des Bundeskanzlers halten können. Im Vergleich zu *Kohl* verfügte *Gerhard Schröder* über ein größeres Geschick im Umgang mit den Medien. Trotzdem konnte er nach der ersten Legislaturperiode die Wahl nur mit Mühe gewinnen, und in der zweiten Legislaturperiode musste er vorzeitig „das Handtuch werfen".

Die Medien sind somit ein wichtiger, aber nicht der dominierende Faktor, der Politik zu erklären vermag. Ihre Wirkung ist vielmehr nur Teil eines komplexen politischen Prozesses, an dem eine Vielzahl von politischen Akteuren je nach Politikfeld und Situation mit unterschiedlichem Erfolg mitwirkt.

4 Politischer Extremismus

In Kapitel 2 hatten wir die grundlegenden Spielregeln dargestellt, nach denen in den Grundtypen Demokratie und Diktatur regiert wird. Ihm folgte in Kapitel 3 die Behandlung der zentralen Instrumente des Regierens und der Kontrolle in der Demokratie. In diesem Kapitel wollen wir uns mit denjenigen politischen Kräften befassen, die die Demokratie und ihre Spielregeln ablehnen: dem politischen Extremismus.

4.1 Was ist politischer Extremismus?

4.1.1 Grundsätzliches

Das Wort „Extremismus" stammt aus dem Lateinischen und bedeutet „der äußerste". Dementsprechend bezeichnet man als *Extremisten* diejenigen politischen Kräfte, die zum äußersten bereit sind, d. h. *alle Mittel* einsetzen (also auch physische = körperliche Gewalt), um ihre Ziele zu erreichen. Dabei ist allen Extremisten das Ziel gemeinsam, die Prinzipien und Spielregeln der Demokratie – wie in Kapitel 2 und 3 beschrieben – abschaffen und durch eine andere politische Ordnung ersetzen zu wollen.

Dieses Verständnis von Extremismus ist zwar weit verbreitet, aber nicht unumstritten. Es geht davon aus, dass das politische Spektrum, d. h. die Vielzahl der politischen Orientierungen und Überzeugungen, entlang einer Achse verläuft. In der Mitte dieser Achse befinden sich die gemäßigten, kompromissbereiten, ausgleichenden Kräfte, an den Extremen rechts und links die polarisierenden, kompromisslosen, „radikalen" Gruppierungen.

Diese Betrachtung vereinfacht jedoch sehr stark die politische Wirklichkeit, weil sie die Unterschiede zwischen links und rechts an einem einzigen Merkmal festmacht. Beispielsweise setzte der englische Politikwissenschaftler *Anthony Downs* in seinem bekannten Werk „An Economic Theory of Democracy" (deutsch: „Ökonomische Theorie der Demokratie", Tübingen 1968) links bzw. linksextrem mit totaler staatlicher Kontrolle der Wirtschaft (Planwirtschaft) und rechts bzw. rechtsextrem mit völliger Freiheit der Wirtschaft von staatlichen Eingriffen (Marktwirtschaft) gleich. Doch in der Realität geht Marktwirtschaft nicht automatisch mit Demokratie und Planwirtschaft nicht zwangsläufig mit Diktatur einher. So war das nationalsozialistische Deutschland eine Kombination aus kapitalistischer Marktwirtschaft mit totalitärer Diktatur, und das frühere Jugoslawien konnte man als sozialistische Marktwirtschaft bezeichnen, also als ein System mit vergesellschafteten Produktionsmitteln, staatlicher Planung und Einparteienherrschaft, aber gleichzeitig mit starken Markt- und Wettbewerbselementen, (siehe dazu auch später Kapitel 5). So müsste die Achse, die die politischen Lager nach dem Ausmaß staatlicher Eingriffe in die Wirtschaft bzw. nach dem Grad der Wirtschaftslenkung unterscheidet, zumindest durch eine weitere Dimension „demokratisch – autoritär" ergänzt werden.

Des Weiteren sollte man nach den Zielen, die eine politische Gruppierung verfolgt, und den Mitteln, die sie zur Durchsetzung ihrer Ziele einsetzt, trennen und für letzteres zusätzlich den Begriff *radikal* bzw. *Radikalismus* verwenden. So vertritt jemand, der sich beispielsweise für die Einführung der Todesstrafe oder die Verstaatlichung der Produktionsmittel ausspricht, eine extreme Position, die außerhalb des jeweiligen Mehrheitskonsenses einer Gesellschaft liegt. Dennoch brauchen die Anhänger von extremen Positionen nicht *radikal* zu sein, solange sie die Spielregeln der Demokratie akzeptieren und mit demokratischen (= friedlichen) Mitteln versuchen, ihre Ziele zu erreichen und Mehrheiten zu gewinnen. Der Ausdruck *Radikalität* bezieht sich somit auf die Wahl der Methoden, und als *radikal* gilt, wer die Spielregeln demokratischer Auseinandersetzung verletzt. *Extremismus* bezeichnet demgegenüber lediglich die Gesinnung, das politische Denken und die politischen Ziele.

4.1.2 Gemeinsamkeiten von Rechts- und Linksextremismus

Gemeinsam ist den politischen Extremisten aller Schattierungen ein Absolutheitsanspruch für ihre eigenen politischen Ideen. Sie reklamieren den Anspruch auf den alleinigen Zugang zur historischen-politischen Wahrheit. Zwei Zitate mögen dies veranschaulichen:

> „Die Kommunistische Partei hat vor keiner Kritik Angst, weil wir Marxisten sind, weil die Wahrheit auf unserer Seite ist . . ." (Worte des Vorsitzenden Mao-Tse-Tung, S. 305)

> „…haben wir die bessere Wahrheit und die stärkere Kraft auf unserer Seite, ist es doch wissenschaftlich erwiesen, dass der göttlich-natürliche Schöpfungstrieb in allem Leben seit Anbeginn auf Sonderung, Eigenart und gesteigerte Sonderleistung gerichtet ist, nicht aber auf Nivellierung und Uniformierung …" (Deutsche Nachrichten Nr. 46/1965, S. 7)

Dieser Anspruch, im Besitz der absoluten und alleinigen Wahrheit zu sein, steht in krassem Gegensatz zu den Auffassungen der (nach der oben gemachten Einteilung) in der Mitte des politischen Spektrums stehenden demokratischen Parteien. Sie sind zwar auch von der Richtigkeit ihrer Auffassungen überzeugt, erheben jedoch nicht den Anspruch, dass die ihrige die allein richtige und gültige ist, sondern akzeptieren, dass man auch anderer Auffassung sein kann. Beispielhaft dafür sei ein Satz aus dem Godesberger Programm der SPD von 1959 zitiert: „Der demokratische Sozialismus . . . will keine letzten Wahrheiten verkünden."

Aus dem Anspruch der politischen Extremisten, die objektive, ausschließliche und absolute Wahrheit zu kennen, leiten sich ganz bestimmte Haltungen gegenüber Andersdenkenden ab. Das, was eine freiheitliche, demokratisch organisierte Gesellschaft ausmacht, nämlich die Existenz einer Vielzahl unterschiedlicher Auffassungen und Interessen, die miteinander im Wettstreit stehen – der sog. *Pluralismus* - wird von den Extremisten als Entartung der menschlichen Gesellschaft betrachtet. Da sie nur *eine* Auffassung, nämlich die eigene, gelten lassen (denn nur die ist „wahr"!), sind Extremisten intolerant gegenüber allen Andersdenkenden. Die Menschen haben für sie keine unterschiedlichen und z. T. gegensätzlichen Interessen, sondern nur *ein* Interesse. Dementsprechend wird die Existenz sozialer Konflikte geleugnet und eine Gesellschaft für realisierbar gehalten, in der es keine Konflikte mehr gibt. Kennzeichnend für politische Extremisten ist also ein Harmonieverständnis. Allerdings kann diese Harmonie nach Auffassung der politischen Extremisten erst in einer veränderten staatlichen und gesellschaftlichen Ordnung hergestellt werden.

Nehmen wir als Beispiel die ehemalige DDR. Nach Auffassung der Kommunisten sind kapitalistische Gesellschaften durch den Klassenkonflikt zwischen Kapital und Arbeit gekennzeichnet, der auf dem Privateigentum an den Produktionsmitteln beruht. In der sozialistischen DDR war das Privateigentum an den Produktionsmitteln abgeschafft und damit der Klassenfeind beseitigt. Die Arbeiterklasse hatte über die führende sozialistische Partei die politische Macht inne. Infolgedessen existierten nach Ansicht der SED kein Konflikt zwischen Kapital und Arbeit und somit auch keine gegensätzlichen Interessen mehr. Das Interesse der Menschen schlechthin, das der Arbeiterklasse, wurde durch die herrschende SED verwirklicht.

Im Nationalsozialismus trat an die Stelle des Klassenfeindes der Rassenfeind, das jüdische Volk. Nach Vernichtung des Rassenfeindes sollte an die Stelle der früheren Stände- bzw. Klassengesellschaft eine deutsche Volksgemeinschaft treten, in der die Deutschen ohne Feind sind. In dieser Volksgemeinschaft existierten ebenfalls keine wahren Konflikte mehr, weil das deutsche Volk nach nationalsozialistischer Auffassung *ein einheitliches* Interesse hat, nämlich die Ausrottung des Judentums.

Wer sich – wie politische Extremisten – im Besitz der Wahrheit glaubt, steht vor dem Problem erklären zu müssen, warum nur ein Teil des Volkes diese „Wahrheit" kennt. Hierfür werden die Medien verantwortlich gemacht. Diese würde die Massen im Interesse der Regierenden manipulieren und verhindern, dass die Menschen ihre „wahren Interessen" erkennen. Dazu wieder zwei Zitate, das erste aus einem Informationsblatt der rechtsextremen Nationaldemokratischen Partei Deutschlands (NPD), die in den sechziger Jahren erfolgreich in einige Landtage der alten Bundesrepublik einzog, das zweite aus einem Interview der Zeitschrift „Pardon" mit dem linksradikalen Studentenführer der sechziger Jahre, *Rudi Dutschke*:

> „Fernsehen und Rundfunk üben mit einer Clique von etwa 200 Meinungsmachern einen Informations- und Meinungsterror über Millionen von Fernsehzuschauern und Rundfunkhörern aus . . . Allein das Pressewesen ist ohne selbstverantwortliche Kontrolle: Deshalb fordert die NPD auch die Einführung berufsständischer Kammern zum Schutz vor Missbrauch der Pressefreiheit und Manipulation der öffentlichen Meinung". (NPD-inform, II. 6 und 7)
>
> „Die wesentlichen Träger der Manipulation und Anpassung sind die Massenmedien. Massenmedien sind noch immer die bedeutendste Indoktrinierungsebene. So ist es gelungen, durch langjährige funktionale Manipulation die Menschen auf die Reaktionsweise von Lurchen zu regredieren." (Pardon, Heft 7/1967)

Die Überzeugung, selbst im Besitz der absoluten Wahrheit zu sein, und die Behauptung, andere Menschen, die andere Auffassungen haben, seien von den Massenmedien manipuliert und würden ihre „wahren Interessen" nicht erkennen, bringen die politischen Extremisten in eine Situation der Unbelehrbaren und Unbekehrbaren. Sie werden regelrecht immun gegen die Wirklichkeit. Denn alle Menschen mit anderen Auffassungen sind in ihren Augen entweder von den Massenmedien manipuliert, d. h. Opfer des von den Herrschenden kontrollierten Manipulationsapparates, oder sie gehören selbst zu den Manipulierern, die das Volk unterdrücken und ihm „falsche Bedürfnisse" einreden. Wird ein politischer Extremist mit Fakten konfrontiert, die seiner Ideologie widersprechen – ein Kommunist etwa mit einem kapitalistischen Unternehmer, der seine Arbeiter hoch bezahlt und nicht ausbeutet, oder ein Nationalsozialist mit einem Juden, der Deutschland schätzt und als Deutscher aufgrund seiner Leistungen hohes Ansehen in der ganzen Welt genießt - , dann wird dies als propagandistische Masche des Klassenfeindes bzw. des Rassenfeindes umgedeutet.

Aus diesem Denken leitet sich schlüssig das politische Handeln ab: Die Menschen müssen durch Gegenmanipulation umerzogen werden, ihre „falschen Bedürfnisse" müssen ihnen bewusst gemacht und ihre „wahren Bedürfnisse" ihnen vermittelt werden. Dies geschieht nach kommunistischer Auffassung durch die politische Elite, die sich im Zentralkomitee der kommunistischen Partei sammelt, bei den Nationalsozialisten durch den Führer. Und was geschieht mit denjenigen, die sich der „Umerziehung" widersetzen? An der Antwort auf diese Frage entscheidet sich, ob politische Extremisten nur eine vom Mehrheitskonsens abweichende Gesinnung haben, aber die anderen Meinungen respektieren, oder ob sie die „Umerziehung" – wenn notwendig – auch mit Gewalt durchsetzen wollen, Andersdenkende verfolgen, unterdrücken und sogar töten. Sobald sie mit Gewaltanwendung drohen und sie auch in die Tat umsetzen, handelt es sich nicht mehr nur um politische Extremisten, sondern um politisch Radikale.

4.1.3   Unterschiede zwischen Rechts- und Linksextremismus

Trotz der aufgezeigten Gemeinsamkeiten von Rechtsextremismus und Linksextremismus sollte man beide nicht in einen Topf werfen. Denn es gibt auch wesentliche Unterschiede zwischen ihnen.

Der *Rechtsextremismus* lehnt die grundsätzliche Gleichheit der Menschen im Sinne von *Gleichwertigkeit* bzw. *gleichen Rechten* und damit das Gleichheitsgebot der Menschenrechts-Deklarationen ab. Er geht davon aus, dass es von Natur aus überlegene und unterlegene, starke und schwache, intelligente und dumme Menschen gibt. Daraus leitet der Rechtsextremismus die Legitimation (hier im Sine von moralischer Rechtfertigung) für die überlegenen, starken und intelligenten Menschen ab, die schwachen, dummen, unterlegenen (und daher minderwertigen) Menschen beherrschen und unterdrücken, ja sogar ausrotten zu dürfen. Der Rechtsextremismus hat somit ein gänzlich anderes Menschenbild, als es der freiheitlichen Demokratie zugrunde liegt. Er ist zutiefst antidemokratisch. Menschen werden von ihm allein schon aufgrund ihrer Zugehörigkeit zu einer Gruppe, zu einer Rasse oder Volksstamm ungleich behandelt.

Im Gegensatz dazu geht der *Linksextremismus* von der prinzipiellen Gleichheit aller Menschen aus. Insoweit unterscheidet er sich nicht von den Grundsätzen, auf denen auch der demokratische Verfassungsstaat basiert. Natürlich wird die Verschiedenheit der Menschen, die man in der Realität vorfindet, nicht bestritten: Es gibt Männer und Frauen, also zwei Geschlechter, große und kleine, dicke und dünne, körperlich starke und schwache Menschen. Sie bewegen sich unterschiedlich schnell, sind unterschiedlich intelligent und sind auch äußerlich nach Haut- und Haarfarbe verschieden. Dennoch haben alle Menschen, *weil sie Mensch sind,* den gleichen Wert. Es gibt keine hochwertigen (= überlegenen) und minderwertigen Menschen, sondern alle haben die gleichen Rechte.

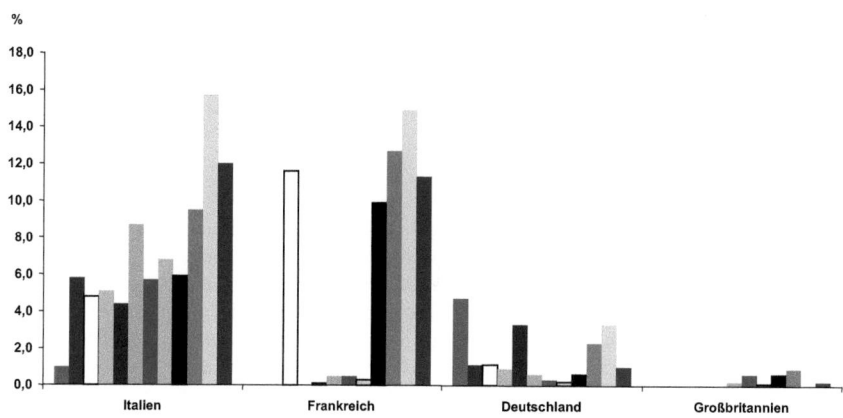

Abbildung 7: Wahlergebnisse rechter Flügelparteien in Ländern Westeuropas 1945-2004

Quelle: Kailitz, S., Politischer Extremismus in der Bundesrepublik Deutschland. Eine Einführung, Wiesbaden 2004, S. 160.

Was Linksextreme jedoch von der „politischen Mitte" unterscheidet, sind die Konsequenzen, die aus der Verschiedenartigkeit der Menschen für die politische, wirtschaftliche und gesellschaftliche Ordnung gezogen werden. Linksextreme wollen den Gleichheitsgrundsatz auf alle Bereiche ausdehnen, selbst wenn dadurch die Freiheiten des Einzelnen total beseitigt werden. Denn zwischen Freiheit und Gleichheit besteht ein Spannungsverhältnis: Je mehr Freiheit man dem Einzelnen zugesteht, desto weniger Gleichheit gibt es in der Gesellschaft, und umgekehrt, je mehr Gleichheit man in der Gesellschaft verwirklichen möchte, desto weniger Freiheit kann man dem Einzelnen lassen.

Diese elementaren politischen Zusammenhänge sollen wieder an Beispielen veranschaulicht werden:

Erstes Beispiel: Da einige Menschen körperlich stark, andere wiederum schwach sind, könnten die Starken den Schwachen ihren Willen aufzwingen. Es wäre beispielsweise für die Starken kein Problem, den Schwachen persönliche Dinge mittels körperlicher Gewalt wegzunehmen. Der Staat lässt Raub jedoch nicht zu, sondern stellt ihn unter Strafe. Der Starke wird also durch die vom Staat durchgesetzte Rechtsordnung in seiner Freiheit beschränkt. Er darf seine körperliche Überlegenheit nicht dazu nutzen, dem Schwachen sein Eigentum zu rauben.

Doch wie sieht es mit der Nutzung anderer Überlegenheiten aus? Darf der Intelligente den weniger Intelligenten übers Ohr hauen? Oder darf der weniger Intel-

177

ligente dumm gehalten werden, damit andere (= Intelligentere) leichteres Spiel mit ihm haben? Dem Leser werden an dieser Stelle sofort Fälle aus dem Wirtschaftsalltag einfallen, in denen der Kunde „über den Tisch gezogen wird". Im Prinzip ist jedoch auch das in unserer Gesellschaft nicht zulässig. Der Staat versucht den Betrug am Verbraucher durch eine Vielzahl von Verbraucherschutzgesetzen zu unterbinden. Auch das schränkt die Freiheit des Stärkeren (in diesem Fall des Intelligenteren) ein.

Zweites Beispiel: Gehen wir mal in primitivere Gesellschaften zurück. Darf derjenige, der jung ist, schnell laufen kann und es deshalb schafft, einen Büffel zu erlegen, das Fleisch alleine aufessen? Oder muss er das Fleisch mit dem „schwachen Geschlecht" (seiner Frau) und mit den alten Stammesgenossen, die nicht mehr schnell laufen können und denen es deshalb nicht mehr gelingt, einen Büffel zu erlegen, teilen? Wer bestimmt, ob er teilen muss, und wenn ja, wie viel muss er abgeben? Hier kommen wir zu Verteilungsproblemen, die auch (und gerade) in unserer modernen Industriegesellschaft ständig kontrovers diskutiert und entschieden werden. Und jede Umverteilung des erlegten Büffels, egal von wem sie erzwungen wird und wie die Verteilungsformel konkret aussieht, beschränkt die Freiheit des erfolgreichen Jägers, also des Schnellen und Starken.

Die Beispiele zeigen: Ohne jede Einschränkung der Freiheit der Starken und/oder Intelligenten wären die Menschen extrem ungleich. Die Starken und Intelligenten würden in jeder Beziehung über die Schwachen herrschen, es gäbe Herren und Sklaven. Das entscheidende Problem ist allerdings:

Wie weit darf (soll, muss) die Einschränkung der persönlichen Freiheiten der starken und leistungsfähigen Menschen gehen, um ein hinreichendes, wünschenswertes Maß an Gleichheit zwischen allen Menschen sicherzustellen?

Der Linksextremismus räumt hier eindeutig der Gleichheit den absoluten Vorrang ein und nähme im Interesse größerer Gleichheit stets eine Einschränkung der Freiheit in Kauf. Die gemäßigte Linke – sozialdemokratische und sozialistische Parteien – versuchen, Freiheit und das wünschenswerte Maß an Gleichheit so auszutarieren, dass die Starken sich nicht zu sehr eingeengt und die Schwachen sich nicht zu sehr benachteiligt fühlen. Die gemäßigte Rechte – konservative und liberale Parteien – bemühen sich ebenfalls um einen vertretbaren Ausgleich zwischen Freiheit und Gleichheit, legen das Schwergewicht jedoch etwas mehr auf Freiheit als auf Gleichheit.

Das zentrale politische Problem besteht darin, die Freiheiten der Starken und Intelligenten nicht so weit zu beschränken, dass ihre Leistungsbereitschaft verloren geht. Auf unser oben gebrachtes Beispiel aus einer primitiven Gesellschaft angewandt: Wenn die Starken und Schnellen den Büffel jagen und erlegen sollen, darf ihnen nicht anschließend so viel von der Beute weggenommen und an die Schwachen verteilt werden, dass sie die Lust an der Jagd verlieren. Denn wenn die Starken und Schnellen nicht mehr jagen, gibt es in der Gesellschaft gar nichts mehr zu verteilen. Würde den Schwachen und Alten jedoch gar nichts von der Beute abgegeben, würden sie verarmen und verhungern. Das wiederum würde den humanitären Grundsätzen von der Gleichwertigkeit aller Menschen widersprechen. Im Kapitel 5 (Politik und Wirtschaft) werden wir diese Problematik noch ausführlicher behandeln.

Abbildung 8: Wahlergebnisse linker Flügelparteien in Ländern Westeuropas 1945-2004

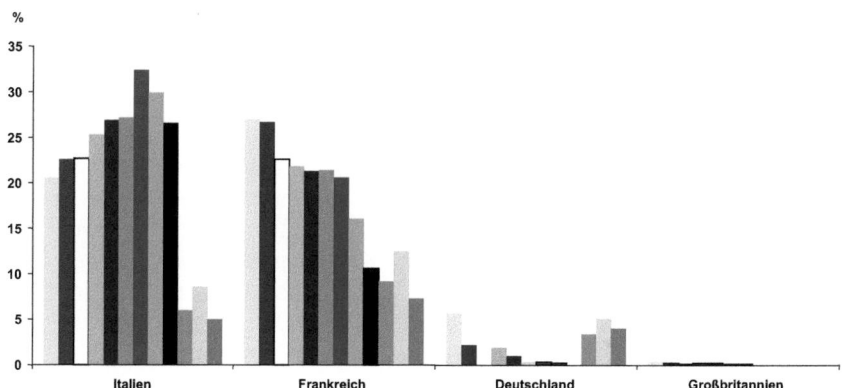

Quelle: Kailitz, S., Politischer Extremismus in der Bundesrepublik Deutschland. Eine Einführung, Wiesbaden 2004, S. 156

Linksextreme stehen bei der Verwirklichung der Gleichheit der Menschen vor der prinzipiellen Schwierigkeit, dass sich die Starken, Schnellen und Intelligenten die Einschränkung ihrer Freiheiten durch den Staat bzw. die Regierenden nicht unbegrenzt gefallen lassen. Es stellt sich daher für die Linksextremen die Frage, wie sie mit dem Widerstand der Starken und Intelligenten umgehen. Hier sind wir wieder bei der Wahl der Mittel. Linksextreme werden zu Linksradikalen, wenn sie ihre Vorstellungen von Gleichheit auch mit physischer Gewalt durchzusetzen versuchen. In den kommunistischen Regimen, in denen Linksradikale die politische Macht innehatten, haben sie physische Gewalt gegen die Menschen ausgeübt, die ihre Ziele nicht unterstützen wollten, haben sie eingesperrt, zu Zwangsarbeit verurteilt oder gar getötet. In dieser Hinsicht gleichen die

Methoden der Linksradikalen denen der Rechtsradikalen, weshalb die beiden politischen Extreme häufig gleichgesetzt werden. Festzuhalten bleibt aber, dass bei aller Gleichartigkeit der Methoden der politischen Machtausübung und der Unterdrückung die politischen Ziele und das Menschenbild von Rechtsextremismus und Linksextremismus ganz unterschiedlich sind. (Wer allerdings jemals in kommunistischen Gefängnissen gesessen hat, wird zu Recht sagen, dass es für ihn keinen Unterschied machte, ob er im Namen humanitärer, egalitärer Endziele oder im Interesse der arischen Rasse eingesperrt war.)

Zum linksextremen Spektrum gehört eine ganze Reihe politischer Strömungen:

- Alle Spielarten des *Kommunismus* (von lateinisch „communis" = gemeinsam, gemeinschaftlich; antikapitalistische Bewegungen, die für die Umwälzung wirtschaftlicher und gesellschaftlicher Verhältnisse eintreten und eine auf Gemeineigentum basierende Wirtschafts- und Gesellschaftsordnung auf- bzw. ausbauen wollen), die sich je nach Ausprägung auf Marx, Engels, Lenin, Stalin, Trotzki oder Mao Tse Tung berufen;
- Der *Anarchismus* (griechisch „anarchia" = Herrschaftslosigkeit, Gesetzlosigkeit), eine zu Beginn des 19. Jahrhunderts entstandene politische Bewegung und Weltanschauung, die jede Form von Staat und Gesetz als Unterdrückung ansieht und deshalb für eine gesellschaftliche Ordnung ohne Polizei, Militär und Justiz eintritt. Manche Politikwissenschaftler ordnen den Anarchismus weder dem Links-, noch dem Rechtsextremismus zu, sondern sehen in ihm eine dritte Variante politischen Extremismus, die sich aus extrem individualistisch-libertären politischen Orientierungen ableitet;
- *Autonome Gruppierungen,* die jede Orientierung an irgendwelchen politischen Theorien (= „Autoritäten") ablehnen. Sie sind aus der außerparlamentarischen Opposition der sechziger Jahre hervorgegangen, erkennen die demokratischen Regeln des Konfliktaustrags nicht an und betrachten von daher Gewalt gegen Personen und Sachen als gerechtfertigt. Ihr Interesse gilt weniger der Veränderung des Bewusstseins der Mehrheit, sondern dem Erleben von Demonstrationen und gewaltsamen Auseinandersetzungen um ihrer selbst willen. Entwicklung, Einstellungen, Handlungsfelder, Motive und Vertreter der Autonomen sind politikwissenschaftlich und soziologisch noch weitgehend unerforscht.

4.2 Ursachen des politischen Extremismus (speziell Rechtsextremismus)

Über die Ursachen des politischen Extremismus, speziell des Rechtsradikalismus (die Ursachen von Linksradikalismus sind kaum untersucht!), gibt es eine ganze Reihe theoretischer Ansätze. Im Wesentlichen werden vier Faktoren genannt, die - einander ergänzend, verstärkend und manchmal auch filternd - das Entstehen rechtsextremer Einstellungen und ihre Umsetzung in rechtsradikales politisches Handeln erklären:

- die Persönlichkeitsstruktur
- ökonomische und soziale Ungleichgewichtszustände
- Folgen sozialen Wandels
- die politische Kultur.

In den folgenden Unterabschnitten wollen wir diese Faktoren etwas näher erläutern.

4.2.1 Die Persönlichkeitsstruktur

Die vom Institut für Sozialforschung an der Universität Frankfurt (Leiter: *Theodor W. Adorno*) entwickelte „Kritische Theorie der Gesellschaft" hält solche Menschen für besonders anfällig für rechtsradikale politische Strömungen, die eine bestimmten Persönlichkeitsstruktur aufweisen. Besondere Merkmale einer *autoritären Persönlichkeit* sind

- eine hohe Bereitschaft, sich Menschen, die stark und mächtig sind (d. h. Autoritäten), zu unterwerfen und ihnen in Gehorsam zu folgen
- Schwachen gegenüber jedoch Überlegenheit zu demonstrieren und sich aggressiv zu verhalten.

In allen sozialen Gruppen und Organisationen (z. B. hierarchisch strukturierten Betrieben) fallen diese „autoritären Persönlichkeiten" durch ein Verhalten auf, das man als „nach oben buckeln, nach unten treten" umschreiben könnte. Dem Vorgesetzten im Betrieb gibt man keine Widerworte, sondern führt jede Anweisung pflichtbewusst aus, eigene Untergebene jedoch werden bei jeder sich bietenden Gelegenheit getadelt, kritisiert und gedemütigt. Werte wie Recht und Ordnung, Sicherheit und Pflichterfüllung stehen für Menschen mit dieser Persönlichkeitsstruktur ganz oben.

Mit diesem Ansatz lässt sich jedoch nicht erklären, warum nur ein Teil der Menschen mit autoritärer Persönlichkeitsstruktur rechtsradikale politische Strömungen unterstützen, andere wiederum nicht. So sind die Persönlichkeitsmerkmale wie Unterwürfigkeit, Feindseligkeit gegenüber Minderheiten oder Fremden o. ä. durchaus auch bei Arbeitern anzutreffen, die zur SPD-Stammwählerschaft gehören. Der amerikanische Soziologe *Seymour Martin Lipset* (Harvard-Universität) sprach deshalb in seinem berühmten, 1960 erschienen Werk *Political Man. The Social Bases of Politics* (deutsch.: Das politische Wesen. Die sozialen Grundlagen der Politik. Die deutsche Übersetzung ist unter dem Titel „Soziologie der Demokratie" erschienen) vom *Autoritarismus der Arbeiterklasse.*

Auch ist offen, wie jemand zu einer autoritären Persönlichkeit wird. *Adorno* behauptete, dass der Grundstein dafür in der Familie gelegt wird und herrschsüchtige Väter durch strenge Erziehung aus ihren Kindern autoritäre Persönlichkeiten machten. Empirisch erhärtet wurde diese in den zwanziger und dreißiger Jahren des vorigen Jahrhunderts aufgestellte These jedoch nur bedingt. Einen viel prägenderen Einfluss als der Familie schrieben Soziologen in späteren Veröffentlichungen der sozialen Umwelt (Nachbarn, Freunde usw.) auf die Persönlichkeitsentwicklung zu.

Doch egal, ob die Familie oder das weitere soziale Umfeld den Menschen von Kindheit an prägt, Ausgangspunkt des Persönlichkeitsstruktur-Ansatzes ist die These, dass der rechtsradikal denkende und handelnde Mensch das Produkt einer ebenso gearteten Umwelt ist. Daraus folgt: Durch eine Änderung der Umwelt könnte im Prinzip auch ein „neuer Mensch" geschaffen werden. Und in einer besseren Umwelt würde es autoritäre Persönlichkeiten nicht mehr geben.

4.2.2 Ökonomische und soziale Ungleichgewichtszustände

Ein anderer Erklärungsansatz für rechtsextremistische politische Einstellungen und Verhaltensweisen stellt in den Mittelpunkt seiner Betrachtungen, wie Menschen ihre wirtschaftliche und soziale Situation wahrnehmen und empfinden. Vertreter dieses Ansatzes sind beispielsweise der amerikanische Historiker *Richard Hofstadter* von der Columbia-Universität, New York, und der Soziologe *Seymour Martin Lipset* von der Harvard-Universität. Ihre Kernthese lautet:

Personen, die ihren sozio-ökonomischen Status in Gefahr sehen, neigen dazu, rechtsextreme Bewegungen zu unterstützen.

Um das zu verstehen, müssen wir einige Grundbegriffe aus der Soziologie einführen, die zur Erklärung politischen Verhaltens häufig benutzt werden. Unter dem *sozialen Status* (manche Soziologen sagen auch: *soziale Position*) einer Person versteht man die Stellung, die diese Person innerhalb einer Gemeinde, in einem Betrieb oder auch in der Gesamtgesellschaft im Vergleich zu anderen Mitgliedern einnimmt. Der Status wird in der Regel an drei Merkmalen gemessen:

- dem Einkommen
- der Bildung
- dem Beruf bzw. dem Prestige, das mit dem ausgeübten Beruf verbunden ist.

Meist zeigen alle drei Merkmale in die gleiche Richtung. Das bedeutet: Eine Person mit hohem Einkommen hat meist auch einen hohen Bildungsstand und übt einen Beruf aus, der in der Gesellschaft hohes Prestige genießt. Das trifft in unserer Gesellschaft beispielsweise auf einen Arzt zu.

Gelegentlich stimmen die drei Merkmale aber nicht überein. Beispielsweise erzielt ein Profi-Fußballer oder –Boxer ein hohes Einkommen, hat aber keinen hohen Bildungsabschluss. Immobilienmakler mögen ein hohes Einkommen und auch gut ausgebildet sein, genießen jedoch kein hohes Prestige. Umgekehrt ist der Pfarrer einer Kirchengemeinde hoch angesehen, aber kein Großverdiener. In Fällen, in denen die einzelnen Statusmerkmale nicht einander entsprechen, sondern auseinander fallen, spricht man von *Statusinkonsistenz*. Dies ist eine wichtige Erscheinung, aus der die Soziologie manche soziale und politische Verhaltensweise ableitet.

Die Menschen in einer Gesellschaft sind darum bemüht, einen möglichst hohen sozialen Status zu erreichen und den einmal erlangten Status aufrechtzuerhalten. Zwar kann die einmal vorhandene Bildung nicht mehr verloren werden, wohl aber kann es passieren, dass der Beruf, den man ausgeübt hat und der ein entsprechendes Sozialprestige verlieh, nicht mehr ausgeübt werden kann – etwa weil das Unternehmen in Konkurs gegangen ist oder der Beruf wegen Automatisierung gar nicht mehr gebraucht wird. Ein anderer Beruf kann dann nicht nur mit geringerem Sozialprestige, sondern auch mit geringerem Einkommen verbunden sein. Umgangssprachlich bezeichnet man einen solchen Vorgang als *sozialen Abstieg*, die Soziologen nennen es in ihrer Fachsprache *relative Deprivation* (Deprivation = Beraubung, Entzug, Verlust, Benachteiligung; relativ = im Vergleich zu anderen. Relative Deprivation lässt sich mit einem deutschen Ausdruck am besten mit *„Benachteiligung im Verhältnis zu anderen"* beschreiben).

Mit anderen Worten: Der Wunsch eines Menschen nach einem bestimmten sozialen Status und sein tatsächlicher sozialer Status können auseinander klaffen.

Dies löst Enttäuschung und Unzufriedenheit aus und kann dazu führen, dass sich die Enttäuschten und Unzufriedenen gegen die vermeintlichen Verursacher der Deprivation zusammenschließen, politisch aktiv und radikal werden. Wichtig ist dabei, sich bewusst zu sein, dass die Benachteiligung gar nicht objektiv gegeben sein muss. Ausschlaggebend ist vielmehr, dass die Betreffenden sich im Vergleich zu anderen *benachteiligt fühlen*. Relative Deprivation muss also nicht zwingend eine mit Zahlen und Fakten belegbare Tatsache, sondern kann durchaus eine bloß *subjektive Wahrnehmung* sein

Die Formulierung „kann dazu führen" offenbart die Schwäche dieses Ansatzes. Es kann nicht mit Bestimmtheit gesagt werden, ob Menschen, die eine Verschlechterung ihres sozialen Status erlitten haben, tatsächlich auch rechtsradikale Verhaltensweisen an den Tag legen. Denn es gibt eine ganze Reihe von Menschen, die sich trotz ihrer Statuseinbuße politisch nicht radikalisieren. Insoweit ist soziale Deprivation eher eine notwendige, aber keine hinreichende Bedingung für das Entstehen von Rechtsradikalismus. Man könnte auch sagen, Statusverlust wirkt bei autoritären Persönlichkeiten wie ein Mechanismus, der die Vorprägung zu rechtsradikalem Verhalten verstärkt. Anders ausgedrückt: Wenn der Status von Personen mit autoritärer Persönlichkeit nicht ihrem gewünschten Status entspricht, besteht eine hohe Neigung zu rechtsradikalen Verhaltensweisen.

4.2.3   Folgen des sozialen Wandels

Während *Hofstadter* und *Lipset*, aber auch *Adorno* mit ihrer Theorie der autoritären Persönlichkeit   vom einzelnen Individuum ausgehen und das Entstehen rechtsradikaler politischer Strömungen von der Existenz bestimmter sozialer Merkmale bei einzelnen Individuen abzuleiten versuchen, betrachten die deutschen Soziologen *Erwin K. Scheuch* und *Hans-Dieter Klingemann* die moderne Gesellschaft als Ganzes, die einem intensiven und schnellen Wandlungsprozess ausgesetzt ist. Die ständigen Veränderungen in modernen Gesellschaften, die nicht auf den wirtschaftlichen Bereich beschränkt sind, sondern das gesamte menschliche Leben erfassen (z. B. schwindende Bedeutung von Religion und Kirche als Vermittler von Werten, andere Einstellungen gegenüber Sexualität, rasches Veralten von Wissen) führen zu wachsender Verunsicherung der Menschen. Sie fühlen sich den Veränderungsprozessen ohnmächtig ausgeliefert, wissen nicht mehr, woran sie sich orientieren sollen, fürchten um ihren sozioökonomischen Status und reagieren auf all das mit radikalem politischen Verhalten. *Scheuch* und *Klingemann* sehen deshalb im Rechtsradikalismus eine natürliche Pathologie (= Krankheitserscheinung) moderner Industriegesellschaften.

Für diesen makrosoziologischen (= gesamtgesellschaftlichen) Ansatz gilt dasselbe wie für die in den ersten beiden Unterabschnitten vorgestellten Theorien: Die eigentliche Ursache für (rechts)radikale politische Verhaltensweisen kann damit nicht erklärt werden. Denn alle Menschen in modernen Industriegesellschaften sind dem skizzierten raschen sozialen Wandel unterworfen. Aber viele werden mit ihm offensichtlich besser fertig als andere, und nur ein Teil beteiligt sich an extremen politischen Handlungen oder übernimmt radikale politische Orientierungen.

4.2.4 Die politische Kultur

Da die bisher vorgestellten theoretischen Ansätze zur Erklärung von (Rechts)Extremismus unbefriedigend sind, erscheint es sinnvoll, den politisch-kulturellen Rahmen in die Analyse der Entstehungsbedingungen von politischem Extremismus einzubeziehen. Dazu ist es notwendig, den Begriff „politische Kultur" zu definieren.

Unter *politischer Kultur* versteht man die Gesamtheit der Werte, Überzeugungen und Einstellungen der Bürger gegenüber den politischen Institutionen, den politischen Vorgängen und der Staatstätigkeit.

Wem wurde nicht schon mal die Frage gestellt: „Was halten Sie eigentlich von unseren Politikern?" Oder wer hat seinerseits nicht schon mal mit Freunden darüber diskutiert, ob unsere Demokratie mit dem Problem des Links- und Rechtsextremismus fertig wird. Mit anderen Worten: *Politische Kultur* umschreibt das, was die Menschen von ihrem Staat und den Politikern halten. So wird der Sieg des Nationalsozialismus in Deutschland u. a. darauf zurückgeführt, dass demokratische Werte im Bewusstsein der Bevölkerung nicht ausreichend verankert waren und das Verständnis für das Funktionieren demokratischer Institutionen fehlte. Treffen in einer nicht gefestigten demokratischen Kultur schneller sozialer Wandel und dadurch ausgelöste Statusängste auf autoritäre Persönlichkeiten – so zahlreiche Studien über die Gründe des Aufstiegs der NSDAP -, gelingt es rechtsextremen Bewegungen, zahlreiche Menschen für sich zu gewinnen und gegen die Demokratie zu mobilisieren.

Umgekehrt bildet eine solide demokratische Kultur einen Wall gegen das Überschwappen extremistischer Ideologien auf breite Bevölkerungsschichten. Denn die politische Kultur beeinflusst erheblich die Erziehung der Menschen. Werden diese „im demokratischen Geist" ausgebildet, ist die Bereitschaft, sich extremen politischen Denkweisen anzuschließen, geringer, als wenn sie einem autoritären Erziehungsstil ausgesetzt und zu braven Bürgern nach dem Motto „Gehorsam ist die erste Bürgerpflicht" erzogen werden. Anhänger dieses theoretischen Ansatzes sagen auch: Die Schwelle für politischen Extremismus in ausgeprägt demokratischen Kulturen liegt deutlich höher.

4.3 Demokratie und Extremismus

Die Machtergreifung der Nationalsozialisten, die (mehr oder weniger) im Rahmen der Demokratie erfolgte, hat nicht nur in Deutschland, sondern in der ganzen Welt unendliches Leid ausgelöst. In Politik und Wissenschaft wurde deshalb nach dem Zweiten Weltkrieg verstärkt darüber diskutiert, ob und wenn ja wie sich vermeiden lässt, dass sich eine derartige Katastrophe wiederholt. In diesem Unterabschnitt wollen wir uns mit dieser Frage beschäftigen und erörtern, wie die Demokratie mit ihren Gegnern umgeht.

4.3.1 Das Grundproblem

Wie wir aus Abschnitt 4.2 wissen, gibt es zahlreiche Faktoren, die das Entstehen speziell rechtsextremer politischer Orientierungen begünstigen. Eine autoritäre Persönlichkeitsstruktur, ökonomische und soziale Deprivation, rapider sozialer Wandel sowie eine nicht gefestigte demokratische Kultur sind allerdings sämtlich nur notwendige, aber keine hinreichenden Voraussetzungen dafür, dass eine größere Zahl von Menschen für politischen Extremismus mobilisiert werden kann. Da es *die* Ursache schlechthin für politischen Extremismus nicht gibt, ist es auch nicht möglich, *die* Maßnahme oder *das* Maßnahmenbündel zu benennen, das geeignet ist, das Entstehen politisch extremer Strömungen von vornherein zu unterbinden.

Hinzu kommt: In einer modernen Gesellschaft dürfte die ökonomische und soziale Deprivation von Menschen als Folge schnellen sozialen Wandels kaum zu verhindern sein. Letzterer wird immer Gewinner und Verlierer hervorbringen. Zwar kann eine Regierung versuchen, den Prozess des Wandels zu verlangsamen und für die negativ Betroffenen sozial abzufedern. Dies kann jedoch allenfalls materiell geschehen, d. h. durch staatlich finanzierte soziale Leistungen, die die Einkommensverluste ausgleichen. Status ist aber mehr als nur Einkommen. Zu ihm gehört ebenso Sozialprestige, also Wertschätzung durch andere Mitglieder der Gesellschaft, und diese Wertschätzung ist an wirtschaftlich eigenständige Existenz, also an Beruf und Arbeit geknüpft. Menschen, die dem sozialen Wandel „zum Opfer fallen" gefallen sind und Probleme haben, neu Fuß zu fassen, d. h. einen neuen, sie befriedigenden Status aufzubauen, laufen Gefahr, ihr Selbstwertgefühl zu verlieren. Dem entgegenzuwirken, ihnen neues Selbstwertgefühl zu geben und eine Zukunftsperspektive zu vermitteln (also zu helfen, neuen Status aufzubauen), wäre eine wichtige Aufgabe im Rahmen der Bekämpfung von Extremismus. Denn dem eigentlichen Auslöser, dem sozialen Wandel, kann man sich nicht entgegenstemmen (und sollte es auch nicht!).

Im Rahmen der kommunalen Sozialarbeit haben derartige „Sozial-Therapien" auch vielerorts bereits stattgefunden. Hierbei ging es darum, sich insbesondere um fremdenfeindliche, gewaltbereite Jugendliche zu kümmern, die als negativ Betroffene des sozialen Wandels besonders gefährdet sind, auf rechtsextremistische politische Orientierungen anzusprechen. So hat die Bundesregierung 1992 ein Aktionsprogramm gegen Aggression und Gewalt (AgAG) erlassen, mit dem bis zu 144 Projekte der Jugendarbeit in solchen Regionen Ostdeutschlands aufgebaut und gefördert werden sollten, die nach der Kriminalitätsstatistik besonders hohe Raten an Gewalttaten aufwiesen. Dies war eine Reaktion auf die von Fremdenfeindlichkeit geprägten Ausschreitungen Jugendlicher gegen Ausländer in Hoyerswerda (September 1991) und in Rostock (August 1992).

Diese Sozialarbeit ist allerdings sehr aufwändig, erfordert entsprechend geschultes pädagogisches Personal sowie viel Zeit und finanzielle Mittel. Das stellt erhebliche Anforderungen an den Staat, der sich als Folge des sozialen Wandels auf der einen Seite sinkenden Steuereinnahmen gegenüber sieht, weil die Erwerbschancen in vielen Branchen (und damit Steuerzahler) weg brechen, und auf der anderen Seite wachsende soziale Unterstützungsleistungen erbringen muss, weil viele Opfer des sozialen Wandels ohne staatliche Hilfe ihren Unterhalt nicht bestreiten könnten. Deshalb wird über Sinn und Ausmaß derartiger Sozialarbeitsprojekte meist sehr kontrovers diskutiert. Doch sie in Frage zu stellen, wäre nicht konsequent. Denn in anderen Bereichen unserer Gesellschaft sind Hilfestellungen der Gesellschaft für negativ Betroffene unstrittig.

Beispiel: Nehmen wir den Fall eines Gelegenheitsarbeiters, dessen Lohn gerade ausreicht, um sich auf niedrigem Niveau über die Runden zu bringen. Wird er schwer krank, fühlt sich unsere Gesellschaft für ihn verantwortlich und stellt ihm über das Gesundheitssystem diejenige medizinische Versorgung bereit, die er benötigt. Denn unsere Gesellschaft geht u. a. davon aus, dass jeder Mensch, *weil er Mensch ist,* einen Anspruch auf die notwendige medizinische Versorgung hat, egal ob Arm oder Reich.

Nicht nur die wirtschaftliche Situation des Einzelnen, auch die Frage Schuld oder Unschuld spielt für die Frage, ob die Gesellschaft Hilfe leistet, keine Rolle. Ein Gewaltverbrecher, der bei seiner Festnahme einen Polizisten tödlich verletzt und dabei selbst eine Kugel abbekommt, wird auch auf Kosten der Solidargemeinschaft ärztlich versorgt. Und ein Autofahrer, der unter grober Verletzung der Straßenverkehrsordnung einen Unfall verursacht und sich dabei selbst verletzt, wird ebenfalls über die Solidargemeinschaft Krankenkasse medizinisch behandelt.

Was für körperliche Verletzungen gilt, müsste aber doch eigentlich auch dann gelten, wenn die Seele eines Menschen Schaden genommen hat. Jemand, der sich in seinem Selbstwertgefühl verletzt fühlt, weil er infolge des sozialen Wandels seinen Status eingebüßt hat und damit nicht fertig wird, müsste eigentlich auch von der Gesellschaft Hilfestellung in Form einer psycho-sozialen Therapie bekommen. Der oft in solchem Zusammenhang gebrachte Einwand, dass viele andere Menschen Statusverluste ohne derartige Hilfen überwinden, kann nicht akzeptiert werden. Denn auch im Bereich der körperlichen Gesundheit verkraften die Menschen äußerliche Einwirkungen ganz unterschiedlich: Was bei dem einen nur einen harmlosen Schnupfen auslöst, kann bei einem anderen zu einer schweren dreiwöchigen Grippe führen. Die Menschen sind eben nicht gleich und reagieren auf äußerliche Reize ganz verschieden. Trotzdem werden auch die Empfindlichen voll unterstützt und nicht die Robusten zum Maßstab genommen.

Sozialarbeit setzt in aller Regel aber erst re-aktiv ein, d. h. dann, wenn rechtsradikale Gruppierungen bereits entstanden sind, gewalttätige Ausschreitungen stattgefunden haben und die Unterstützung einer rechtsradikalen Partei bei Wahlen droht. Eigentlich müsste eine Gesellschaft vorbeugend handeln, damit politische extreme Orientierungen gar nicht erst entstehen. Konkret hieße das: Wenn sich schon nicht verhindern lässt, dass der soziale Wandel manche Menschen hart trifft, müsste man alle von Kindesbeinen an darauf vorbereiten, dass grundsätzlich jeder im Leben in schwierige Phasen geraten kann und man dafür weder die Politik im Sinne von „die da oben", noch andere Menschen, die eine andere Hautfarbe haben, eine andere Sprache sprechen oder einem anderen Glauben anhängen, dafür verantwortlich machen kann und seine eigene Enttäuschung oder Verzweiflung nicht durch Aggression gegen diese Menschen ausleben darf. Und man müsste diesen Menschen vermitteln, wie sie mit sozialer Deprivation umgehen sollen und neues Selbstwertgefühl aufbauen können.

Das ist ein hoher Anspruch an die politische und soziale Ausbildung der Bevölkerung. Bislang war die politische Erziehung in dieser Beziehung nur begrenzt erfolgreich. Erhebungen zeigen immer wieder, dass es in der Bevölkerung ein latentes (= verborgenes) rechtsextremes Potenzial gibt, wenngleich der Anteil derjenigen, die rechtsextreme Orientierungen aufweisen, in den letzten fünfzig Jahren rückläufig ist.

Wenn man davon ausgeht, dass

- es in jeder Gesellschaft einen gewissen Prozentsatz von Menschen mit harter rechtsextremer politischer Gesinnung gibt, die auch durch noch so intensive politische Bildungsmaßnahmen nicht „umerzogen" werden können und
- sich in einer modernen Gesellschaft ökonomische und soziale Deprivation von Menschen als Folge schnellen sozialen Wandels nicht verhindern lassen,

dann stellt sich die Frage, wie politisch negative Folgen der „Pathologie moderner Industriegesellschaften" verhindert werden können. Das ist das Grundproblem, vor dem jede moderne Demokratie steht.

Im Folgenden wird die Antwort beschrieben, die die zweite deutsche Demokratie darauf gegeben hat. Im Anschluss daran wird ein institutioneller Vorschlag diskutiert, der von einigen Politikwissenschaftlern zwar recht frühzeitig in die Debatte gebracht wurde, inzwischen jedoch wieder in Vergessenheit geraten ist.

4.3.2 „Streitbare Demokratie" und „Rationalisierter Parlamentarismus"

„Bonn ist nicht Weimar!" Dieser Titel eines von *Fritz René Allemann*, einem Schweizer Journalisten 1956 veröffentlichten Buches, ist in den fünfziger und sechziger Jahren in der alten Bundesrepublik zu einem geflügelten Wort geworden, über das lange intensiv diskutiert wurde. Alle Bestrebungen der Väter des Grundgesetzes waren darauf gerichtet, die Verfassung der neuen Bundesrepublik so zu gestalten, dass eine legale Machtübernahme durch eine extremistische Partei, wie es die Nationalsozialisten 1933 praktiziert hatten, künftig ausgeschlossen war. Dazu wurde die zweite deutsche Demokratie zu einer „streitbaren Demokratie" ausgebaut und eine ganze Reihe von Elementen des „rationalisierten Parlamentarismus" in der Verfassung verankert.

4.3.2.1 „Streitbare Demokratie"

Die Bezeichnung „streitbare Demokratie" hat erstmals der Verfassungsrechtler *Karl Loewenstein,* in einem 1937 erschienenen Aufsatz „Militant Democracy and Fundamental Rights" (deutsch: Streitbare Demokratie und Grundrechte) verwandt. Auch der Soziologe *Karl Mannheim* hat den Ausdruck in seinem 1951 veröffentlichten Werk "Diagnose unserer Zeit - Gedanken eines Soziologen" gebraucht. Inhaltlich lässt sich „streitbare Demokratie" auf die Kurzformel bringen:

„Keine Freiheit für die Feinde der Freiheit"

Das bedeutet: Eine streitbare Demokratie wehrt sich aktiv gegen diejenigen politischen Kräfte, die die Demokratie abschaffen wollen. Während in der Weimarer Republik die Verfassung mit einer Zwei-Drittel-Mehrheit beliebig verändert werden durfte, ist dies nach Artikel 79 (3) des Grundgesetzes der Bundesrepublik Deutschland nicht mehr möglich. In diesem Artikel heißt es:

> „Eine Änderung des Grundgesetzes, durch welche die Gliederung des Bundes in Länder, die grundsätzliche Mitwirkung der Länder bei der Gesetzgebung oder die in den Artikeln 1 und 20 niedergelegten Grundsätze berührt werden, ist unzulässig."

Damit sind der Kern der Verfassung, bestehend in der Würde des Menschen (Art. 1 GG), dem Demokratie-, Rechts-, Bundesstaats- und dem Sozialstaatsprinzip (Art. 20 GG) unaufhebbar. Daneben wird eine Reihe von Grundrechtsartikeln zum Schutz der Verfassung eingeschränkt:

- Die Freiheit der Lehre wird an die Treue zur Verfassung gebunden - Art. 5 (3).
- Vereinigungen, deren Zwecke oder deren Tätigkeit den Strafgesetzen zuwiderlaufen oder die sich gegen die verfassungsmäßige Ordnung oder gegen den Gedanken der Völkerverständigung richten, sind nach Art. 9 (2) GG verboten.
- Wer einzelne Grundfreiheiten zum Kampf gegen die freiheitliche demokratische Grundordnung missbraucht, verwirkt diese Grundrechte – Art. 18 GG.
- Parteien, die nach ihren Zielen oder nach dem Verhalten ihrer Anhänger darauf ausgehen, die freiheitliche demokratische Grundordnung zu beeinträchtigen oder zu beseitigen oder den Bestand der Bundesrepublik zu gefährden, sind nach Art. 21 (2) verfassungswidrig. Über die Verfassungswidrigkeit entscheidet das Bundesverfassungsgericht.

Ferner zählen zur streitbaren Demokratie

- der nachrichtendienstliche Verfassungsschutz,
- die Möglichkeit, verfassungsgegnerische Verlautbarungen aus dem Willensbildungs- und Entscheidungsprozess (z.b. durch Einschränkung des Grundrechts des Brief-, Post- und Fernmeldegeheimnisses) auszuschalten,
- das Widerstandsrecht gegen Bestrebungen zur Beseitigung der verfassungsmäßigen Ordnung gemäß Art. 20 (4) GG ebenso wie die Verwirkung von Grundrechten, speziell der Pressefreiheit, der Lehrfreiheit, der Versammlungsfreiheit, der Vereinigungsfreiheit, des Brief-, Post- und Fernmeldegeheimnisses, des Eigentums- und des Asylrechts. Die Verwirkung von Grundrechten und ihr Ausmaß werden ebenfalls durch das Bundesverfassungsgericht ausgesprochen.

So nachvollziehbar es auch ist, dass die Väter des Grundgesetzes einer erneuten legalen Machtübernahme durch eine extremistische Partei einen Riegel vorschieben wollten, so umstritten ist es inzwischen in der Politikwissenschaft, ob die Bekämpfung der Feinde der Freiheit auf diesem Weg letztlich zum Ziel führt. Zwar wurde vom Parteienverbot mehrmals Gebrauch gemacht – beispielsweise wurden 1952 die Sozialistische Reichspartei (SRP) und 1956 die Kommunistische Partei Deutschlands (KPD) für verfassungswidrig erklärt und verboten. Auch viele Vereine wurden nach Art. 9 (2) GG verboten, u. a. die Wehrsportgruppe Hoffmann, die Aktionsfront Nationaler Sozialisten oder der Hamburger Sturm. Doch sowohl Parteien als auch Nicht-Parteien, d. h. Vereine, tauchen unter anderem Namen und von anderen Orten wieder neu auf.

Mit einem Verbot bekämpft man stets nur die jeweils zu einem bestimmten Zeitpunkt existierenden Organisationen, in denen sich Extremismus gebildet hat. Andere extremistische Strömungen wie etwa jugendliche Subkulturen/Gangs oder auch nur ganz alltägliche Fremdenfeindlichkeit oder Aggressionen gegen Minderheiten werden nicht erfasst. Auch Grauzonen am Rand der demokratischen Parteien wie Rechts- oder Linkspopulismus bleiben unberücksichtigt, obwohl sie ein Reservoir für extremistische Parteien darstellen.

Unter *Populismus* versteht man solche politische Strömungen, die versuchen, vor allem das „einfache Volk" gegen andere, als Feind abgestempelte Gruppen aufzuwiegeln, indem Ängste geschürt, Gefühle geweckt und Vorurteile verstärkt werden. Anführer derartiger populistischer Bewegungen werden oft auch als *Demagogen* (= Volksverführer) bezeichnet.

Rechtspopulisten knüpfen gerne an Fremdenfeindlichkeit an und versprechen verängstigten Bürgern Sicherheit vor der angeblichen Bedrohung durch Menschen mit anderem Glauben oder Hautfarbe. *Linkspopulisten* greifen gerne das Gefühl der Ohnmacht gegen „die da oben" auf und versuchen, Neid zu mobilisieren und Aggressionen gegen eine wie immer definierte „herrschende Klasse" zu lenken.

Auch greift das Konzept der „streitbaren Demokratie" nicht bei Erscheinungen wie z. B. der Sekte „Scientology", weil es sich am traditionellen politischen Rechts-Links-Schema orientiert und Strömungen, die zweifellos totalitären Charakter haben, aber weder nationalsozialistisch noch kommunistisch sind, nicht erfasst.

4.3.2.2 „Rationalisierter Parlamentarismus"

Die Möglichkeit, radikale bzw. extremistische politische Gruppierungen und deren Aktivitäten zu verbieten und strafrechtlich zu verfolgen, ist *eine* Möglichkeit, die Demokratie zu schützen und Verfassungsfeinde zu bekämpfen. Ein anderer Weg besteht darin, in die Verfassung Elemente einzubauen, die man als „rationalisierter Parlamentarismus" bezeichnet. Der Ausdruck *„rationalisierter Parlamentarismus"* wurde von *Boris Mirkine-Guetzévitch*, einem russischen Juristen, 1946 in einem Artikel über die Vierte Republik in Frankreich geprägt. Er meinte damit verfassungsrechtliche Regelungen, die in einem parlamentarischen Regierungssystem, in dem bekanntlich jede Regierung an das Vertrauen des Parlaments gebunden ist, die Stabilität der Regierung sichern und eine Übermacht des Parlaments verhindern sollen.

Die Geschichte der Weimarer Republik und ihres Untergangs ist eine Geschichte häufig wechselnder Regierungen. So gab es in den 14 Jahren vom 13. Februar 1919 bis 28. Januar 1933 sieben Wahlen, insgesamt zwölf verschiedene Regierungschefs und 20 Kabinette, d. h. ein Kanzler regierte im Durchschnitt nur ein Jahr und zwei Monate (siehe *Tabelle 21*). Eine ähnliche Instabilität wies die vierte Republik Frankreichs (1946-1958) auf, in der ein Kabinett durchschnittlich nur jeweils sechs Monate im Amt war.

Nach beiden Verfassungen war es für das Parlament relativ einfach, eine Regierung zu stürzen. So lautete Art. 54 der Weimarer Verfassung:

> „Der Reichskanzler und die Reichsminister bedürfen zu ihrer Amtsführung des Vertrauens des Reichstags. Jeder von ihnen muss zurücktreten, wenn ihm der Reichstag durch ausdrücklichen Beschluss sein Vertrauen entzieht."

Mit anderen Worten: Der Reichstag konnte sich mit einfacher Mehrheit gegen eine Regierung (oder auch nur einen einzelnen Minister) aussprechen, ohne sich auf eine neue Regierung einigen zu müssen. Im Frankreich der vierten Republik war für ein Misstrauensvotum zwar die absolute Mehrheit der Stimmen der Nationalversammlung notwendig, trotzdem traten in der Praxis die Kabinette bereits dann zurück, wenn nur eine einfache Mehrheit ihr Misstrauen erklärte.

Um den Regierungen eine größere Stabilität zu verleihen, wurden in das Grundgesetz der Bundesrepublik Deutschland eine Reihe von Bestimmungen aufgenommen, die dieses Ziel erreichen und insbesondere die Stellung des Bundeskanzlers stärken sollten. (In Frankreich trat 1958 an die Stelle der vierten die fünfte Republik mit einem semi-präsidentiellen Regierungssystem - siehe Abschnitt 2.3.4). Im Grundgesetz der Bundesrepublik Deutschland sind die Elemente des „rationalisierten Parlamentarismus"

- Art. 63 GG: Wahl des Bundeskanzlers
- Art. 65 GG: Ausschließliches Recht des Bundeskanzlers, dem Bundespräsidenten die Ernennung oder Entlassung von Ministern vorzuschlagen
- Art. 65 GG: Richtlinienkompetenz des Bundeskanzlers
- Art. 67 GG: Konstruktives Misstrauensvotum

und die Fünf-Prozent-Klausel innerhalb des personalisierten Verhältniswahlrechts, die der Zersplitterung des Parteiensystems vorbeugen soll.

Nach Art. 63 GG wird der Bundeskanzler vom Bundestag gewählt. Der Bundespräsident schlägt dazu dem Bundestag einen Kandidaten vor, der Aussicht hat, die absolute Mehrheit der Stimmen des Bundestages zu bekommen. Wird im ersten Wahlgang von dem Kandidaten die absolute Mehrheit der Stimmen des Bundestages nicht erreicht, findet ein zweiter Wahlgang statt. Wird auch dabei eine absolute Stimmenmehrheit verfehlt, findet noch ein dritter Wahlgang statt. Danach liegt es im Ermessen des Bundespräsidenten, den Kandidaten, der nur die einfache Stimmenmehrheit erreicht hat, zum Bundeskanzler zu ernennen oder den Bundestag aufzulösen und Neuwahlen auszuschreiben.

Diese Vorschriften für die Kanzlerwahl sollten sicherstellen, dass es keine Kanzler ohne Mehrheiten im Parlament gibt, wie es in der Weimarer Republik mit ihren vielen Minderheitskabinetten häufig vorkam. Gleichzeitig sollte mit dem *konstruktiven Misstrauensvotum* – nach Art. 67 GG kann einem Kanzler nur dadurch das Misstrauen ausgesprochen werden, dass der Bundestag mit der absoluten Mehrheit der Stimmen einen neuen wählt – der Sturz eines Kanzlers erschwert und, im Falle eines Sturzes, gewährleistet werden, dass sofort ein neuer Kanzler im Amt ist, der die absolute Mehrheit des Parlaments hinter sich hat. Der tiefere Sinn derartiger Vorkehrungen liegt darin zu verhindern, dass demokratische Regierungen zwar formal im Amt sind, aber handlungs- und entscheidungsunfähig werden, und dadurch die Demokratie als solche an Ansehen verliert, weil die Regierung in den Augen der Bürger zu wenig handelt.

Tabelle 21: Kabinette und Wahltermine in der Weimarer Republik 1919-1933

Zeitraum	Wahlen 19.01.1919	Stärkste Partei SPD (37,9 %)	Reichskanzler	Koalitionsparteien
13.02.1919 - 20.06.1919			Philipp Scheidemann SPD)	SPD, Zentrum, DDP
21.06.1919 - 26.03.1920			Gustav Bauer (SPD)	SPD, Zentrum; später SPD, DDP
27.03.1920 - 08.06.1920			Hermann Müller SPD)	SPD, DDP
	06.06.1920	SPD (21,6 %)		
25.06.1920 - 04.05.1921			Konstantin Fehrenbach (Zentrum)	Zentrum, DDP, DVP
10.05.1921 - 22.10.1921			Joseph Wirth (Zentrum)	Zentrum, SPD, DDP
26.10.1921 - 14.11.1922			Joseph Wirth (Zentrum)	Zentrum, SPD, DDP
22.11.1922 - 12.08.1923			Wilhelm Cuno (parteilos)	Zentrum, DDP, DVP, BVP
13.08.1923 - 04.10.1923			Gustav Stresemann (DVP)	DVP, SPD, Zentrum, DDP
06.10.1923 - 23.10.1923			Gustav Stresemann (DVP)	DVP, Zentrum, DDP, zeitweise SPD
30.11.1923 - 26.05.1924			Wilhelm Marx (Zentrum)	Zentrum, DDP, DVP, BVP
	04.05.1924	SPD (20,5 %)		
03.06.1924 - 15.12.1924			Wilhelm Marx (Zentrum)	Zentrum, DDP, DVP
	07.12.1924	SPD (26,0 %)		
15.01.1925 - 05.12.1925			Hans Luther (parteilos)	Zentrum, DVP, BVP, zeitweise DDP
20.01.1926 - 12.05.1926			Hans Luther (parteilos)	Zentrum, DDP, DVP, BVP
16.05.1926 - 17.12.1926			Wilhelm Marx (Zentrum)	Zentrum, DDP, DVP, BVP
29.01.1927 - 12.06.1928			Wilhelm Marx (Zentrum)	Zentrum, DNVP, DVP, BVP
	20.05.1928	SPD (29,8 %)		
28.06.1928 - 27.03.1930			Hermann Müller SPD)	SPD, Zentrum, DVP, DDP
	14.09.1930	SPD (24,5 %)		
30.03.1930 - 07.10.1931			Heinrich Brüning (Zentrum)	Präsidialkabinett
09.10.1931 - 30.05.1932			Heinrich Brüning (Zentrum)	Präsidialkabinett
01.06.1932 - 17.11.1932			Franz von Papen (Zentrum)	Präsidialkabinett
	14.07.1932 06.11.1932	NSDAP (37,4 %) NSDAP (33,1 %)		
03.12.1932 - 28.01.1933			Kurt von Schleicher (parteilos)	Präsidialkabinett

194

Ob es jedoch mit Hilfe der Artikel 63 und 67 GG gelungen ist, die Stellung des Kanzlers tatsächlich zu stärken und die Stabilität der Regierungen in der Bundesrepublik Deutschland zu festigen, lässt sich bezweifeln. Zwar spricht die lange Amtszeit mehrerer bisheriger Kanzler – Helmut Kohl 16 Jahre, Konrad Adenauer 14 Jahre, Helmut Schmidt acht Jahre – auf den ersten Blick für eine deutlich größere Stabilität der Regierungen. Doch bei genauer Betrachtung der Regierungskrisen in der Nachkriegszeit ist dieses Urteil mit Vorbehalten zu versehen. Da es sich hierbei um zentrale Fragen nicht nur des Regierungssystems der Bundesrepublik, sondern generell um das Problem der Stabilität von Demokratien geht, wollen wir uns die Regierungskrisen der Nachkriegszeit in der Bundesrepublik Deutschland einmal näher ansehen.

1966 kam es in der Koalition aus CDU/CSU und F.D.P. unter Kanzler *Ludwig Erhard (CDU)* zu Meinungsverschiedenheiten über die Steuerpolitik. Da eine Verständigung über Steuererhöhungen nicht gelang, traten die vier F.D.P.-Minister zurück. *Ludwig Erhard* war damit Kanzler einer Minderheitsregierung. Er konnte de facto nur noch die Amtsgeschäfte verwalten. Als sich CDU/CSU und SPD über die Bildung einer großen Koalition einig waren, trat *Erhard* zurück, und der Bundestag wählte *Kurt Georg Kiesinger (CDU)* zum neuen Bundeskanzler. Die Regierungskrise war beigelegt.

1972 verlor die sozialliberale Koalition unter Kanzler *Willy Brandt (SPD)* ihre Mehrheit im Bundestag, weil mehrere Abgeordnete der Regierungsfraktionen während der Legislaturperiode aus Protest gegen die Ostpolitik zur Opposition übergetreten waren. In dieser Situation versuchte die CDU/CSU-Opposition, durch ein konstruktives Mistrauensvotum den Kanzler zu stürzen und *Rainer Barzel (CDU)* zum neuen Bundeskanzler zu wählen. Der Versuch misslang. Die Abstimmung im Bundestag über das konstruktive Misstrauensvotum ergab ein Patt: 248 Stimmen dafür, 248 Stimmen dagegen. Es fehlte also eine Stimme an der sog. Kanzlermehrheit, das Misstrauensvotum war abgelehnt. Damit blieb *Willy Brandt* zunächst Bundeskanzler, aber er war, ebenso wie *Ludwig Erhard* 1966, nicht mehr regierungsfähig. Er war Kanzler ohne Mehrheit im Parlament.

Der Ausweg aus dieser Situation war eine umständliche Prozedur. Im Unterschied zum englischen Premierminister fehlt dem deutschen Bundeskanzler das Recht, den Bundestag aufzulösen. Bevor nämlich der Weg zu Neuwahlen frei wird, muss der deutsche Bundeskanzler im Bundestag die Vertrauensfrage nach Art. 68 GG stellen. Wird diese abschlägig beschieden, kann der Bundeskanzler dem Bundespräsidenten vorschlagen, den Bundestag aufzulösen. Die Auflösung muss innerhalb von 21 Tagen nach Abstimmung über die Vertrauensfrage erfolgen.

Der Umweg über die Vertrauensfrage, über den Neuwahlen erst möglich sind, ist eine große Hürde für jeden Regierungschef, die nur ungern übersprungen wird. Denn die vor geschaltete Vertrauensfrage verlangt von ihm, dass er zunächst eine Abstimmungsniederlage im Parlament hinnimmt (oder in Absprache mit seiner Partei sogar vorsätzlich herbeiführt), dadurch vor aller Öffentlichkeit demonstriert, dass er keine Mehrheit im Parlament mehr hat, und anschließend in einem Wahlkampf um Zustimmung wirbt. *Willy Brandt* ging seinerzeit als Kanzler trotzdem diesen Weg, weil ihm das Grundgesetz keine andere Möglichkeit ließ. Er stellte die Vertrauensfrage, wobei die Abgeordneten der Regierungsfraktionen vereinbart hatten, sich der Stimme zu enthalten. Dadurch bekam die Vertrauensfrage im Bundestag nicht die erforderliche absolute Mehrheit der Stimmen, der Bundestag wurde vom Bundespräsidenten aufgelöst, und es fanden Neuwahlen statt. Aus dieser gingen *Willy Brandt* und die SPD/F.D.P.-Koalition als klarer Sieger hervor. Die Regierungskrise war beigelegt.

Im Frühjahr 1982 zeichnete sich ab, dass das sozialliberale Bündnis zerbrechen wird. Bundeskanzler *Helmut Schmidt (SPD)* verknüpfte damals die Abstimmung über den Bundeshaushalt mit der Vertrauensfrage, um die Abgeordneten der Koalition zur Loyalität zu zwingen. Der Haushalt wurde verabschiedet und damit auch dem Kanzler das Vertrauen ausgesprochen. Trotzdem war das Abstimmungsergebnis für *Helmut Schmidt* nur ein vorübergehender Prestigeerfolg. Auf Dauer konnte er die Mehrheit im Bundestag nicht behaupten. Die Vertrauensfrage – das erwies sich in diesem Fall ganz deutlich – ist eben kein Instrument, das ähnlich disziplinierende Wirkungen ausübt wie das Auflösungsrecht des englischen Premierministers. Das kann auch gar nicht anders sein, weil es die Abgeordneten bei der Vertrauensfrage selbst in der Hand haben, ob der Weg zu Neuwahlen frei wird.

Im Herbst 1982 traten die F.D.P.-Minister des Kabinetts Schmidt zurück, weil zwischen den Koalitionspartnern keine Einigung über den weiteren wirtschafts- und sozialpolitischen Kurs der Regierung zu erzielen war. Die Lage war damit so wie 1966, als die F.D.P. ihre Minister aus dem Kabinett Erhard zurückgezogen hatte. So wie *Erhard* 1966 war *Schmidt* 1982 ohne Mehrheit im Parlament. Die Regierung war zwar formal im Amt, aber handlungsunfähig.

Anders als *Brandt* 1972 gelang es *Schmidt* nicht, Neuwahlen herbeizuführen. Zwar hätte er die Vertrauensfrage stellen können, und diese wäre auch sicher mehrheitlich abschlägig beschieden worden. Aber CDU/CSU und F.D.P. hätten der Auflösung des Bundestages durch den Bundespräsidenten dadurch zuvorkommen können, dass sie über ein konstruktives Misstrauensvotum einen neuen Kanzler wählen. *Schmidt* hatte zwar versucht, der CDU/CSU das Zugeständnis abzuringen, auf ein konstruktives Misstrauensvotum zu verzichten und dadurch den Weg zu Neuwahlen frei zu machen. Die CDU/CSU rechnete sich jedoch bei Neuwahlen gegen den dann noch amtierenden und populären *Helmut Schmidt* als Spitzenkandidaten der SPD keine großen Gewinnchancen aus, zumal *Willy*

Brandt 1972 in einer ähnlichen Situation siegreich aus der Wahl hervorgegangen war. Deshalb ließ sie sich auf diese Absprache nicht ein. Einige Tage später sprach der Bundestag mit der Mehrheit der Stimmen aus CDU/CSU und F.D.P. *Helmut Schmidt* das Misstrauen aus und wählte gleichzeitig *Helmut Kohl (CDU)* zum Bundeskanzler.

Helmut Kohl hatte Neuwahlen versprochen, um den Regierungswechsel zu legitimieren. Nun stand er seinerseits vor dem Problem, wie diese herbeigeführt werden konnten. Auch ihm blieb kein anderer Weg als der über die Vertrauensfrage. Anders als *Willy Brandt* 1972 stellte *Kohl* sie allerdings zu einem Zeitpunkt, als er über eine ausreichende Mehrheit im Parlament verfügte. Für eine derartige Situation war die Vertrauensfrage eigentlich gar nicht gedacht. Verfassungsrechtler und Politikwissenschaftler diskutierten deshalb damals darüber, ob das Stellen der Vertrauensfrage aus der alleinigen Absicht heraus, Neuwahlen auszuschreiben, überhaupt verfassungskonform ist. Die Antwort darauf lautet: Es gibt keine Vorschrift in der Verfassung, nach der eine Vertrauensfrage nur dann gestellt werden darf, wenn sich ein Kanzler über die Mehrheitsverhältnisse im Bundestag nicht sicher ist. Andererseits steht aber auch fest: Die Verfassungsväter hatten bei der Formulierung des Grundgesetzes nicht daran gedacht, dass ein Bundeskanzler dieses Instrument nutzt, wenn er die Mehrheit des Bundestages hinter sich weiß, nur, um zu Neuwahlen zu kommen.

Gleichwohl bediente sich *Helmut Kohl* dieses Instruments, und ebenso wie 1972 enthielten sich Abgeordnete der Regierungsfraktionen der Stimme, damit dem Bundeskanzler formal (wie von ihm gewünscht!) das Vertrauen versagt blieb. Es kam zu Neuwahlen, aus denen *Helmut Kohl* als Sieger hervorging. *Helmut Schmidt* war bei dieser Wahl für die SPD nicht mehr als Gegenkandidat angetreten.

Auch *Gerhard Schröder (SPD)* kam als Kanzler der Rot-Grünen-Koalition in der zweiten Periode seiner Amtszeit in die Situation, nur schwer politische Entscheidungen durchsetzen zu können. Zum einen gab es sowohl in der SPD-Fraktion als auch in der Fraktion von Bündnis 90/DIE GRÜNEN einige Abgeordnete, die dem Kurs der Regierung nur halbherzig folgten und des Öfteren damit drohten, bei Abstimmungen die Regierung nicht zu unterstützen. Zum anderen bestand seit mehreren Jahren im Bundesrat eine deutliche Mehrheit aus CDU/CSU-FDP-Landesregierungen, die Gesetzentwürfe der Rot-Grünen-Bundesregierung zu Fall brachten oder zumindest ihren Einspruch ankündigten. Als im Mai 2005 die Rot-Grüne-Koalition auch noch die Landtagswahlen in Nordrhein-Westfalen verlor, kündigte *Schröder* an, Neuwahlen durchführen zu wollen. Wie schon seine Vorgänger musste er dazu die Vertrauensfrage stellen und organisieren, dass hinreichend viele Abgeordnete aus den Regierungsfraktionen ihm nicht das Vertrauen aussprachen. Diese Prozedur ging, wie geplant, im

Juli 2005 über die Bühne, und *Schröder* konnte dem Bundespräsidenten vorschlagen, den Bundestag aufzulösen und Neuwahlen auszuschreiben, was dieser dann auch tat.

Allerdings brachten die Neuwahlen 2005 ein für die Bundesrepublik bis dahin nicht gekanntes Ergebnis: Weder wurde die Rot-Grüne-Bundesregierung in ihrem Amt bestätigt, noch errangen CDU/CSU und F.D.P. eine Mehrheit. Denn nur 45 Prozent der Wähler wollten eine CDU/CSU-F.D.P.-Regierung, aber 51 Prozent – also eine absolute Mehrheit! – haben für die SPD, Bündnis 90/DIE GRÜNEN und die Linkspartei/PDS gestimmt, also *nicht* für eine CDU/CSU-F.D.P.-Bundesregierung. Die beiden kleinen Parteien – Bündnis 90/DIE GRÜNEN und die F.D.P. – waren jeweils nicht bereit, durch Eintritt in die Regierung eine Koalition des anderen „politischen Lagers" zu ermöglichen. Die GRÜNEN wollten eigentlich die Rot-Grüne-Koalition fortsetzen und wehrten sich dagegen, mit ihren Stimmen eine bürgerliche Koalition in den Sattel zu heben. Die F.D.P. war vor der Wahl für eine Ablösung von Rot-Grün eingetreten und sah sich ihrerseits nicht in der Lage, mit ihren Stimmen den Weg für eine Fortsetzung von Rot-Grün zu ebnen. Die Linkspartei/PDS wollte keine Politik der linken Mitte unterstützen. So blieb nur ein Ausweg: die Bildung der großen Koalition mit *Angela Merkel (CDU)* als Bundeskanzlerin.

Obwohl diese Bundesregierung rechnerisch über eine große Mehrheit von Sitzen im Bundestag verfügte, führte sie schon bald zu großen Enttäuschungen in der Anhängerschaft des bürgerlichen Lagers, aber auch der SPD. Das ist leicht nachzuvollziehen. Beide Lager hatten die Bundestagswahl 2005 zu einer Richtungswahl erklärt. Aber die große Koalition konnte keine der beiden „Richtungen" konsequent verfolgen, weder die CDU/CSU ihren vor der Wahl vertretenen wirtschaftsliberal orientierten, noch die SPD ihren sozial- und verteilungspolitisch orientierten Reformkurs. Die Mechanismen des bundesrepublikanischen Regierungssystems erzwangen bis auf weiteres diese Situation. Sie wird voraussichtlich so lange anhalten, wie die beiden Großparteien bei Bundestagswahlen unter 40 Prozent bleiben und nur mit einer der kleineren Parteien nicht auf die absolute Mehrheit im Bundestag kommen.

Diese Fälle aus den mittlerweile über 50 Jahren der Nachkriegsgeschichte zeigen:

Der „rationalisierte Parlamentarismus" ist keine Garantie dafür, dass es nicht doch immer wieder zu Situationen kommt, in denen ein Kanzler plötzlich ohne Mehrheit dasteht und handlungs- und damit regierungsunfähig ist. Und je mehr sich das deutsche Parteiensystem auffächert – aus dem anfänglichen 2 1/2-Parteiensystem mit der F.D.P. als Mehrheitsbeschaffer ist inzwischen ein fluides (= fließendes) Fünfparteiensystem ohne eindeutige

Mehrheitsbeschaffer geworden -, desto größer ist die Gefahr, dass die Politik einer nach der Wahl gebildeten Koalition immer weniger dem entspricht, was die Parteien vor der Wahl versprochen haben. Dadurch wachsen die Enttäuschung und die Politikverdrossenheit der Bürger.

Auch wenn ein Regierungschef nur mit der Mehrheit der Mitglieder des Bundestages in sein Amt „gehoben" und nur durch ein konstruktives Misstrauensvotum wieder seines Amtes enthoben werden kann, sind Regierungskrisen im Sinne einer Handlungs- und Entscheidungsunfähigkeit der Exekutive möglich. Dies liegt in der Logik von Regierungen begründet, die Koalitionen sind, und diese sind wiederum eine Folge eines Mehr- oder Vielparteiensystems.

Die Handlungsfähigkeit der Bundesregierungen wurde seit den siebziger Jahren zudem durch ein anderes Element des Grundgesetzes, die sog. „Politikverflechtung", stark beeinträchtigt. Dazu müssen wir vorab den Begriff „Föderalismus" erklären und darlegen, welche Befugnisse die deutschen Bundesländer über den Bundesrat im Regierungssystem der Bundesrepublik haben.

Unter *Föderalismus* versteht man eine staatliche Organisation, bei der es weitgehend selbständige Gliedstaaten (in der Bundesrepublik Bundesländer wie etwa Bayern oder Nordrhein-Westfalen) und den durch ihren Zusammenschluss gebildeten Zentralstaat (die Bundesrepublik Deutschland) gibt. *Politikverflechtung* bedeutet: Der Bundesstaat kann viele, die öffentlichen Aufgaben betreffenden Entscheidungen nur gemeinsam mit den einzelnen Gebietskörperschaften, d. h. den Bundesländern, und mitunter sogar unter Einschluss der Gemeinden treffen. Der Ausdruck wurde von dem Politikwissenschaftler *Fritz W. Scharpf* (Max-Planck-Institut für Gesellschaftsforschung, Köln) geprägt. Die Einbindung der Bundesländer in die politischen Entscheidungen wird durch den *Bundesrat* sichergestellt. In Art. 50 GG heißt es dazu: „Durch den Bundesrat wirken die Länder bei der Gesetzgebung und Verwaltung des Bundes und in Angelegenheiten der Europäischen Union mit."

Politikverflechtungs-Falle ist dementsprechend eine Situation, in der Entscheidungen wegen unterschiedlicher Auffassungen und Interessen zwischen Bund und Ländern nur noch in sehr langwierigen Kompromissverhandlungen oder schlimmstenfalls gar nicht mehr zustande kommen.

Die weit reichenden Mitwirkungsrechte des Bundesrates an der Gesetzgebung waren so lange kein großes Problem, wie in der Länderkammer die gleichen politischen Mehrheitsverhältnisse herrschten wie im Bundestag. Als dies nicht mehr der Fall war, wurde der Bundesrat häufig zu einem Blockadeinstrument *der* Parteien, die im Bundestag die Opposition stellten. Denn gerade die Gesetze, die die Finanzen der Bundesländer beeinflussen und deshalb der Zustimmung des Bundesrates bedürfen, sind in aller Regel zwischen Regierung und

Opposition besonders strittig; denn sie betreffen den weiten Bereich der Steuer-, Sozial- und Finanzpolitik, der durch unterschiedliche Vorstellungen und gegensätzliche wirtschaftliche Interessen der beiden politischen Lager geprägt wird.

Unter dem Deckmantel des Föderalismus kann bei dieser unterschiedlichen parteipolitischen Konstellation in Bundestag und Bundesrat die Opposition im Bundesrat Gesetze, die den wirtschaftlichen Interessen ihrer Wählerklientel zuwiderlaufen, blockieren. Gleichzeitig kann sie der Regierungsmehrheit Untätigkeit und Unfähigkeit vorwerfen – eine Situation, die für keine Regierungsmehrheit gleich welcher politischen Couleur besonders komfortabel ist.

Die Mitwirkungsrechte der Bundesländer über den Bundesrat

Bei der Gesetzgebung hat der Bundesrat je nach Art des Gesetzes drei unterschiedlich starke Möglichkeiten der Einflussnahme:

Verfassungsänderungen
Hier muss der Bundesrat nach Art. 72 (2) GG mit Zweidrittelmehrheit zustimmen. Andernfalls hat der Bundesrat ein absolutes Vetorecht, und die Grundgesetzänderung kommt nicht zustande.

Zustimmungsbedürftige Gesetze
Gesetzen, die
- die Finanzen der Bundesländer beeinflussen können,
- deren Verwaltungshoheit berühren,
- Gemeinschaftsaufgaben nach Art. 91a GG betreffen oder
- eine Neugliederung der Bundesländer regeln,

muss der Bundesrat mit der absoluten Mehrheit seiner Stimmen billigen. Auch hier hat der Bundesrat ein absolutes Veto. Ca. 60 % der Gesetze unterlagen in der Vergangenheit dieser Zustimmungspflicht. Mit der von der großen Koalition 2006 durchgeführten Föderalismusreform hat sich die Zahl der zustimmungspflichtigen Gesetze auf ca. 40 % verringert.

Einfache Gesetze
Bei diesen Gesetzen kann der Bundesrat mit absoluter Mehrheit Einspruch einlegen (daher werden diese „einfachen Gesetze" auch Einspruchsgesetze genannt). Der Bundestag kann diesen Einspruch jedoch mit absoluter Mehrheit (= Kanzlermehrheit) zurückweisen und damit in Kraft setzen (Art. 77 GG).

Tabelle 22: Kabinette und Wahltermine in der Bundesrepublik Deutschland
1949-2005

Wahlperiode	Wahlen	Stärkste Partei	Bundeskanzler	Koalitionsparteien
1949-1953	14.08.1949	CDU/CSU	Konrad Adenauer (CDU)	CDU/CSU, FDP, DP
1953-1957	06.09.1953	CDU/CSU	Konrad Adenauer (CDU)	CDU/CSU, FDP, DP, GB/BHE
1957-1961	15.09.1957	CDU/CSU	Konrad Adenauer (CDU)	CDU/CSU, DP
1961-1965	17.09.1961	CDU/CSU	Konrad Adenauer (CDU)	CDU/CSU, FDP
1963-1965			Ludwig Erhard (CDU)	CDU/CSU, FDP
1965-1966	19.09.1965	CDU/CSU	Ludwig Erhard (CDU)	CDU/CSU, FDP
1966-1969			Kurt-Georg Kiesinger[1] (CDU)	CDU/CSU, SPD
1969-1972	28.09.1969	CDU/CSU	Willy Brandt (SPD)	SPD, FDP
1972-1974	19.11.1972	SPD	Willy Brandt (SPD)	SPD, FDP
1974-1976			Helmut Schmidt[1] (SPD)	SPD, FDP
1976-1980	03.10.1976	CDU/CSU	Helmut Schmidt (SPD)	SPD, FDP
1980-1982	05.10.1980	CDU/CSU	Helmut Schmidt (SPD)	SPD, FDP
1982-1983			Helmut Kohl[2] (CDU)	CDU/CSU, FDP
1983-1987	06.03.1983	CDU/CSU	Helmut Kohl (CDU)	CDU/CSU, FDP
1987-1990	02.12.1990	CDU/CSU	Helmut Kohl (CDU)	CDU/CSU, FDP
1994-1998	16.10.1994	CDU/CSU	Helmut Kohl (CDU)	CDU/CSU, FDP
1998-2002	27.09.1998	SPD	Gerhard Schröder (SPD)	SPD/ Bündnis 90/ Die Grünen
2002-2005	22.09.2002	SPD	Gerhard Schröder (SPD)	SPD/Bündnis 90/ Die Grünen
2005- ??	18.09.2005	CDU/CSU	Angela Merkel (CDU)	CDU/CSU, SPD

1) Rücktritt des vorherigen Kanzlers.
2) Konstruktives Misstrauensvotum gegen den vorherigen Kanzler.

Das Ergebnis dieser Machtkonstellation sind entweder totaler gesetzgeberischer Stillstand oder in langwierigen Verhandlungen vereinbarte Kompromisse, die den ursprünglichen Kern eines Gesetzesvorhabens derart verwässern, dass das eigentlich damit verfolgte Ziel nicht erreicht wird. In einer solchen Situation bietet die Politik ihren Bürgern ein Bild der Lähmung und des „klein karierten Schacherns" um Vorteile für die eigene Klientel. Auch dieser durch die *vertikale Gewaltenteilung* im Regierungssystem der Bundesrepublik Deutschland hervor gerufene Zustand birgt die große Gefahr, dass die Politikverdrossenheit wächst, weil das Vertrauen der Bevölkerung in die Fähigkeit der Politik schwindet, anstehende Probleme lösen zu können.

Bereits die zweite Hälfte der Amtszeit der Regierung *Kohl* nach 1990 zeichnete sich durch eine zunehmende Lähmung der Politik aus. Nachdem die Euphorie über die Vereinigung verflogen war, die vereinigungsbedingten wirtschaftlichen und sozialen Probleme zunahmen und die SPD-Opposition im Bundesrat gleichzeitig zentrale wirtschafts- und sozialpolitische Gesetzesvorhaben blockierte, mündete diese Situation bei den Bundestagswahlen 1998 in einen erdrutschartigen Wahlsieg von Rot-Grün. Der Machtwechsel brachte indessen nicht den erhofften Politikwechsel. Schon wenige Monate nach Amtsantritt von *Gerhard Schröder (SPD)* als Kanzler der rot-grünen Regierung drehten sich die Mehrheitsverhältnisse im Bundesrat zu Ungunsten von Rot-Grün: Die unionsgeführten Bundesländer hatten im Bundesrat, Rot-Grün im Bundestag die Mehrheit. Seitdem regierte de-facto (= von den Tatsachen her) eine All-Parteien-Koalition.

Nach den Meinungsumfragen genießt die Politik seit etwa Mitte der neunziger Jahre in der Bevölkerung kein hohes Ansehen. Problemlösungskompetenz (= Fähigkeit, anstehende Probleme lösen zu können) wird weder der Regierung, noch der Opposition zugetraut. Nach der berühmten Sonntagsfrage (Wenn am nächsten Sonntag Bundestagswahl wäre, welche Partei würden Sie dann wählen?) lagen CDU/CSU zwar oft nahe an der absoluten Mehrheit, aber gleichzeitig war die Zahl der Unentschiedenen hoch und die Parteibindung schwand bei allen Parteien zunehmend. Die Stammwählerschaft der beiden Großparteien – bei der SPD die gewerkschaftlich organisierten Arbeiter, bei der CDU/CSU die Katholiken mit hoher Kirchenbindung – wird inzwischen auf jeweils nur noch rund 15 Prozent geschätzt. Die in beiden politischen Lagern wachsende hohe Zahl der von der Politik Enttäuschten bildet ein gefährliches Potenzial, das sich eines Tages – ein entsprechendes Angebot vorausgesetzt – in Proteststimmen für eine radikale, extremistische Partei niederschlagen könnte.

Bislang hat die in der Bundesrepublik wachsende Politikverdrossenheit zwar noch nicht zu einem erneuten Erstarken radikaler, extremistischer Parteien und deren Einzug in den Bundestag geführt. Die Gefahr ist jedoch latent (= im Verborgenen) vorhanden.

Fassen wir zusammen: Alle o. g. Mittel des rationalisierten Parlamentarismus haben letztendlich bei dem Bemühen, auf Dauer eine starke, handlungsfähige Regierung zu garantieren, versagt. Für das konstruktive Misstrauensvotum wurde dies an den aufgeführten Beispielen gezeigt. Aber auch die anderen aufgezählten Bestimmungen stärken die Stellung des Bundeskanzlers nicht wirklich:

- Die alleinige Befugnis des Bundeskanzlers, Minister zur Ernennung und Entlassung vorzuschlagen, besteht nur formal. In Wirklichkeit muss jeder Kanzler einer Koalitionsregierung auf die Wünsche des Koalitionspartners achten, und selbst innerhalb der eigenen Partei sind Rücksichten auf regionale, landsmannschaftliche, konfessionelle Gesichtspunkte und sonstige Interessen von Parteigliederungen zu nehmen.
- Auch die Richtlinienkompetenz des Bundeskanzlers steht lediglich auf dem Papier. Denn alle, die einer Politik zustimmen müssen – insbesondere die Fraktion, der oder die Koalitionspartner und bei mehrheitlich oppositionell zusammengesetztem Bundesrat auch die Länderregierungen – verstehen sich nicht als Akklamationsorgan (= Beifall spendende Einrichtung) des Bundeskanzlers, sondern als eigenständige politische Kraft, die sich jeweils anderen Interessen verpflichtet fühlt. Die Bundeskanzlerin der großen Koalition, *Angela Merkel (CDU),* musste gerade diese Tatsache der Verfassungswirklichkeit schmerzlich erfahren.

Das gegenwärtige politische System der Bundesrepublik Deutschland ist daher – trotz der Entschlossenheit zu „streitbarer Demokratie" und ungeachtet des eingebauten „rationalisierten Parlamentarismus" – nicht dagegen gefeit, wegen wachsender Lähmungstendenzen an Legitimität einzubüßen. Die nunmehr schon über 50 Jahre währende Stabilität könnte sich durchaus als trügerisch erweisen.

4.3.3 Westminster-Demokratie?

Der konsequente Weg, sich sowohl gegen eine legale Machtübernahme durch Gegner des demokratischen Verfassungsstaats zu schützen, als auch zu verhindern, dass schwache Regierungen durch ihre - institutionell bedingte - Handlungsunfähigkeit das Vertrauen der Bevölkerung in die Leistungsfähigkeit der Demokratie gefährden, wäre das *Mehrheitswahlrecht.* Es führt in der Regel zu einem alternierenden Zwei-Parteien-System (= zwei Parteien, die gleichermaßen die Chance haben, bei Wahlen die Mehrheit zu erringen und die Regierung zu stellen) und bringt – zusammen mit den weiteren Elementen einer Mehrheitsdemokratie - entscheidungs- und handlungsfähige Regierungen hervor. Im sog. Westminster-Modell sind diese Merkmale erfüllt.

Die Mehrheitsdemokratie beruht auf einem speziellen Verständnis von der Aufgabe des Parlaments. Diese wollen wir uns nachfolgend bewusst machen.

Unstrittig ist, dass in Flächendemokratien mit Millionen von Menschen eine direkte Demokratie in Form permanenter Volksabstimmungen nicht möglich ist. Die Anhänger der *Mehrheitsdemokratie* ziehen daraus den Schluss, dass das Volk mindestens alle fünf Jahre eine Regierung wählen soll, die - zeitlich begrenzt - die Aufgabe übernimmt, permanent politische Entscheidungen zu treffen. Bei der Wahl müssen die Bürger die Alternative zwischen zwei gegeneinander konkurrierende Parteien haben, die ihrerseits Kandidaten/innen für die Regierungsämter präsentieren. Zwar wird durch die Wahl formal auch ein Parlament gebildet. Der eigentliche Sinn des Wahlaktes besteht jedoch nicht darin, ein Parlament zu bilden, sondern sich zu entscheiden, wer die Regierung und wer die Opposition stellen soll. Dem Parlament kommt lediglich die Rolle zu, der Ort zu sein, an dem in Debatten die Argumente von Regierung und Opposition öffentlich ausgetauscht werden (*Redeparlament*).

Anders im parlamentarischen Regierungssystem. Hier soll mit der Wahl keine Regierung, sondern ein Parlament entstehen, und dieses soll die im Volk vorhandene Vielfalt der Meinungen möglichst „maßstabsgerecht" abbilden. Mit anderen Worten: Das Parlament soll sozusagen ein verkleinertes Spiegelbild des Volkes sein. Dementsprechend wird die uneingeschränkte Verhältniswahl befürwortet. Denn nur mittels Verhältniswahl, bei dem jede Partei so viele Sitze im Parlament erhält, wie sie im Verhältnis zu den anderen bei der Wahl gewinnen konnte, entsteht eine „naturgetreue" Abbildung des Volkes im Parlament. Die Regierungsbildung selbst kommt erst an zweiter Stelle. Sie folgt *nach* der Parlamentswahl.

Über die Frage, welches Wahlrecht das „demokratischere" ist, wird oft heftig diskutiert. Dabei wird das eigentliche Kernproblem häufig nicht beachtet:

Will man dem Volk mit der Wahl einen unmittelbaren Einfluss auf die Regierungsbildung geben, dann ist die Mehrheitswahl das geeignete Instrument. Sieht man in der Wahl dagegen nur einen Mechanismus, der ein getreues verkleinertes Abbild des Volkes erzeugt und die eigentliche Regierungsbildung der Einflussnahme des Volkes entzieht, dann ist das Verhältniswahlrecht das geeignete Verfahren.

Diesen Zusammenhang wollen wir noch näher erläutern.

Das Wahlverfahren bestimmt nämlich darüber, wo im politischen System die politische Willensbildung stattfindet oder genauer: wo die Vielheit der Meinungen und Interessen gebündelt und zu einem einheitlichen, d. h. ausführbaren Willen geformt wird. Bei Mehrheitswahl findet dieser Prozess *vor* der eigentlichen Wahl durch das Volk statt, und zwar innerhalb der kandidierenden Parteien. Diese müssen sich auf ein Programm verständigen und Personen benennen, die es im Falle eines Wahlsieges umsetzen wollen. Der eigentliche politische Willensbildungsprozess findet also bereits vor der Wahl statt, und das Volk kann über das Ergebnis, sprich über zwei Programme mit jeweils dahinter stehenden Personen, abstimmen. Bei Verhältniswahl ist dagegen dieser politische Willensbildungsprozess dem Einfluss des Volkes entzogen. Nach der Wahl ringen die Fraktionen – meist unter Ausschluss der Öffentlichkeit - um eine Koalitionsvereinbarung und die Besetzung der Ministerposten. Der Kompromiss, der dabei gefunden wird, wird oft nur möglich, wenn die Parteien von Positionen, die sie vor der Wahl vertreten haben, wieder abrücken und einen entsprechenden Verlust an Glaubwürdigkeit bei den Wählern in Kauf nehmen. Gleichwohl muss der Kompromiss vom Volk hingenommen und kann frühestens bei der nächsten Wahl bewertet werden.

Mehrheitswahl ist also insoweit „demokratischer", als das Volk unmittelbar darüber abstimmen kann, wer die Regierung stellt und welches Programm verwirklicht werden soll. Allerdings hat es für seine Entscheidung nur zwei Möglichkeiten: entweder die regierende Partei in ihrem Amt zu bestätigen oder sie abzuwählen und die Opposition zur Regierung zu machen. Hier setzt die Kritik am Mehrheitswahlrecht an, indem behauptet wird, es beschneide das Volk in seinen Möglichkeiten, seinen Willen in Wahlen zum Ausdruck zu bringen. Doch dem müsste entgegengehalten werden: Welcher Wille des Volkes kann denn überhaupt „abgelesen" werden, wenn eine Wahl nach dem Verhältniswahlrecht vier, fünf oder noch mehr Parteien ins Parlament „hievt" und keine davon alleine regieren kann? War es beispielsweise „demokratisch" oder entsprach es dem Volkswillen, dass die SPD in der Weimarer Republik bis einschließlich 1930 bei den Wahlen stets stärkste Partei war, aber nur viermal den Reichskanzler stellte, und das nur für eine Dauer von insgesamt drei Jahren und einem Monat? War es der Volkswille, dass CDU und F.D.P. in Nordrhein-Westfalen nach der Landtagswahl 1966 ihre Koalition zunächst fortsetzten und weiterregierten, obwohl die SPD die Wahl gewonnen und nur um wenige Stimmen die absolute Mehrheit verfehlt hatte? Und war es „demokratisch", dass die sozialliberale Koalition unter *Helmut Schmidt* nach der Bundestagswahl 1976 weiterregierte, obwohl die CDU/CSU unter *Helmut Kohl* mit 48,6 Prozent der Stimmen ebenfalls die absolute Mehrheit nur knapp verfehlt hatte?

Kritik am Mehrheitswahlrecht wird – aus nachvollziehbaren Gründen – stets von denjenigen politischen Kräften geübt, die befürchten, bei diesem System schlecht abzuschneiden, an politischem Einfluss zu verlieren oder gar keine Sitze mehr im Parlament zu haben. Was den politischen Einfluss angeht, so trifft das nur bedingt zu. Die politischen Vorstellungen kleinerer Parteien müssen bei einem Zwei-Parteien-System dann eben nicht mehr als eigenständige Partei, sondern als Gruppierung innerhalb einer der großen Parteien geltend gemacht werden. Allerdings orientieren sich bei Mehrheitswahlrecht die beiden großen, miteinander konkurrierenden Parteien in ihrer politischen Programmatik an den Wechselwählern in der Mitte des politischen Spektrums. Denn genau diese Wähler verhelfen mit ihrer Stimme einer der beiden großen Parteien zur gewünschten Mehrheit. Diejenigen Wähler, die weiter rechts bzw. weiter links stehen, haben nur die Möglichkeit, entweder das „kleinere Übel" mit zu unterstützen und – je nach politischer Orientierung – entweder für Mitte-Rechts- oder für Mitte-Links zu stimmen. Oder sie enthalten sich der Stimme und unterstützen damit indirekt das politische Lager, das von den eigenen Vorstellungen noch weiter entfernt liegt.

An diesem Mechanismus wird die „List der Mehrheitswahl" deutlich: Sie zwingt die Parteien, wenn sie erfolgreich sein wollen, in der politischen Praxis zur Mäßigung und zur Orientierung an der politischen Mitte. Das schließt nicht aus, dass manche Debatten und manche Wahlkämpfe durchaus sehr heftig und polemisch geführt werden können. Doch die praktische Politik bewegt sich später stets auf dem Boden des demokratischen Verfassungsstaates. Setzen sich in einer Partei extreme Vorstellungen durch, schwinden ihre Wahlchancen, weil die Wechselwähler sich dann eher für die andere Partei entscheiden. Rechts- und linksradikale Strömungen werden so neutralisiert und ohne Verbot oder strafrechtliche Verfolgung „politisch unschädlich gemacht". Das erklärt, warum sich Anhänger extremer Positionen stets gegen das Mehrheitswahlrecht aussprechen, indem sie behaupten, es wäre nicht demokratisch.

Gleichzeitig kommen durch die Mehrheitswahl im Regelfall Ein-Partei-Regierungen zustande, die sich für ihre Politik voll gegenüber den Wählern verantworten und mit keiner anderen Partei Koalitionskompromisse schließen müssen. Das verhindert Wahlversprechen, die hinterher nicht eingelöst werden können, weil der Koalitionspartner sich querstellt, und beugt so Enttäuschungen bei den Wählern und dem Verlust an Glaubwürdigkeit der Politik vor. Wenn außerdem noch die Elemente des Westminster-Modells hinzutreten, die die Handlungsfähigkeit der Regierung sichern, wird die Demokratie als leistungsfähiges politisches System gestärkt. Diese Elemente – wie wir sie im politischen System Großbritanniens vorfinden – sind:

- Das jederzeitige Recht des Premierministers zur *Auflösung des Parlaments* und zur Ausschreibung von Neuwahlen. Dieses Recht ist eine Waffe in der Hand des Regierungschefs, mit der er die Abgeordneten der eigenen Partei, die Sonderinteressen durchzusetzen versuchen, zur Loyalität und zur Unterstützung seines politischen Kurses zwingen kann. Denn macht er die Drohung wahr und löst das Unterhaus auf, müssen sich die Abgeordneten kurzfristig in ihrem Wahlkreis neu nominieren lassen und laufen Gefahr, nicht mehr als Kandidat aufgestellt zu werden, wenn die Mehrheit der Partei hinter dem Premierminister steht.

  Man stelle sich nur vor, der deutsche Bundeskanzler *Willy Brandt* hätte 1972, als mehrere Abgeordnete der Regierungsfraktionen wegen der Ostpolitik zur CDU/CSU übergetreten waren, die Möglichkeit gehabt, den Bundestag aufzulösen und Neuwahlen auszuschreiben. Möglicherweise hätten die betreffenden Abgeordneten den Parteiübertritt gar nicht erst gewagt. Und wenn doch, dann hätte die Regierungskrise viel schneller und unkomplizierter durch Neuwahlen beigelegt werden können, als es dann tatsächlich geschah.

  Auch *Helmut Schmidt* hätte 1982, als die FDP-Minister die Wirtschafts- und Sozialpolitik nicht mehr mittragen wollten, mit dem Recht zur Auflösung des Bundestages ein stärkeres Disziplinierungsmittel in der Hand gehabt. Das selbe gilt für *Gerhard Schröder,* dem es – wäre in der Bundesrepublik das Westminster-Modell verwirklicht – vielleicht gelungen wäre, nicht nur die Abgeordneten seiner Mitte-Links-Regierung durch Drohung mit der Auflösung des Bundestages hinter sich zu scharen, sondern – bei Mehrheitswahlrecht – eine vorgezogene Neuwahl erneut für sich zu entscheiden.

- Der unitarische Aufbau des Staates, d. h. das *Fehlen einer Länderkammer,* die politisch anders zusammengesetzt sein und die wichtigsten Gesetze blockieren kann. Das Oberhaus in Großbritannien ist erstens keine Länderkammer, denn Bundesländer wie in Deutschland gibt es nicht. Zweitens hat das Oberhaus gegen Gesetze, die vom Unterhaus verabschiedet sind, nur ein aufschiebendes Veto von einem Jahr. Das hat den Sinn, das Unterhaus zu zwingen, über ein Gesetz, gegen das das Oberhaus ein Veto eingelegt hat, noch einmal nachzudenken. Blockieren kann das Oberhaus ein Gesetz auf Dauer jedoch nicht.

- Das *Fehlen von Nebenregierungen* wie eines Verfassungsgerichts oder einer unabhängigen Notenbank. Ein Verfassungsgericht wie in der Bundesrepublik existiert in Großbritannien nicht. Rechtsauffassung der Briten ist: Ein Gesetz, das von einem demokratisch gewählten Parlament wie dem Unterhaus mit Mehrheit verabschiedet worden ist, kann nicht verfassungswidrig sein. Die Notenbank (Bank von England) war bis vor kurzem nicht von der Regierung unabhängig, sondern dem Finanzminister unterstellt.

Aufgrund dieser institutionellen Regeln im Westminster-Modell verfügt dort der Premierminister über eine enorme (allerdings zeitlich begrenzte!) politische Macht, die ihm das Regieren erleichtert und seine Handlungsfähigkeit sichert. In der Politikwissenschaft nennen manche dieses politische System deshalb – nicht ganz zu Unrecht - auch die gewählte Diktatur.

Im Hinblick auf die Widerstandsfähigkeit gegenüber politischem Extremismus hat dieses System in der Geschichte seine Überlegenheit bewiesen. So wurde Großbritannien nicht minder von den Auswirkungen der Weltwirtschaftskrise heimgesucht, und es entstand ebenso wie in Deutschland eine rechtsradikale Partei namens „British Union of Fascists" (deutsch.: Britische Vereinigung der Faschisten), die provokatorische Aufmärsche durch von Juden bewohnte Straßen Londons organisierte und bei Kundgebungen mühelos die Albert Hall mit 8.000 Plätzen füllen konnte. Der Einzug ins englische Unterhaus oder gar die legale „Machtergreifung" blieb ihr jedoch versagt.

Auch bei der Überwindung schwieriger wirtschaftlicher Situationen hat die „gewählte Diktatur" den Spielraum, unpopuläre Maßnahmen durchzusetzen. In diesem Zusammenhang seien die Wirtschaftspolitik unter der konservativen Premierministerin *Margret Thatcher* (1979-1990) in Großbritannien oder die Reformpolitik der Labour- und später der konservativen Regierung von 1980 bis 1994 in Neuseeland erwähnt, dessen politisches System zur damaligen Zeit dem Großbritanniens nachgebildet war und ebenfalls dem Westminster-Modell entsprach. Gerade unpopuläre, aber wirtschaftspolitisch notwendige Maßnahmen führen meist zu sozialer Deprivation bzw. subjektiv empfundener wirtschaftlicher Schlechterstellung größerer Bevölkerungsgruppen. Kommen dann in einem Land noch langwierige, von Lähmung gekennzeichnete politische Entscheidungsprozesse hinzu, die Politikverdrossenheit fördern, und trifft das Ganze dann noch auf autoritäre Persönlichkeitsstruktur und fremdenfeindliche Gesinnung, ist der Nährboden für die Unterstützung rechtsextremistischer Parteien bereitet. Durch politische Institutionen wie dem Westminster-Modell kann zwar nicht das Entstehen extremistischer Strömungen verhindert, wohl aber ihrer politischen Machtübernahme und der Zerstörung der Demokratie wirksam begegnet werden.

In der Bundesrepublik wurde das Westminster-Modell schon frühzeitig, d. h. in den fünfziger und sechziger Jahren, von den Politikwissenschaftlern *Ferdinand A. Hermens* (Köln) und *Dolf Sternberger* (Heidelberg) propagiert. Während der Zeit der ersten großen Koalition von 1966 bis 1969 fand die Einführung des

Mehrheitswahlrechts auch eine ganze Reihe Befürworter in der Politik. Da dies das „Todesurteil" für die F.D.P. bedeutet hätte, diese sich aber damals – zumindest kurzfristig – nicht mehr an die CDU/CSU binden konnte (sie hatte 1966 die CDU/CSU-geführte Bundesregierung durch Austritt „gesprengt"), ohne erheblich an Glaubwürdigkeit einzubüßen, signalisierte sie der SPD ihre Bereitschaft, eine sozialliberale Koalition zu bilden. Die SPD, ihrerseits unsicher, wie sie im Falle eines Mehrheitswahlrechts bei der Bundestagswahl abschneiden würde, ließ daraufhin die Pläne einer Änderung des Wahlrechts fallen. So kam es 1969 zu einem Regierungswechsel und zur sozialliberalen Koalition.

Seitdem ist die Wahlrechtsdiskussion verstummt. Da die beiden großen Parteien auf einen (oder in neuerer Zeit sogar mehrere) „Mehrheitsbeschaffer" angewiesen sind, um regieren zu können, werden sie sich hüten, eine Wahlrechtsreform anzusprechen und die benötigten Koalitionspartner zu verprellen. Stattdessen gibt es in letzter Zeit Bestrebungen, die von allen Seiten als unbefriedigend empfundene Praxis der Politikverflechtung zu lockern und den Katalog der zustimmungsbedürftigen Gesetze zu verringern. Mit der Föderalismusreform im Jahr 2006 ist dies zwar geschehen. Nach wie vor sind jedoch die Steuern nicht „entflochten". Die beiden tragenden Säulen des Steuersystems – die Mehrwertsteuer und die Lohn- und Einkommenssteuer – fließen unverändert sowohl dem Bund als auch den Ländern (und Gemeinden) zu. Da viele Gesetze vor allem deshalb strittig sind, weil sie Geld kosten und die Einnahmen und Ausgaben von Bund und Ländern unterschiedlich berühren, wird der Streit zwischen Bund und Ländern, Bundesregierung und Bundesrat, auf absehbare Zeit andauern.

5   Politik und Wirtschaft

Wer sich für Politik interessiert und sie verstehen will, muss sich auch mit Wirtschaft beschäftigen. Denn eine angemessene Beurteilung vieler politischer Sachverhalte ist in aller Regel ohne Einbeziehung der ökonomischen Zusammenhänge nicht möglich. In diesem Kapitel wollen wir uns mit den wechselseitigen Beziehungen zwischen Politik und Wirtschaft befassen. Als erstes wird geklärt, was „Wirtschaft" eigentlich ist. Ihm schließt sich ein Abschnitt über die charakteristischen Merkmale von Wirtschaftsordnungen an. Denn so wie es für das Zusammenleben der Menschen einer politischen Ordnung bedarf, um Konflikte zu regulieren, so ist auch für die wirtschaftlichen Aktivitäten der Menschen eine entsprechende Ordnung notwendig. Dem folgt ein Abschnitt über die Ausprägungen des modernen Wohlfahrtsstaats. Abschließend wird auf die Wechselbeziehungen zwischen Demokratie, Wirtschaftsordnung und Wohlfahrtsstaat eingegangen.

5.1 Was ist „Wirtschaft"?

Mit „Wirtschaft" ist es genauso wie mit „Politik". Jeder verbindet damit ungefähre Vorstellungen, so mit „Wirtschaft" etwa Banken, Fabriken, Geld, Umsatz usw. Doch was versteht man eigentlich genau darunter?

Zur Erklärung wirtschaftlicher Zusammenhänge sind die sog. Robinson-Fälle sehr beliebt: ein oder mehrere Menschen werden auf eine einsame Insel verschlagen und müssen sich dort ein neues Leben aufbauen. Solche Beispiele entsprechen zwar nicht unseren alltäglichen Erfahrungen. Trotzdem eignen sie sich gut dazu, wirtschaftliche Abläufe zu verdeutlichen, weil die Menschen in einer Robinson-Situation bei Null anfangen müssen und weder irgendwelche Hilfsmittel aus der hoch zivilisierten Welt (z. B. Strom aus der Steckdose) noch eine staatliche Organisation vorhanden sind.

Nehmen wir einmal an, fünf Schiffbrüchige werden auf eine einsame Insel verschlagen. Außer ihrem Leben haben sie nur gerettet, was sie auf ihrem Leibe tragen. Weder Nahrungsmittel, noch Wasser, noch irgendwelche Werkzeuge stehen ihnen zur Verfügung.

In dieser Lage kommt es für die fünf zunächst darauf an, für die Befriedigung der elementaren menschlichen Bedürfnisse zu sorgen. Sie brauchen Wasser, etwas zu essen und einen Schutz gegen die Witterung, seien es Kälte, Regen,

Wind oder Hitze. Im Gegensatz zur Luft, die die Menschen ebenfalls dringend zum Leben brauchen, die aber von Natur aus vorhanden ist, müssen die anderen lebensnotwendigen Dinge erst durch menschliche Arbeit geschaffen oder beschafft werden. Fische müssen gefangen, Tiere erlegt, Beeren und Früchte gepflückt und Wasser, etwa durch Auffangen von Regen, gewonnen werden. Denkbar wäre, dass jeder der fünf für sich selbst sorgt, d. h. sich selbst einen Fisch fängt oder eine Frucht pflückt. Wie sich jedoch sehr schnell herausstellt, ist jeder der fünf bei den zu erledigenden Arbeiten unterschiedlich geschickt. So fällt es dem einen nicht schwer, auf Bäume zu klettern und Früchte zu pflücken, während ein Anderer keine Mühe hat, mit der bloßen Hand Fische zu fangen. Der dritte wiederum fertigt mit Leichtigkeit aus Blättern und Zweigen ein Dach, unter dem alle Schatten und Schutz vor Regen finden können.

Außerdem kommen die fünf bald zu einer weiteren Erkenntnis: Je mehr sich jeder auf eine bestimmte Aufgabe konzentriert, desto mehr Geschicklichkeit entwickelt er im Laufe der Zeit und desto schneller geht ihm die Arbeit von der Hand. Gleichzeitig wächst bei jedem die Freude an der Arbeit, weil er merkt, dass er auf diesem speziellen Gebiet den anderen überlegen ist und die anderen auf seine Leistung angewiesen sind.

Die Arbeitsteilung, die wegen der damit verbundenen Vorteile praktiziert wird, schafft andererseits aber auch Probleme. Diejenigen, die die Fische fangen oder die Früchte pflücken, müssen denjenigen, die ein Dach gefertigt oder ein Gefäß zum Wasserholen gefertigt haben, etwas davon abgeben. Und wenn die einen später ein Floß bauen, damit die Fischer aufs Meer hinausfahren können, und die anderen ein Netz für den Fischfang knüpfen, wird sehr schnell die Frage aufkommen, wie das Ergebnis des Fischfangs auf alle gerechterweise verteilt werden soll. Auch ist zu entscheiden, welche (Produktions)-Aufgabe zuerst bewältigt werden soll. Ist es z. B. besser, zunächst mehr Gefäße zum Wasserholen aus dem etwa 500 m entfernten liegenden Fluss anzufertigen, oder soll als erstes ein Floß gebaut werden?

Aber nicht nur über die Reihenfolge der zu erledigenden Arbeiten, auch über die Art und Weise, wie eine bestimmte Aufgabe bewältigt werden soll, kann es zu einem Konflikt kommen. Woraus sollen z. B. die Gefäße zum Wasserholen gemacht werden? Wie stellt man das Floß am zweckmäßigsten her? Und wer entscheidet, wie das alles gemacht werden soll?

Zur Bedeutung der Ökonomie für Politikwissenschaftler

Die Kenntnis grundlegender wirtschaftlicher Zusammenhänge ist unverzichtbar, wenn zentrale politische Probleme richtig eingeordnet und bewertet werden sollen. Denn kaum eine politische Frage ist „rein politisch". Sie ist stets auch mit wirtschaftlichen Aspekten verknüpft. Folgende Beispiele mögen dies veranschaulichen:

- Regierungen in Demokratien stürzen mitunter, wenn sich die wirtschaftlichen Probleme des Landes verschärfen.
- Die Wirtschaftslage eines Landes kann das politische Verhalten der Menschen, z. B. das Wahlverhalten, beeinflussen.
- Die Wirtschaftskraft eines Landes ist ein wichtiger Bestimmungsfaktor seiner militärischen Stärke und damit seines Gewichts in der internationalen Politik.
- Für fast jede politische Maßnahme sind öffentliche Gelder erforderlich. Jede Politik berührt daher unmittelbar die Wirtschaft, weil sich der Staat die finanziellen Mittel z. B. über Steuern bei seinen Bürgern beschaffen muss. Das wiederum beeinflusst die Wirtschaftssubjekte in ihrem Konsum-, Spar- und Investitionsverhalten und hat Rückwirkungen auf den Wirtschaftsablauf.
- Zwischen den politischen und gesellschaftlichen Strukturen eines Landes, d. h. dem Regierungssystem, der Parteienstruktur und dem Wählerverhalten einerseits und den Merkmalen seiner Wirtschaftsordnung, d. h. der konkreten Mischung von Markt und Lenkung, dem Umfang der Staatstätigkeit, der Stellung der Gewerkschaften sowie der Ausgestaltung des sozialen Sicherungssystems und dem Verständnis von Sozialstaat andererseits bestehen vielfältige Wechselbeziehungen und gegenseitige Abhängigkeiten. So wie es verschiedene Formen der Demokratie gibt, so gibt es auch verschiedene Ausprägungen des marktwirtschaftlichen Systems und des Sozialstaats. Die Merkmale eines politischen Systems wirken auf das Wirtschaftssystem und den Sozialstaat ein und umgekehrt.
- Die Beispiele ließen sich beliebig fortsetzen. Allen Politik-Studierenden und allen Politik-Interessierten ist deshalb dringend anzuraten, sich mit volkswirtschaftlichen Grundzusammenhängen zu befassen. Viele Universitäten bieten dafür im Rahmen eines politik- oder sozialwissenschaftlichen Studiengangs den Wahlpflichtbereich bzw. das Wahlpflichtmodul „Politik und Wirtschaft" oder „Politische Ökonomie" an. Wo derartige Angebote bestehen, sollten sie unbedingt genutzt werden. In der späteren Berufspraxis werden sie allen politikwissenschaftlich Ausgebildeten von großem Nutzen sein.

Mit dieser Schilderung der fünf Schiffbrüchigen haben wir die wichtigsten Probleme angeschnitten, vor denen Menschen stehen, die „wirtschaften". Da es kein Schlaraffenland gibt, in dem Milch und Honig fließen, müssen die Güter, die zur Befriedigung der menschlichen Bedürfnisse notwendig sind, produziert werden.

Nach der Produktion wiederum müssen die Güter verteilt und anschließend verbraucht (= genutzt) werden. Damit können wir Wirtschaft wie folgt definieren:

Wirtschaft ist das bei knappen Mitteln erfolgende Herstellen und Verkaufen bzw. Verteilen von Gütern und Dienstleistungen.

„Bei knappen Mitteln" soll ausdrücken, dass im Gegensatz zur Luft die für die Befriedigung der menschlichen Bedürfnisse notwendigen Güter nicht von Natur aus und nicht im Überfluss vorhanden, sondern begrenzt sind und erst hergestellt werden müssen. *Dienstleistung* ist die Verrichtung einer Tätigkeit, die die Bedürfnisse anderer Menschen befriedigt, z. B.: Haare schneiden, ärztlichen Rat erteilen, einen Einbruch aufklären, Kinder unterrichten.

Die Schiffbrüchigen in unserem Beispiel haben zum Produzieren anfangs nur ihre Arbeitskraft. Doch sobald sie sich ein Floß gebaut oder ein Netz für den Fischfang geknüpft haben, verfügen sie auch über *Produktionsmittel*, das sind Güter, die als Hilfsmittel für die Herstellung weiterer Güter und Dienstleistungen eingesetzt werden. Wenn sie Ihren Nahrungsmittelbedarf nicht mehr dadurch decken, dass sie die Früchte pflücken, die zufällig wachsen, sondern systematisch und planvoll eine Art landwirtschaftlicher Produktion aufbauen, benötigen sie auch Boden.

Damit hätten wir aufgezählt, was man in einer Gesellschaft braucht, um Güter und Dienstleistungen produzieren zu können, nämlich

- menschliche Arbeitskräfte
- Boden zur landwirtschaftlichen Nutzung und Grundstücke zur Errichtung von Produktionsstätten
- Gebäude, Anlagen, Maschinen sowie Werkzeuge.

Man spricht von den Produktionsfaktoren *Arbeit, Boden und Kapital,* wobei man Arbeit und Boden als originäre Produktionsfaktoren bezeichnet, weil sie von Natur aus vorhanden sind, während man Kapital – also Gebäude, Maschinen, Anlagen und Werkzeuge – einen abgeleiteten Produktionsfaktor nennt.

Bei der Produktion von Gütern und Dienstleistungen hat jede Gesellschaft – wie auch bei den Schiffbrüchigen klar wurde – drei Probleme zu lösen:

Was soll produziert werden?
Hierbei ist zu entscheiden, welche Güter und Dienstleistungen in welcher Menge und in welcher Qualität hergestellt werden sollen, konkret also z. B., wie viele Autos in welcher Farbe und Ausstattung, wie viele Panzer und Kampfflugzeuge,

wie viele Kartoffeln und welches Fleisch, wie viele Brötchen und welche und wie viele Fernsehgeräte und Kühlschränke? Produzieren erfordert ein sehr kompliziertes Netz aus Zulieferern und Abnehmern, das lückenlos sein muss, wenn der Produktionsprozess nicht ins Stocken geraten soll. So können beispielsweise keine Automobile mehr vom Band laufen, wenn die Zulieferung von Reifen ausbleibt. Wie man ein funktionierendes Netz von Beziehungen zwischen Zulieferern und Abnehmern aufbaut, wird als *Koordinationsproblem* einer Volkswirtschaft bezeichnet.

Wie sollen Güter und Dienstleistungen produziert werden?
Hier stellt sich die Frage, welche Produktionsverfahren man anwendet, wie viele Arbeitskräfte mit welcher Qualifikation man einsetzt und welche Maschinen und Werkzeuge man benutzt; denn Arbeit und Kapital können auf unterschiedliche Weise miteinander kombiniert werden. Es ist denkbar, viele Arbeitskräfte einzusetzen und sie mit veralteten Werkzeugen und Maschinen arbeiten zu lassen, oder hochentwickelte, moderne und leistungsfähige Maschinen zu verwenden, zu deren Bedienung man nur wenige Arbeitskräfte braucht. So kann man etwa im Automobilbau Schweißarbeiten von Menschen oder auch von Robotern verrichten lassen. Die Notwendigkeit, über die Art der Kombination von Arbeit und Kapital eine Entscheidung zu treffen, nennen wir das *Organisationsproblem*.

Für wen sollen die Güter und Dienstleistungen produziert werden?
Am Ende des Produktionsprozesses ist zu entscheiden, wie die erzeugten Güter und Dienstleistungen verteilt werden sollen. Auch dieses Problem ist sehr vielschichtig und setzt sich aus einer Reihe von Teilproblemen zusammen:

- Wie soll das Sozialprodukt (= Summe aller für die letzte Verwendung erzeugten Güter und Dienstleistungen) zwischen der erwerbstätigen und der nicht-erwerbstätigen Bevölkerung (Kinder, Alte, Kranke, Erwerbsunfähige, Leistungsgeminderte) aufgeteilt werden?
- Wie soll innerhalb der Erwerbstätigen verteilt werden?
- Sollen diejenigen, die im Produktionsprozess Kapital, also Produktionsmittel bereitstellen, dafür „entlohnt" werden, und wenn ja, in welcher Höhe?
- Wie sollen die Produktionsmittel verteilt sein, d. h. wem sollen sie gehören? Diese Fragen lassen sich unter dem Stichwort *Verteilungsproblem* zusammenfassen.

Wirtschaftssysteme werden nun danach unterschieden, ob und inwieweit der Staat bzw. die Regierung die Koordination und die Organisation des Wirtschaftens entweder selbst übernimmt oder maßgeblich steuert. Welche Rolle Staat und

Regierung bei der Verteilung des erwirtschafteten Sozialprodukts übernehmen, richtet sich nach dem Typ des Wohlfahrtsstaates, der in einem Land realisiert ist. Im folgenden Abschnitt wollen wir uns zunächst mit den charakteristischen Merkmalen von Wirtschaftssystemen vertraut machen.

5.2 Grundsätzliches zum Verhältnis zwischen Politik und Wirtschaft

Wer bestimmt, was und wie produziert wird und wie das Produzierte verteilt wird? Der Staat in Gestalt von Parlament und/oder Regierung? Oder „die Wirtschaft"? Oder beide? Dies ist *eine* der Grundfragen, um die es bei den Beziehungen zwischen Politik und Wirtschaft geht.

Grundsätzlich lassen sich diese Beziehungen auf vier *Grundtypen* zurückführen:

- Primat der Ökonomie
- Primat der Politik
- Gleichschaltung
- Interdependenz

Primat der Ökonomie
Beim Primat (= Vorrang, Vorherrschaft) der Ökonomie soll der Staat überhaupt nicht in das Wirtschaftsgeschehen, d. h. in das Produzieren und Verteilen von Gütern und Dienstleistungen, eingreifen und sich auf die Rolle eines „Nachwächters" beschränken (*Nachtwächterstaat*). Das empfiehlt der sog. „*Wirtschaftsliberalismus*", der auf die Lehre des englischen Nationalökonomen *Adam Smith* (1723-1790) zurückgeht. Diese Lehre hat normativen Charakter, d. h. sie beschreibt nicht, wie sich Staat und Wirtschaft in Wirklichkeit zueinander verhalten, sondern, wie das Verhältnis nach Ansicht der Wirtschaftsliberalen sein *sollte*. Das entsprechende Wirtschaftssystem wäre die sog. *freie Marktwirtschaft*, ein „Idealtyp", der nur in der volkswirtschaftlichen Theorie, aber nicht in der Realität existiert. Aber dazu mehr im Kapitel 5.3.

Primat der Politik
Das andere Extrem der Beziehung zwischen Staat und Politik, zwischen gemeinsamer und individueller Verantwortung, bezeichnet eine Situation, bei der die Regierung den Bereich „Wirtschaft" voll im Griff hat und allein nach ihrem politischen Willen steuert. Dies war beispielsweise im Dritten Reich der Fall, in dem private Unternehmen zwar noch formal als selbständige Einheiten im Teilbereich „Wirtschaft" existierten, jedoch völlig der Kontrolle des nationalsozialis-

tischen Regimes unterworfen waren. Da wie im Kapitalismus Privateigentum an den Produktionsmitteln bestand, wurde diese Wirtschaftsordnung als *kapitalistische Planwirtschaft* bezeichnet.

Gleichschaltung von Politik und Wirtschaft

Vom Primat der Politik ist es nur noch ein kleiner Schritt zur Auflösung des selbständigen Teilbereichs „Wirtschaft" und zu seiner Verschmelzung mit der Politik. Dies tritt ein, wenn wesentliche Teile der Wirtschaft verstaatlicht, die Unternehmen also ins Eigentum des Staates überführt werden und im Auftrag und unter Kontrolle der Regierung geleitet werden. Diese „Totalpolitisierung" der Wirtschaft fand in den früheren sozialistischen Staaten statt und mündete in eine Wirtschaftsordnung, die *sozialistische Planwirtschaft* genannt wurde.

Theoretisch denkbar wäre auch der umgekehrte Fall: Nicht die Ökonomie wird der Politik, sondern die Politik der Ökonomie gleichgeschaltet. Dies würde eine völlige Unterordnung der Politik unter die Gesetze und Zwänge der privaten Ökonomie bedeuten, d. h.: Die Regierung hätte die wirtschaftlichen Gesetzmäßigkeiten so hinzunehmen, wie sie nun mal sind, sich jeder korrigierenden Eingriffe zu enthalten und die Interessen der privaten Wirtschaft politisch umzusetzen. Viele Marxisten halten dies in den marktwirtschaftlichen Wirtschaftssystemen des Westens für gegeben. Sie unterstellen, dass die Regierungen in den westlichen Demokratien lediglich Vollzugsorgan der großen Konzerne (= Monopole) sind und deren Profitinteressen zu wahren haben. Sie bezeichnen deshalb diese „Totalökonomisierung" der Politik als *„Staatsmonopolistischen Kapitalismus"*.

Interdependenz

Die Interdependenz (= wechselseitige Abhängigkeit) von Staat und Wirtschaft ist der Normalfall in entwickelten Industriegesellschaften. Einerseits versucht die Regierung, den Wirtschaftsablauf gemäß ihren politischen Zielen zu beeinflussen - nicht zuletzt auch deshalb, weil für den Erhalt der politischen Macht vielfach die Einschätzung der wirtschaftspolitischen Kompetenz der Regierung bzw. die Beurteilung der wirtschaftlichen Perspektiven durch die Bevölkerung eine wichtige Rolle spielt. Andererseits versuchen die verschiedenen sozialen Gruppen, ihre wirtschaftlichen Interessen gegenüber anderen Interessen und dem Staat durchzusetzen.

Im nächsten Kapitel gehen wir auf diese, in der Realität anzutreffende gegenseitige Durchdringung von Politik und Wirtschaft ein.

5.3 Markt und Lenkung in der Wirtschaft

5.3.1 Die Notwendigkeit staatlicher Eingriffe in die Wirtschaft

Im vorigen Abschnitt hatten wir unter „Primat der Wirtschaft" ausgeführt, dass die sog. *freie Marktwirtschaft* nur in der volkswirtschaftlichen Theorie, aber nicht in der Realität existiert. Doch warum gibt es in der Realität keine völlig freie Marktwirtschaft? Die Antwort lautet: Weil es selbst in Ländern, die das Prinzip der Marktwirtschaft hoch halten und den Staat nur sehr wenig in die Wirtschaft eingreifen lassen, ganz ohne staatliche Interventionen (= Eingriffe) nicht geht. Das wollen wir jetzt näher begründen. Dazu müssen wir etwas weiter ausholen und den marktwirtschaftlichen Lenkungsmechanismus erklären.

Greifen wir als erstes die Frage aus dem vorherigen Abschnitt wieder auf: *Was und wie* wird produziert? Wie würde eine völlig freie Marktwirtschaft dieses Problem lösen?

Private Unternehmen streben an, durch Verkauf ihrer Produkte oder Dienstleistungen möglichst hohe Einnahmen zu erzielen, so dass für die Eigentümer der Unternehmen ein sie zufrieden stellender Gewinn abfällt. Anders ausgedrückt: In der Marktwirtschaft legen die sog. *Investoren* (das sind entweder Privatpersonen, Unternehmen, Banken) ihr Geld so an, dass es keine schlechtere Rendite abwirft als andere Anlagen.

Bilden wir zum besseren Verständnis ein Beispiel. Nehmen wir einmal an, Frau Schulze hat von ihrer Tante 100.000 Euro geerbt. Frau Schulze will nun dieses Geld anlegen. Dafür bieten sich bekanntlich verschiedene Möglichkeiten an:

- Sie kann es beispielsweise bei der Bank oder Sparkasse auf ein Sparbuch mit gesetzlicher Kündigungsfrist einzahlen. Dann bekommt sie darauf vielleicht 1,5 % Zinsen, das sind 1.500 Euro im Jahr.
- Oder sie kann dafür ein festverzinsliches Wertpapier kaufen, z. B. eine *Schuldverschreibung* eines großen Unternehmens wie etwa Siemens. Eine derartige Schuldverschreibung (= Papier, auf dem das Unternehmen bestätigt, dass es sich einen bestimmten Betrag geliehen hat) bieten große Unternehmen über Banken und Sparkassen den Bürgern zum Kauf an, um sich auf diese Weise Geld zu leihen und damit Investitionen wie etwa den Bau einer Werkshalle zu finanzieren. Für das geliehene Geld werden den Erwerbern der Schuldverschreibung jährlich Zinsen gezahlt, sagen wir 3,5 %. Das sind dann bei Anlage von 100.000 Euro 3.500 Euro im Jahr. Nach Ablauf einer vorher festgelegten Zeit – man sagt „bei Fälligkeit" - ist das Unter-

nehmen dann verpflichtet, den geliehenen Betrag an Frau Schulze zurück-
zuzahlen.

- Oder Frau Schulze kann die 100.000 Euro direkt Herrn Meier, einem guten
Bekannten, leihen, der damit plant, eine Parfümerie zu eröffnen. Dazu muss
er geeignete Geschäftsräume anmieten, die Waren einkaufen, Verkaufsthe-
ke, Schränke, eine Kasse, einen Computer usw. erwerben. Mit dem Verkauf
der Parfüms hofft Herr Meier, so viele Einnahmen zu erzielen, dass er davon nicht nur selbst leben, sondern auch das geliehene Geld an Frau Schulze im Laufe der Zeit wieder zurückzahlen kann. Und damit ihm Frau Schulze das Geld auch leiht, verspricht er ihr, einen Zins von 4 % zu zahlen, das
sind 4.000 Euro im Jahr, also mehr, als Siemens für den Kauf der Schuldverschreibung zahlen würde. Da Frau Schulze Herrn Meier mit seiner Parfümerie wirtschaftlichen Erfolg zutraut, legt sie ihre 100.000 Euro an, indem sie Herrn Meier das Geld leiht.

Dieses Beispiel soll zeigen: In der Marktwirtschaft fließt das Geld dorthin, wo es
die höchste *Rendite* (= Ertrag im Verhältnis zum eingesetzten Kapital) – in diesem Fall Zinsen für geliehenes Geld – abwirft. Alle Investoren handeln grundsätzlich nach diesem Prinzip. Und wo wirft es die höchste Rendite ab? In den
Bereichen, in denen die von den Käufern gewünschten Produkte und Dienstleistungen knapp sind. Dort können die Anbieter genau dieser Waren und Dienstleistungen wegen der Knappheit hohe Preise verlangen und werden dadurch in
die Lage versetzt, hohe Einnahmen zu erzielen. Diese wiederum ermöglichen es
ihnen, denjenigen, die ihnen Geld geliehen haben, hohe Zinsen zu bezahlen.
Für die Höhe der Rendite spielt natürlich auch das Risiko eine Rolle, das
mit einer Anlage bzw. Investition verbunden ist. Es gilt: Je höher das Risiko,
desto höher auch die Rendite. Aber desto höher kann auch der Verlust sein, der
mit einer bestimmten Anlage eintreten kann. Das Geld fließt natürlich nur dann
dorthin, wo es die höchsten Renditen abwirft, wenn der/die betreffende/n Anleger auch bereit sind, diese Risiken einzugehen.
Dieser Mechanismus, dass Geld dort angelegt und investiert wird, wo es die
höchste Rendite abwirft, liegt grundsätzlich im Interesse aller. Denn dadurch
wird Kapital dorthin gelenkt, wo diejenigen Güter und Dienstleistungen produziert werden, die knapp sind und nach denen eine besonders hohe Nachfrage
besteht. Die hohen Renditen locken weitere Investoren an, die ebenfalls die begehrten Waren und Dienstleistungen produzieren. Dadurch wird das Angebot
erweitert und im Laufe der Zeit die Knappheit überwunden. Tritt eine Sättigung
ein, lassen sich nicht mehr viele Waren verkaufen. Die Einnahmen sinken und
damit auch die Möglichkeit, hohe Zinsen für geliehenes Geld zu bezahlen. Die

Investoren wenden sich dann anderen Bereichen zu, wo sie wieder eine hohe Rendite erwarten.

Die Ökonomen nennen diesen Prozess die *Allokation der Ressourcen.* Allokation heißt Zuordnung, Einsatz. Mit Ressourcen bezeichnet man alle Mittel, die einer Volkswirtschaft zur Verfügung stehen, neben Geld also auch Arbeitskräfte, Rohstoffe, Produktionsanlagen, Wissen usw. Der Einsatz der Mittel oder – ökonomisch-fachlich ausgedrückt – die Allokation der Ressourcen erfolgt in der Marktwirtschaft über den Markt, und dieser zeigt über die Preise an, wo die größten Knappheiten herrschen und der Bedarf am größten ist. So werden die Ressourcen automatisch – *Adam Smith* würde sagen: von unsichtbarer Hand – dorthin „gelenkt", wo sie am dringendsten gebraucht werden. Das gilt nicht nur für Kapital, sondern beispielsweise auch für Arbeitskräfte.

Was im Prinzip gut und sinnvoll ist, führt in Wirklichkeit aber nicht immer zu Ergebnissen, die den ethischen und sozialen Vorstellungen einer Gesellschaft entsprechen. Das gilt insbesondere für sog. öffentliche Güter und für sog. *meritorische Güter.*

Diese Fachausdrücke müssen wir näher erklären. Sie stammen aus der *Finanzwissenschaft,* einem Teilbereich der Volkswirtschaftslehre, die sich mit den Wirkungen der Einnahmen und Ausgaben des Staates beschäftigt.

Ein *öffentliches Gut* ist durch zwei Merkmale charakterisiert: Erstens kann ein Mensch von der Nutzung des Gutes nicht dadurch ausgeschlossen werden, dass ein anderer Mensch es nutzt (= *Nichtrivalität des Konsums).* Mit anderen Worten: Das Gut ist im Überfluss vorhanden. Beispiel: Durch Atmen nimmt ein Mensch einem anderen nicht die Luft weg. Zweitens kann niemand vom Konsum eines öffentlichen Gutes ausgeschlossen werden (kein *Marktausschlussprinzip,* da das Gut nicht individuell käuflich zu erwerben ist). Beispiel: Vom Gut „Sicherheit nach außen und im Inneren", gewährleistet durch Militär und Polizei, kann niemand ausgeschlossen werden.

Ein *meritorisches Gut* (meritorisch = wünschenswert) ist eine Ware oder Dienstleistung, deren Inanspruchnahme gesellschaftlich erwünscht ist. Typisches Beispiel ist die Schule. Der Besuch der Schule, zumindest das Lernen von Schreiben, Lesen und Rechnen, ist gesellschaftlich erwünscht. Doch wären alle Schulen private Einrichtungen, die den Erwerb des Gutes „Bildung" wie eine Ware gegen Geld anbieten würden, würden viele schon allein aus Gründen der Sparsamkeit die Schule nicht besuchen - arme Bevölkerungsgruppen auch deshalb nicht, weil sie das Geld für den Schulbesuch ihrer Kinder nicht aufbringen könnten. Weil Analphabetismus in entwickelten Gesellschaften nicht erwünscht ist, werden in diesen Ländern die Leistungen der Schule für alle „kostenlos" angeboten, d. h. nicht über einen Markt, sondern über die Bereitstellung der Leistung durch den Staat (der die dafür erforderlichen Mittel den Bürgern vorher über Steuern „wegnehmen" muss!). Zudem besteht Schulpflicht mit der Folge, dass Kinder notfalls mit polizeilicher Gewalt und auch gegen den Willen der Eltern zum Besuch der Schule gezwungen werden können.

In welchen Bereichen der Gesellschaft der Marktmechanismus zu Ergebnissen führt, die aus übergeordneten Gesichtspunkten nicht hingenommen werden dürfen, ist allerdings politisch umstritten, wird also in jedem Land ganz unterschiedlich gesehen – und im politischen Alltag immer wieder neu diskutiert und entschieden. Augenblicklich besonders kontrovers ist in der Bundesrepublik beispielsweise, ob medizinische Versorgung ein „meritorisches Gut" im oben definierten Sinne sein soll und wie bisher allen Bürgern weitgehend „kostenlos" bereitgestellt werden soll oder ob Angebot und Nachfrage von medizinischer Versorgung dem Markt- und Preismechanismus überlassen bleiben soll.

In manchen Ländern wie z. B. Großbritannien ist das Gesundheitswesen „verstaatlicht", die Ärzte sind vom Staat angestellt und stellen ihre Dienstleistung – so wie in der Bundesrepublik die Lehrer in der Schule – unentgeltlich zur Verfügung (natürlich muss die Leistung - im volkswirtschaftlichen Sinne – über Steuern finanziert, so gesehen also von den Bürgern bezahlt werden. Nur wird die Abrechnung nicht durch individuelle Kauf- und Bezahlvorgänge über den Markt abgewickelt).

In der Bundesrepublik ist das System eine Mischung aus „meritorischem und privatem Gut". Die meisten Bürger sind verpflichtet, eine Krankenversicherung abzuschließen und Krankenkassenbeiträge zu entrichten. Ein kleiner Teil der Bevölkerung hat individuelle private Krankenversicherungen abgeschlossen. Möglicherweise gibt es auch einige Millionäre, die gar keine Krankenversicherung haben, sondern im Falle einer Behandlung alles Notwenige aus ihrem Vermögen bezahlen.

Mit den Einnahmen der Krankenkassen werden die medizinischen Versorgungsleistungen finanziert – früher voll, seit Beginn von Reformen im Gesundheitswesen nur noch ein Teil. Ein kleinerer Teil muss von den Patienten aus eigener Tasche bezahlt, manche Leistungen müssen voll selbst bezahlt werden. Hier geht die Diskussion genau um die Frage: Inwieweit sollen alle medizinische Leistungen kollektiv zum Nulltarif bereitgestellt werden, damit auch jeder unabhängig von seiner Einkommenssituation alle medizinischen Leistungen in Anspruch nehmen kann, und inwieweit sollen medizinische Leistungen individuell bezahlt werden (was dazu führen könnte, dass Arme nicht ärztlich behandelt würden und Menschen, die sich nicht versichert haben, aber schwer erkranken, ebenfalls nicht). Wir kommen hier bereits in den Bereich der Sozialstaatsdiskussion, auf die wir später noch eingehen werden.

An dieser Stelle ist es zweckmäßig, ein weiteres Prinzip zu erläutern, das die Marktwirtschaft kennzeichnet: das *ökonomische* bzw. *Wirtschaftlichkeits-*

prinzip. Es bedeutet: ein bestimmtes Ergebnis soll mit einem Minimum an Aufwand (Kosten) erreicht bzw. mit einer bestimmten Menge an Aufwand (Kosten) soll das maximale Ergebnis erzielt werden. Volkstümlich ausgedrückt würde man sagen: *Aus möglichst wenig möglichst viel herausholen.* Wenn aber jedes Gesellschaftsmitglied nach diesem Prinzip handelt, dann gilt: So wenig wie möglich geben und so viel wie möglich nehmen. Auf das staatliche Gemeinwesen übertragen heißt das: So wenig Steuern zahlen wie möglich, aber so viele (kostenlose) Leistungen des Staates wie möglich in Anspruch nehmen. Hier einen Mittelweg zu finden, der in der Gesellschaft ein hinreichendes Maß an Zustimmung findet, ist ständige Aufgabe der Politik. Und genau darum geht es beim Verhältnis zwischen Politik und Wirtschaft: Wie viel gemeinsame (somit staatliche) Verantwortung *soll* sein und wie viel individueller (privater) Freiraum *muss* sein.

5.3.2 Bestimmungsfaktoren wirtschaftspolitischer Steuerungsmöglichkeiten

Jede Regierung muss aus den im vorigen Abschnitt dargelegten Gründen in die Wirtschaft eingreifen, um Einfluss zu nehmen, *was und wie* produziert wird. Doch *wann* nimmt eine Regierung *wie* Einfluss? Oder anders ausgedrückt: Unter welchen Bedingungen vertraut die Regierung eines Landes mehr auf Marktsteuerung und wann setzt sie eher auf Lenkung? Welche Erklärung hat die Politikwissenschaft für das Verhältnis zwischen Markt und Lenkung und somit zwischen Wirtschaft und Politik in den Demokratien? Und was bestimmt überhaupt das, der Politikwissenschaftler *economic governance* nennen, d. h. die Fähigkeit der Politik, die wirtschaftlichen Verhaltensweisen der Menschen gemäß politischen und gesellschaftlichen Zielvorstellungen zu steuern?

Hier spielen die wechselseitigen Beziehungen zwischen dem Staat (Regierung, Parlament und Notenbank), den vermittelnden Instanzen (Parteien, Verbände/Interessengruppen und Medien), den wirtschaftlichen und sozialen Strukturen sowie den weltwirtschaftlichen Einflüssen in einem Land eine wichtige Rolle. Sie bilden in jeder entwickelten Industriegesellschaft die charakteristischen Merkmale für das Verhältnis zwischen Politik und Wirtschaft und sind je nach Land anders ausgeprägt und miteinander kombiniert. Gleichzeitig bestimmen sie den Handlungsspielraum, den eine Regierung in der Wirtschaftspolitik hat. In den nächsten Unterabschnitten werden wir diese interessanten Zusammenhänge näher erläutern.

5.3.2.1 Gesamtwirtschaftliche Rahmenbedingungen

Zu den wichtigsten gesamtwirtschaftlichen Rahmenbedingungen, die das Verhältnis zwischen Staat und Wirtschaft prägen, gehören

- das Entwicklungsniveau der Volkswirtschaft
- die Höhe der Staatsausgaben bzw. der Staatsausgabenquote
- die Wettbewerbsfähigkeit der Wirtschaft
- der Umfang der verstaatlichten Wirtschaftsbereiche
- die Einbindung in eine internationale Wirtschaftsgemeinschaft

Was versteht man im Einzelnen darunter?

a)   Das Entwicklungsniveau der Volkswirtschaft
Das Entwicklungsniveau einer Volkswirtschaft wird an der Höhe des *Bruttoinlandsprodukts je Kopf der Bevölkerung* gemessen. Das Bruttoinlandsprodukt ist die Summe der im Inland innerhalb eines Jahres (für die letzte Verwendung) erzeugten Güter und Dienstleistungen eines Landes. Im Allgemeinen wächst der staatliche Gestaltungsspielraum mit dem Entwicklungsniveau der Volkswirtschaft. Denn je reicher ein Land ist, desto mehr Steuern kann ein Staat seinen Bürgern abverlangen und desto mehr finanzielle Mittel hat er zur Verfügung, um öffentliche Aufgaben zu erfüllen.

b)   Staatsausgabenquote und zentralstaatlicher Ausgabenanteil
Unter der sog. *Staatsquote* versteht man den Anteil der Staatsausgaben am Bruttoinlandsprodukt. Je höher die Staatsquote ist, desto mehr Mittel nimmt der Staat seinen Bürgern von ihrem erwirtschafteten Einkommen durch Steuern und Abgaben weg, um es seinerseits für öffentliche Aufgaben auszugeben. Die Staatsquote ist somit ein Gradmesser für das Ausmaß der staatlichen Intervention (= Eingriff). Dabei hängt die Möglichkeit einer Regierung, über Steuern und öffentliche Ausgaben die Wirtschaft gemäß ihren politischen Zielvorstellungen zu steuern, wesentlich davon ab, wie hoch der Anteil des Bundesstaates an den Gesamtausgaben aller öffentlichen Haushalte ist. Dies gilt insbesondere für Länder, die föderalistisch aufgebaut sind (Beispiele: Bundesrepublik Deutschland, USA). Je mehr öffentliche Finanzmittel von regionalen, in eigener Verantwortung handelnden Gebietskörperschaften (z. B. in Deutschland von Ländern und Gemeinden) verwaltet werden, desto geringer ist der finanzpolitische Gestaltungsspielraum der Zentralregierung.

Abbildung 9: Staatsquote im internationalen Vergleich

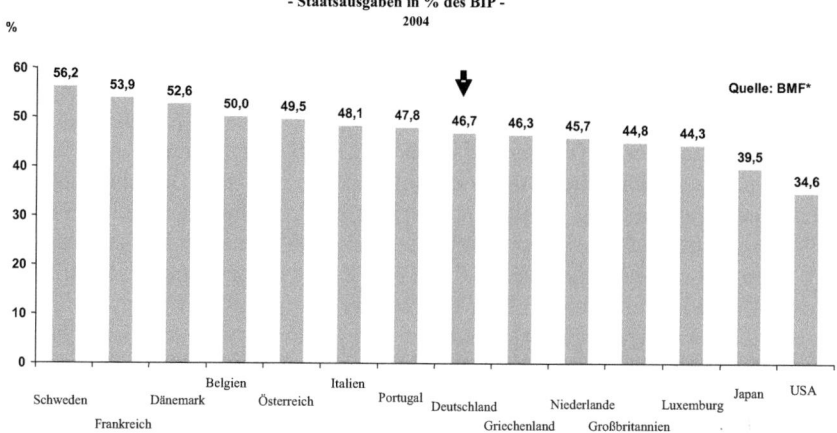

- Staatsausgaben in % des BIP -
2004

* Zahlen von: EU-Kommission, Europäische Wirtschaft, Ausgabe Mai 2006

c) Wettbewerbsfähigkeit

Die Wettbewerbsfähigkeit einer Volkswirtschaft wird häufig an ihren *Terms of Trade* (engl. = Austauschverhältnis im Außenhandel) gemessen. Sie sind das Verhältnis von durchschnittlichen Exportpreisen zu durchschnittlichen Importpreisen eines Landes und drücken aus: Wie viel muss ein Land exportieren, um damit so viel zu verdienen, dass es eine Einheit importieren kann?

Beispiel:

Die Terms of Trade (ToT) eines Landes sind 5:1. Das bedeutet: Dieses Land erzielt im internationalen Handel für seine exportierten Waren fünfmal so viel wie es für seine importierten Waren aufwenden muss. Es kann also auf dem Weltmarkt sehr günstig verkaufen und ebenso vorteilhaft einkaufen.

Anders ein Land, dessen ToT 1:5 betragen. Dieses Land muss das Fünffache an Waren auf dem Weltmarkt verkaufen, um so viel zu erlösen, dass es eine Einheit eines von ihm benötigten Gutes auf dem Weltmarkt einkaufen, d.h. importieren kann.

Konkret: Für ein High-Tech-Produkt bekommt ein Industrieland im Handel mit einem Entwicklungsland Tonnen von Bananen und umgekehrt. Mit anderen Worten: Ein Land mit günstigen ToT verkauft wenig, aber sehr teuer, ein Land mit ungünstigen ToT viel, aber billig.

Je günstiger die Terms of Trade eines Landes sind, desto größer ist der wirtschaftspolitische Handlungsspielraum einer Regierung, je schlechter die Wettbewerbsfähigkeit, desto begrenzter sind die politischen Steuerungsmöglichkeiten.

223

d)   Umfang der verstaatlichten Wirtschaftsbereiche
In Marktwirtschaften sind die Unternehmen in aller Regel in privater Hand.
Gleichwohl gibt es in den meisten Ländern einzelne Unternehmen oder sogar
Wirtschaftszweige, die sich im Eigentum des Staates befinden. Der Umfang des
staatlichen Sektors ist ebenfalls ein Gradmesser für das wirtschaftspolitische
Steuerungspotenzial einer Regierung. So können insbesondere verstaatlichte
Unternehmen als Beschäftigungspuffer dienen, weil Einstellungen und Entlassungen von ihnen nicht allein nach der Auftragslage und dem Gesichtspunkt der
Kosten-Erlös-Optimierung, sondern auch nach übergeordneten, gesellschaftspolitischen Gesichtspunkten vorgenommen werden. Des Weiteren können verstaatlichte Banken für die Regierung ein flankierendes, strukturpolitisches Instrument
zur Investitionslenkung sein, indem für die Kreditvergabe an bestimmte Unternehmen oder Wirtschaftszweige staatliche Vorgaben erlassen werden. Die Bedeutung des staatlichen Sektors in Deutschland zeigt *Tabelle23* .

Tabelle 23: Die Bedeutung öffentlicher Unternehmen in Deutschland 1997

Wirtschaftsbereich	Anteil der öffentlichen Unternehmen an		
	der Bruttowert- schöpfung	den Bruttoanlage- investitionen	den Beschäftigten
	in Prozent		
Versorgung	45,6	89,4	74,8
Entsorgung	71,0	69,3	53,5
Verkehr- und Nachrichtenübermittlung	56,8	58,0	46,7
Kreditinstitute und Versicherungen	45,9	8,1	36,0
Immobilien	3,5	6,3	20,4
Übrige Wirtschaftsbereiche	1,4	3,0	1,5
Insgesamt	9,7	13,8	7,4

Quelle: CEEP (Hrsg.), Die öffentliche Wirtschaft in Deutschland. Bestandsaufnahme zu Beginn des
21. Jahrhunderts, Beiträge zur öffentlichen Wirtschaft, Heft 18, Berlin 2001, S. 68 ff.

In den neunziger Jahren des vorigen Jahrhunderts haben allerdings auch linksorientierte Regierungen in Großbritannien, Frankreich und Deutschland umfangreiche Privatisierungen (= Verkäufe) staatlicher Unternehmen eingeleitet. Die Erlöse aus diesen Privatisierungen flossen jeweils in den allgemeinen Staatshaushalt und begrenzten die öffentliche Verschuldung. Die Möglichkeiten, staatliche Unternehmen als Instrument der Wirtschaftssteuerung einzusetzen, sind dadurch jedoch geringer geworden.

Denkbar ist auch eine Marktwirtschaft, in der die Unternehmen fast alle verstaatlicht sind, der Staat jedoch auf eine zentrale Lenkung des Wirtschaftsprozesses verzichtet. Es bestehen dann sowohl zwischen den Unternehmen als auch zwischen den Unternehmen und den Verbrauchern Märkte, auf denen sich Preise je nach den jeweiligen Knappheitsverhältnissen bilden. Der Staat stellt lediglich einen Rahmenplan für die wirtschaftliche und gesellschaftliche Entwicklung auf, der aber nur zur Orientierung dient und nicht vollzugsverbindlich ist.

Dieses System herrschte im alten Jugoslawien von 1950 bis zu seinem Zerfall Anfang der neunziger Jahre des vorigen Jahrhunderts und wurde als *sozialistische Marktwirtschaft* bezeichnet. Versuche, ähnlich wie Jugoslawien in Wirtschaftssystemen mit verstaatlichten Produktionsmitteln die zentrale Planung zu lockern und Marktmechanismen einzuführen, gab es auch in den ehemals realsozialistischen Staaten Ungarn und der CSSR. In der Bundesrepublik Deutschland wäre es prinzipiell auch möglich, eine sozialistische Marktwirtschaft einzuführen; denn das Grundgesetz legt die Wirtschaftsordnung nicht fest und gestattet in Artikel 15, Produktionsmittel zu verstaatlichen.

e)   Einbindung in eine internationale Wirtschaftsgemeinschaft

Die Integration eines Landes in eine überstaatliche Wirtschaftsgemeinschaft führt stets zur Aufhebung von Zöllen und zu einem ungehinderten Austausch von Waren und Dienstleistungen über die Landesgrenzen hinweg. Die Folge ist ein verstärkter Wettbewerbsdruck auf inländische Unternehmen und ein Strukturwandel, der schrumpfende und wachsende Wirtschaftsbereiche hervorbringt. Diesen Strukturwandel, der in der Regel mit einem Abbau von Arbeitsplätzen in den schrumpfenden Branchen einhergeht, muss eine Regierung hinnehmen, wenn sie auf Dauer an einer Wirtschaftsgemeinschaft teilnehmen will.

Sobald aus einer internationalen Wirtschaftsgemeinschaft auch ein Gebiet mit einem gemeinsamen Währungssystem wird (wie z. B. die Länder in Kerneuropa, die seit 1979 das Europäische Währungssystem - das EWS - bildeten) oder sogar eine einheitliche Währung wie in der Europäischen Währungsunion (E-WU) eingeführt wird, verliert eine Regierung auch die Möglichkeit, über Auf- oder Abwertungen der heimischen Währung den Außenhandel zu beeinflussen.

Wenngleich dieses Instrument wegen der Rückwirkungen auf die wichtigsten Handelspartner (siehe Kasten) allenfalls wohldosiert und in Wirtschaftsgemeinschaften nur in Abstimmung mit den übrigen Ländern angewendet werden kann, so kann es doch dazu beitragen, ein Land, das längere Zeit deutlich mehr importiert als exportiert, aus einer ungünstigen Außenhandelssituation herauszuführen.

Der **Auf- und Abwertungsmechanismus** funktioniert folgendermaßen:

Eine *Aufwertung* (= für die heimische Währung bekommt man mehr ausländische Währung, für 1 Euro also mehr US-Dollar bzw. für 1 US-Dollar weniger Euro) führt zu einer Verteuerung der Exporte und zu einer Verbilligung der Importe des Landes. Umgekehrt verteuert eine *Abwertung* (= für die heimische Währung bekommt man weniger ausländische Zahlungsmittel, also für 1 Euro weniger US-Dollar bzw. für 1 US-Dollar mehr Euro usw.) die Importe und verbilligt die Exporte.

Eine Abwertung wäre also beispielsweise ein Instrument für das Land A, über eine Erhöhung seiner Exporte die Beschäftigungssituation im Inland zu verbessern: Das Ausland muss weniger für die exportierten Waren von Land A bezahlen (= Abwertungseffekt) → es kauft mehr Waren im Land A ein → die höhere Exportnachfrage im Land A führt dazu, dass Land A mehr Exportgüter produzieren muss → für die Steigerung der Exportgüterproduktion werden zusätzliche Arbeitskräfte benötigt → die Beschäftigung im Land A steigt.

Problem: Die Produkte, die Land A jetzt produziert und ins Ausland exportiert, brauchen dort nicht mehr produziert zu werden. Folge: Die Produktion im Ausland sinkt, es werden dort weniger Arbeitskräfte benötigt und die Beschäftigung im Ausland geht zurück. Mit anderen Worten: *Abwertung bedeutet einen Export von Arbeitslosigkeit.* In der Volkswirtschaftslehre wird diese Politik einer Beschäftigungsförderung im Inland durch Abwertung auch als beggar-my-neighbour-Politik (engl. = den Nachbar zum Bettler machen) bezeichnet.

5.3.2.2   Sozialstrukturelle Rahmenbedingungen

Die Einstellungen der Bevölkerung zu Wirtschaftsordnung und Wirtschaftspolitik werden stark von der Sozialstruktur eines Landes geprägt, d. h. davon, welche sozialen Schichten mit welchen gesellschaftlichen Wertorientierungen (= Auffassungen, was im Leben richtig und erstrebenswert ist) den Ton angeben und welche politische Parteien diese sozialen Schichten unterstützen. Im Zuge des wirtschaftlichen Strukturwandels, dem Entstehen neuer (z. B. Computerindustrie) und dem Absterben alter Wirtschaftsbereiche (z. B. Kohlebergbau), verändert sich auch die Sozialstruktur einer Gesellschaft. Landwirte sowie Arbeiter, die früher im Kohlenbergbau oder in der Stahlindustrie beschäftigt waren, nehmen zahlenmäßig immer mehr ab, dafür entstehen Wirtschaftsbereiche mit neuen Berufen wie z.b. Computerfachleuten oder Umweltingenieuren. Das beeinflusst langfristig die gesellschaftlichen Wertorientierungen und damit das Kräfteverhältnis zwischen den politischen Parteien und den gesellschaftlichen Gruppen in den entwickelten Industriegesellschaften.

So ist der Anteil der traditionellen Arbeiterschaft – Facharbeiter mit gewerkschaftlicher Orientierung und schwacher Kirchenbindung – stets ein maßgeblicher Faktor für die Stärke sozialdemokratischer oder sozialistischer Parteien. Je mehr Rückhalt linksorientierte Parteien haben, desto wahrscheinlicher sind politische Mehrheiten, die eine stark interventionistische, von sozialpolitischen Zielen geprägte Wirtschaftspolitik betreiben.

Selbständige Handwerker und kleine Gewerbetreibende – die sog. *alten Mittelschichten* – sind dagegen in der Regel eher bürgerlich-konservativen Parteien verbunden. Der *neue Mittelstand,* wie z. B. Angestellte in kaufmännischen und technischen Berufen, tendiert teilweise zu konservativen, teilweise aber auch zu sozialdemokratischen politischen Auffassungen. Je nachdem, wie schnell die zahlenmäßig immer bedeutender werdenden neuen Mittelschichten die traditionelle Arbeiterschaft ablösen und wie sie sich politisch orientieren, entstehen neue gesellschaftliche Rahmenbedingungen für Wirtschaftsordnung und -politik.

5.3.2.3   Politisch-institutionelle Rahmenbedingungen

Der wirtschaftspolitische Handlungsspielraum einer Regierung wird ferner stark von den Institutionen und Organisationen geprägt, die mit ihren Aktivitäten auf zentrale volkswirtschaftliche Größen einwirken. Zu diesen Organisationen bzw. Institutionen gehören insbesondere

- Gewerkschaften und Arbeitgeberverbände, d. h. das System der industriellen Beziehungen
- die Notenbank
- die staatliche Bürokratie.

a)   Industrielle Beziehungen
Ein charakteristisches Merkmal entwickelter Industriegesellschaften ist der Konflikt zwischen Kapital und Arbeit, zwischen Arbeitgebern und Arbeitnehmern. Die Summe der (geschriebenen und ungeschriebenen) Regeln, nach denen die

Konflikte zwischen den beiden Arbeitsparteien auf betrieblicher, überbetrieblicher und gesamtwirtschaftlicher Ebene ausgetragen und die Interessen der Arbeitnehmer gewahrt werden, bilden die sog. *industriellen Beziehungen* oder (engl.) *industrial relations*. Zu diesen Regeln gehören zum einen das Arbeitsrecht, das die Rechte der Arbeitnehmer und ihrer betrieblichen (in Deutschland: der Betriebsräte) und überbetrieblichen Interessenvertretungen (= Gewerkschaften) festlegt und ihnen (in manchen Ländern und bei bestimmten Fragen) auch begrenzte Einflussmöglichkeiten auf unternehmerische Entscheidungen einräumt. Zum anderen das Tarifrecht, das den Gewerkschaften – in den einzelnen Ländern in unterschiedlichem Umfang – die Befugnis überträgt, ohne Einmischung des Staates in Verhandlungen mit den Arbeitgeberverbänden die Lohn- und Arbeitsbedingungen zu vereinbaren und damit – wie sonst Parlamente – auf diesem Gebiet Recht zu setzen (= *Tarifautonomie*).

Die Struktur der Verbände ist eine wichtige Rahmenbedingung für die Wirtschaftspolitik. Denn speziell Gewerkschaften, die im Rahmen der Tarifautonomie mit den Arbeitgebern die Lohn- und Arbeitsbedingungen aushandeln, haben die Möglichkeit, volkswirtschaftlich wichtige Größen wie die Löhne zu bestimmen, die für die Unternehmen einen bedeutenden Kostenfaktor, für den Großteil der privaten Haushalte *den* zentralen Einkommensfaktor darstellen. Insofern ist es in allen Ländern mit einflussreichen Gewerkschaften für die Wirtschaftspolitik wichtig, die Lohnpolitik der Gewerkschaften und die Wirtschaftspolitik des Staates aufeinander abzustimmen. Nach international vergleichenden Forschungen lassen sich Gewerkschaften, die in beruflicher, betrieblicher und weltanschaulicher Hinsicht zersplittert sind, sehr viel schwieriger in ein wirtschaftspolitisches Gesamtkonzept einbinden als Arbeitnehmerorganisationen, die viele verschiedene Richtungen in sich vereinigen und die z. T. gegensätzlichen Interessen ihrer Mitglieder intern ausgleichen.

Insbesondere kommt es auch darauf an, ob die Beziehungen zwischen Arbeitgebern und Arbeitnehmern grundsätzlich mehr auf soziale Partnerschaft und Kooperation angelegt sind oder stärker vom Gedanken des Klassenkampfs beherrscht werden. Sozialpartnerschaftlich geprägte industrielle Beziehungen münden häufig in ein System des *Neokorporatismus* (lat. corporativus = einen Körper bildend. - Die Silbe „neo" = „neu" wird deshalb davor gesetzt, weil mit Korporatismus ursprünglich eine auf Zwangsmitgliedschaft der sozialen Stände beruhende politische Ordnung bezeichnet wurde). Darunter versteht man die freiwillige Zusammenarbeit von Regierung, Gewerkschaften und Wirtschaftsverbänden in der Wirtschafts- und Sozialpolitik

b) Notenbank

Wichtigste Aufgabe der Notenbank - auch Zentralbank genannt - ist es, die Geld- und Kreditversorgung einer Volkswirtschaft zu regeln. Die Stellung, die sie dabei im politischen System eines Landes einnimmt, hat eine erhebliche Bedeutung für die Wirtschaftspolitik.

In vielen Staaten ist die Notenbank *autonom*, d. h. sie untersteht weder der Regierung noch dem Parlament und ist an keine Weisungen parlamentarisch-demokratischer Instanzen gebunden. Auch der Einfluss der Politik auf die personelle Zusammensetzung der Führungsgremien ist gering; denn die Mitglieder z. B. des Direktoriums der Deutschen Bundesbank oder der Europäischen Zentralbank haben in der Regel Amtszeiten, die zu unterschiedlichen Zeitpunkten auslaufen und länger dauern als eine parlamentarische Legislaturperiode. In solchen Fällen kann eine Regierung kaum die Führungsgremien der Notenbank nach ihren parteipolitischen Wünschen besetzen, es sei denn, sie würde viele Jahre lang im gesamten Land - und in föderalen Systemen - auch auf allen politischen Ebenen dominieren.

Gesetzlicher Auftrag autonomer Notenbanken ist es, vorrangig die Preisstabilität zu sichern. Bei Erfüllung dieses Auftrages kann sie in Konflikt mit der Wirtschaftspolitik der Regierung kommen, die neben der Preisstabilität auch andere wirtschaftspolitische Ziele verfolgt und je nach gesellschaftspolitischer Ausrichtung auch dem Ziel der Vollbeschäftigung höhere Priorität einräumen kann. Zwar ist es in der Wirtschaftswissenschaft umstritten, ob Vollbeschäftigung nur realisierbar ist, wenn eine bestimmte Inflationsrate in Kauf genommen wird bzw. ob Preisstabilität die Voraussetzung für Vollbeschäftigung ist. Doch unabhängig davon sind wirtschaftliche Fehlentwicklungen vorprogrammiert, wenn Regierung und Notenbank nicht am gleichen Strang ziehen und die Regierung beispielsweise in der Finanzpolitik expansive (= auf Ausweitung der Nachfrage zielende) Maßnahmen ergreift, die Notenbank dagegen einen Restriktionskurs verfolgt und die Nachfrage dämpfen will.

Nicht in jedem Land war die Notenbank autonom. Die Bank von England beispielsweise unterstand den Weisungen der Regierung, ebenso die Notenbank in Schweden. Auch Frankreich hatte bis vor kurzem eine weisungsgebundene Notenbank. Mit Einführung der Europäischen Währungsunion wurde allerdings die Europäische Zentralbank errichtet, die nach dem Vorbild der Deutschen Bundesbank konstruiert ist und gegenüber den europäischen Regierungen und Parlamenten eine autonome Stellung genießt.

In jedem Fall ist die Notenbank eine bedeutende Instanz innerhalb einer Wirtschaftsordnung und das Verhältnis zwischen Regierung und Notenbank eine wichtige Variable für die Rahmenbedingungen der Wirtschaftspolitik.

c)   Staatliche Bürokratie

Wirtschaftspolitik, speziell die staatliche Finanzpolitik, erfordert eine funktionierende staatliche Verwaltung, die in der Lage ist, Maßnahmen (z. B. öffentliche Investitionen wie z. B. Straßenbau oder Forschungsförderung) auch schnell und zielgerecht umzusetzen. Dieser administrative Unterbau in Gestalt einer effizient arbeitenden staatlichen Bürokratie ist nicht in jedem Land gleichermaßen vorhanden. Er ist vorwiegend in Wirtschaftsordnungen anzutreffen, in denen staatliche Lenkung über Parteigrenzen hinweg akzeptiert wird.

Abbildung 10:   Wichtige Determinanten wirtschaftspolitischer
                  Steuerungskapazität (Economic Governance)

Politisch-institutionelle Faktoren	Gesamtwirtschaftliche Rahmenbedingungen	Gesellschaftliche und kulturelle Faktoren
Demokratietyp (Mehrheits- oder Konsensdemokratie)	Entwicklungsniveau der Volkswirtschaft (BIP pro Kopf)	Anteil der traditionellen Arbeiterschaft
Wahlrecht (Mehrheits- oder Verhältniswahlrecht)	Höhe der Staatsquote (Anteil der Staatsausgaben am BIP)	Politische Orientierung der alten/neuen Mittelschicht
Parteiensystem (Zwei- oder Mehrparteiensystem)	Anteil des verstaatlichten Sektors	Interessen- vermittlungssystem
Staatsaufbau und administrative Effizienz (unitarisch/föderal)	Wettbewerbsfähigkeit (Terms of Trade)	Arbeitsbeziehungen
Stellung der Notenbank (weisungsgebunden oder autonom)	Zugehörigkeit zu einer Wirtschaftsgemeinschaft	Sozioökonomische Grundorientierung

↓   ↓   ↓

Wirtschaftspolitik

↓

Wirtschaftliche Performance

Voraussetzungen für *administrative Effizienz* sind

- eine dem Zentralstaat unterstehende, gut organisierte Bürokratie / Verwaltung
- eine gute Abstimmung mit der Notenbank, ggf. staatliche Weisungsbefugnis
- eine enge Zusammenarbeit mit Wirtschaftsverbänden und Gewerkschaften
- eine Koordination wirtschaftspolitischer Maßnahmen mit den verstaatlichten Unternehmen.

Wenn in einer Wirtschaftsordnung diese Rahmenbedingungen gegeben sind, eröffnen sich einer Regierung weitaus größere wirtschaftspolitische Steuerungsmöglichkeiten als in einem Land, in dem Notenbank, Wirtschaftsverbände und Gewerkschaften nicht miteinander kooperieren, das föderal organisiert ist und deshalb nur über eine kleine zentrale Bürokratie verfügt, und das keine verstaatlichten Unternehmen ergänzend als Steuerungsinstrument einsetzen kann. Schweden gilt als Land mit effizienter staatlicher Bürokratie.

In *Abbildung 10* sind die einzelnen Bestimmungsfaktoren der wirtschaftspolitischen Steuerungsfähigkeit zusammengefasst.

5.3.3 Die Rolle des Staates bei der Verteilung des Sozialprodukts

Bisher hatten wir die Rolle des Staates bei der Entscheidung über die Frage behandelt, *was* produziert wird und *wie* es produziert wird. In diesem Abschnitt geht es nun um die Rolle des Staates bei der Frage, *für wen* produziert werden soll.

Dazu werden im ersten Unterabschnitt die verschiedenen Formen des Wohlfahrtsstaates beschrieben. Anschließend wird auf die Frage eingegangen, unter welchen politischen und gesellschaftlichen Rahmenbedingungen welcher Typ von Wohlfahrtsstaat entsteht. Abschließend werden die Wirkungen des Wohlfahrtsstaates aufgezeigt und seine Grenzen erörtert.

Mit *Wohlfahrtsstaat* werden wirtschaftlich hoch entwickelte Länder bezeichnet, in denen der Staat mit zahlreichen Maßnahmen in die Einkommensverteilung, das Gesundheitssystem, die Wohnraumversorgung, die Bildung und den Arbeitsmarkt eingreift, um für alle Bürger gleiche Chancen und sichere materielle Lebensgrundlagen zu gewährleisten. Alle staatlichen Maßnahmen, die diese Ziele erreichen sollen, werden unter den Oberbegriffen *Sozialpolitik* oder *Gesellschaftspolitik* zusammengefasst. *Wohlfahrtsstaat* wird hier gleichbedeutend mit *Sozialstaat* verwendet.

5.3.3.1 Ausprägungen des Wohlfahrtsstaats

Das wohlfahrtsstaatliche Element ist in den einzelnen, wirtschaftlich hoch entwickelten Ländern ganz unterschiedlich ausgeprägt. Zu unterscheiden sind drei Idealtypen (= Typ, den es in Wirklichkeit in reiner Form nicht gibt):

- Staatsbürgerversorgung
- Sozialversicherungssystem
- Fürsorge (selektives Sicherungssystem)

a) Staatsbürgerversorgung
Dieses System bietet den am weitesten reichenden Sozialschutz. Es erfasst alle Bürger, unabhängig von Beruf und Einkommen, auch ungeachtet davon, ob jemand erwerbstätig ist oder nicht, Inländer ebenso wie im Inland ansässige Ausländer. Typisch für dieses System ist eine Einheitsversicherung: egal ob Arbeiter oder Unternehmer, Angestellter oder Landwirt, Beamter oder Selbständiger, Arbeitsloser oder Erwerbstätiger, jeder gehört per Gesetz dieser Einheitsversicherung an. Das System finanziert sich fast ausschließlich über Steuern.

Die Staatsbürger*versorgung* kommt den traditionellen Vorstellungen von *sozialer Demokratie* (siehe Kap. 2.5.3) am nächsten. Denn mit ihr haben die Staatsbürger nicht nur die klassischen, bürgerlichen Grundrechte, sondern auch „soziale Rechte" im Sinne eines Rechtsanspruchs auf Sozialleistungen.

Dahinter verbirgt sich außerdem eine für diesen Typ von Wohlfahrtsstaat charakteristische Auffassung von den Aufgaben des Staates und der Verantwortung des einzelnen. So heißt es beispielsweise in Artikel 2 der Schwedischen Verfassung:

> „Die persönliche, finanzielle und kulturelle Wohlfahrt des einzelnen hat das primäre Ziel der öffentlichen Tätigkeit zu sein. Dem Gemeinwesen obliegt es insbesondere, das Recht auf Arbeit, Wohnung und Ausbildung zu sichern sowie für soziale Fürsorge und Sicherheit und für eine gute Lebensumwelt einzutreten."

Nicht der einzelne Bürger ist also nach dieser Auffassung für sein Wohlergehen verantwortlich, sondern der Staat muss dafür sorgen, dass es dem einzelnen gut geht. Anders ausgedrückt: Der einzelne hat es gar nicht in der Hand, ob es ihm gut oder schlecht geht. Denn niemand – so die Vertreter des Konzepts der Staatsbürgerversorgung – wird mit Absicht krank und leistungsunfähig. Auch ist der einzelne nicht dafür verantwortlich, wenn die Produkte des Unternehmens, in dem er gearbeitet hat, nicht mehr wettbewerbsfähig sind, das Unternehmen schließen muss und er seinen Arbeitsplatz verliert (Beispiel: Kohlebergwerk,

Textilindustrie, Trabbi-Werk). Dementsprechend hat der einzelne einen *Rechts-anspruch* darauf, dass der Staat (die Allgemeinheit) für ihn sorgt.

b) Sozialversicherungssystem

Im Unterschied zur Staatsbürger*versorgung*, die - wie die Bezeichnung schon ausdrückt - alle Bürger *versorgt*, ist die Sozial*versicherung* eine Versicherten-gemeinschaft, die nur den Kreis der Versicherten gegen die Wechselfälle des Lebens absichert. Dementsprechend finanziert sie sich über Beiträge der Versi-cherten, wobei in der Regel die Versicherten Arbeitnehmer sind, und die Beiträ-ge gemeinsam von Arbeitnehmern und Arbeitgebern aufgebracht werden. Man spricht deshalb auch vom *Arbeitnehmersozialstaat, Erwerbspersonensozialstaat* oder *Sozialversicherungsstaat*.

Es gibt keine Einheitsversicherung, sondern mehrere Versicherungen exis-tieren je nach Berufsgruppe und Risikoart nebeneinander. Die Beitragshöhe richtet sich - bis zu einer bestimmten Obergrenze - nach dem Einkommen. Ziel des Sozialversicherungsprinzips ist es, dem Versicherten auch im Versicherungs-fall *den* Platz in der Einkommenshierarchie zu sichern, den er auch im Erwerbs-leben innehatte. Beispiel: Wer wenig verdient, zahlt niedrige Beiträge und be-kommt später wenig Rente, wer viel verdient, zahlt höhere Beiträge und hat Anspruch auf eine entsprechend höhere Rente.

Im Vergleich zur Staatsbürgerversorgung wird durch die Sozialversicherung deutlich weniger umverteilt. Auch wird der einzelne nicht aus der Verantwortung für sich selbst entlassen. Vielmehr wird er gezwungen, über die Sozialversiche-rung für sich selbst vorzusorgen.

c) Fürsorge (Selektives Sicherungssystem)

Der dritte Typ von „Sozialstaat" beschränkt sich auf die Anwendung des *Für-sorgeprinzips*. Hier werden staatliche Sozialleistungen nur für besonders Bedürf-tige gewährt, die ihre Bedürftigkeit in der Regel auch nachweisen bzw. überprü-fen lassen müssen. Meist sind die Leistungen dann auch sachlich und zeitlich begrenzt. Ansonsten bleibt es jedem Bürger selbst überlassen, wie er sich privat gegen die Risiken des Lebens absichert.

Die Umverteilungsleistung dieses selektiven Sicherungssystems ist teilwei-se stark, sofern und solange tatsächlich Bedürftige staatliche Fürsorgeleistungen erhalten. Bleiben die Betreffenden dauerhaft bedürftig, laufen diese Leistungen allerdings aus. Dem Staat obliegt es lediglich, eine Armenfürsorge zu betreiben, d.h. die Ärmsten der Armen vor dem Verhungern und Erfrieren zu bewahren. Die Unterschiede zwischen arm und reich sind in Ländern, die ein selektives Sicherungssystem haben, deshalb meist besonders groß.

Diesem Typ von Sozialstaat liegt die Auffassung zugrunde „Jeder Mensch ist grundsätzlich für sich selbst verantwortlich" oder „Jeder ist seines Glückes Schmied".

Tabelle 24: Wohlfahrtsstaaten und ihre Merkmale

Merkmale zur Messung des Wohlfahrtsstaatstyps	Liberaler	Konservativer	Sozial-demokratischer
	Wohlfahrtsstaat		
	Prinzip		
	Fürsorge	Sozialversicherung	Staatsbürgerversorgung
Schutz gegen Einkommensausfall	schwach	mittel	stark
Rechtsanspruch oder Bedürftigkeitsprüfung	Bedürftigkeitsprüfung	Rechtsanspruch	Rechtsanspruch
Verhältnis privater zu staatlicher Vorsorge	hoch	mittel	niedrig
Finanzierung der Sozialleistungen	Steuern	Beiträge + Steuern	Steuern
Nach Berufsgruppen differenzierte Sicherungssysteme	nein	ja	nein
Umverteilungsgrad der Sozialpolitik	schwach	mittelmäßig	groß
Vollbeschäftigungsgarantie	nein	nur in Prosperität	ja

d) Mischformen
In der Realität ist keiner dieser Wohlfahrtsstaatstypen in lupenreiner Form verwirklicht. Die *Bundesrepublik Deutschland* ist nur zu etwa zwei Dritteln ein Sozialversicherungsstaat. Er wird einerseits ergänzt durch Elemente der Fürsorge in Gestalt der Sozialhilfe bzw. der sog. Hartz IV-Leistungen . Andererseits bestehen Elemente aus dem Versorgungsprinzip, wie z. B. die gesetzliche Krankenversicherung, deren Leistungen unabhängig von der individuell gestaffelten Beitragshöhe sind, und die Familienangehörige mitversichert.

Auch Schweden, dessen Sozialpolitik die Staatsbürgerversorgung anstrebt, kennt neben den Einrichtungen der Volksversicherung eine Zusatzrente, die sich nach der Höhe der individuellen Einzahlungen richtet. Ebenso berücksichtigt die in Schweden von den Gewerkschaften verwaltete Arbeitslosenversicherung die geleisteten Beiträge und früheren Einkommen. In allen Wohlfahrtsstaaten gibt es außerdem Leistungen nach dem Fürsorgeprinzip - sie machen allerdings einen unterschiedlich hohen Prozentsatz an den gesamten Sozialleistungen aus.

Abbildung 11 zeigt, wie hoch der Anteil der Sozialausgaben am Bruttoinlandsprodukt (= *Sozialausgabenquote*) der wichtigsten Industrieländer ist. Es macht deutlich, wie unterschiedlich umfangreich die staatlichen Eingriffe sind, die die Staaten zur Korrektur der sich aus dem Marktprozess ergebenden Verteilung vornehmen.

Abbildung 11: Sozialausgabenquote im internationalen Vergleich

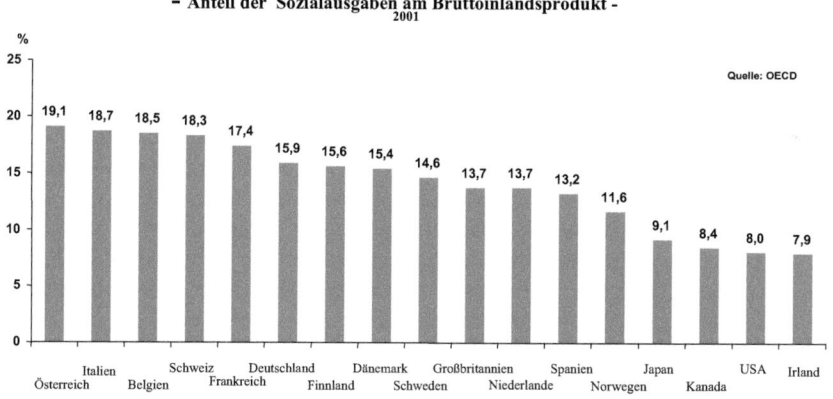

5.3.3.2   Warum sind unterschiedliche Wohlfahrtsstaats-Typen entstanden?

Warum besteht in dem *einen* Land eher ein vom Fürsorge- und in einem *anderen* Land ein mehr vom Versorgungsprinzip geprägter Wohlfahrtstaat? Nach heutigem Forschungsstand der Politikwissenschaft spielen dafür vor allem vier Faktoren eine Rolle, die als die tragenden Pfeiler der Sozial- und Gesellschaftspolitik eines Landes betrachtet werden können:

- die Regierungsbeteiligung von Linksparteien
- die Stärke konservativer, sozialstaatsgegnerischer Parteien
- das Verhältnis föderalistischer zu zentralstaatlichen Strukturen
- das Ausmaß kooperativen Handelns zwischen Staat und Verbänden.

Je länger Links- (= sozialdemokratische) Parteien die Regierung stellen und je weniger Kohäsion (= Zusammenhalt) das bürgerlich-konservative Lager aufweist, desto eher tendiert ein Land dazu, einen Wohlfahrtsstaat zu etablieren, der das Prinzip der Staatsbürgerversorgung anstrebt. Ein Beispiel dafür sind die skandinavischen Länder.

Je mehr dagegen der Katholizismus (gemessen am Katholikenanteil an der Bevölkerung) die politisch-kulturellen Traditionen eines Landes prägt, desto größer wird der Einfluss der katholischen Soziallehre auf die Sozialpolitik. Solche Länder tendieren stärker zum Sozialversicherungstyp, sozialdemokratische Vorstellungen von einem Versorgungsstaat haben politisch geringere Realisierungschancen (Beispiel: Bundesrepublik Deutschland).

Je mehr umgekehrt säkular-konservative (d. h. nicht katholisch geprägte wie die Konservativen in England) bzw. liberale Parteien in einem Land dominieren, desto stärker ist die Tendenz zu einem selektiven sozialen Sicherungssystem, das auf dem Fürsorgeprinzip basiert. Beispiel für ein Land mit einem am Fürsorgeprinzip orientierten selektiven sozialen Sicherungssystem sind die USA.

Allerdings werden in jedem Land die von den jeweils vorherrschenden politischen Kräften ausgehenden Tendenzen in Richtung eines bestimmten Wohlfahrtsstaatstyps abgeschwächt, wenn das politische System föderal strukturiert ist. Denn Föderalismus begrenzt die Gestaltungsfreiheit der Sozialpolitik, weil oppositionelle Kräfte über die zweite Parlamentskammer eine Vetoposition (= Blockierstellung) aufbauen können. Dadurch werden zwar weitgehende staatliche Eingriffe in den Wirtschaftsablauf, die auf einen Versorgungsstaat zielen, verhindert, gleichzeitig aber auch einem radikalen Abbau staatlicher Sozialleistungen (Ziel: Reduzierung auf Fürsorge für Bedürftige) entgegengewirkt.

Die verschiedenen Formen des Wohlfahrtsstaates, die sich aufgrund der jeweils herrschenden politisch-gesellschaftlichen Rahmenbedingungen in den einzelnen Ländern herausbilden, machen deutlich: In den Demokratien bestehen erhebliche Unterschiede in bezug auf Niveau, Instrumente und Institutionen der sozialen Sicherung.

Das heißt aber auch: Die Abhängigkeit der Bürger vom Markt, d. h. vom Wechsel zwischen wirtschaftlichem Aufschwung und Krise, ist in den einzelnen Ländern je nach sozialem Sicherungssystem ganz unterschiedlich ausgeprägt. Man spricht vom *Grad der Dekommodifizierung* (commodity = engl. Ware; Dekommodifizierung = Aufhebung des Warencharakters der Arbeitskraft). Man könnte den Grad der Dekommodifizierung mit der Federung eines Autos vergleichen: eine gute Federung lässt die Insassen einen schlechten Straßenzustand (auf die Wirtschaft übertragen: eine schlechte Wirtschaftslage) gar nicht spüren, eine schlechte Federung dagegen überträgt Straßenunebenheiten ungefiltert auf die Reisenden. Der Dekommodifizierungsgrad drückt somit aus,

- inwieweit den Bürgern Schutz vor Behandlung ihrer Arbeitskraft als Ware geboten wird,
- ob ihnen eine staatliche Leistung als Anspruch geboten wird und
- ob sie unabhängig vom Marktgeschehen leben können, ohne sich Veränderungen in Wirtschaft und Gesellschaft anpassen zu müssen.

Marktwirtschaft ist also nicht gleich Marktwirtschaft, und Kapitalismus nicht gleich Kapitalismus. Die jeweilige Wirtschafts- und Gesellschaftsordnung eines Landes kann somit nicht allein durch die bestehenden sozialen und ökonomischen Gegebenheiten erklärt werden, sondern ist mit ein Ergebnis

- der politischen Machtverteilung zwischen Parteien, Gewerkschaften und Unternehmern,
- des Staatsaufbaus (zentral oder föderal) und
- sonstiger gesamtwirtschaftlicher und politisch-institutioneller Rahmenbedingungen.

Die hier vorgestellte Unterscheidung der Wohlfahrtsstaaten geht auf den dänischen Sozialwissenschaftler *Gösta Esping-Andersen* (Drei Welten des Wohlfahrtskapitalismus) zurück. Die Bestimmungsfaktoren des Wohlfahrtsstaats-Typs wurden von dem Heidelberger Politikwissenschaftler *Manfred G. Schmidt* (Wohlfahrtsstaatliche Politik unter bürgerlichen und sozialdemokratischen Regierungen) und seinen Schülern herausgearbeitet. Eine andere Abgrenzung der *Kapitalismus-Varianten* haben die amerikanischen Politikwissenschaftler *Hall* und *Soskice* in die Diskussion gebracht. Wir gehen darauf an späterer Stelle ein.

5.3.3.3 Wirkungen des Wohlfahrtsstaates

Was bewirkt ein soziales Sicherungssystem? Stabilsiert die Sozialpolitik Politik, Wirtschaft und Gesellschaft ? Erreichen die Sozialleistungen eigentliche diejenigen, für die sie gedacht sind? Oder stiftet der Sozialstaat in ökonomischer Hinsicht mehr Schaden als Nutzen, weil er Initiative und Leistungsbereitschaft der Menschen, der Arbeitnehmer und Unternehmer gleichermaßen, bremst?

Über diese Fragen wird seit langem in der Politik, aber auch in der Fachwissenschaft, verstärkt jedoch seit Mitte der siebziger Jahre, heftig gestritten. Hatte bis Mitte der siebziger Jahre ein stetiges, kräftiges Wirtschaftswachstum der Sozialpolitik in fast allen westlichen Demokratien breite Spielräume eröffnet, setzten danach strukturelle Krisen und deutlich verringertes Wirtschaftswachstum der Sozialpolitik in allen Ländern engere finanzielle Grenzen.

Dieser Unterabschnitt gibt die wichtigsten Erkenntnisse über die Wirkungen des Wohlfahrtsstaates nach heutigem Forschungsstand wider.

a) Politische Wirkungen

„Der Sozialstaat befriedet die Gesellschaft", lautet eine gängige These der Anhänger des Wohlfahrtsstaats. Er entschärfe Arbeitskämpfe, stärke die Massenloyalität (d. h. die Zustimmung breiter Bevölkerungsschichten zum politischen System) und stabilisiere auch in wirtschaftlich schwierigen Zeiten die Demokratie.

So plausibel es ist, als Folge eines ausgebauten Wohlfahrtsstaates ein größeres Ausmaß an sozialem Frieden zu vermuten, so wenig ließ sich bisher diese These anhand tatsächlicher Fakten erhärten. Ein Vergleich aller westlichen Industrieländer für den Zeitraum von 1962-1993 zeigt vielmehr, dass zwischen dem Streikvolumen und der Sozialleistungsquote (= Anteil der Sozialausgaben am Bruttoinlandsprodukt) nur ein geringer Zusammenhang besteht. Sowohl in Ländern mit ausgebautem Wohlfahrtsstaat (z. B. Bundesrepublik Deutschland und Schweden) als auch in Staaten mit schwacher Sozialpolitik (z. B. Japan) wird wenig gestreikt. Andererseits gibt es Länder mit gut entwickeltem Sozialleistungsniveau wie z. B. Frankreich, Italien und Finnland, in denen harte Konfrontationen zwischen Kapital und Arbeit stattfinden.

Die Stärkung der Massenloyalität - eine weitere unterstellte politische Wirkung des Wohlfahrtsstaates - hat ein „doppeltes Gesicht". Einerseits ist der Sozialstaat bei der Mehrzahl der Bürger populär, zumal sie auch mehr oder weniger von den Sozialleistungen profitieren. Andererseits hat der Sozialstaat aber auch massive Gegner unter den Selbständigen, den Freiberuflern, den Beziehern höherer Einkommen unter den Arbeitnehmern und den Führungskräften der Wirtschaft. Deren Protest wird in dem Maße geweckt, wie die Finanzierung des Wohlfahrtsstaates ihnen immer höhere Steuern und Sozialabgaben abverlangt.

Einiges spricht allerdings für die These, dass der Wohlfahrtsstaat die Demokratie auch in wirtschaftlich schwierigen Zeiten stabilisiert. Die Erfahrungen in der jungen Bundesrepublik der Nachkriegszeit im Vergleich zur krisengeschüttelten Weimarer Republik sind ein Indiz dafür. Aktuell zeigt sich, dass einige Industrieländer seit vielen Jahren eine hohe Massenarbeitslosigkeit ohne größere politische Unruhen „verkraften", die zunächst befürchtet wurden. Zwar bedeutet Arbeitslosigkeit für die Betroffenen trotz sozialer Sicherung eine erhebliche wirtschaftliche und psychische Belastung. Gleichwohl kommt es nicht mehr, wie noch in der Zeit vor dem Zweiten Weltkrieg, zu materieller Verelendung und Massenarmut. Für viele ist Arbeitslosigkeit auch nur ein vorübergehendes, wenn auch einschneidendes Ereignis, die dauerhaft Arbeitslosen stellen in den meisten Industrieländern dagegen nur eine Minderheit. In den letzten

Jahren hat ihre Zahl allerdings zugenommen, und es steht zu erwarten, dass es mit der Dauer der Arbeitsmarktprobleme immer schwieriger werden wird, Langzeitarbeitslose in den Arbeitsprozess zu integrieren.

b) Ökonomische Wirkungen

Die Folgen des Sozialstaats für die wirtschaftliche Entwicklung stehen im Mittelpunkt der zum Teil heftigen Debatte über seine Vor- und Nachteile. Angesichts der Dimension, die der Wohlfahrtsstaat mittlerweile erreicht hat, ist diese Kontroverse verständlich: Immerhin werden in Bundesrepublik rund 700 Mrd. Euro (2005), das sind ca. 31 % des Bruttoinlandsprodukts für Sozialleistungen ausgegeben. Damit nimmt die Bundesrepublik mit ihrer Sozialleistungsquote nicht den Spitzenplatz ein, liegt aber bereits über dem Durchschnitt. Schweden und Finnland liegen ganz vorne.

Im Mittelpunkt der Kritik am Sozialstaat steht die Behauptung, er würde die Leistungs*fähigkeit* der privaten Wirtschaft *überfordern* und die Leistungs*bereitschaft* (sprich: Arbeitsmoral) *untergraben*. Im Wesentlichen geht es um folgende *Thesen*:

- Der Wohlfahrtsstaat erfordert immer höhere Steuern und Sozialabgaben. Das mindert den Anreiz zu sparen und zu investieren und beeinträchtigt deshalb das Wirtschaftswachstum.

- Auf die hohen Lohnnebenkosten im Wohlfahrtsstaat (= an die Löhne und Gehälter geknüpfte Sozialabgaben der Arbeitgeber wie insbesondere Krankenversicherungs- und Rentenversicherungsbeiträge) reagieren die Unternehmen zum einen mit arbeitssparenden Rationalisierungsinvestitionen (= Anschaffung von Maschinen und Anlagen, die Arbeitskräfte ersetzen), zum anderen mit der Verlagerung der Produktion in Länder mit niedrigeren Löhnen, Steuern und Sozialabgaben. Beides kostet nicht nur Arbeitsplätze im Inland, sondern untergräbt auch die materielle Basis des Sozialstaats. Denn Arbeitslose fallen ebenso wie Unternehmen, die ihre Produktionsstätten im Ausland errichten, als Zahler von Steuern und Sozialabgaben aus. Gleichzeitig wächst die Belastung für den Staat, weil immer mehr Arbeitslose unterstützt werden müssen.

- Hohe Steuern und Sozialabgaben für die Leistungsträger (Leistungsträger ist eine von Liberalen häufig gebrauchte Bezeichnung vorwiegend für leitende Angestellte und Unternehmer) und hohe Sozialleistungen für die sozial Schwachen mindern die Leistungsbereitschaft der Bürger insgesamt. Arbeitskräfte verlagern ihre Aktivitäten daher teilweise in die Schattenwirtschaft (= Schwarzarbeit), um Steuern und Sozialabgaben zu umgehen. Empfänger von Sozialleistungen sehen keinen Anreiz zur Aufnahme einer Erwerbstätigkeit, weil der Abstand zwischen dem auf dem Arbeitsmarkt erzielbaren Nettoeinkommen und der Arbeitslosenunterstützung zu gering ist.

■ Steuerausfälle und zunehmende Staatsausgaben machen eine wachsende Staatsverschuldung unvermeidlich. Diese schränkt den Staat immer mehr in seinem Handlungsspielraum ein. Obendrein treibt eine hohe Staatsverschuldung das Zinsniveau in die Höhe und bremst auch auf diesem Weg die private Investitionstätigkeit.

Abbildung 12: Steuer- und Sozialabgabenquote im internationalen Vergleich

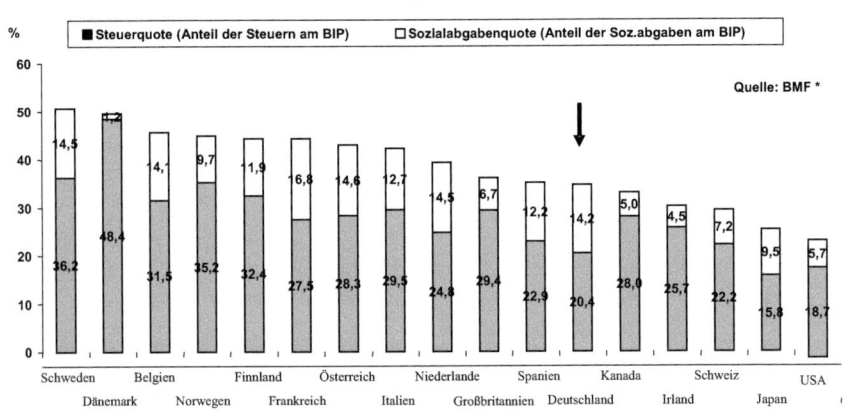

* Zahlen von: OECD-Revenue Statistics 1965-2004, Paris 2005. - Japan: Werte für 2003

Im Kern sehen die Kritiker durch den Sozialstaat das Gleichgewicht zwischen Markt und Lenkung verschoben. Es gibt ihrer Ansicht nach „zu wenig Markt" und „zu viel Staat", und deshalb würden klassische Ziele der Wirtschaftspolitik wie Vollbeschäftigung und Wirtschaftswachstum verfehlt.

Die tatsächlichen Zusammenhänge sind indessen nicht ganz so eindeutig. Empirische Untersuchungen stützen zwar überwiegend die These vom Zusammenhang zwischen weitreichender Sozialpolitik und schwachem Wirtschaftswachstum. So haben Auswertungen von OECD-Statistiken für den Zeitraum von 1960-1992 durch den Politikwissenschaftler *Manfred G. Schmidt* gezeigt: Je höher in einem Land die Sozialleistungsquote im Vorjahr, desto tendenziell schwächer war das Wirtschaftswachstum im nachfolgenden Jahr, und je mehr die Sozialleistungsquote steigt, desto niedriger fiel in den meisten Fällen die Wirtschaftswachstumsrate im folgenden Jahr aus. Gestützt auf diese Daten schätzt *Manfred G. Schmidt*: Eine Sozialleistungsquote von knapp 40 Prozent würde in eine Stagnation (= kein Wirtschaftswachstum) münden.

Allerdings räumt *Schmidt* ein: Andere Bestimmungsgründe des Wirtschaftswachstums wie erreichter Stand der wirtschaftlichen Entwicklung und Rate des technischen Fortschritts wurden bei seiner Untersuchung nicht erfasst. Aber gerade das sind ebenfalls Faktoren, die das Wirtschaftswachstum verlangsamen: Eine ausgereifte Volkswirtschaft, in der der augenblickliche Stand technischen Wissens umgesetzt ist, stößt automatisch an Wachstumsgrenzen und weist demzufolge niedrigere Wachstumsraten auf als ein Land, in dem viele neue Verfahren erst eingeführt werden.

Außerdem ist der Zusammenhang zwischen dem Ausbau des Wohlfahrtsstaats und der Bremswirkung auf das Wirtschaftswachstum in den einzelnen Ländern unterschiedlich stark ausgeprägt. So war in Schweden, Finnland und Japan sowie - nach Einführung der Demokratie - in Griechenland, Spanien und Portugal die mit stärkerer Sozialpolitik einhergehende Schwäche des Wirtschaftswachstums ausgeprägter als beispielsweise in Deutschland, Österreich und Belgien. Umgekehrt ist eine niedrige Sozialleistungsquote nicht automatisch Garant für dynamische Wirtschaftsentwicklung, wie der Fall der Schweiz zeigt - ganz abgesehen von Ländern in der Dritten Welt, die trotz schwacher Sozialpolitik keinen wachstumsbedingten Wohlstandsanstieg aufweisen.

Schließlich spielt auch das Alter einer Demokratie eine wichtige Rolle. Je länger eine Demokratie existiert, desto mehr etablieren sich mächtige Interessengruppen, die ihren politischen Einfluss geltend machen, um die Sozialleistungen zugunsten ihrer Klientel auszubauen. Das kann dazu führen, dass Aspekte der wirtschaftlichen Leistungsfähigkeit in der Wirtschafts- und Sozialpolitik weniger berücksichtigt werden.

Die Wirkungen des Sozialstaats auf die Beschäftigungssituation sind nicht eindeutig. Einerseits vermindert die Sozialpolitik die Arbeitslosigkeit, z. B. durch

- Frühverrentung,
- arbeitsmarktpolitische Maßnahmen wie Weiterbildung und Umschulung,
- Verknappung des Arbeitsangebots
- Verwaltungseinrichtungen des Sozialstaats, die selbst ein großer Arbeitgeber sind, der zahlreiche Arbeitsplätze schafft.

Andererseits zeigt der internationale Vergleich von *Manfred G. Schmidt* auch in Bezug auf die Beschäftigung einen ähnlichen Zusammenhang wie zwischen Wachstum und Wohlfahrtsstaat: Je höher in einem Land die Sozialleistungsquote in der Vorperiode ist, desto tendenziell schwächer verläuft nicht nur das Sozialproduktwachstum, sondern auch das Beschäftigungswachstum in der nachfolgenden Periode. Erklärt und belegt werden kann dies durch folgenden Mechanismus: Hohe und viele Monate lang gewährte Arbeitslosenunterstützungen verlängern die sog. Sucharbeitslosigkeit, weil die Leistungsempfänger - aus ihrer Sicht ökonomisch vollkommen vernünftig - schlechter bezahlte Jobs nicht annehmen. Diese bleiben dann eher unbesetzt, weil eine bessere Bezahlung sich weder für den Unternehmer, noch für den Arbeitnehmer „rechnen" würde.

Es kommt zu einer paradoxen Situation: Einerseits lindert der Wohlfahrtsstaat traditioneller Prägung über die Arbeitslosenversicherung das existenzielle Risiko von Arbeitslosigkeit. Je mehr er dabei aber Erfolg hat, desto mehr verfestigt er andererseits die Arbeitslosigkeit und schwächt damit das Wirtschaftswachstum mit der Folge, dass sich auch Steueraufkommen und Staatsfinanzen unbefriedigend entwickeln. So entzieht sich der Sozialstaat letztlich selbst seine ökonomische Grundlage. Man spricht deshalb von der *Sozialstaatsfalle*.

Um ihr entgegen zu wirken, gehen seit den neunziger Jahren des vorigen Jahrhunderts immer mehr Länder dazu über, den Wohlfahrtsstaat umzubauen. Im Kern geht es bei diesen Umbaumaßnahmen darum, bei Arbeitslosigkeit Sozialleistungen nicht mehr generell zu gewähren, sondern sie - Arbeitsfähigkeit vorausgesetzt - an Arbeitsleistungen zu knüpfen. Dieses Prinzip - im US-Staat Wisconsin erstmalig umgesetzt - nennt man *Welfare to work* (deutsch: wohlfahrtsstaatliche Unterstützung bei Arbeitsleistung).

Misst man die Wirkung des Wohlfahrtsstaats *allein an ökonomischen Zielen*, muss man sich seinen Kritikern anschließen: Mit wachsendem Sozialstaat büßt ein Land an wirtschaftlicher Leistungsfähigkeit ein. Doch ökonomische Ziele sind nicht alles. Nicht außer Acht zu lassen sind die sozialen Wirkungen des Wohlfahrtsstaates, auf die im nächsten Abschnitt eingegangen wird.

c)   Soziale Wirkungen
In Staaten mit ausgebauter sozialer Sicherung hat der Wohlfahrtsstaat – von allen unbestritten – folgende Verdienste:

- Er schützt die sozial Schwachen vor materieller Not und sichert den größten Teil der Bevölkerung gegen die Wechselfälle des Lebens, insbesondere gegen Existenzbedrohung infolge von Alter, Krankheit, Invalidität, Arbeitslosigkeit, Pflegebedürftigkeit und Tod des erwerbstätigen Ehegatten.
- Er führt zu einer gleichmäßigeren Einkommensverteilung und verhindert, dass größere Teile der Bevölkerung in Armut leben müssen.
- Indem der Wohlfahrtsstaat Armut nicht zur Massenerscheinung werden lässt, sondern Armut auf überschaubare Einzelfälle beschränkt bleibt, wirkt er der Kriminalität entgegen.

Die nivellierende Wirkung der Sozialpolitik und ihre Erfolge bei der Armutsbekämpfung lassen sich hinreichend mit Zahlen belegen. Definiert man *Armut* als ein verfügbares Einkommen, das geringer ist als die Hälfte des durchschnittlichen Pro-Kopf-Nettoeinkommens eines Landes, dann lag die Armutsrate in den achtziger Jahren mit 23 % in Irland und 22 % in Italien am höchsten, in Belgien und der Bundesrepublik Deutschland mit je knapp 7 %, Großbritannien mit 6 % und den Niederlanden mit 5 %. am niedrigsten. Dagegen haben die USA als Folge ihres gering entwickelten Sozialstaates eine hohe Armutsquote. Die offizielle Armutsstatistik weist für Mitte der 90er Jahre eine Quote von über 14 % aus. Dabei ist allerdings zu berücksichtigen, dass diese Armutsquoten nicht europäischen Maßstäben entsprechen, sondern auf absoluten Einkommensschwellen beruhen, die vor 30 Jahren festgesetzt wurden. Nach heutigen, an der allgemeinen Einkommensentwicklung orientierten Maßstäben dürfte die Armutsquote in den USA jedoch über 20 % betragen und damit wesentlich höher liegen als in vielen anderen Industrieländern.

Die Sozialrenten haben die Aufgabe, die sozial Schwachen im Alter dauerhaft über die Armutsgrenze zu heben. So wären in Schweden ohne diese Renten 29,7 % nach dem o. g. Merkmal arm. Mit Sozialrenten sind es dagegen nur 5,3 % der Rentenempfänger. In Deutschland beträgt das entsprechende Verhältnis 24,2 % zu 5,8 %, in den Niederlanden 25,1 % zu 7,2 %. In den USA senken die Sozialrenten die Armutsquote innerhalb des Empfängerkreises jedoch nur von 23,4 % auf 18,1 %.

Auch für den Zusammenhang zwischen ausgebauter Sozialpolitik und geringerer Kriminalität gibt es empirische Hinweise. So zeigen Untersuchungen für die USA, dass mit wachsender Arbeitslosigkeit und sozialer Ungleichheit auch die Kriminalität zunimmt. Das Institut für Arbeit und Technik, Gelsenkirchen, hat dazu folgende Zahlen gegenübergestellt:

In den USA saßen 1993 1,8 % der erwachsenen männlichen Bevölkerung im Gefängnis, in Frankreich, Deutschland, Italien und Großbritannien dagegen nur jeweils 0,3 %. Gleichzeitig fällt auf, dass die Quote der Langzeitarbeitslosen in den USA nur 1 % betrug und damit deutlich niedriger war als in den anderen Ländern. Daraus könnte man die Vermutung ableiten: Viele Langzeitarbeitslose sehen bei Fehlen eines „sozialen Netzes" wie in den USA nur noch in der Kriminalität einen „Ausweg" aus ihrer Lage. Als Gefängnisinsassen fallen sie dann aus der Arbeitslosenstatistik heraus, weshalb die USA eine niedrigere Langzeitarbeitslosenquote ausweisen.

5.3.3.4 Grenzen des Wohlfahrtsstaates

Die positiven und negativen Wirkungen des Wohlfahrtsstaates in politischer, ökonomischer und sozialer Hinsicht werfen die Frage nach seinem Kosten-Nutzen-Verhältnis auf. Ein Spannungsverhältnis besteht: Auf der einen Seite will die Sozialpolitik breiten Teilen der Bevölkerung weit reichenden Schutz vor den Marktkräften bieten. Auf der anderen Seite zielt die Wirtschaftspolitik auf hohes Wirtschaftswachstum. Insofern richtet sich eine Bewertung von Kosten und Nutzen des Wohlfahrtsstaates danach, ob man den sozialen Ausgleich oder die wirtschaftliche Effizienz als das höhere politische Ziel ansieht.

Dieser Zielkonflikt besteht nicht in voller Schärfe, wenn sich eine Volkswirtschaft in der Phase extensiven Wachstums befindet (d. h. wenn die Produktion aufgrund von arbeitsplatz*schaffenden* Investitionen und Eingliederung von vorher nicht beschäftigten Arbeitskräften in den Erwerbsprozess gesteigert werden kann). Dann übertrifft das Produktionswachstum den Anstieg der Arbeitsproduktivität mit der Folge, dass die Beschäftigung steigt. Beispiel ist die Wiederaufbauphase der Bundesrepublik. Solange die Produktion schneller wuchs als die Produktivität, ging hohes Wirtschaftswachstum mit einem Ausbau des Sozialstaates problemlos einher. Das von *Ludwig Erhard* (erster Wirtschaftsminister der Bundesrepublik Deutschland nach dem Zweiten Weltkrieg von 1949-1963) verkündete Ziel „Wohlstand für alle" wurde erreicht, und die Rechnung „Eine gute Wirtschaftspolitik ist die beste Sozialpolitik" ging auf.

Stößt eine Volkswirtschaft jedoch an ihre natürlichen Wachstumsgrenzen, tritt der Konflikt zwischen Wirtschafts- und Sozialpolitik deutlicher in Erscheinung. Das Wachstum verlangsamt sich und die Beschäftigung schrumpft, sobald der Anstieg der Arbeitsproduktivität den der Produktion übertrifft. Die steigende Arbeitslosigkeit erhöht die Anforderungen an den Sozialstaat. Wachsende Steuern und Sozialabgaben bremsen die wirtschaftliche Dynamik.

Weitere Probleme treten seit den achtziger Jahren des vorigen Jahrhunderts hinzu:

- Das demographische Problem: Die zunehmende Anteil älterer Menschen in der Gesellschaft verlangt zwischen den Generationen verstärkte Umverteilungsleistungen, die nur zu erbringen sind, wenn die erwerbsfähige Generation bereit ist, entsprechend hohe Steuern und Sozialabgaben zu zahlen oder freiwillig auf Konsum zu verzichten.
- Die Globalisierung: Der internationale Wettbewerb hat sich verschärft und zwingt zu einem tiefgreifenden wirtschaftlichen Strukturwandel (siehe dazu später Kap. 6.5.4). Dessen soziale Abfederung belastet die öffentlichen Haushalte in Wohlfahrtsstaaten mit beträchtlichen Kosten. Sie dürfen ihrer-

seits nicht so weit steigen, dass der Erhalt der internationalen Wettbewerbsfähigkeit der Länder - das eigentliche Ziel des Strukturwandels - gefährdet
wird.
- Das Wachstumsproblem: Die Ausweitung der Sozialausgaben erfolgte häufig zu Lasten des Bildungswesens und der Förderung von Forschung und
Entwicklung. Dadurch wurden zwar soziale Probleme der Gegenwart gemildert, für die Zukunft jedoch der Keim für neue gesellschaftliche Probleme gelegt, weil Möglichkeiten verpasst wurden, langfristig neue Produkte
zu entwickeln, und dadurch Potenzial für künftiges wirtschaftliches Wachstum fehlt.

Beim Abwägen, wie weit der soziale Schutz der Bevölkerung reichen und dafür
bei der wirtschaftlichen Leistungskraft eines Landes Abstriche in Kauf genommen werden sollen, wird in Demokratien stets Gegenstand politischer Kontroversen sein. Das Spannungsverhältnis zwischen Wirtschafts- und Sozialpolitik ist
in letzter Zeit allerdings sichtlich größer geworden. Wer am Nutzen des Wohlfahrtsstaates in Form von sozialem Schutz breiter Kreise der Bevölkerung festhalten will, wird dafür in Zukunft ökonomisch vermutlich einen höheren Preis
als in der Vergangenheit bezahlen müssen.

5.3.3.5   Varianten des Kapitalismus – eine andere Betrachtungsweise

Zwei amerikanische Politikwissenschaftler, *Peter A. Hall* (Harvard-Universität)
und *David Soskice* (Duke-Universität) haben 2001 einen anderen Ansatz zur
Unterscheidung kapitalistischer Wirtschaftssysteme entwickelt. Sie unterscheiden zwei idealtypische Varianten des Kapitalismus, denen bestimmte Volkswirtschaften zugeordnet werden können, und zwar:

- liberale Marktwirtschaften mit den USA als Prototyp (= typisches Beispiel)
- koordinierte Marktwirtschaften mit Deutschland als Prototyp.

Für beide Varianten werden strukturelle Unterschiede bei der sog. Economic
Governance (wörtlich übersetzt: wirtschaftliche Steuer-/Lenkbarkeit) herausgearbeitet, d. h. vor allem die jeweils typischen Anreize und Regulierungen, die das
Handeln der einzelnen Wirtschaftssubjekte wie Unternehmer, Arbeitnehmer und
Verbraucher innerhalb eines kapitalistischen Systems steuern. Im Mittelpunkt
des Vergleichs stehen dabei die Mechanismen, die das Herstellen von Gütern
und Dienstleistungen organisieren und koordinieren.

Liberale unterscheiden sich von koordinierten Marktwirtschaften insbesondere in folgenden vier Bereichen:

- im Finanzsystem
- bei den Arbeitsbeziehungen
- im Schul- und Ausbildungssystem
- bei den Beziehungen der Unternehmen untereinander.

In *Tabelle 25* werden die wichtigsten Unterschiede liberaler und koordinierter Marktwirtschaften gegenübergestellt.

Tabelle 25: Varianten des Kapitalismus

Teilbereich	Liberale Marktwirtschaft	Koordinierte Marktwirtschaft
Finanzsystem	Finanzierung der Unternehmen über den Kapitalmarkt, ermöglicht Finanzierung hoher Risiken höhere Kapitalkosten, kürzere Laufzeiten geringere Sparquote	Langfristige Unternehmensfinanzierung über Bankenbeteiligung, Finanzierung geringerer Risiken
Arbeits-beziehungen	Deregulierter Arbeitsmarkt mit schwachen Gewerkschaften wenig Hindernissen bei Entlassungen rascherer Neueinstellung kürzeren Beschäftigungszeiten	Regulierter Arbeitsmarkt mit stärkeren Gewerkschaften hohen Hindernissen bei Entlassungen zögerlichen Neueinstellungen längeren Beschäftigungszeiten
Schul- und Ausbildungs-system	Vermittlung allgemeiner Kenntnisse, keine längere berufsbezogene Ausbildung	Betriebsnahe Berufsausbildung mit Vermittlung betriebsspezifischer Kenntnisse unter Einbindung von Wirtschaftsverbänden/Unternehmen
Beziehungen der Unternehmen untereinander	Starke Konkurrenzbeziehungen, im Extrem feindliche Übernahme	Unternehmenskooperationen bei Basistechnologien und Techniknormung

Diese Übersicht bedarf noch einiger Erläuterungen. In liberalen Ökonomien finanzieren sich Unternehmen in der Mehrzahl über den Kapitalmarkt. Das bedeutet: Sie geben Aktien aus und müssen Personen finden, die bereit sind, die

Aktien zu zeichnen (= kaufen). Der Kauf von Aktien eines Unternehmens ist jedoch im Regelfall keine Entscheidung fürs Leben. Werfen die erworbenen Aktien aus Sicht der Käufer nicht genügend Dividende ab, werden sie sie bald wieder abstoßen und dafür Papiere eines anderen Unternehmens erwerben. Greift unter Aktienanlegern die Einschätzung um sich, dass ein bestimmtes Unternehmen wegen ungünstiger Ertragssituation nur geringe Dividenden (= Ausschüttungen auf Aktien) zahlt, werden viele Anleger aus diesen Aktien aussteigen. Durch ihre Verkäufe wird der Aktienkurs sinken (denn es bieten mehr die Aktien zum Verkauf an als andere sie kaufen wollen). Für das Unternehmen wird es schwieriger, neue Aktien zu platzieren und sich neues Kapital für Investitionen zu beschaffen. Es ist daher gezwungen, attraktive Dividenden zu bieten, damit genügend Anleger auch bereit sind, die Aktie zu kaufen. Hohe Dividenden wiederum verlangen nach Kostensenkungen im Unternehmen, weshalb es versuchen muss, am zumeist größten Kostenblock, den Löhnen, zu sparen und sie zu drücken. Diese Orientierung der Unternehmenspolitik am materiellen Interesse der Aktionäre an hohen Dividenden (mit den geschilderten Konsequenzen für die Löhne der Beschäftigten) nennt man *Shareholder-Value-Prinzip* (engl. shareholder = Anteilseigner, Aktionär; value = Wert, Kurs).

In koordinierten Ökonomien erhalten die Unternehmen in den meisten Fällen Kapital, indem sich Banken an ihnen beteiligen. Also nicht viele einzelne Privatpersonen erwerben kleinere Aktienpakete und verkaufen sie auch kurzfristig wieder, wenn ihre Erwartungen enttäuscht werden, wie in liberalen Ökonomien, sondern Banken erwerben größere Anteile an Unternehmen, werden also Miteigentümer. Banken wiederum sind nicht wie Privatanleger daran interessiert, möglichst kurzfristig hohe Dividenden zu erzielen und dann aus den Papieren wieder auszusteigen, sondern verfolgen eher eine langfristige Strategie sicherer Kapitalanlage. Das zwingt die Unternehmen nicht dazu, maximale Dividenden auszuschütten, sondern ermöglicht ihnen, langfristige geschäftspolitische Ziele zu verfolgen. Diese Langfristorientierung der Unternehmen nennt man *Stakeholder-Value-Prinzip* (engl. stake = Beteiligung).

Die beiden Prinzipien haben Folgen sowohl für die Arbeitsbeziehungen als auch für die Aus- und Weiterbildungssysteme. Unternehmen, die sich am Shareholder-Value-Prinzip orientieren, müssen sehr flexibel am Arbeitsmarkt reagieren. Sie stellen schnell neue Arbeitskräfte ein, trennen sich aber auch ebenso schnell wieder von ihnen. Geringer Kündigungsschutz und schwache Gewerkschaften erlauben ihnen diese Verhaltensweise. In koordinierten Marktwirtschaften dagegen müssen Unternehmen, die sich am Stakeholder-Value-Prinzip orientieren, nicht unter allen Umständen ihre Lohnkosten – notfalls über Entlassungen - drücken, um maximale Dividenden zu erwirtschaften. Da sie ihre Arbeitnehmer in der Regel langfristig beschäftigen, bilden sie sie auch praxisorientiert und gemäß den Bedürfnissen des jeweiligen Unternehmens selbst aus, bilden sie später häufig auch weiter und binden sie so an sich.

Nach den bisherigen Erkenntnissen sind die beiden Kapitalismus-Varianten jeweils auf bestimmten Gebieten der anderen überlegen. Liberale Ökonomien bewähren sich auf Märkten, auf denen radikale und schnelle Innovationen (Neuerungen) stattfinden und rasches Reagieren auf Produkt-, Technologie- und Arbeitsmärkten notwendig ist. Beispiele sind Software-Produkte und standardisierte Produkte zu Niedrigpreisen. Koordinierte Ökonomien sind im Vergleich dazu bei Qualitätsprodukten überlegen, weil hierfür der Aufbau langfristiger Beziehungen und ein hoher Ausbildungsstand der Arbeitskräfte erforderlich sind.

Gemessen an den gesamtwirtschaftlichen Eckdaten waren die koordinierten Ökonomien bis Ende der achtziger Jahre des vorigen Jahrhunderts erfolgreicher: Sie hatten höhere reale Wachstumsraten und niedrigere Arbeitslosenquoten als die liberalen Ökonomien. Lange Zeit galt daher das dem Idealtypus koordinierter Marktwirtschaften sehr nahe kommende deutsche Modell der sozialen Marktwirtschaft wegen seiner Stabilitätsorientierung, die langfristige Dispositionen erleichtert, als ausschlaggebender Faktor für den Erfolg der deutschen Wirtschaft und ihrer Unternehmen auf dem Weltmarkt. Seit den neunziger Jahren hat sich die Entwicklung jedoch umgekehrt: Jetzt leiden eher die koordinierten Ökonomien unter geringeren Wachstumsraten und höherer Arbeitslosigkeit. Eine Erklärung dafür dürfte sein, dass die weltweite Liberalisierung des Kapitalverkehrs (= die Möglichkeit, Kapital ohne Beschränkungen in andere Länder zu transferieren und es dort anzulegen bzw. zu investieren, wo es die höhere Rendite abwirft, siehe dazu auch Kap. 6.5.4) die Unternehmen auch in den koordinierten Ökonomien zunehmend zu einer Shareholder-Value-Orientierung zwingt, ohne dass die Arbeitsmärkte dieser Ökonomien in dem Ausmaß flexibel sind wie in liberalen Marktwirtschaften.

5.3.4 Zusammenfassung: Markt oder Lenkung?

Ökonomen beschreiben unter der Überschrift „Politik und Wirtschaft" in der Regel die wirtschaftspolitischen Instrumente, die der Regierung für Interventionszwecke zur Verfügung stehen. Ihre Fragestellung, also die der *Wirtschaftswissenschaft*, lautet:

Welche Folgen hat der Einsatz eines wirtschaftspolitischen Instruments – z. B. eine Steuersenkung – unter ganz bestimmten ökonomischen Bedingungen und Verhaltensweisen?

Politikwissenschaftler interessieren sich in diesem Zusammenhang für eine andere Frage, nämlich:

Unter welchen politischen und gesellschaftlichen Bedingungen wird eine Regierung bzw. ein Parlament die Steuern senken?

Mit anderen Worten: Volkswirte fragen nach der ökonomischen Wirkung einer Steuersenkung, Politologen danach, warum und wie eine politische Entscheidung, die Steuern zu senken, überhaupt zustande kommt. Die unterschiedliche Fragestellung und das unterschiedliche Erkenntnisinteresse der beiden Disziplinen führen zu besonderen Sichtweisen.

So ermitteln die Ökonomen, welche wirtschaftspolitische Entscheidung die „vernünftigste" wäre, lassen dabei aber den komplizierten Prozess der politischen Willensbildung und die Interessen der politischen Akteure außer Acht, dass eine Regierung beispielsweise nur unter bestimmten Bedingungen ein Interesse an Steuersenkungen haben kann – engen doch geringere Steuereinnahmen zunächst mal ihr Handlungspotenzial ein. Die Aussicht - oder besser gesagt: die Hoffnung - auf höhere Steuereinnahmen in späteren Jahren, wenn die Wirtschaft als Folge der Steuersenkung kräftig in Schwung gekommen ist, nützt der Regierung nichts, wenn kurzfristig eine Wahl bevorsteht. Auch die vielen Interessenverbände, die auf die Entscheidungen von Parlament und Regierung Einfluss nehmen, wünschen zwar alle für ihre Mitglieder niedrige Steuern, gleichzeitig aber hohe staatliche Leistungen in Form von Subventionen und/oder Sozialausgaben. Beides lässt sich schwer miteinander vereinbaren, und so ist das Ergebnis im Regelfall ein politischer Kompromiss, der ganz anders aussieht als eine ökonomisch-vernünftige Entscheidung, wie sie im volkswirtschaftlichen Lehrbuch steht.

Weil viele Ökonomen diese „politische Realität" ausblenden, sind ihre wirtschaftpolitischen Empfehlungen oftmals „unpolitisch" und weltfremd. Im Elfenbeinturm der Wissenschaft entwickeln sie nicht selten Vorschläge zu mehr Markt und weniger staatlicher Lenkung und verlangen damit letztlich, dass sich der Staat oder zumindest wesentliche Teile von ihm selbst in Frage stellen, weil ohne Staat angeblich alles besser läuft. Ein Staat/eine Regierung *will lenken*, und das ist auch ihre eigentliche Aufgabe. Um das Wieviel und Wieweit wird es immer wieder politischen Streit geben, und deshalb ist das in einem Land jeweils gegebene Verhältnis zwischen Markt und Lenkung nie endgültig, sondern unterliegt stetigen Wandlungen.

5.4 Wechselbeziehungen zwischen Demokratie und Wirtschafts- und Gesellschaftsordnung

5.4.1 Der ordnungspolitische Grundsatzstreit

In der praktischen Politik der Bundesrepublik gibt es - speziell in Wahlkämpfen - immer wieder Kontroversen über das grundsätzlich anzustrebende Verhältnis zwischen Politik und Wirtschaft. Konkret geht es darum, welche Wirtschafts- und Gesellschaftsordnung zur „wahren Demokratie" gehört. Das liberal-konservative Lager spitzt diese Frage häufig auf die Alternative zu:

Freiheit oder Sozialismus?

Freiheit wird dabei von diesem Lager mit einem Verständnis von Demokratie gleichgesetzt, in der der Staat gegenüber seinen Bürgern vor allem die liberalen Grundrechte zu wahren und zu respektieren hat. Sozialismus wird in diesem Zusammenhang als Sammelbegriff für alle steuernden und sozial korrigierenden Eingriffe des Staates in die Wirtschaft gebraucht, die - von diesem Grundverständnis ausgehend - marktwirtschaftliche Prinzipien verletzen, in Richtung sozialistisch-planwirtschaftliche Lenkung gehen und über diesen Weg auch die freiheitliche Demokratie aushöhlen.

Dem steht die Position des traditionell sozialdemokratisch-gewerkschaftlich orientierten politischen Lagers gegenüber, das die Zusammenhänge genau umgekehrt sieht. Danach kann nur eine *soziale Demokratie* eine „wahre Demokratie" sein. Sie ist gekennzeichnet durch erhebliche staatliche Interventionen in die Wirtschaft, um die strukturelle Unterlegenheit der Arbeitnehmer in der kapitalistischen Wirtschaftsordnung auszugleichen. Der erste Vorsitzende der SPD nach dem Zweiten Weltkrieg, *Kurt Schumacher,* hat es in einer Grundsatzrede auf dem Parteitag im Mai 1946 wie folgt formuliert:

> „Es gibt keinen Sozialismus ohne Demokratie, ohne die Freiheit des Erkennens und die Freiheit der Kritik. Es gibt auch keinen Sozialismus ohne Menschlichkeit und ohne Achtung vor der menschlichen Persönlichkeit. Wie der Sozialismus ohne Demokratie nicht möglich ist, so ist umgekehrt eine wirkliche Demokratie im Kapitalismus in steter Gefahr. Auf Grund der besonderen geschichtlichen Gegebenheiten und Eigenarten der geistigen Entwicklung in Deutschland braucht die deutsche Demokratie den Sozialismus. Die deutsche Demokratie muss sozialistisch sein oder die gegenrevolutionären Kräfte werden sie wieder zerstören ...."

Obwohl diese unterschiedlichen Positionen seit Einschwenken von SPD und Gewerkschaften auf eine grundsätzlich marktwirtschaftliche Linie (die SPD

1959 mit ihrem Godesberger Programm, die Gewerkschaften mit dem DGB-Grundsatzprogramm von 1963) gelegentlich verschwimmen und seit Verfolgen eines sog. dritten Weges durch *Gerhard Schröder und Tony Blair* neu definiert werden, bleiben grundsätzlich andere Sichtweisen der beiden politischen Lager, was das Verhältnis zwischen Politik und Wirtschaft, speziell die Rolle des Staates, betrifft. Wir wollen uns in den nächsten beiden Abschnitten diese Unterschiede im Einzelnen vor Augen führen. Damit befassen wir uns gleichzeitig mit einem Teilbereich der politischen Theorie, der Demokratietheorie, einem inzwischen fast unüberschaubar gewordenem Feld in der Politikwissenschaft. Auch hierbei geht es um das Generalthema unseres Kapitels 5: Um das Verhältnis zwischen Politik und Wirtschaft oder - ökonomisch ausgedrückt - um das Verhältnis zwischen Markt und Lenkung.

5.4.2 Demokratie und Marktwirtschaft

Der liberale deutsche Ökonom *Walter Eucken* (1891-1950), der an der Universität Freiburg lehrte und mit seinem Werk „Grundsätze der Wirtschaftspolitik" die theoretischen Grundlagen der freien Marktwirtschaft schuf, die von dem Kölner Wirtschaftsprofessor *Alfred Müller-Armack* nach dem Zweiten Weltkrieg zur Idee der sozialen Marktwirtschaft weiterentwickelt wurden, hat das Wort von der „Interdependenz der Ordnungsformen" (= wechselseitige Abhängigkeit von politischer und wirtschaftlicher Ordnung) geprägt. Danach sind politische und wirtschaftliche Systeme nicht beliebig miteinander kombinierbar, sondern Elemente des einen - der Demokratie – seien nur mit Elementen des anderen - der Marktwirtschaft - vereinbar.

Der Kieler Politikwissenschaftler *Werner Kaltefleiter* (1937-1998) hat in einem 1986 veröffentlichten Beitrag diese Zusammenhänge dreifach begründet:

- Zu den strukturellen Merkmalen einer totalitären Diktatur mit Gleichschaltung aller gesellschaftlichen Gruppen und allumfassender Kontrolle durch die Einheitspartei gehört zentrale Wirtschaftsplanung. Sie wäre mit Demokratie schwer zu vereinbaren, weil die mit zentraler Wirtschaftsplanung verbundene Bürokratie ein Eigengewicht erhalten und den Ausgang von Wahlen weitgehend bestimmen würde. Die Kontrollmechanismen der Demokratie würden damit ausgehebelt.

- Zur Demokratie gehören zentrale Freiheitsrechte wie Konsumfreiheit, freie Wahl des Arbeitsplatzes, Investitionsfreiheit, Freizügigkeit, Koalitionsfreiheit, Freiheit der Wahl des Ausbildungsplatzes und Freiheit der Entscheidung über Sparen oder Konsumieren. Die Respektierung all dieser Freiheiten macht jedoch zentrale Wirtschaftsplanung unmöglich. Die starke Ausrichtung der sozialistischen Planwirtschaften an der Rüstungsproduktion widersprach den Konsumwünschen der Bevölkerung und machte eine befriedigende Warenversorgung unmöglich. Das wiederum wäre mit dem demokratischen Wertesystem unvereinbar.

- Demokratie beruht auf einem über die Parteigrenzen hinweg sich erstreckenden Konsens über Spielregeln und über zentrale Fragen des Wertesystems. Dieser Konsens entsteht nicht zuletzt deshalb, weil die Marktwirtschaft ein leistungsfähiges System ist, das die materiellen Bedürfnisse der Menschen befriedigt. Eine Demokratie kann sich eine Planwirtschaft schon wegen ihrer Ineffizienz (= unzulängliche Zielerreichung) nicht leisten und würde langfristig an fehlender Legitimität (= freiwillige Zustimmung der Bürger) zugrunde gehen.

Kaltefleiter räumt ein, dass es in der Realität nicht nur diese Idealtypen „Demokratie und Marktwirtschaft" einerseits sowie „Totalitäre Diktatur und Planwirtschaft" andererseits gibt, sondern auch Mischformen existieren wie

- autoritäre Diktaturen mit marktwirtschaftlicher Ordnung
- Demokratien mit interventionistischer Wirtschaftspolitik
- totalitäre Diktaturen mit dezentraler Planung.

Autoritäre Diktaturen mit marktwirtschaftlicher Ordnung sieht *Kaltefleiter* als Ergebnis des Scheiterns einer vorausgegangenen Demokratie. Er hält diese Kombination aber nicht für dauerhaft existenzfähig, weil die mit einer marktwirtschaftlichen Ordnung eingeräumten Freiheiten Widerstand gegen die Unterdrückung im politischen Bereich auslösen. Am Ende dieses Prozesses von Widerstand im autoritären Regime würde entweder ein Wandel zu einer Demokratie oder zu einer totalitären Diktatur stehen.

Demokratien mit interventionistischer Wirtschaftspolitik sind (Mitte der achtziger Jahre des vorigen Jahrhunderts) der typische Fall für die Staaten Westeuropas. Diese Länder seien durch wachsende Staatsquoten (Staatsquote = Anteil der Staatsausgaben am Bruttoinlandsprodukt), geringe Wachstumsraten sowie hohe Inflationsraten und Arbeitslosenzahlen gekennzeichnet. Solange keine Katastrophe mit Ausmaßen wie die Weltwirtschaftskrise der dreißiger Jahre des vorigen Jahrhunderts eintritt, sieht *Kaltefleiter* diese Demokratien nicht in ihrer Existenz bedroht. Er weist allerdings auf die zunehmende Unregierbarkeit in diesen Demokratien hin, mit der sich die Politikwissenschaft schon seit den siebziger Jahren beschäftigt und die den gesellschaftlichen Konsens zu zerstören droht. Er geht sogar so weit, von einer grundsätzlichen Unvereinbarkeit von

Demokratie und interventionistischer Wirtschaftspolitik zu sprechen, selbst wenn solche Systeme nicht unbedingt zerbrechen müssen, sondern durchaus Bestand haben können.

Die Kombination von totalitärer Diktatur mit marktwirtschaftlichen Elementen wie dezentraler Planung ist denkbar, solange die Kontrolle der Einheitspartei dadurch nicht gefährdet wird. Ungarn und die Tschechoslowakei waren Beispiele, dass wirtschaftliche Freiheiten nur solange toleriert werden, wie im politischen Bereich die Macht der herrschenden kommunistischen Partei nicht in Frage gestellt wird. Andernfalls werden auch die marktwirtschaftlichen Elemente sofort wieder eingeschränkt, selbst dann, wenn die ökonomischen Folgen für die Bevölkerung nachteilig sein sollten (siehe die Niederschlagung des Ungarn-Aufstands 1956 und des sog. „Prager Frühlings" 1968).

Während *Kaltefleiter* die Zusammenhänge aus politikwissenschaftlich-ökonomischer Perspektive beleuchtet, hat sich der Heidelberger Verfassungsrechtler *Ernst Forsthoff* (1902-1974) bereits 1954 mit dem Verhältnis von Rechtsstaat und Sozialstaat befasst. Er schrieb:

„Der Rechtsstaat ist nach der Ordnung des Grundgesetzes der primäre und mit allen Rechtsgarantien ausgestattete Wert. Eine Verbindung von Rechtsstaat und Sozialstaat unter Kürzung der rechtsstaatlichen Verfassungselemente ist durch das Grundgesetz ausgeschlossen.
. . .
Das Wort sozial ist auf die Güterverteilung bezogen. Es kann zweifaches bedeuten. Es kann polemisch gegen das bestehende System der Güterverteilung gerichtet sein, es kann auch als Inbegriff der im Recht verwirklichten sozialen Institute und Normen verstanden werden und damit unpolemisch auf Bestehendes verweisen.
Sozial als polemischer Begriff lässt sich mit dem Rechtsstaat nicht sinnvoll verbinden, weil die polemische Tendenz sich mit der gewährleistenden Intention des Rechtsstaats nicht vereinigt und eine konkrete, für das Recht brauchbare Fixierung des Sozialen in diesem Sinne nicht möglich ist.
. . .
Sozialstaat und Rechtsstaat lassen sich auf der Verfassungsebene nicht verschmelzen."
(Ernst Fortshoff, Begriff und Wesen des sozialen Rechtsstaates, Leitsätze, in: Veröffentlichungen der Vereinigung der Deutschen Staatsrechtslehrer 12, Berlin 1954)

Diese, in juristischer Fachsprache verfassten Abschnitte bedürfen einer kurzen „Übersetzung": *Forsthoff* geht es um die Frage, ob der Rechtsstaat und die von ihm den Bürgern garantierten Rechte verfassungsrechtlich einen höheren Rang als der Sozialstaat und seine damit verbundenen Ansprüche haben. Rechtsstaat ist in diesem Zusammenhang mit den klassischen Grundrechten der Bürger in der Demokratie gleichzusetzen, wie sie *Kaltefleiter* aufgezählt hat: Konsumfreiheit, freie Wahl des Arbeitsplatzes, Investitionsfreiheit, Freizügigkeit usw. (s. o.). Sozialstaat bedeutet, dass die Bürger auch Anspruch darauf haben sollen, dass der Staat eine bestimmte Güterverteilung herstellt, also Maßnahmen der Umverteilung durchführt und dazu die bürgerlichen Freiheiten einschränkt. *Forsthoff* erklärt nun nichts anderes, als dass sozialstaatlich begründete Umverteilungsmaßnahmen wegen der damit verbundenen Eingriffe in die bürgerlichen Freiheitsrechte nicht verfassungsgemäß wären. Bürgerliche Grund- und Freiheitsrechte haben nach dieser verfassungsrechtlichen Auffassung Vorrang vor sozialen Anspruchsrechten. Das ist –verfassungsrechtlich gesehen – genau die gleiche Betrachtungsweise, wie wenn Politikwissenschaftler und Ökonomen

- die Demokratie nur mit Marktwirtschaft für vereinbar halten
- den Staat in seiner Wirtschafts- und Sozialpolitik nur auf eng begrenztes Mindestmaß an Interventionen beschränken wollen
- die daraus folgende soziale Ungleichheit als unveränderbar hinnehmen.

5.4.3 Demokratie und Gesellschaftsordnung

An der Inkaufnahme sozialer Ungleichheit, die mit der Beschränkung der Staatstätigkeit auf seine Ordnungsfunktion verbunden ist und die sich ergibt, wenn den klassischen bürgerlichen Grundrechten Vorrang eingeräumt wird, knüpft die Kritik der Anhänger des Konzepts der *sozialen Demokratie* an. Zwar würden alle Menschen in einer bürgerlichen Demokratie bei Wahlen *eine* gleich zählende Stimme abgeben. Dennoch könnten sie damit die Politikinhalte und das Politikergebnis nicht in gleichem Maße bestimmen. Vielmehr sei beispielsweise der Vorstandsvorsitzende der Deutschen Bank sehr viel mehr in der Lage, auf das politische Geschehen in der Bundesrepublik Einfluss zu nehmen als beispielsweise ein Sozialhilfeempfänger.

Die moderne bürgerliche Demokratie, wie sie sich in den industrialisierten Ländern herausgebildet hat, ist deshalb nach Ansicht der Anhänger einer sozialen Demokratie nur *formal* eine Demokratie. Die Ursache dafür läge vor allem darin, dass demokratische Prinzipien, d. h. die Willensbildung und Entscheidungsfindung von unten nach oben, auf den engen politischen Bereich begrenzt bleiben und nicht auch in anderen Teilen der Gesellschaft angewendet werden. Insbesondere in der Wirtschaft mangele es an demokratischen Strukturen, obwohl gerade hier - bei den Investitionen der privaten Unternehmen - die für die gesamte Gesellschaft wichtigen Entscheidungen getroffen werden.

Diese Sicht müssen wir noch etwas näher erläutern, anschließend aber auch kritisch würdigen. Ausgangspunkt dieser Betrachtung der kapitalistischen Gesellschaft sind die privaten Investitionen der Unternehmen und ihre *Schlüsselrolle* für die Entwicklung einer Gesellschaft schlechthin. Investitionen von privaten Unternehmen, also die Käufe von Maschinen und Anlagen, bestimmen in vierfacher Weise die künftige wirtschaftliche und gesellschaftliche Entwicklung eines Landes (siehe Tabelle 26):

1. Investitionen schaffen die *Produktionskapazitäten* (= Möglichkeiten zum Herstellen von Waren und Dienstleistungen) von morgen. Sie sind also die Voraussetzung für *wirtschaftliches Wachstum* und damit für Wohlstandssteigerung.
2. Investitionen sind gleichzeitig *Nachfrage nach Maschinen und Anlagen.* Diese müssen wiederum von anderen Unternehmen in der Investitionsgüterindustrie hergestellt werden, und dafür benötigen sie Arbeitskräfte. Es gilt: Je mehr real (d. h. in Maschinen und Anlagen) investiert wird, desto höher ist die gesamtwirtschaftliche Nachfrage, und desto mehr Arbeitskräfte werden eingesetzt. Investitionen bestimmen somit über die *Beschäftigung* in einer Volkswirtschaft.
3. Mit Investitionen wird gleichzeitig darüber entschieden, wie die Arbeitsplätze in der Zukunft aussehen. Sind die neuen Maschinen leicht zu bedienen oder erfordern sie ein höheres Maß an Konzentration? Beeinträchtigen sie z. B. durch Lärm, Geruchsentwicklung oder Strahlen die Gesundheit der Arbeitnehmer? Und in welchem Umfang übernehmen die neuen Maschinen Arbeiten, die vorher von Menschen verrichtet wurden (= *arbeitssparende Rationalisierungsinvestitionen*), machen also Arbeitskräfte überflüssig? Kurz: Investitionen prägen die künftige *Arbeitsplatzstruktur.*
4. Ferner wird mit einer Investition festgelegt, welche Waren in den nächsten zehn bis 15 Jahren produziert werden. In der Automobilindustrie beispielsweise werden die entsprechenden Produktionsanlagen auf bestimmte Fahrzeugtypen ausgerichtet, und man kann, wenn man sich erst mal für die Produktion eines bestimmten Mittelklasse-Typs enschieden hat, nicht kurzfristig und ohne weitere Investition auf die Produktion von Omnibussen oder Lkw umsteigen. Mit anderen Worten: Investitionen bestimmen über die künftige *Angebotsstruktur.*

All diese, für die gesamte Gesellschaft relevanten Investitionsentscheidungen werden in einer kapitalistischen Wirtschaftsordnung von Managern der privaten Unternehmen getroffen. Diese Manager werden von einem Aufsichtsrat (bei einer Aktiengesellschaft) oder einem Beirat (bei einer GmbH = Gesellschaft mit beschränkter Haftung) in ihre Funktion berufen und von diesen Gremien (mehr oder weniger) kontrolliert. In den Aufsichtsräten und Beiräten stellen die Vertreter der Anteilseigner, also der Eigentümer, die Mehrheit. Nur in sehr großen Unternehmen dürfen auch die Arbeitnehmer Vertreter in die Aufsichtsgremien entsenden. Allerdings bleibt die Zahl der Arbeitnehmervertreter (mit Ausnahme der Montan-Industrie, d. h. den Kohle- und Stahlunternehmen) hinter der Zahl der Vertreter der Anteilseigner zurück, so dass letztlich die Eigentümer das Bestimmungsrecht haben.

Tabelle 26: Die Wirkungen von Investitionen
(Käufe von Maschinen und Anlagen)

Künftiges Produktangebot	Wirtschafts wachstum	Zahl der Arbeitsplätze	Qualität der Arbeitsplätze
Mit dem Kauf von Maschinen und Anlagen wird entschieden, welche und wie viele Produkte in welcher Qualität morgen angeboten werden können	Der Bestand an Maschinen und Anlagen (= Kapitalstock) entscheidet über das Produktionspotenzial (wie viel produziert werden kann)	Der Bestand an Maschinen und Anlagen (= Kapitalstock) entscheidet, wie viele Arbeitsplätze es künftig gibt	Die künftigen Maschinen und Anlagen bestimmen, welche Qualifikation die Arbeitskräfte haben müssen.

Genau hier setzt die Kritik der Anhänger einer *sozialen Demokratie* an. Sie bemängeln die fehlende demokratische Legitimation unternehmerischer Entscheidungen durch diejenigen, die vor allem von diesen Entscheidungen betroffen sind, nämlich die Arbeitnehmer, und fordern eine *Wirtschaftsdemokratie*, also eine andere Gesellschaftsordnung, die das Prinzip demokratischer Willensbildung auch auf die Unternehmen ausdehnt und die unternehmerischen Entscheidungen einer gleichberechtigten Kontrolle durch die Arbeitnehmer bzw. deren Vertreter unterwirft.

Die deutschen Gewerkschaften forderten deshalb – vor allem in den drei Jahrzehnten nach dem Zweiten Weltkrieg und unterstützt vor allem von der SPD – eine paritätische Besetzung der Aufsichtsräte aller Großunternehmen der Bundesrepublik mit Arbeitgeber- und Arbeitnehmervertretern sowie einem neutralen Aufsichtsratsvorsitzenden als weiteres Mitglied, auf den sich beide Seiten verständigen sollten. Außerdem sollte in jedem Unternehmensvorstand ein gleichberechtigtes Mitglied sitzen, das für Personal- und Sozialangelegenheiten verantwortlich sein und nicht gegen die Stimmen der Arbeitnehmervertreter berufen werden sollte.

Dieses Modell der sog. *paritätischen Mitbestimmung* wurde auf Druck der Gewerkschaften 1951 in der Montanindustrie, d. h. den Unternehmen des Kohlebergbaus und der Stahlindustrie, eingeführt. Spätere Bemühungen der Gewerkschaften, dieses Modell auf die Großunternehmen anderer Wirtschaftsbereiche auszudehnen, scheiterten. In der Ära der sozial-liberalen Koalition wurde unter Bundeskanzler *Helmut Schmidt* (SPD) 1976 zwar ein Gesetz verabschiedet, das den Arbeitnehmern eine Vertretung in den Aufsichtsräten aller Großunternehmen einräumte (*Mitbestimmungsgesetz 76*). Doch blieb die Zahl der Arbeitnehmervertreter unterhalb der Parität. So muss auf der Arbeitnehmerbank *ein* Vertreter der leitenden Angestellten sitzen. Außerdem gibt bei Stimmengleichheit im Aufsichtsrat die Stimme des Vorsitzenden den Ausschlag. Dieser *muss* stets von der Kapitalseite gestellt werden. Durch den leitenden Angestellten, der zwar formal Arbeitnehmer, aufgrund seiner Stellung in der Hierarchie des Unternehmens jedoch eher der Arbeitgeberseite zuzurechnen ist, und durch das doppelte Stimmrecht des zur Kapitalseite gehörenden Vorsitzenden blieb die Vorrangstellung des Kapitals jedoch erhalten.

Die Durchsetzung der DGB-Vorstellungen scheiterte seinerzeit am Koalitionspartner FDP. Sie setzte die Repräsentanz eines leitenden Angestellten im Aufsichtsrat durch und stellte damit ihre Wählerklientel zufrieden. Zudem bewahrte sie durch das doppelte Stimmrecht des Aufsichtsratsvorsitzenden in Konfliktfällen das letztendliche Bestimmungsrecht der Eigentümer in den Unternehmen und damit die an Kapitalinteressen orientierte Ausrichtung der Marktwirtschaft in der Bundesrepublik. Nach dem Ende der sozial-liberalen Koalition 1982 vertritt der DGB die Forderung nach Ausweitung der paritätischen Mitbestimmung nicht mehr offensiv, weil sich dafür keine politische Mehrheit im Bundestag finden dürfte.

Politikwissenschaftler wie *Wolfgang Abendroth* (1906-1985, Universität Marburg) und *Hans-Hermann Hartwich* (Universität Hamburg von 1973-1992) haben aus kritischer verfassungsrechtlicher Sicht diese Vorstellungen von einer anderen Gesellschaftsordnung gestützt und aus dem Grundgesetz ein alternatives Sozialstaatsmodell abgeleitet. Normativer Ausgangspunkt ihres Ansatzes ist, bürgerlichen und sozialen Grundrechten den gleichen Rang einzuräumen. Die Menschen - so diese Position - haben nicht nur Anspruch auf Schutz *vor* dem Staat und staatlichen Übergriffen in die Privatsphäre, sondern auch Ansprüche *an den* Staat auf Gewährleistung sozial-kulturell definierter Mindeststandards. Denn bürgerliche Grundrechte allein - so lautet kurz gefasst die Begründung - sind nur für diejenigen ein Vorteil, die über hinreichend Einkommen und Vermögen verfügen:

- So nützt beispielsweise das Recht auf Unverletzlichkeit der Wohnung - ein klassisches Schutzrecht vor Übergriffen der Staatsgewalt - nur demjenigen, der sich auch eine Wohnung leisten kann.
- Die freie Entfaltung der Persönlichkeit ist nur für diejenigen gewährleistet, die über ausreichende finanzielle Mittel verfügen. Wer dagegen an der Grenze des physischen Existenzminimums lebt, ist gezwungen, sich ständig um die Befriedigung seiner unmittelbarsten Lebensbedürfnisse zu kümmern und kann seine Persönlichkeit nicht frei entfalten.
- Freie Berufswahl ist nur dann verwirklicht, wenn jeder sich für einen Beruf und eine Ausbildung entscheiden kann, die seinen Neigungen und Begabungen entspricht. Fehlen hingegen in einer Gesellschaft ausreichend Ausbildungsplätze, kann für viele von einer freien Berufswahl keine Rede mehr sein. Entweder müssen sie sich in einem Beruf ausbilden lassen, der gar nicht ihren Neigungen entspricht - ihr Engagement und ihre Leistungen werden dann nicht optimal sein. Oder sie nehmen in Kauf, Tätigkeiten ausüben zu müssen, für die sie nur kurz angelernt zu werden brauchen - ein Schritt ins Berufsleben, der ihr späteres Weiterkommen nicht gerade fördert.

Soziale Grundrechte lassen sich indessen nur dann für alle gewährleisten, wenn der Staat die liberalen Grundrechte wohlhabender Bürger da und dort einschränkt und insbesondere in deren Eigentums- und Verfügungsrechte eingreift. Folgende Beispiele sollen dies veranschaulichen:

- So werden etwa von privaten Wohnungsinhabern nur ungern Wohnungen an sog. soziale Problemgruppen, das sind insbesondere kinderreiche Familien mit geringen Einkommen, Ausländer, Alleinerziehende, vermietet. Bevorzugt werden eher kinderlose Beamtenehepaare, also ruhige Mieter mit sicheren Einkommen. Hier greift der Staat ein, indem er privaten Investoren Vergünstigungen für den Bau entsprechender Mietwohnungen gewährt (Steuererleichterungen, Zinszuschüsse), diese Vergünstigungen jedoch mit Auflagen wie Belegungsrechten und Höchstmiete verbindet. Mit anderen Worten: Das Eigentums- und Verfügungsrecht privater Investoren, an wen und zu welchen Bedingungen sie Wohnungen vermieten, wird eingeschränkt, weil sie sie an sozial schwache Gruppen vermieten müssen und dabei eine bestimmte, gesetzlich festgelegte Miethöhe (= die Sozialmiete) nicht überschreiten dürfen.

Das Recht auf freie Entfaltung der Persönlichkeit wird insofern auch für Arme gesichert, als alle Bürger in der Bundesrepublik, die sich aus eigener Kraft nicht helfen können und in eine Notlage geraten sind, Anspruch auf staatliche Unterstützung haben. Diese sichert einen gewissen, sozial-kulturell bestimmten Mindeststandard, der sich am Lebensstandard der durchschnittlichen Bevölkerung orientiert. So werden beispielsweise Informations- und Kommunikationsmittel wie Zeitung, Fernsehen und Telefon auch Sozialhilfeempfängern bzw. Hartz IV-Empfängern gewährt, um sie sozial nicht zu isolieren und ihnen ein Mindestmaß an Teilnahme am gesellschaftlichen Leben zu ermöglichen. Daraus ergibt sich für Sozialhilfeempfänger in der Bundesrepublik automatisch ein höherer Lebensstandard, als ihn die arbeitende Bevölkerung in vielen Ländern mit deutlich niedrigerem Pro-Kopf-Einkommen hat.

Das Persönlichkeitsrecht findet in der Wirtschaft jedoch dann seine Grenze, wenn seine Durchsetzung in das unternehmerische Entscheidungs- und Verfügungsrecht eingreifen würde. So kann kein Unternehmer gezwungen werden, Ausbildungsplätze bereit zu stellen und bestimmte Jugendliche zu beschäftigen. Auch hat der Staat keine gesetzliche Handhabe, um Unternehmer zu zwingen, Arbeitsplätze zu schaffen und Personen einzustellen – auch dies wäre ein Eingriff in die unternehmerische Dispositionsfreiheit und damit die Verletzung eines bürgerlichen Freiheitsrechts, um ein soziales Grundrecht zu verwirklichen. Schranken gibt es dagegen bei der Kündigung von Arbeitnehmern mit unbefristetem Arbeitsvertrag. Hier dürfen Arbeitgeber nur kündigen, wenn ein nachweisbarer Grund im Verhalten oder in der Person des Arbeitnehmers vorliegt oder wenn der Betrieb/das Unternehmen aus wirtschaftlichen Gründen (z. B. dauerhafter Absatzrückgang) die Arbeitnehmer nicht mehr beschäftigen kann (= betriebsbedingte Kündigung). Der persönlichen Willkür eines Arbeitgebers wird dadurch wirksam entgegengewirkt.

Die Positionen von *Abendroth* und *Hartwich* bilden jedoch nur eine Minderheit innerhalb der maßgebenden Verfassungsrechtler in der Bundesrepublik. Die Praxis der Rechtsprechung hat schon seit den fünfziger Jahren in Konfliktfällen den bürgerlichen Grundrechten stets einen höheren Rang als sozialen Grund- bzw. Anspruchsrechten beigemessen. Das alternative Sozialstaatsmodell blieb daher eine verfassungsrechtlich mögliche Option (= Wahlmöglichkeit), rückte jedoch allein schon wegen der mehrheitlich eher konservativ orientierten Juristen nie in den Bereich des politisch Relevanten (= Bedeutsamen).

Wolfgang Abendroth
Antagonistische Gesellschaft und politische Demokratie, Neuwied und Berlin 1967
„Die Formulierung des Sozialstaatsgedankens in Art. 20 und 28 des Grundgesetzes hat (. . .) die Funktion, (. . .) zu verhindern, dass der Grundrechtsteil als starre Garantie der bestehenden Gesellschafts- und Wirtschaftsordnung missverstanden wird. (. . .) Deshalb wäre es unzulässig, Art. 2 des Grundgesetzes (Recht auf freie Entfaltung der Persönlichkeit innerhalb der verfassungsrechtlichen Ordnung und des Sittengesetzes) . . . als Garantien der hergebrachten liberal-kapitalistischen Wirtschafts- und Gesellschaftsordnung zu deuten. (. . .) Die Freiheitsgarantie des Art. 2 Grundgesetz meint nicht den homo oeconomicus des wirtschaftliberalenDenkens. (. . .) Das Bekenntnis des Grundgesetzes zum demokratischen und sozialen Rechtsstaat öffnet deshalb nicht nur den Weg zu gelegentlichen Staatsinterventionen, um eine in ihrem Gleichgewicht bedrohte, aber grundsätzlich feststehend und gerecht anerkannte Gesellschaftsordnung zu balancieren, sondern stellt grundsätzlich diese Gesellschafts- und Wirtschaftsordnung selbst zur Disposition der demokratischen Willensbildung des Volkes. Es ermöglicht deshalb nicht nur gelegentliche ad-hoc-Eingriffe der Staatsgewalt, sondern weist der (. . .) Gesellschaft die Möglichkeit zu, ihre eigenen Grundlagen umzuplanen.

Hans-Hermann Hartwich
Sozialstaatspostulat und gesellschaftlicher Status-quo, Köln und Opladen 1970
Die alternativen Grundmodelle des Sozialstaates nach dem Grundgesetz: Sozialer Kapitalismus und demokratischer Sozialismus (S. 54 ff.)
„Die Frage nach dem ‚Sozialstaatsmodell' zielt auf die Hauptinhalte, -richtungen und – prinzipien gesetzlicher Gestaltung der wirtschaftlichen und gesellschaftlichen Verhältnisse(. . .) Das Sozialstaatsmodell der CDU/CSU fand in den ‚Düsseldorfer Leitsätzen' vom 15.7.1949 seinen in die Zukunft weisenden Inhalt. (. . .) Die Aufgabe des Staates wird auf die gesetzliche Festlegung der Rahmenbedingungen für den grundsätzlich autonomen Ablauf der wirtschaftlichen und gesellschaftlichen Prozesse reduziert. Die Devise lautet: Ordnungspolitik anstelle planvoller Prozesspolitik. Die Lenkung der Prozesse erfolgt prinzipiell durch marktgerechte Preise. Es gibt keine Planung und Lenkung von Produktion, Arbeitskraft und Absatz. Die staatliche Wirtschaftspolitik erhält eine indirekte Funktion; sie soll die Wirtschaft planvoll ‚beeinflussen' und zwar mit ‚organischen', d. h. marktkonformen Mitteln. Die staatlichen Maßnahmen sollen nicht selbst Wohlfahrt und Bedarfsdeckung garantieren, sondern sie sollen durch sinnvolle Kombination dazu führen, dass die ‚Wirtschaft in Erfüllung ihrer letzten Zielsetzung der Wohlfahrt und der Bedarfsdeckung des ganzen Volkes dient'. Diese Bedarfsdeckung hat ‚selbstverständlich auch' eine angemessene Versorgung des notleidenden Teils der Bevölkerung zu umfassen.
Während die Wirtschaftspolitik gegenüber den autonomen wirtschaftlichen Prozessen eine gleichsam subsidiäre Funktion erhält, soll das Geldwesen zentral beaufsichtigt werden. Die ‚Entpflichtung' des Staates gilt auch in bezug auf die Bildung von Löhnen und die Festsetzung von Arbeitsbedingungen. Die geforderten ‚wirksamen Sicherungen gegen Wirtschaftskrisen und Massenarbeitslosigkeit' werden nicht präzisiert. Die subsidiäre Funktion der Wirtschaftspolitik schließt auch eine direkte Garantie des Staates für Vollbeschäftigung aus. (. . .)

Die Sozialpolitik soll allen wirtschaftlich und sozial abhängigen Volksschichten dienen. Aufgabe des Staates ist es, ‚die herrschenden wirtschaftlichen und sozialen Notstände zu beseitigen und ein gesundes Verhältnis zwischen den Volksschichten herbeizuführen. Dabei müssen die natürlichen Rechte und Freiheiten des einzelnen wie aller Gesellschaftsgruppen geschützt werden'. In bezug auf Arbeitgeber und Arbeitnehmer sollen die bestehenden Gegensätze im Sinne der Partnerschaft Leistungsgemeinschaft, Mitverantwortung der Arbeitnehmer jedoch unter Wahrung der ‚echten Unternehmerverantwortung' abgebaut werden. Den Arbeitnehmern wird die Ertragsbeteiligung am Betriebsergebnis versprochen. Die verschiedenen Sozialversicherungszweige sollen im Sinne echter Solidarität weiterentwickelt werden. (. . .)

Das Sozialstaatsmodell der SPD wurde von dieser Partei selbst als Modell eines ‚demokratischen Sozialismus' bezeichnet. Diese Kennzeichnung ist unter gesellschaftspolitischem Aspekt richtig, denn es lehnt jedes zwangswirtschaftliche System strikt ab und strebte eine Verbindung von Sozialisierungen, gesamtstaatlicher Planung der Wirtschafts- und Gesellschaftsprozesse unter Achtung der individuellen Entfaltungsfreiheit und durchgängiger Demokratisierung an.

Dieses Modell unterschied sich prinzipiell vom Sozialstaatsmodell der CDU. Es geht von staatlicher, d. h. gesamtpolitischer Verantwortlichkeit gegenüber den gesellschaftlichen Zuständen und Prozessen aus. Die Verwirklichung der sozialen Gerechtigkeit soll nicht erst durch nachträgliche sozialpolitische Korrekturen der Ergebnisse dieser Prozesse sowie durch Hilfen und Förderungen verwirklicht werden. Vielmehr geht es um eine prinzipielle Verankerung der Grundsätze sozialer Gerechtigkeit und demokratischer Mitwirkung als konstituierende Elemente der wirtschaftlichen Strukturen und Prozesse. ... Die Freiheit wird in diesem Sozialstaatsmodell in ihren gesellschaftlichen Zusammenhängen gesehen; sie soll materiell gewährleistet werden. Dazu gehört dann logischerweise im Gegensatz zum Odell der CDU der unmittelbar gestaltende Eingriff in Wirtschaft und Gesellschaft. Während die CDU-Konzeption im Prinzip auf den ‚klassischen' Freiheits- und Grundrechten aufbaute und grundsätzlich die Aufgabe der Sozialgestaltung in der Ermöglichung autonomer Prozesse bei gleichzeitiger oder nachträglicher Vornahme der notwendigen sozialpolitischen Korrekturen sah, verband sich im alternativen Sozialstaatsmodell der soziale Gedanke in der Weise mit dem Gedanken der Freiheit, dass die Freiheit des einzelnen in der Gesellschaft erst durch die sozialgestaltenden Interventionen in Wirtschaft und Gesellschaft effektiv werden kann. (. . .)

Die Prinzipien der Sozialpolitik im engeren Sinne wurden am besten in dem Wahlkampf-Jargon der ‚Erlösung vom Wohlfahrtsbettel' ausgedrückt. Die Sozialpolitik sollte nicht, wie die bürgerliche Sozialpolitik, Ausbeutung und Not mildern, um dadurch das kapitalistische System zu erhalten. ‚Sozialistische Sozialpolitik ordnet vielmehr zusammen mit sozialistischer Wirtschaftspolitik das soziale und wirtschaftliche Zusammenleben so, dass Existenz, Freiheit und Würde des arbeitenden Menschen als die unveräußerlichen Grundrechte tatsächlich gesichert sind.' Hierzu gehörte auch eine Politik der Einkommensumverteilung und der Ausbau der Sozialversicherung zu einem einheitlichen und umfassenden System und eine allgemeine Staatsbürgerversorgung. Auch für die Gesundheitspolitik sollte der Staat umfassende Verantwortung tragen."

Tabelle 27: Grundelemente der alternativen Sozialstaatsmodelle

Sozialer Kapitalismus	Demokratischer Sozialismus
Marktsteuerung der Wirtschaft bei staatlichen Wirtschaftsordnungsmaßnahmen Förderung des Privateigentums Besondere Förderung des selbständigen Mittelstandes Sozialpolitische Korrekturen bei Notlagen, Fürsorge bei Bedürftigkeit Keine einheitliche Sozialversicherung Unternehmerverantwortung und betriebliche Partnerschaft	Staatliche Steuerung von wirtschaftlichen und gesellschaftlichen Prozessen Umverteilung von Einkommen und Vermögen Sozialisierung von Grundstoffindustrien Gleichrangigkeit von Sozialpolitik und Wirtschaftspolitik Einheitliche Sozialversicherung Effektive Mitbestimmung der Arbeitnehmer und ihrer Vertretungen auf allen Ebenen, auch bei der Wirtschaftslenkung

Abschließend wollen wir von dieser verfassungsrechtlichen Betrachtungsweise einmal absehen und aus ökonomischer Perspektive die Konsequenzen einer anderen Wirtschafts- und Gesellschaftsordnung, d. h. bei paritätischer Mitbestimmung der Arbeitnehmer und ihrer Gewerkschaften in allen Großunternehmen der Bundesrepublik, ausloten. Angenommen, die Aufsichtsräte in allen deutschen Großunternehmen wären tatsächlich paritätisch mit Arbeitgeber- und Arbeitnehmervertretern und einem neutralen, von beiden Seiten akzeptierten Vorsitzenden, besetzt gewesen. Wäre die wirtschaftliche und gesellschaftliche Entwicklung in der Nachkriegszeit der Bundesrepublik dann tatsächlich anders verlaufen?

Gewiss ist es immer problematisch, eine Aussage zu treffen für den Fall: Was wäre passiert, wenn...? Gleichwohl lassen sich Überlegungen anstellen, welche Entwicklung plausibel (erklärbar, nachvollziehbar) gewesen wäre.

Fest steht: Ein Unternehmen, das sich im nationalen und internationalen Wettbewerb befindet, kann seine Entscheidungen in Bezug auf Produktion, Investitionen, Löhne und Arbeitsplätze nicht nach grundsätzlich anderen Kriterien treffen als seine Mitbewerber. Schon die sog. *Biedenkopf-Kommission*, ein Sachverständigengremium unter Vorsitz des damals noch als Hochschullehrer an der Universität Bochum tätigen *Kurt Biedenkopf* (CDU), eingesetzt 1967 von der Regierung der ersten großen Koalition unter Bundeskanzler *Kurt-Georg Kiesinger (CDU)*, hat in ihrem Gutachten über die Mitbestimmung im Unternehmen klar gestellt:

„...Anders ausgedrückt: Hat die Mitbestimmung zur Entwicklung von Alternativen unternehmenspolitischen Verhaltens geführt, die mit dem Rentabilitätsstreben konkurrieren oder es außer Kraft setzen? Lässt sich nach den bisherigen Erfahrungen sagen, dass die Mitbestimmung tendenziell die Rentabilitätsaspekte durch andere Zielgebungen ersetzt und damit geeignet ist, eine der wesentlichsten Grundlagen unternehmenswirtschaftlichen Verhaltens im System der gegenwärtigen Wirtschaftsordnung aufzuheben? ...

Die Anhörungen der Arbeitnehmervertreter in den Aufsichtsräten sowohl im Montan-Bereich als auch im Bereich des Betriebsverfassungsgesetzes haben eindeutig gezeigt, dass weder bei den unternehmensinternen Arbeitnehmervertretern noch bei den Vertretern der Gewerkschaften die Absicht besteht, das Rentabilitätsprinzip aufzugeben.
...

Von den Vorstandsmitgliedern und Aufsichtsratsvorsitzenden wurde im Rahmen der Anhörungen die Frage, ob das Rentabilitätsstreben als unternehmenspolitische Zielsetzung von den Vertretern der Arbeitnehmer im Aufsichtsrat angegriffen oder in Frage gestellt werde, eindeutig verneint. Die Aussagen dieser Personengruppen haben ergeben, dass die Beteiligung der Arbeitnehmer im Aufsichtsrat zwar zu einer stärkeren Betonung der sozialen Aspekte und Notwendigkeiten unternehmerischer Tätigkeit geführt, die Gültigkeit des Rentabilitätsprinzips als Leitmaxime unternehmerischer Initiativen und Planungen jedoch in keinem Fall in Frage gestellt hat. So sind auch Rationalisierungsmaßnahmen mit dem Ziel der Kostensenkung nie auf den Widerstand der Arbeitnehmervertreter gestoßen, wenn und soweit für die Erhaltung des sozialen Status der im Unternehmen beschäftigten Arbeitnehmer ausreichende Vorsorge getroffen worden war.
...

Zusammenfassend lässt sich aufgrund der Anhörungen der Kommission feststellen, dass die Mitwirkung der Arbeitnehmer in den Aufsichtsräten sowohl im Montan-Bereich wie im Bereich des Betriebsverfassungsgesetzes zu keiner feststellbaren inhaltlichen Veränderung unternehmerischer Initiativen geführt hat. ..."

(Mitbestimmung im Unternehmen, Bericht der Biedenkopf-Kommission, Bundestags-Drucksache VI/334, Tz. 34 ff.)

Damit erwiesen sich zwar einerseits Befürchtungen der Wirtschaftsverbände als unbegründet, über die Arbeitnehmervertreter in den Aufsichtsräten der Unternehmen würden die Gewerkschaften die Wirtschaft lenken, die paritätische Mitbestimmung wäre - so gesehen - ein Einstieg in die sozialistische Planwirtschaft. Andererseits mussten sich aber auch diejenigen Gewerkschafter, die sich von der Unternehmensmitbestimmung tatsächlich den Einstieg in eine wie auch immer aussehende andere Wirtschafts- und Gesellschaftsordnung erhofften, kritisch fragen, welche Alternativen sich für mitbestimmte Unternehmen denn überhaupt geboten hätten.

Da die paritätische Mitbestimmung in der Montan-Industrie nach den Vorstellungen der Gewerkschaften verwirklicht war, lassen sich an dieser Branche die Grenzen einer alternativen Unternehmens- bzw. Gesellschaftspolitik leicht deutlich machen. Waren bis Mitte der sechziger Jahre Kohle und Stahl noch

Schlüsselindustrien, die für den Wiederaufbau der Bundesrepublik eine entscheidende Rolle gespielt haben, verloren sie in den Folgejahren aufgrund des internationalen Strukturwandels immer mehr an Bedeutung. Billiges Erdöl verdrängte die Kohle immer mehr als Energieträger, und auch die Stahlindustrie büßte im Vergleich zu ausländischen Anbietern immer mehr an Wettbewerbsfähigkeit ein. Dieser *Strukturwandel*, d. h. das langsame Schrumpfen ganzer Wirtschaftszweige und der Ersatz alter durch neue Produkte, konnte und sollte durch die paritätische Mitbestimmung der Arbeitnehmer und ihrer Vertreter in den Aufsichtsräten der Kohle- und Stahlunternehmen nicht aufgehalten werden. Vielmehr ging es darum, stets eine frühzeitige Information der Arbeitnehmervertreter über die Unternehmenspläne sicherzustellen und den Schrumpfungsprozess sozial abzufedern. Der Abbau der Belegschaften erfolgte in aller Regel schrittweise unter Nutzung des natürlichen Abgangs (Erreichen der Altersgrenze) und wurde für diejenigen, die noch nicht die Altersgrenze erreicht hatten, aber am Arbeitsmarkt kaum noch vermittelbar waren, über Frühpensionierungen und Sozialpläne (Sozialpläne sind Vereinbarungen zwischen Arbeitgeber und Betriebsrat, in denen festgelegt wird, nach welchen Kriterien welche Arbeitnehmer zu welchen Bedingungen/Abfindungen entlassen werden) ohne große soziale Härten abgewickelt. Diese Verfahren errangen Vorbildcharakter und strahlten auch auf andere Wirtschaftszweige aus, in denen die Aufsichtsräte nicht paritätisch besetzt waren. Die Novelle des Betriebsverfassungsgesetzes von 1972 räumte im Übrigen den Betriebsräten das Recht ein, einen Sozialplan gegebenenfalls auch gegen den Willen des Arbeitgebers zu erzwingen.

Für unsere Ausgangsfrage, welche Alternativen es zu unternehmerischen Entscheidungen gibt, die sich am Prinzip der Rentabilität und der Wirtschaftlichkeit orientieren und zu Arbeitsplatzverlusten führen, ergibt sich daraus:

Eine auf Dauer praktikable Alternative zu rentabilitätsorientierten Unternehmensentscheidungen gibt es nicht, es sei denn, man nähme gesamtwirtschaftliche Effizienzverluste in Kauf.

Hier kommen wir auf das zurück, was wir in Abschnitt 5.3.1 über den marktwirtschaftlichen Mechanismus der Allokation der Ressourcen gesagt haben: die Ressourcen - Arbeitskräfte, Kapital, Material, Energie - werden in der Marktwirtschaft so sparsam wie möglich eingesetzt, d. h. ein bestimmtes Ergebnis (Produkt) wird mit einem Minimum an Ressourcen erzeugt (= Prinzip der Wirtschaftlichkeit). Der große Vorteil dieses Prinzips ist: Es werden keine Ressourcen vergeudet, sondern mit dem Vorhandenen wird ein Maximum an Ergebnis erzielt. Das ist die Voraussetzung dafür, dass ein hohes Sozialprodukt erzeugt und die Voraussetzungen für einen hohen Lebensstandard geschaffen werden.

Die Kehrseite dieses Prinzips ist aber auch: Wenn man für ein bestimmtes, gewünschtes Produktionsergebnis weniger Ressourcen in Form von Arbeitskräften benötigt oder wenn statt mit gut bezahlten Arbeitskräften ein Ergebnis auch mit billigeren Maschinen (Kapital) erreichbar ist, wird dieser Weg eingeschlagen. Folge: Ein Teil der Ressourcen, die entlassenen Arbeitskräfte, wird gar nicht produktiv eingesetzt. Sie müssen, wenn sie keinen anderen Arbeitsplatz finden, in einer Gesellschaft, die sich für Arbeitslose mitverantwortlich fühlt, aus dem von anderen erwirtschafteten Sozialprodukt unterstützt werden.

Was aber würde passieren, wenn man zu anderen Formen des Wirtschaftens überginge und die Allokation der Ressourcen nicht nach dem beschriebenen marktwirtschaftlichen Prinzip der Wirtschaftlichkeit und der Rentabilität vornähme? Die Antwort lautet: Es käme zu einer suboptimalen (= weniger als die bestmögliche) Güter- und Dienstleistungsversorgung. Die Ökonomen sprechen von *volkswirtschaftlichen Effizienzverlusten*, weil volkswirtschaftliche Ressourcen vergeudet würden.

Das berühmte Beispiel des Heizers auf der Elektrolok veranschaulicht diese Zusammenhänge in exemplarischer Weise. Der technische Fortschritt erlaubt es, Lokomotiven nicht mehr wie früher mit Kohle zu betreiben, sondern mit elektrischem Strom. Das machte einen Arbeitsplatz auf der Lokomotive - den Heizer - überflüssig. Die englischen Gewerkschaften reagierten in den fünfziger Jahren des vorigen Jahrhunderts auf diesen Arbeitsplatz vernichtenden technischen Fortschritt mit der Forderung, trotzdem einen Heizer auf der E-Lok mitfahren zu lassen. Sie setzten diese Forderung durch, obwohl es für diesen mitfahrenden Heizer gar keine Aufgabe mehr gab. Das ist ein typischer Fall einer Vergeudung volkswirtschaftlicher Ressourcen. Sinnvoll wäre gewesen, den Heizer für einen anderen Job umzuschulen und ihn in einem anderen Bereich der Wirtschaft zur Produktion und somit zur Wertschöpfung einzusetzen.

In Planwirtschaften werden übrigens nicht nur Arbeitskräfte unwirtschaftlich eingesetzt. Auch beim Einsatz von Maschinen (= Kapital) verfährt man nicht nach dem Gesichtspunkt der Wirtschaftlichkeit. So berichtet z. B. *Werner Obst*, langjähriger Mitarbeiter des Planungsstabes der früheren DDR, in seinem 1973 erschienenen Buch „DDR-Wirtschaft, Modell und Wirklichkeit" über eine Investition im damaligen Braunkohlenwerk Phoenix, bei der eine Million Mark (Ost) ausgegeben wurde, obwohl man damit nur drei Arbeitskräfte einsparen konnte. Mit anderen Worten: Die Investitionskosten waren höher als der wirtschaftliche Nutzen, den sie gebracht haben. In einer Marktwirtschaft hätte kein Unternehmen eine derartige Entscheidung getroffen, weil sie Kapitalvergeudung bedeutet hätte.

Für den Zeitraum von 1960 bis 1970 hat *Werner Obst* nachgewiesen, dass in der ehemaligen DDR zwar mehr investiert wurde als in der Bundesrepublik, der Produktionszuwachs in der Bundesrepublik aber trotzdem höher war als in der DDR. So wurden in der DDR im Schnitt 3689 Mark investiert, damit konnten Güter im Wert von 1000 Mark zusätzlich produziert werden. In der Bundesrepublik genügten dagegen 2367 DM, um für 1000 DM zusätzliche Güter zu produzieren. Die Ökonomen sagen: Die Effizienz (= Wirkungsgrad) des eingesetzten Kapitals ist in der Marktwirtschaft, in der das Wirtschaftlichkeits- und Rentabilitätsprinzip beachtet wird, größer als in der Planwirtschaft.

Der Vorteil des marktwirtschaftlichen Prinzips, mit möglichst geringem Mitteleinsatz ein Maximum an Produktion zu erzielen, leuchtet zwar unmittelbar ein. Doch das vorhin angeführte Beispiel vom überflüssigen Heizer auf der E-Lok eröffnet gleichzeitig auch den Blick auf die sozialen Folgen dieses Prinzips. Was, wenn der Heizer gar nicht für eine andere Tätigkeit umzuschulen ist? Und was, wenn auch andere Tätigkeiten, die der Heizer ausüben könne, in einer Gesellschaft nicht mehr gebraucht werden?

Wir alle wissen von uns selbst, was wir können ..., aber auch, was wir *nicht* können. Einige entwickeln handwerkliches Geschick, das anderen ungläubiges Staunen abverlangt. Oft tun sich handwerklich begabte Menschen aber schwer, einen Zusammenhang schriftlich darzustellen und zu formulieren. Umgekehrt haben sprachgewandte Geistesarbeiter oft schon Probleme, einen Nagel in die Wand zu schlagen. Andere Menschen wiederum sind ein mathematisches Genie, doch wenn sie ihre Studierstube verlassen und vor Publikum einen Vortrag halten sollen, versagen sie kläglich. Wegen ganz unterschiedlicher Fertigkeiten und Begabungen der Menschen stellt sich die Frage nach den Möglichkeiten und Grenzen von Umschulungen. Kann ein Opernsänger zum Fußballprofi umgeschult werden (oder umgekehrt)? Kann ein Maurer, der zwanzig Jahre lang grobe und schwere Arbeiten verrichtet hat, zum Feinmechaniker, Uhrmacher oder Pianisten ausgebildet werden? Und eignet sich ein gelernter Bilanzbuchhalter auch als Kranken- oder Altenpfleger oder als Kindergärtner?

Flexibilität (= Beweglichkeit) wird heute allen Menschen abverlangt, und bis zu einem gewissen Grad passen sich auch alle Menschen neuen Gegebenheiten und Erfordernissen an, besonders dann, wenn wirtschaftlicher Existenzdruck auf sie ausgeübt wird. Eine Wirtschafts- und Gesellschaftsordnung, die jedweden Druck von den Menschen nimmt, ihre geistigen und körperlichen Kräfte anzuspannen, wird volkswirtschaftlich nur ein suboptimales Ergebnis erzielen, weil vorhandene Potenziale nicht ausgeschöpft werden. Denn es ist kaum davon auszugehen, dass jeder einen Job findet, der ihm ungeheuren Spaß macht und bei dem er sich deshalb von sich aus, d. h. ohne dahinter stehenden wirtschaftlichen Druck, voll einsetzt. Andererseits sollte eine Wirtschafts- und Gesellschaftsordnung die Menschen nicht generell wirtschaftlicher Existenzangst aussetzen, weil ständiger Druck unfrei macht und die bürgerlichen Grundrechte, speziell das

Recht auf freie Entfaltung der Persönlichkeit, zur Farce (= Streich, Versprechen, das nicht eingehalten wird) werden lässt. Wieder stehen wir vor der Grundfrage des Verhältnisses von Politik und Wirtschaft:

Wie weit soll den Marktkräften im Interesse volkswirtschaftlicher Effizienz freier Lauf gelassen werden und wann und inwieweit muss die Politik eingreifen und unternehmerisches Verhalten erzwingen, das auch andere Gesichtspunke als nur höchstmögliche Wirtschaftlichkeit und Rentabilität berücksichtigt?

Letzteres kann nicht isoliert auf der Ebene einzelner Unternehmen stattfinden. Denn wenn die Vorstände mitbestimmter Unternehmen zu anderen Verhaltensweisen gezwungen würden als andere (nicht-mitbestimmte) Unternehmen - speziell ausländische Wettbewerber - , könnten diese Unternehmen auf Dauer nicht am Markt bestehen. *Alle* maßgebenden, im Wettbewerb zueinander stehenden Unternehmen müssten also gleichermaßen veranlasst werden, Wirtschaftlichkeits- und Rentabilitätsaspekte in gewissem Umfang hintanzustellen.

Im Grunde hat jede gesetzliche oder tarifvertragliche Vorschrift für ein Unternehmen zur Folge, nicht nach der höchstmöglichen Rentabilität arbeiten zu können. So bedeuten beispielsweise gesetzliche Umweltschutzauflagen Kosten. Ohne diese Auflagen könnte kostengünstiger - wenn auch Umwelt schädigend - produziert werden. Kündigungsschutz heißt, Arbeitnehmer, die das Unternehmen eigentlich nicht mehr braucht, zumindest noch eine Zeitlang weiterbeschäftigen zu müssen - also Kosten. Tariflohn bedingt, Arbeitnehmern ggf. einen höheren Lohn zahlen zu müssen, als sie von sich aus verlangen würden. Arbeitsschutzvorschriften beachten verursacht Zusatzkosten, ohne dass diesen unmittelbare Erlöse gegenüber stehen. Die Liste der Beispiele ließe sich beliebig verlängern.

Insofern soll das Plädoyer für die Marktwirtschaft und ihr Prinzip des sparsamen Einsatzes von Ressourcen nicht so verstanden werden, als ob immer und überall nur dies als Richtschnur gelten soll. Vielmehr geht es darum, immer wieder aufs Neue *politisch* (d. h. durch den nationalen und übernationalen Gesetzgeber) zu entscheiden, wann bei unternehmerischen Entscheidungen auch andere (soziale, gesellschaftspolitische) Gesichtspunkte berücksichtigt werden müssen und Unternehmen sich deshalb nur eingeschränkt an Wirtschaftlichkeit und Rentabilität orientieren können. Anders ausgedrückt: Die Spielregeln wie z. B. Umweltschutz, Kündigungsschutz, Tarifbindung müssen staatlich festgelegt und für alle gleichermaßen gelten. Auch im Fußball wird nicht zugelassen, dass nur eine Mannschaft fair und die andere unfair spielt, sondern bei beiden wird auf Fairness geachtet, und der Faire darf am Schluss nicht deshalb das Spiel verlieren, weil er sich im Unterschied zu seinem Gegenspieler an die Regeln gehalten und einen Wettbewerbsnachteil in Kauf genommen hat.

Die Forderung nach Wirtschaftsdemokratie gründete auf der Annahme, die Manager der großen Konzerne würden ihre Entscheidungen willkürlich treffen, dabei kämen soziale und gesellschaftliche Belange ins Hintertreffen und mit einer Kontrolle durch Arbeitnehmervertreter in den Aufsichtsräten könnten diese Entscheidungen stärker an den Interessen breiter Schichten der Bevölkerung orientiert werden. In Wirklichkeit folgen unternehmerische Entscheidungen jedoch den Zwängen, die durch den Wettbewerb und die jeweiligen Rahmenbedingungen einer Volkswirtschaft gesetzt werden. Inwieweit ein Staat im Zeitalter der Globalisierung noch die Möglichkeit hat, die Rahmenbedingungen für die Unternehmen zu verändern, ist eine interessante, das Verhältnis von Politik und Wirtschaft betreffende Frage, auf die wir im Kapitel 6.5.4 über die Globalisierung noch ausführlich eingehen werden.

6 Die Internationalen Beziehungen

Bisher haben wir uns nur mit den politischen Prozessen befasst, die innerhalb der Grenzen eines Staates ablaufen. Diese Beschränkung wollen wir in diesem Kapitel verlassen und uns mit einer anderen Teildisziplin der Politikwissenschaft, den Internationalen Beziehungen, beschäftigen.

Zunächst schildern wir, wie die Lehre von den Internationalen Beziehungen entstanden ist. Anschließend werden ihre Grundkategorien behandelt. Im dritten Abschnitt befassen wir uns mit der zentralen Frage der Lehre von den Internationalen Beziehungen: den Ursachen von Kriegen. Anschließend wird die Struktur des Internationalen Systems nach dem Zweiten Weltkrieg beschrieben. Im Zusammenhang mit der Struktur nach 1985 werden auch die wichtigsten Theorien der Internationalen Beziehungen vorgestellt. Den Abschluss bildet die Erörterung der wirtschaftlichen Aspekte der Internationalen Beziehungen, die Internationale Politische Ökonomie..

6.1 Entstehung und Gegenstand der Lehre von den Internationalen Beziehungen

Im ersten Kapitel dieses Buches hatten wir definiert, was *Politik* eigentlich ist und was wir darunter verstehen wollen. Wir hatten gesagt: Politik ist die für alle Mitglieder einer Gesellschaft verbindliche Regulierung von Konflikten. Ausgangspunkt dieser Definition war die Erkenntnis, dass beim Zusammenleben von Menschen Konflikte entstehen, die – wie auch immer – reguliert werden müssen. Diese Konflikte entstehen nicht nur zwischen Menschen an einem Ort, sondern auch über die nationalen Grenzen hinweg, also beispielsweise zwischen Deutschen und Franzosen, Amerikanern und Russen und Arabern und Israelis.

Doch wer erzeugt eigentlich die Konflikte zwischen den Staaten? Und wie kann man die Konflikte für alle Staaten verbindlich regeln? Oder können diese internationalen Konflikte gar nicht friedlich geregelt werden, so dass es immer wieder zu Kriegen kommt? Mit diesen Fragen beschäftigt sich die Lehre von den Internationalen Beziehungen, eine Teildisziplin der Politikwissenschaft.

Entstanden ist die Lehre von den Internationalen Beziehungen nach dem Ersten Weltkrieg. Die britische und amerikanische Delegation auf der Pariser Friedenskonferenz verabredeten am 30. Mai 1919, je ein wissenschaftliches

Institut zur Erforschung der Internationalen Beziehungen zu gründen. So entstanden 1920

- das British Institute of International Affairs, das ab 1926 unter dem Namen Royal Institute of International Affairs (= Königliches Institut für internationale Angelegenheiten) weitergeführt wurde
- das American Institute of International Affairs, das sich später mit dem Council of Foreign Relations (= Rat für auswärtige Beziehungen) vereinigte.

Der Anlass für diese Initiative ist leicht zu erklären: Nach Ende des Ersten Weltkriegs wollten die Siegermächte wissenschaftlich fundiert die Ursachen von Kriegen und die Möglichkeiten zu ihrer Vermeidung erforschen lassen.

1920 wurde auch der weltweit erste Lehrstuhl für Internationale Beziehungen errichtet, und zwar in Aberystwyth an der Universität von Wales in Großbritannien. Im gleichen Jahr wurde auch in Deutschland die Deutsche Hochschule für Politik in Berlin gegründet, die sich u. a. in Forschung und Lehre ebenfalls mit den Internationalen Beziehungen befasste (und heute als Otto-Suhr-Institut für Politikwissenschaft Teil des Fachbereichs Politik- und Sozialwissenschaften an der Freien Universität Berlin ist). Wenig später wurde auch das Institut für Auswärtige Politik in Hamburg gegründet.

Heute gehört die Lehre von den Internationalen Beziehungen vor allem in den angelsächsischen und skandinavischen Ländern zum Standard des universitären Lehrangebots. In Frankreich und Italien gibt es dagegen nur einzelne Vertreter. In der Bundesrepublik wurden mit der allmählichen Ausbreitung der Politikwissenschaft in den sechziger und siebziger Jahren des vorigen Jahrhunderts auch Lehrstühle für Internationale Beziehungen eingerichtet. Die Internationalen Beziehungen sind inzwischen Pflichtstoff eines jeden politikwissenschaftlichen Studiums.

Der Begriff Internationale Beziehungen bzw. Internationale Politik wird in doppelter Bedeutung verwandt:

- Zum einen bezeichnet man damit alle dauerhaften politischen Aktionen und Reaktionen, die nicht auf das Gebiet eines Staates beschränkt sind, sondern die nationalen Grenzen überschreiten. Die Summe aller dauerhaften und grenzüberschreitenden politischen Aktionen und Reaktionen bzw. deren Ergebnis bilden die *Internationalen Beziehungen*.
- Zum anderen wird auch der Teilbereich der Politikwissenschaft, der sich mit der Analyse der dauerhaften, grenzüberschreitenden politischen Aktio-

nen und Reaktionen befasst, als *Internationale Politik* oder *Lehre von den Internationalen Beziehungen* bezeichnet.

Der Leser beachte auch hierbei, dass es der Politikwissenschaft um eine andere Sicht der internationalen politischen Aktionen und Reaktionen geht als der Geschichtswissenschaft. Letztere möchte wissen: *Wie ist es genau gewesen?* Diese wissenschaftliche Disziplin hat also als Forschungsziel zu beschreiben, was genau abgelaufen ist. Der Politikwissenschaft geht es demgegenüber um die Frage: *Was ist von dem, was passiert ist, von allgemeiner Bedeutung?* Sie will also erforschen, welche allgemeingültigen Regeln bzw. Gesetzmäßigkeiten aus den Ereignissen abgeleitet werden können.

Die Beschäftigung mit den internationalen Beziehungen wird uns auch viele politische Vorgänge, die sich innerhalb der Bundesrepublik Deutschland abspielen, verständlicher machen. Denn das, was innerhalb eines Landes geschieht, wird vielfach von dem, was in der übrigen Welt passiert, wesentlich mit beeinflusst.

6.2 Grundkategorien

6.2.1 Krieg

Unter *Krieg* versteht man den Versuch von Staaten, staatsähnlichen Gebilden oder gesellschaftlichen Gruppen, ihre politischen, gesellschaftlichen oder weltanschaulichen Ziele mittels organisierter bewaffneter Gewalt durchzusetzen.

Die Grenze zwischen Krieg und seinem Gegenteil, dem Frieden, ist unscharf. Wann ist eine bewaffnete Auseinandersetzung Krieg? Wie sind beispielsweise Terrorismus oder eine wirtschaftliche Blockade einzuordnen? Und wie soll man es bezeichnen, wenn sich zwei bis auf die Zähne bewaffnete Supermächte gegenüberstehen und versuchen, sich gegenseitig in ihren Aufrüstungsbemühungen zu übertreffen? Ist dieser als *Kalte Krieg* bezeichnete Zustand, der nach dem Zweiten Weltkrieg bis zur Auflösung der sozialistischen Staaten 1989 herrschte, mehr Krieg oder eher Frieden?

Vom Altertum über das Mittelalter bis zur Neuzeit war der Krieg ein Grundtatbestand menschlichen Konfliktverhaltens. Vom späten 15. Jahrhundert bis zum Ende des 18. Jahrhunderts wurden in Europa rund 250 Kriege gezählt, an denen über 500 Parteien beteiligt waren. Erfasst man nicht nur zwischenstaatliche Auseinandersetzungen, sondern auch Bürgerkriege, Revolutionen, Staatsstreiche und Guerilla- und Konterguerillaaktionen (guerilla = span. = kleiner Krieg. Kampf nicht-regulärer militärischer Gruppen gegen eine Besatzungs- oder

Kolonialmacht), so gab es seit 1945 bis zur Jahrtausendwende weltweit über 160 gewaltsam ausgetragene Konflikte, die insgesamt zwischen 15 und 32 Millionen Todesopfer - es gibt nur Schätzungen - gefordert haben.

Seit dem 17. Jahrhundert spricht man im Allgemeinen dann von *Krieg*, wenn

- an einer gewaltsamen Auseinandersetzung bewaffnete Streitkräfte, d. h. eine reguläre Armee oder Regierungstruppen beteiligt sind,
- diese Gruppen organisiert, d. h. zentral gesteuert sind und
- es sich nicht um gelegentliche, spontane Zusammenstöße, sondern um Aktivitäten unter regelmäßiger, strategischer Leitung handelt.

In der Neuzeit wurde nur dann von Krieg gesprochen, wenn an den gewaltsamen Auseinandersetzungen Körperschaften gleichen Ranges beteiligt waren. Überfälle auf andere Staaten galten damit ebenso wenig als Krieg wie Aufstände innerhalb der Staatsgrenzen, selbst wenn bei Überfällen gemordet oder Aufstände blutig niedergeschlagen wurden.

Im Zeitalter des Absolutismus (*Absolutismus* = losgelöster Zustand. Gemeint ist: legibus absolutus: losgelöst von Gesetzen, also: nicht an Gesetz gebundene politische Herrschaft. Dauer: 1648-1789) verfolgten die europäischen Kriege nur begrenzte Zielsetzungen: Menschen (Zivilbevölkerung) und Sachwerte blieben weitgehend verschont. Man sprach deshalb von *Kabinettskriegen.* Der *totale Krieg* der Neuzeit kennt demgegenüber keine Unterscheidung zwischen Krieg führenden Streitkräften und nicht kämpfender Zivilbevölkerung mehr. Er ist begleitet von

- einer Mobilisierung aller militärischen, wirtschaftlichen und geistig-weltanschaulichen Ressourcen
- der Zerstörung kriegs- und lebenswichtiger Anlagen im Feindesland
- einer gewaltigen Propaganda zur Steigerung der eigenen Wehrbereitschaft und der Zersetzung der Wehrbereitschaft des Gegners.

Letztlich verfolgt der totale Krieg das Ziel, den Gegner nicht nur zu besiegen, sondern ihn auch völlig zu vernichten.

6.2.2 Gewalt

Eng mit Krieg verbunden ist die Gewalt. Unter *Gewalt* versteht man den Versuch, unter Einsatz von Zwangsmitteln den eigenen Willen gegen den Willen anderer durchzusetzen. Sie ist Mittel zur Erzielung eines definierbaren Zwecks, hat also instrumentellen Charakter.

Man unterscheidet zum einen *direkte, physische Gewalt*: Das ist die Anwendung direkter, auf die Verletzung von Personen oder Beschädigung von Sachen abhebender Zwangsmittel. Zum anderen *indirekte, strukturelle Gewalt*: Sie liegt dann vor, wenn Menschen aufgrund der politischen, wirtschaftlichen oder gesellschaftlichen Strukturen ihres Landes daran gehindert werden, ihre körperlichen und geistigen Fähigkeiten so zu entwickeln, wie es ihnen nach ihrer Anlage möglich wäre.

Der Begriff *strukturelle Gewalt* geht auf den norwegischen Soziologen und Friedensforscher *Johan Galtung* (* 1930) zurück. Er unterstellt, dass jeder Mensch von Natur aus über Möglichkeiten zur Selbstverwirklichung verfügt. Wenn dennoch zwischen dem, was der Mensch je nach dem Entwicklungsstand seiner Epoche hätte sein können, und dem, was er tatsächlich ist, eine Lücke klafft, so liegt die Ursache dafür nach *Galtung* in einem Gewaltverhältnis begründet. Kennzeichnend für dieses indirekte Gewaltverhältnis ist, dass niemand in Erscheinung tritt, der einem anderen unmittelbar körperlichen Schaden zufügt. Gewalt tritt vielmehr indirekt auf, weil in einem Gesellschaftssystem ungleiche Machtverhältnisse oder ungleiche Lebenschancen herrschen.

Konflikte, die sich in Anwendung von Gewalt entladen, sind – bislang jedenfalls - ein allgegenwärtiges Element jeder menschlichen Gesellschaft. Ziel muss es sein, Konflikte zu zivilisieren, d. h. Konflikte friedlich, ohne Anwendung von Gewalt, auszutragen. In Art. 2 Abs. 4 der Charta der Vereinten Nationen heißt es dazu:

> „Alle Mitglieder enthalten sich in ihren internationalen Beziehungen der Drohung mit Gewalt oder der Gewaltanwendung, die gegen die territoriale Unversehrtheit oder die politische Unabhängigkeit irgendeines Staates gerichtet oder sonst mit den Zielen der Vereinten Nationen unvereinbar ist."

Trotzdem hat es seit Ende des Zweiten Weltkrieges mehr als 160 Kriege in der Welt gegeben. Worin liegen die Ursachen immer wieder aufflackernder, gewaltsamer Auseinandersetzungen? Mit der Antwort auf diese Frage werden wir uns in Kapitel 6.3 beschäftigen.

6.2.3 Frieden

Nachdem wir uns bislang mit Krieg und Gewalt befasst haben, wenden wir uns nun dem Gegenbegriff, dem Frieden, zu. *Frieden* wird in der Regel negativ definiert als Abwesenheit von offener Gewaltanwendung. Gewalt wiederum hat zwei

Aspekte: Man unterscheidet *personale (direkte) Gewalt* von *struktureller (indirekter) Gewalt.*

Bei Abwesenheit von personaler Gewalt spricht man von *negativem Frieden.* Er bezeichnet einen Zustand, bei dem es weder Krieg, noch sonstige Feindseligkeiten oder offene Gewaltanwendungen gibt. *Positiver Frieden* herrscht demgegenüber dann, wenn

- die Menschenrechte geachtet werden,
- jedem Menschen die Möglichkeit eingeräumt wird, sich gemäß seinen Anlagen und Fähigkeiten selbst zu entfalten.
- niemand ausgebeutet wird,
- sich in den Gesellschaften jeweils eine Vielzahl von Meinungen und Interessen artikulieren kann (= offene, pluralistische Gesellschaft),
- keine Rivalitäten zwischen den Staaten und ihren Regierungen existieren,

kurz: Wenn Freiheit und Gerechtigkeit herrschen.

Die Unterscheidung zwischen positivem und negativem Frieden ist insofern wichtig, als bei Abwesenheit von Gewalthandlungen allein nicht unbedingt auf einen Zustand des Friedens geschlossen werden kann. „Friedhofsruhe" in einer Gesellschaft braucht nicht zwingend ein Zeichen dafür zu sein, dass Freiheit und Selbstbestimmung herrschen. Vielmehr können die Menschen auch unterdrückt sein, offenen Widerstand aufgegeben und resigniert haben. Positiver Frieden herrscht also nur dann, wenn die Menschen freiwillig in einer politischen und gesellschaftlichen Ordnung leben, ohne von gegebenen Machtverhältnissen dazu gezwungen zu werden.

6.3 Ursachen von Krieg

Weil Kriege unter individuell verschiedenen Bedingungen des Internationalen Systems stattfinden und jeweils ganz unterschiedlich verlaufen, gibt es eine unübersehbar Zahl von Theorien, die die Ursachen von Kriegen zu erklären versuchen. Die Erklärungen sind stets standortgebunden, also von politischen, ökonomischen und anthropologischen Grundauffassungen des Autors geprägt.

Gleichwohl lässt sich die Vielzahl der Erklärungsansätze auf drei Grundtypen zurückführen. Der klassische Versuch stammt von dem amerikanischen Politikwissenschaftler *Kenneth N. Waltz* (emeritierter [= im Ruhestand befindend] Professor für Politikwissenschaft an der Berkeley Universität, Kalifornien), entwickelt in seinem 1959 erschienenen Buch „Man, the State und War (deutsch: Mensch, Staat und Krieg). Danach resultieren Krieg und Gewaltanwendung aus

- der Natur des Menschen
- der inneren politischen, wirtschaftlichen und gesellschaftlichen Struktur der Staaten
- der Struktur des Internationalen Systems.

Darauf wollen wir im Folgenden noch näher eingehen.

6.3.1 Die Natur des Menschen

Die Grausamkeiten, die Menschen einander in Kriegen zufügen, werfen die Frage auf, wie der Mensch an sich beschaffen ist. Ist er von Natur aus gut und friedfertig oder ist er von Natur aus böse und aggressiv?

Im Urzustand der Menschheit herrscht – so die Auffassung der *anthropologischen Pessimisten* – ein Kampf aller gegen alle. Dieser Urzustand wird durch Bildung eines Staates beendet, der das alleinige Recht zur Gewaltausübung besitzt (= Gewaltmonopol) und innere Sicherheit dadurch garantiert, dass er die Menschen gegebenenfalls durch Einsatz seiner eigenen Gewaltmittel (Polizei und Armee) daran hindert, sich gegenseitig die Köpfe einzuschlagen. Staaten sind – so gesehen – ein Zusammenschluss von Menschen, die vertraglich vereinbart haben, innerhalb eines abgegrenzten Gebietes den Urzustand zu beenden und durch Übertragung des Gewaltmonopols an den Staat Frieden in der Gesellschaft zu stiften.

Zu den anthropologischen Pessimisten zählen z. B. *Nicolò Machiavelli* (italienischer politischer Denker, 1469-1527) und *Thomas Hobbes* (englischer politischer Denker, 1588-1679). Sie hielten den Menschen von Natur aus für schlecht, machtgierig und zu Gewalt neigend. Deshalb müsste die Menschheit durch eine übergeordnete Macht (dem Staat) zu rechtmäßigem friedlichem Verhalten gezwungen werden. Homo homini lupus (lat. = Der Mensch ist dem Menschen ein Wolf) ist das Menschenbild dieser politischen Denker. Kriege entstehen demzufolge in den Köpfen der Menschen, und zwar weil sie dumm, selbstsüchtig oder durch aggressive Triebe fehlgeleitet werden.

Was leitet sich daraus für die Weltordnung ab? Geht man vom anthropologischen Pessimismus aus, dann ergibt sich:

- Entweder *ein Staat* der Welt müsste so groß und militärisch so mächtig sein, dass er alle anderen beherrschen und somit die Rolle einer „Weltpolizei" übernehmen kann. Das würde die Menschen daran hindern, ihre aggressiven Triebe auszuleben.

- Oder es muss zwei oder mehr Staaten geben, die annähernd gleich stark sind, ihre Einflusssphären voneinander abgrenzen und gegenseitig respektieren, sich durch ihre militärische Macht gegenseitig in Schach halten und die, weil jeder einen Sieg über den anderen für ungewiss hält, auf kriegerische Auseinandersetzungen verzichten.

Tabelle 28: Grundstrukturen internationaler Beziehungen

Beziehungsstruktur Konfliktregulierung	Antagonismus	Kooperation
Zentral	Hegemonie	Weltparlament und Weltregierung
Dezentral	Gleichgewicht des Schreckens (Ost-West-Konflikt)	Staatenverbünde (z. B. Europäische Union)

Wir finden diese Alternative in *Tabelle 28* wieder, und zwar in der Spalte „Antagonismus". Beide Konfliktregulierungsmechanismen beruhen auf Macht. Der erste wäre die *Hegemonie* eines großen Landes, das allen anderen überlegen ist und so viel Macht besitzt, dass seine Armee ähnlich wie im Inneren eines Landes die Polizei das Gewaltmonopol besitzt und die Rolle der Weltpolizei übernehmen kann. (Wer würde da nicht sofort an die Ideologie des Nationalsozialismus denken, die darauf abzielte, dass die arische Rasse die ganze Welt kontrolliert und sich untertan macht.) Der zweite wäre das *Gleichgewicht des Schreckens*, das atomare Patt zweier Großmächte wie im Kalten Krieg oder ein auf viele Staaten verteiltes, gleichgewichtiges Machtgefüge.

Den anthropologischen Pessimisten stehen anthropologische Optimisten gegenüber. Hierzu gehören z.B. *Aristoteles* (griechischer Philosoph der Antike und politischer Denker, 384-322 v. Chr.) und *Thomas von Aquin* (italienischer Philosoph und politischer Denker des Mittelalters, 1224-1274). Sie hielten die Menschen von Natur aus für gute, soziale, d. h. vernünftige und gesellige Lebewesen, die lernfähig und auf ein friedliches Miteinander angelegt sind. Homo homini amicus (lat. = Der Mensch ist dem Menschen ein Freund) ist das Menschenbild dieser politischen Denkrichtung. Deshalb müsse man dafür sorgen, dass sich die Menschen von der ihnen eigenen, angeborenen natürlichen Vernunft und ihrem Gerechtigkeitsempfinden leiten lassen, und gesellschaftliche Rahmenbedingungen schaffen, unter denen sich die wahre, gute und soziale Natur des Menschen entfalten kann.

Was leitet sich aus dieser Sichtweise für die Weltordnung ab? Wenn die Menschen von Natur aus gut und friedfertig sind, so folgt daraus:

- Entweder die Staaten verständigen sich darauf, ein *Weltparlament* und eine *Weltregierung* zu wählen. Diesen stünde eine an Recht und Gesetz gebundene Weltpolizei zur Seite, die das alleinige Gewaltmonopol besitzt.

- Oder die Staaten der Erde schließen sich zu regionalen politischen und wirtschaftlichen *Bündnissen* zusammen, die sowohl nach innen als auch nach außen ein friedliches Zusammenleben der Menschen garantieren.

Auch diese Alternative ist in *Tabelle 28* abgebildet, und zwar in der letzten Spalte „Kooperation". Im Unterschied zu den antagonistischen Konfliktlösungsmechanismen unter anthropologisch pessimistischen Annahmen beruhen diese auf Kooperation gerichteten Lösungen nicht auf Macht, sondern auf Konsens. Das entspricht der Logik des Menschenbildes: Weil die Menschen von Natur aus gut und friedfertig sind, verständigen sie sich freiwillig und aus Einsicht auf kooperative Lösungen, sei es auf der Ebene der Welt, sei es auf der Ebene größerer regionaler Räume.

Wie leicht zu erkennen ist, bedingen sich Menschenbild, politische Ordnung im Inneren eines Landes und Internationale Beziehungen gegenseitig. Wird der Mensch von Natur aus für gut, sozial veranlagt und friedfertig gehalten, ist Demokratie die politische Ordnung, die dem Wesen des Menschen entspricht und auch dauerhaft realisiert werden kann. Daraus wiederum folgt: International ist ein friedliches Zusammenleben der Völker und Staaten möglich, wenn sich die Demokratie weiter verbreitet und internationale Organisationen als Kooperations- und Konfliktregulierungsinstanzen installiert werden, die von Demokratien auch akzeptiert werden.

Ist der Mensch dagegen von Natur aus böse, herrschsüchtig und aggressiv, dann werden in der Welt Diktaturen in der Überzahl sein. Demokratien drohen immer wieder instabile Phasen und die Gefahr, von Diktaturen abgelöst zu werden. Das Nebeneinander von Demokratien und Diktaturen erschwert ein friedliches Zusammenleben von Völkern und Staaten, führt in den Internationalen Beziehungen immer wieder zu Machtkämpfen um die militärische Vorherrschaft in der Welt und beeinträchtigt die Funktionsfähigkeit internationaler Organisationen.

6.3.2 Innere politische, wirtschaftliche und soziale Struktur der Staaten

Andere politische Denker gehen bei der Erklärung von Kriegen nicht von der Natur des Menschen aus, sondern fragen nach den inneren politischen, wirtschaftlichen und sozialen Verhältnissen der Staaten. Kriege, so ihre These, sind das Ergebnis

- persönlichen Machtstrebens vieler politischer Herrscher, das nicht zuletzt wegen mangelnder rechtsstaatlicher Verfassung der Staaten möglich ist,
- ungerechter Verteilung von Reichtum und Macht in den Gesellschaften, die oft mit den fehlenden demokratischen Strukturen einhergehen.

Entweder werden unterdrückte Völker von ihren Diktatoren, die ihren Machtbereich erweitern wollen, zu Aggressionen (Angriffslust, Feindseligkeiten) gegen andere Völker aufgehetzt. Oder die Bevölkerung, die unter unbefriedigenden wirtschaftlichen und sozialen Verhältnissen leidet, richtet mehr oder weniger von sich aus Aggressionen gegen Dritte und stempelt sie zu Sündenböcken ab, d. h. macht sie für ihre schlechte Lage verantwortlich. Kriege sind folglich das Resultat unbefriedigender politischer, wirtschaftlicher und sozialer Verhältnisse im Inneren vieler Länder. Weil viele Völker auf der Welt überwiegend nicht nach rechtsstaatlichen, demokratischen Prinzipien regiert werden und Reichtum und Macht sehr ungleichmäßig verteilt sind, kommt es zu gewaltsamen, auch grenzüberschreitenden Auseinandersetzungen.

Natürlich spielt auch in diese Theorie ein Menschenbild hinein, so in Form des Machtstrebens politischer Herrscher, das die Basis von Diktaturen darstellt, oder in der Form der Aneignung von Reichtum, das zu unbefriedigenden sozialen Verhältnisse führt. Aber nicht der Mensch schlechthin wird für gierig und machtbesessen gehalten, sondern nur die jeweilige politische und wirtschaftliche Elite, die die Bevölkerung unterdrückt.

6.3.3 Struktur des internationalen Systems

Eine weitere Gruppe von Ansätzen zur Erklärung der Ursache von Kriegen stellt die Struktur des Internationalen Systems in den Mittelpunkt ihrer Theorie. Sie fragen: Wie sieht die Welt(ordnung) aus? Wie sind die Beziehungen der Staaten untereinander, wer ist mächtig und einflussreich in der Weltpolitik, wer findet keine Beachtung? Wer sind die Akteure in der Internationalen Politik: die Regierungen, die Militärs, offizielle internationale Organisationen wie z. b. die UNO oder grenzübergreifende Nicht-Regierungsorganisationen wie z. B. Multinationale Konzerne oder Greenpeace?

Wenn auch von einem anderen Ausgangspunkt kommend münden diese Erklärungsansätze ebenfalls in bereits geschilderte Ergebnisse. Beispielhaft beschrieb der französische Soziologe und Politikwissenschaftler *Raymond Aron* (1905-1983) in seinem 1962 in französischer und deutscher Ausgabe erschienenen Werk „Frieden und Krieg. Eine Theorie der Staatenwelt" die Internationalen Beziehungen auf Seite 17 als „...die Beziehungen zwischen politischen Einheiten..., deren jede das Recht für sich in Anspruch nimmt, ihr eigener Richter zu sein und alleiniger Herr über die Entscheidung, zu kämpfen oder nicht zu kämpfen." Mit anderen Worten: Die anarchische Struktur des internationalen Systems, in dem die Staaten souverän und keiner übernationalen/überstaatlichen Konflikt regulierenden Instanz unterworfen sind, bilden den Ausgangspunkt der Analysen der Internationalen Politik.

Tabelle 29: Ursachen von Kriegen

Natur des Menschen	Innere Struktur der Staaten	Struktur des internationalen Systems
Kriege sind die Folge der aggressiven und machtgierigen Natur des Menschen	Kriege sind Ergebnis diktatorischer Herrschaft, fehlender rechtsstaatlicher Verfassung der Staaten und ungleichmäßiger Verteilung des Wohlstands	Kriege resultieren aus der anarchischen Struktur des internationalen Systems, das die souveränen Staaten keiner Weltgerichtsbarkeit unterwirft und keine übernationalen Machtmittel kennt.

Nach: Waltz, K.N., Man, the State and War, New York-London 1959

Die Tatsache, dass es kein Weltgericht gibt, das zwischen Staaten Recht spricht und von Staaten an anderen Staaten begangenes Unrecht ahndet (so, wie ein Gericht im Innern eines Landes Recht zwischen Menschen spricht), löst das sog. *Sicherheitsdilemma* aus. Damit ist gemeint: Die Staaten müssen zur Selbsthilfe greifen, um zu ihrem Recht zu kommen und es sich notfalls mit Gewalt verschaffen.

Von der anarchischen Struktur des internationalen Systems ausgehend werden dann weitere Faktoren herangezogen, die das Ausbrechen von Kriegen erklären oder zumindest begünstigen wie

▪ die Existenz vieler Diktaturen, die dazu tendieren, ihren Einflussbereich auch unter Anwendung von Gewalt zu erweitern

- die in einer bestimmten historischen Situation gegebene Machtfigur zwischen den Staaten: Sind Macht, Einfluss und Ressourcen in der Welt annähernd ausgewogen verteilt oder besteht ein Machtungleichgewicht, gegen das sich schwächere Staaten versuchen, zur Wehr zu setzen?
- das Handeln der außenpolitischen Akteure und ihre strategische Kompetenz: Verhalten sich die maßgeblichen Regierungen so, dass andere nicht unnötig in Zugzwang gebracht werden oder gar zu gewaltsamen Aktionen ermutigt werden (z. B. durch Waffenlieferungen)?

Auch bei diesem Ansatz geht es also nicht primär darum, ob der Mensch von Natur aus aggressiv oder friedfertig ist. Vielmehr wird geprüft, wie die Welt konkret aussieht, wer bevorzugt oder benachteiligt ist und von wem, aus welchen Gründen auch immer, möglicherweise Aggressionen ausgehen können.

In *Tabelle 29* sind Kriegsursachen noch einmal übersichtlich zusammen gestellt.

6.4 Das Internationale System nach dem Zweiten Weltkrieg

In diesem Abschnitt werden wir das Internationale System, d. h. die Weltordnung, wie sie sich nach dem Zweiten Weltkrieg herausgebildet hat, beschreiben und analysieren. Das geschieht nicht aus rein historischem Interesse. Wir wollen nicht nur wissen, was war und was ist passiert. Wir wollen vielmehr aus dem, was sich ereignet hat, allgemeine Erkenntnisse über die Internationale Politik gewinnen. Ähnlich wie bei der Darstellung der politischen Systeme in Kapitel 2 werden wir versuchen, das Zusammenspiel der einzelnen Elemente des Internationalen Systems aufzuzeigen. Zugleich soll dargelegt werden, wie sich mit der Veränderung des Internationalen Systems auch die Theorie der Internationalen Beziehungen weiterentwickelt hat.

Bis jetzt lässt sich die Periode nach dem Zweiten Weltkrieg in zwei Phasen einteilen:

1. Den Zeitabschnitt der Konfrontation zwischen den beiden Supermächten von 1945 bzw. 1949 bis 1985.
2. Die darauf folgende Periode seit Beginn der Auflösung der sozialistischen Staaten des ehemaligen Ostblocks.

6.4.1 Die Struktur von 1945-1985

Das Internationale System nach Ende des Zweiten Weltkriegs wies fünf grundsätzliche Strukturmerkmale auf:

1. Die Staaten waren weiterhin die wichtigsten, die Internationale Politik bestimmenden, jedoch nicht die alleinigen Akteure.
2. Der Kreis der Akteure in der Internationalen Politik weitete sich auf
    *   Internationale gouvernementale Organisationen (IGO's)
    *   Internationale nicht-gouvernementale Organisationen (INGO's)aus.
3. Die Welt wurde immer mehr zu einem „Dorf", weil selbst Ereignisse in einem peripher gelegenen Land weltweite politische, wirtschaftliche und soziale Folgen haben können. Man spricht seitdem von *Globalisierung der Internationalen Politik.*
4. Dominiert wurde die Internationale Politik vom Ost-West-Konflikt.
5. Der Nord-Süd-Konflikt als Gegensatz zwischen den reichen Ländern auf der nördlichen Halbkugel der Erde und den ärmeren Ländern in der Südhälfte trat vor allem seit den siebziger Jahren stärker in den Vordergrund.

Diese Strukturmerkmale wollen wir noch näher erläutern.

6.4.1.1 Staaten als wichtigste internationale Akteure

Was ist damit gemeint, dass Staaten die Hauptakteure der Internationalen Politik sind? Wer anders als Staaten sollte es denn sonst sein, wird mancher vielleicht fragen. Die Antwort darauf könnte etwa lauten: Die Vereinten Nationen könnten *der* Hauptakteur der Internationalen Politik schlechthin sein, wenn ..., ja wenn die Weltordnung anders aussähe und die Staaten bereit wären, Einschränkungen ihrer Souveränität hinzunehmen. Denkbar wäre auch, auf diese Frage zu antworten: „Die Katholische Kirche". Denn zu anderen Zeiten hat sie in der Internationalen Politik eine wesentlich größere Rolle gespielt als in der zweiten Hälfte des 20. Jahrhunderts.

Mit dieser Sicht der nationalen Staaten als Hauptakteure der Internationalen Politik ist die Annahme verbunden, dass die außenpolitischen Entscheidungsträger, also Staatsoberhaupt, Regierungschef und Außenminister, die allein legitimierten Personen sind, die in der Internationalen Politik handeln; alle anderen innerstaatlichen Akteure können ihre weltpolitischen Interessen nur über ihre Regierung artikulieren. Internationale Aktionen, sei es z.B. der Austausch von

Wissenschaftlern oder Künstlern, sei es die Lieferung von Waffen, erfolgen unter Kontrolle des souveränen Staates.

6.4.1.2   Ausweitung der Internationalen Organisationen

Die Ausweitung des Kreises der internationalen Akteure kennzeichnet die jüngere Entwicklung der Internationalen Beziehungen, genauer gesagt der letzten beiden Jahrhunderte. Als erste internationale Organisation gilt die 1815 gegründete Internationale Rheinkommission. Später folgten die Internationale Telegraphen Union (1865) und der Weltpostverein (1874).

Man unterscheidet Internationale *Gouvernementale* (= regierungsnahe) und Internationale *Nicht-Gouvernementale* Organisationen. Wesensmerkmale *Gouvernementaler* Organisationen (IGO's) sind

- der Abschluss eines völkerrechtlichen Vertrages zwischen zwei oder mehr Staaten,
- eigene Organe mit Personal und Kompetenzen,
- grundsätzlich kein direktes Eingriffsrecht gegenüber Mitgliedsstaaten. Bei supranationalen Organisationen können Eingriffsrechte aufgrund übertragener und die Souveränität einschränkender Hoheitsrechte bestehen.

Bei Internationalen *Nicht-Gouvernementalen* Organisationen (INGO's) handelt es sich um Organisationen, die als Zusammenschluss innerstaatlicher Vereinigungen bestimmte ideelle, wirtschaftliche oder politische Zwecke verfolgen, jedoch keinen völkerrechtlichen Status haben. Beispiele sind die Sozialistische Internationale, Internationale Gewerkschaftsverbände, Multinationale Konzerne, aber auch internationale, terroristische Gruppierungen.

Einen Aufschwung nahm die Verbreitung der Internationalen Gouvernementalen Organisationen mit und nach der Gründung des *Völkerbundes* 1919. Der damalige US-Präsident *Woodrow Wilson* hatte in seinem 14-Punkte-Programm an den Kongress vom 8. Januar 1918 den Gedanken aufgebracht, eine Friedensorganisation zu gründen, „mit besonderen Verträgen zum Zweck gegenseitiger Bürgschaften für die politische Unabhängigkeit und die territoriale Unverletzbarkeit der kleinen sowohl wie der großen Staaten" (Punkt 14).

Neu am Völkerbund im Vergleich zu seinem Vorläufer, dem sog. *Europäischen Konzert*, einem seit dem Wiener Kongress von 1815 bestehenden System von Kongressen und Konferenzen, das mittels Konsultation und Kooperation versuchte, internationale Krisen beizulegen, Machtkämpfe auszubalancieren und den Ausbruch von Kriegen zu verhindern, waren

- seine rechtlich-formale Grundlage durch den Versailler Vertrag,
- das Prinzip der kollektiven Sicherheit, das im Falle eines Friedensbruchs ein gemeinsames Vorgehen gegen den Friedensstörer vorsah.

Er war jedoch kein Organ einer überstaatlichen Zwangsordnung, sondern lediglich ein Forum und eine Clearingstelle für die ihm angehörenden Nationen.

Schwächen des Völkerbundes

Die Großmächte USA und UdSSR gehörten ihm nicht an (Die USA, weil sich Präsident *Wodrow Wilson* innenpolitisch nicht durchsetzen konnte. Die UdSSR trat erst 1934 bei.)

Der Krieg war nach der Satzung nicht grundsätzlich rechtswidrig. Gegenüber Friedensbrechern bestand nur die Verpflichtung zu wirtschaftlichen und sozialen Sanktionen.

Er hatte gleichzeitig die Aufgabe, als Allianz der Siegermächte die Einhaltung des Versailler Vertrages zu überwachen, war – so gesehen – verlängerter Arm der Siegermächte.

Er verfügte über keine supranationalen Machtmittel zur Gewährleistung der Sicherheit eines bedrohten Mitglieds.

Die Vereinten Nationen (UN) wurden 1945 von den Staaten der Anti-Hitler-Koalition gegründet. Leitgedanke war die Sicherung des Weltfriedens und der internationalen Sicherheit. Im Vergleich zum Völkerbund wiesen die Vereinten Nationen zwei wesentliche konzeptionelle Unterschiede auf:

- Es war möglich, im Sicherheitsrat für UN-Mitglieder bindende Beschlüsse zu fassen, dafür waren mindestens 7, später 9 Stimmen erforderlich. Darunter mussten die der fünf ständigen Mitglieder (USA, UdSSR, Großbritannien, Frankreich und China) sein. Der *Sicherheitsrat* besteht aus fünf ständigen und zehn nicht-ständigen Mitgliedern, die für jeweils zwei Jahre aus dem Kreis aller Mitgliedsstaaten auf der Grundlage einer geografisch-politischen Verteilung [fünf afrikanische und asiatische, zwei lateinamerikanische, zwei westeuropäische und andere Staaten (Kanada, Australien, Neuseeland) sowie ein osteuropäischer Staat] gewählt werden.
- Der Einsatz militärischer Gewalt zur Wahrung bzw. Wiederherstellung des Weltfriedens war möglich. Solange der Ost-West-Konflikt (siehe dazu später) jedoch der das gesamte Internationale System prägende Konflikt war,

war eine Friedenssicherung nur bei kleinen, unbedeutenden Konflikten möglich, von denen die beiden Blöcke nicht unmittelbar betroffen waren.

Die wachsende Zahl Internationaler Gouvernementaler und Nicht-Gouvernementaler Organisationen hat zu einer allmählichen Erosion (= Aushöhlung) der Souveränität der Nationalstaaten geführt. Gab es 1909 nur 37 IGO's und 176 INGO's, waren es 1954 bereits 118 IGO's und 1008 INGO's. In den achtziger Jahren des vorigen Jahrhunderts wurden zwischen 300 und 400 IGO's und zwischen 4000 und 5000 INGO's gezählt. Inzwischen dürfte es über 500 IGO's und mehr als 5000 INGO's geben. Wir kommen auf die Bedeutung dieser Organisationen im Internationalen System später noch zurück.

6.4.1.3 Die Globalisierung

An diesem Strukturmerkmal des Internationalen Systems lassen sich gut zwei unterschiedliche Theorien der Internationalen Beziehungen veranschaulichen: die der sog. *Realisten* und die der sog. *Globalisten*.

In den siebziger Jahren des vorigen Jahrhunderts begann in der Politikwissenschaft ein grundsätzlicher Streit über die Struktur des Internationalen Systems: Auf der einen Seite standen die sog. *Realisten* oder die *realistische Schule*. Sie vertraten insbesondere folgende Grundpositionen:

- Staaten sind die *einzigen* bedeutenden Akteure der Internationalen Beziehungen. Dementsprechend müsse die Politikwissenschaft zur Analyse der internationalen Beziehungen bei den Motiven und Verhaltensweisen der die Staaten nach außen vertretenden politischen Entscheidungsträger ansetzen.
- Internationale Beziehungen sind *allein* das Ergebnis der außenpolitischen Aktionen einzelner Staaten. Sie verfolgen das Ziel, ihre militärische, territoriale (= gebietsmäßige) und weltanschauliche Herrschaft zu sichern.
- Die internationalen Beziehungen sind ein *Nullsummenspiel*. Das bedeutet: Ein Land kann an militärischem, territorialem und weltanschaulichem Einfluss immer nur zu Lasten eines anderen Landes gewinnen. Das führt unweigerlich zu Konflikten, die entweder offen oder latent (= im Verborgenen) mit Gewalt ausgetragen werden.
- Vorherrschaft in der Welt ist Ergebnis des Einsatzes von oder der Drohung mit Machtmitteln.

Führender Vertreter dieser Richtung war der Chikagoer Politikwissenschaftler *Hans J. Morgenthau*. Wie kaum ein anderer prägte er das politische Denken in den USA nach Ende des Zweiten Weltkriegs. *Morgenthau* lieferte gewissermaßen die theoretisch-wissenschaftliche Begründung für den Kalten Krieg. Nachdem die Ansätze einer Friedensordnung nach dem Ersten Weltkrieg kläglich an der Machtpolitik des Nationalsozialismus gescheitert waren, fielen seine Gedanken allseits auf fruchtbaren Boden. Sein Hauptwerk wurde unter dem Titel „Macht und Frieden. Grundlegung einer Theorie der internationalen Politik" (die Erstauflage erschien 1948 in den USA unter dem Titel „Politics among Nations", wörtlich „Politik zwischen Staaten") 1963 in Deutschland veröffentlicht.

Das von den *Realisten* geprägte Weltbild geriet ins Wanken, als sich in den siebziger Jahren die Grundstrukturen der bestehenden Weltordnung änderten. Die einsetzende Entspannungspolitik, vorangetrieben insbesondere durch den damaligen deutschen Bundeskanzler *Willy Brandt* (SPD), förderte gemeinsame Interessen in der Rüstungskontrollpolitik zutage, ließ die Feindbilder allmählich verblassen und hob den Krieg als realistische Option auf. Denn auf beiden Seiten der Supermächte war eine Zweitschlagkapazität entstanden, die es dem Angegriffenen ermöglicht hätte, mit gleicher Wucht und den selben verheerenden Folgen zurück zu schlagen und den Angreifer zu treffen. Ferner rückte die Ölkrise 1973/74 ökonomische Fragen und Probleme stärker in den Mittelpunkt des Interesses. Hinzu kam, dass der Nord-Süd-Konflikt intensiver wurde und die Länder der Dritten Welt die Forderung nach einer neuen Weltwirtschaftsordnung erhoben (siehe dazu im einzelnen Abschnitt 6.4.1.5).

Die Schule der *Globalisten*, die durch diese Veränderungen der Realität Auftrieb erfuhr, vertrat insbesondere folgende Positionen:

- Die Staaten sind *nicht* die einzigen bedeutenden Akteure der Internationalen Beziehungen. Viele politische Vorgänge können vielmehr nur als Resultat der Aktionen von IGO's und INGO's oder von Multinationalen Konzernen erklärt werden. Diese Einzel- oder gesellschaftlichen Gruppenakteure gewinnen ein großes Maß an Autonomie gegenüber den staatlichen Akteuren. Das frühere Monopol der Staaten bei der Außenvertretung wird häufig unterlaufen.

  Beispiel: Multinationale Konzerne verhandeln direkt mit ausländischen Partnern, die sowohl aus den Bereichen der Wirtschaft als auch aus der Politik kommen können. Parteien, Gewerkschaften und sonstige Verbände werden von sich aus grenzüberschreitend tätig.

- Die grenzüberschreitenden Aktionen der internationalen Akteure, die die Internationalen Beziehungen charakterisieren, finden ihr Motiv zunehmend in dem Ziel, den eigenen Wohlstand und den Beschäftigungsstand zu verbessern. Dieses Ziel hat für jede Regierung eine hohe innenpolitische

Bedeutung. Fragen militärischer Sicherheit spielen zwar nach wie vor eine Rolle, geraten jedoch etwas in den Hintergrund.

- Die Internationalen Beziehungen sind *kein Nullsummenspiel*. Die Ausbreitung technischen Fortschritts und die Verbesserung der internationalen Arbeitsteilung können Vorteile für alle bringen. Deshalb ist Kooperation aufgrund gemeinsamer Interessen und nicht mehr Konflikt das Grundmuster der Internationalen Beziehungen.

- Internationaler Einfluss resultiert in der globalisierten Welt aus dem gekonnten Management der gegenseitigen Abhängigkeiten. Man gewinnt Einfluss durch Überzeugung und Argumentation, nicht mehr durch Drohung mit Machtmitteln.

Kurzum: Die nicht zu leugnende Tatsache, dass wir in einer Welt gegenseitiger Abhängigkeiten leben, führte letztlich auch zu veränderten Einstellungen vieler politischer Entscheidungsträger, vor allem in den demokratisch regierten Staaten. Eine führende Rolle in dieser Denkrichtung der Lehre von den Internationalen Beziehungen spielten die amerikanischen Politikwissenschaftler *Robert Owen Keohane* (Harvard-Universität, zuletzt Duke Universität) und *Joseph Nye* (Dekan der Fakultät für Politikwissenschaft an der Harvard-Universität). Ihr grundlegendes, gemeinsames Werk über „Power and Interdependence. World Politics in Transition" (deutsch: Macht und wechselseitige Abhängigkeiten. Weltpolitik im Übergang) ist 1977 in den USA erschienen.

6.4.1.4 Der Ost-West-Konflikt

Das alles überragende Strukturmerkmal des Internationalen Systems nach dem Zweiten Weltkrieg bis Ende der achtziger Jahre war zweifellos der Ost-West-Konflikt. Darunter verstand man die Gesamtheit der Beziehungen, Transaktionen und Interaktionen zwischen den real existierenden sozialistischen Staaten (dem Ostblock) und den übrigen Staaten Europas und Nordamerikas. Er beruhte auf unterschiedlichen Vorstellungen über eine wünschbare politische, wirtschaftliche und gesellschaftliche Ordnung.

Die politischen Lager sahen die Ursache des Konflikts hauptsächlich in der ideologisch fundierten Aggressionsabsicht der anderen Seite. Liberale und Konservative verwiesen auf das marxistische Ziel der Weltrevolution, das auch eine gewaltsame Eroberung der kapitalistischen Welt einschloss. Die Marxisten sahen demgegenüber in der kapitalistischen Produktions- und Distributionsweise, die nach ständiger Erweiterung der Absatzgebiete und der Einflusssphären verlangt, einen Aspekt des internationalen Klassenkampfes. Eine dritte, um Brückenschlag bemühte Position sah im Ost-West-Konflikt eher das Resultat langfristig wirkender geschichtlicher Kräfte: Vor dem Zweiten Weltkrieg bildete Europa das Machtzentrum der Internationalen Beziehungen. Obwohl in der Zwischenkriegszeit die UdSSR bereits sozialistisch und die USA kapitalistisch waren, blieb der Konflikt nur schwach ausgeprägt. Erst nach der Niederlage des Dritten Reichs versuchten die USA und die UdSSR gleichermaßen, wenn auch mit unterschiedlichen Zielsetzungen in das in Europa entstandene Machtvakuum (Vakuum = luftleerer Raum) vorzudringen.

Prägende Konflikte nach dem Zweiten Weltkrieg*

Im Schatten des das Internationale System vierzig Jahre lang prägenden Ost-West-Konflikts fanden zahlreiche Krisen, Konflikte und Kriege statt:

Berlin-Krisen 1948 und 1961
Berlin bildete drei Jahrzehnte lang einen Krisenherd im Ost-West-Konflikt. Die Siegermächte des Zweiten Weltkriegs USA, UdSSR, Großbritannien und Frankreich teilten die Stadt in vier Sektoren und unterstellten ihre Verwaltung dem alliierten Kontrollrat, der wiederum eine Kommandantur einsetzte. Im März 1948 verlässt die UdSSR den Kontrollrat, im Juni auch die Kommandantur. Nach der Währungsreform in den drei westlichen Besatzungszonen sperrt die UdSSR am 24. 6. 1948 Land- und Wasserwege mit dem Ziel, den Vier-Mächte-Status der Stadt auszuhebeln und West-Berlin der sowjetischen Besatzungszone einzuverleiben. Die Westmächte reagieren mit Bildung einer Luftbrücke und versorgen West-Berlin mit Transportflugzeugen. Am 12. Mai 1949 gibt die UdSSR auf und beendet die Blockade.
Die zweite Berlin-Krise wurde mit dem Ultimatum des sowjetischen Ministerpräsidenten Chruschtschow im November 1958 eingeleitet. Er erklärt frühere Abmachungen für Berlin als außer Kraft gesetzt und fordert, Berlin in eine freie, entmilitarisierte Stadt umzuwandeln. Dem stellt der amerikanische Präsident John F. Kennedy im Juni 1961 drei Essentials (= unverzichtbare Punkte) entgegen:
Das Recht auf Anwesenheit der Alliierten in West-Berlin
Freier Zugang nach Berlin zu Wasser, zu Lande und in der Luft
Möglichkeit für West-Berlin, seine eigene Zukunft selbst zu bestimmen.
Am 13. August 1961 begann die DDR mit dem Bau der Mauer quer durch Berlin und entlang der gesamten Westgrenze zur Bundesrepublik Deutschland. Die Westmächte protestieren zwar, greifen aber nicht militärisch ein.

Korea-Krieg 1950
Am 25. Juni 1950 greifen nordkoreanische Truppen Südkorea an. Die beiden Landesteile sind durch den 38. Breitengrad voneinander getrennt. Die USA gewähren Südkorea zwei Tage später militärischen Beistand.
Am 27. Juni erklärt der UN-Sicherheitsrat in Abwesenheit des sowjetischen Delegierten Nordkorea zum Aggressor und bewilligt Südkorea militärische Unterstützung. Der Krieg endet im Juli 1953 mit dem Abkommen von Panmunjon: Der 38. Breitengrad wird end-

gültig zur Grenze zwischen Nord- und Südkorea erklärt. 1992 schließen Nord- und Südkorea einen Nichtangriffs- und Versöhnungspakt. Beide werden atomwaffenfreie Zone.

Doppelkrise Suez/Ungarn 1956

Im November 1956 schlagen die Truppen der UdSSR einen Aufstand der ungarischen Bevölkerung blutig nieder. Die Ungarn wollten einen Kommunismus eigener nationaler Prägung.

England und Frankreich, die bis dato (= bis zu diesem Zeitpunkt) die Kontrolle über den Suez-Kanal hatten, versuchen, mit einem abgestimmten militärischen Vorgehen dessen Verstaatlichung rückgängig zu machen, die der ägyptische Präsident Nasser zeitgleich zum Ungarn-Aufstand vorgenommen hatte. Die UNO verurteilt sowohl den Suez-Eingriff von England und Frankreich als auch die Intervention der UdSSR in Ungarn. Beide Blöcke erleben so nicht nur einen Gesichtsverlust, sie können auch ihre Interessen letztendlich nicht durchsetzen.

Kubakrise 1962

Nach längeren Guerilla-Kämpfen übernimmt Fidel Castro 1959 das Amt des Präsidenten in Kuba. Er gestaltet das Land nach sozialistischem Muster um, macht es zu einem Verbündeten der Sowjetunion und gestattet ihr die Stationierung von Mittelstreckenraketen. Am 22. Oktober 1962 fordert der amerikanische Präsident John F. Kennedy den sowjetischen Ministerpräsidenten Chruschtschow ultimativ auf, die Mittelstreckenraketen von Kuba abzuziehen, und erlässt eine Seeblockade. Sechs Tage lang hält die Welt den Atem an. Der Friede hängt an einem seidenen Faden, ein Dritter Weltkrieg droht. Doch am 28. Oktober lenkt Chruschtschow ein und kündigt den Abzug der Mittelstreckenraketen aus Kuba an. Allgemein wird die Kuba-Krise als der gefährlichste Versuch der UdSSR gewertet, die weltpolitischen Machtverhältnisse zu ihren Gunsten zu verändern.

Einmarsch der UdSSR in die Tschechoslowakei

Im März 1968 kommt es in der CSSR zu einer Wende: Die Kommunisten unter Dubczek wollen zwar das sozialistische Wirtschafts- und Gesellschaftssystem reformieren, gleichwohl aber am Bündnis mit der UdSSR und den übrigen sozialistischen Staaten festhalten (Prager Frühling). Die sowjetische Führung sah in diesem Ansatz eine Gefährdung der Geschlossenheit des sozialistischen Lagers. Am 21. August 1968 marschierten die Armeen der übrigen Warschauer-Pakt-Staaten unter Führung der Sowjetunion in die CSSR ein und stellten die alten Verhältnisse wieder her. Zur Rechtfertigung dieser Intervention diente die sog. *Breschnew-Doktrin*: Danach sind die sozialistischen Staaten bei Abweichung eines Staates verpflichtet, den abirrenden Staat notfalls mit Waffengewalt ins sozialistische Lager zurückzuholen.

Die Krise kühlte die Ost-West-Beziehungen kurzfristig ab, konnte aber die in den siebziger Jahren einsetzende Entspannungspolitik nicht aufhalten.

Vietnam-Krieg

Nach einem längeren Guerilla-Krieg unterliegt Frankreich 1954 den Viet-Min. Das in Genf geschlossene Indochina-Abkommen sieht die Teilung Vietnams am 17. Breitengrad in einen nördlichen und einen südlichen Teil vor. 1956 sollten in beiden Teilen freie Wahlen stattfinden und das Land wiedervereinigen.

Doch dazu kommt es nicht. Die südvietnamesische Regierung unter Diem widersetzt sich dem Abkommen und verfolgt die Kommunisten. Nordvietnam unter Präsident Ho Chi Min will die Wiedervereinigung des Landes unter kommunistischem Vorzeichen.

Im Frühjahr 1965 droht Südvietnam in den militärischen Kämpfen gegen Nordvietnam zu unterliegen. Daraufhin entsenden die USA Hilfstruppen, die bis 1969 die Zahl von 540.000 Mann erreichen. Gerechtfertigt wurde der Einsatz mit der sog. *Dominotheorie*: So wie beim Dominospiel ein Stein nach dem anderen fällt, so droht in den Internationalen Beziehungen ein Land nach dem anderen in Südostasien unter kommunistische Herrschaft zu geraten, wenn Vietnam aufgegeben würde. Ca. 70.000 Soldaten aus Südkorea, Thailand und Australien unterstützten die USA bei ihrer Intervention.

Trotz massiven militärischen Einsatzes konnten die USA den Guerilla-Krieg gegen den Vietcong nicht gewinnen. Unter dem US-Präsidenten *Nixon* wurde die Wende eingeleitet, indem eine „Vietnamisierung" des Krieges angestrebt wurde. 1973 zogen sich die US-Soldaten aus Vietnam zurück, und in Paris wurde ein Waffenstillstandsabkommen unterzeichnet. Bereits ein Jahr später besetzte Nordvietnam die südvietnamesische Hauptstadt Saigon und erzwang 1976 – unter Brechung der geschlossenen Verträge - die Wiedervereinigung Vietnams. Es kam zur Bildung einer Sozialistischen Republik Vietnams.

Am Ende dieses Konflikts standen allein auf amerikanischer Seite 55.000 Tote und Kosten von 350 Mrd. US-$. Trotzdem konnte die Vormachtstellung der USA im asiatisch-pazifischen Raum nicht gehalten werden. Das amerikanische Engagement wurde in allen Ländern der westlichen Welt sehr kontrovers diskutiert und hat die Internationalen Beziehungen am nachhaltigsten beeinflusst.

Afghanistan-Konflikt

Als Durchgangsland zwischen Ost und West, zwischen der UdSSR und dem früheren britischen Kaiserreich in Indien unterhielt Afghanistan enge Beziehungen zur UdSSR. Denn der Westen hatte Pakistan im Konflikt mit Afghanistan unterstützt.

Mitte der siebziger Jahre wendet sich Afghanistan unter Ministerpräsident *Daud* von der UdSSR ab.

Nach einem blutigen Umsturz erringen 1978 die Kommunisten die Macht. Die UdSSR schließt mit Afghanistan unter der Regierung von *Taraki* einen Freundschaftsvertrag. Auf ein angebliches Hilfeersuchen interveniert die UdSSR im Dezember 1979 und lässt eine 100.000-Mann-Truppe in Afghanistan einmarschieren. Hintergrund ist die Furcht vor fundamentalistischen Ideen (Fundamentalismus: von lat. fundamentum = Grundlage. In der Politik: Bewegung, die kompromisslos an religiösen Glaubensüberzeugungen festhält), die auf die südlichen Republiken – dort leben etwa 55 Mio. Muslime – übergreifen könnten.

Wie die USA in Vietnam kann sich auch die UdSSR im Guerilla-Krieg nicht behaupten. 1988 kündigt der sowjetische Präsident *Gorbatschow* den Rückzug aus Afghanistan an. Unter Vermittlung der UN kommt ein Vertrag zustande, in dem sich die USA und die UdSSR zur Nicht-Einmischung in die inneren Angelegenheiten Afghanistans verpflichten.

Der Afghanistan-Konflikt verschärfte die amerikanisch-sowjetischen Beziehungen in den achtziger Jahren. Der amerikanische Präsident *Carter* erklärte die Nahostregion zur strategischen Schutzzone der USA und drohte mit Waffengewalt, falls die UdSSR im persisch-arabischen Raum weiter vorrücken sollte.

Die Golfkriege

Zwei militärische Konflikte, die in den achtziger und neunziger Jahren am Persisch-Arabischen Golf ausbrechen, werden als *Golfkriege* bezeichnet. Im September 1980 greift der Irak – seit Juli 1979 von *Saddam Hussein* geführt - den Iran an, der intern durch eine Revolution geschwächt war (Das Iranische Kaiserreich unter dem Schah *Reza Pahlewi* war von dem Regime unter *Khomeini* abgelöst worden.). Auslöser sind Gebietsansprüche des Iraks im Bereich des Flusses Schatt-el-Arab, in dem neben reichen Ölvorkommen auch traditionelle Machtrivalitäten und Religionskonflikte herrschen. Der acht Jahre dauernde, mit konventionellen Waffen geführte Krieg kostete 400.000 Menschenleben, über 1 Mio. Verwundete und 350 Mrd. US-Dollar. 1988 erreichte die UNO einen Waffenstillstand. Doch es gab am Ende keinen Sieger: Der Status quo ante (= vorheriger Zustand) wurde wiederhergestellt.

Am 2. September 1990 annektiert (= bringt mit Gewalt in seinen Besitz) der Irak das benachbarte Kuwait und erhofft sich davon einen besseren strategische und ökonomische Vorteile: einen besseren Zugang zum Persisch-Arabischen Golf und die Kontrolle über das kuwaitische Öl. Der Überfall führt zur Bildung einer Anti-Irak-Koalition und zu Gegenmaßnahmen der UNO. Der UN-Sicherheitsrat verurteilt in seiner Resolution Nr. 660 die Besetzung Kuwaits und beschließt ein weltweites Wirtschafts- und Waffenembargo (Embargo = Belieferungsverbot) gegen den Irak. In der Resolution Nr. 678 vom 29.11.1990 wurde der Irak ultimativ (= letztmalig) aufgefordert, seine Truppen bis 15.1.1991 zurückzuziehen. Da *Saddam Hussein* dieses Ultimatum unbeachtet lässt, greifen alliierte Truppen unter US-Führung den Irak massiv aus der Luft an, befreien Kuwait und zerstören einen Großteil des irakischen Militärpotenzials. Am 11.4.1991 tritt ein Waffenstillstand in Kraft, in dem sich der Irak verpflichten muss, die Grenzen Kuwaits anzuerkennen, auf die Herstellung und den Erwerb von Nuklearwaffen zu verzichten und der Zerstörung seiner B- und C-Waffen zuzustimmen. Das eigentliche Kriegsziel der USA und ihrer Alliierten wird jedoch verfehlt: *Saddam Hussein* bleibt weiterhin diktatorischer Herrscher im Irak.

* Nach: Woyke, W., Prägende Konflikte nach dem Zweiten Weltkrieg, in: ders.(Hrsg.), Handwörterbuch Internationale Politik, 8. Aufl., Opladen 2000, S.374 ff.)

Vier Phasen des Ost-West-Konflikts lassen sich unterscheiden:

- Die *Herausbildungsphase*: Nach dem Ersten Weltkrieg versuchen die USA zunächst, die UdSSR durch Nicht-Anerkennung zu isolieren. Erst 1933, als in Deutschland der neue Feind (Hitler) an die Macht gekommen war, wurden diplomatische Beziehungen aufgenommen.

- Die *Eskalationsphase*: Die Beziehungen zwischen den Supermächten kühlten zunehmend ab. Immer wieder kam es zu gefährlichen Krisen, die an den Rand eines Dritten Weltkriegs führten, jedoch – zum Glück für die Menschheit – nicht in einer unmittelbaren militärischen Kampf mündeten (siehe Kasten).
- Die *Entspannungsphase*: Zu Beginn der siebziger Jahre verständigten sich die beiden Blöcke auf das Prinzip der Nichteinmischung in die inneren Angelegenheiten des anderen, sicherten sich gegenseitig territoriale Integrität und Gewaltverzicht zu. Es wurden Maßnahmen eingeleitet, die als *Friedenssicherung durch Rüstungskontrolle* bezeichnet wurden:
  - Das SALT I-Abkommen von 1972 (Strategic Arms Limitation Talks = Gespräche über die Begrenzung strategischer Waffen) sollte die Zahl strategischer Angriffswaffen durch Festlegung künftiger Obergrenzen verringern.
  - 1975 unterzeichnen 35 Staaten Europas (außer Albanien, aber einschl. der UdSSR) und Nordamerikas (USA und Kannada) in Helsinki die sog. KSZE-Schlussakte (KSZE = Konferenz für Sicherheit und Zusammenarbeit in Europa). Darin werden die bestehenden Macht und Herrschaftsverhältnisse in Europa und die Rolle der USA als fester Bestandteil der europäischen Sicherheit akzeptiert.
  - SALT II (1979) sollte Kernwaffen der UdSSR kontrollieren. Da der Afghanistan-Konflikt ausbricht, wurde es jedoch nicht ratifiziert.
- Die *erneute Abkühlungsphase*: Nach dem Einmarsch der UdSSR in Afghanistan kam es zum NATO-Doppelbeschluss von 1979: Der Westen wollte auf unmittelbare Nachrüstung durch Pershing II-Raketen verzichten und mit der UdSSR über eine einvernehmliche Lösung verhandeln. Bei einem Scheitern der Verhandlungen kündigte die NATO die Nachrüstung an. 1983 wurde dann mit der Stationierung der Pershing II begonnen.

Die Konfrontation der beiden Supermächte und damit der Ost-West-Konflikt endeten in der zweiten Hälfte der achtziger Jahre. Bevor wir auf das Internationale System eingehen, das danach entstanden ist, wollen wir noch den zweiten Konflikt beschreiben, der die Internationalen Beziehungen charakterisierte: den Nord-Süd-Konflikt.

6.4.1.5   Der Nord-Süd-Konflikt

Die einzelnen Regionen auf der Erde sind unterschiedlich weit entwickelt. Aus diesem unterschiedlichen politischen, wirtschaftlichen und sozialen Entwicklungsstand der Länder ergeben sich unterschiedliche Interessen und somit auch Konflikte, die ein zentrales Problemfeld der Internationalen Beziehungen darstellen. Diese Konflikte werden in der Politikwissenschaft, aber auch in der Ökonomie als Nord-Süd-Konflikt bezeichnet.

Die geographische Zuordnung der beiden Konfliktparteien trifft die Realität allerdings nur unvollkommen. Nicht alle unterentwickelten Länder liegen auf der Südhalbkugel der Erde. Der Konflikt bezieht sich vielmehr auf die unterschiedlichen Interessenlagen von marktwirtschaftlich organisierten Industriegesellschaften (den OECD-Ländern) und Entwicklungsgesellschaften. Für die aus der Entkolonialisierung (= Umwandlung einer ehemaligen Kolonie eines industriell entwickelten Staates in einen souveränen Staat) hervorgegangen Staaten Asiens, des Nahen Ostens, Afrikas und Lateinamerikas bürgerte sich auch der Begriff *Dritte Welt* ein. Die Erste Welt war demnach der Kreis der marktwirtschaftlich organisierten Industrieländer, die Zweite Welt die real existierenden sozialistischen Staaten.

Die charakteristischen Merkmale eines Entwicklungslandes sind

- eine hungernde Bevölkerung
- schlechter Gesundheitszustand, hohe Kindersterblichkeit und niedrige Lebenserwartung
- geringe Bildungschancen
- Slumcharakter der Wohnquartiere

Die Höhe des Bruttosozialprodukts, auch das Bruttosozialprodukt pro Kopf, alleine ist kein hinreichender Indikator für Unterentwicklung. Daran lässt sich nämlich die Verteilung des Sozialprodukts innerhalb des jeweiligen Landes nicht erkennen. Beispielsweise weisen die Öl exportierenden Länder ein hohes Bruttosozialprodukt pro Kopf auf, jedoch ist die Verteilung derart ungleichmäßig, dass ein hoher Prozentsatz der Bevölkerung in diesen Ländern in Armut lebt.

Unterentwickelte Länder sind einem Teufelskreis der Armut ausgesetzt: Das niedrige Einkommen hat eine niedrige Sparquote zur Folge. Dadurch ist die Investitionsquote niedrig, was wiederum zu geringer Arbeitsproduktivität führt. Diese wiederum bedingt niedrige Einkommen usw. Man kann den Teufelskreis der Armut auch physisch beschreiben: Unterernährung bedeutet geringe körperliche und geistige Leistungsfähigkeit. Dadurch können nur geringe Einkommen erzielt werden, und das mündet wieder in Unterernährung.

So einleuchtend der hier beschriebene Teufelskreis der Armut ist, er kann nicht erklären, warum Industrieländer und einige Schwellenländer (= ehemals unterentwickelte Länder) ihm entronnen sind. Häufig existiert in Entwicklungsländern eine kleine, wohlhabende Oberschicht. Nach dem 1990 veröffentlichten

Weltentwicklungsbericht der Weltbank würde eine nur um zwei Prozent höhere Steuer auf die Einkommen des obersten Fünftels dieser Länder ausreichen, um die Massenarmut in diesen Ländern zu überwinden. Doch die dort regierenden Diktatoren sind sich bewusst, auf welchem Pulverfass sie sitzen. Für den Fall ihres Sturzes beugen sie mit Milliardenbeträgen vor, die sie auf Nummernkonten im Ausland angelegt haben.

Zusätzlich zu dieser Kapitalflucht hindern enorme Rüstungsausgaben diese Länder an einer weiteren wirtschaftlichen Entwicklung. So hat sich der Anteil der Entwicklungsländer an den weltweiten Rüstungsausgaben von 1960 bis 1980 von 10 % auf 25 % erhöht und übersteigt damit ein Mehrfaches die von den Industrieländern geleistete Entwicklungshilfe. Mitte der achtziger Jahre betrugen die jährlichen Ausgaben der Entwicklungsländer für die Rüstung rund 500 Mrd. DM. Die Rüstungsimporte sind nach Schätzungen der Weltbank für etwa ein Drittel der Auslandsverschuldung dieser Länder verantwortlich. Auch die Rüstungskonzerne der Bundesrepublik profitieren von diesem Zustand: Zwei Drittel der deutschen Rüstungsexporte gehen in die Dritte Welt.

Zu Beginn der siebziger Jahre tauchte das Schlagwort vom West-Süd-Konflikt auf. Damit ist gemeint: Eigentlich besteht der Kern des Konflikts in den Interessengegensätzen zwischen dem reichen kapitalistischen Westen und den armen Entwicklungsländern. Die sozialistischen Staaten würden diese Konfliktkonstellation nutzen und sich dem Süden als natürlicher, anti-imperialistischer Verbündeter anbieten. Dahinter steckte die Hoffnung marxistisch orientierter Theoretiker im Westen, den Süden zum Ausgangspunkt der sozialistischen Weltrevolution machen und die von den kapitalistischen Ländern unter Führung der USA beherrschte Weltordnung ablösen zu können.

Zwar gibt die weltweit zunehmende Protestbewegung gegen die USA und ihr Engagement im Vietnamkrieg, die Bildung des OPEC-Kartells (OPEC = Organisation Erdöl exportierender Staaten), Organisationsbemühungen um weitere Rohstoff-Kartelle sowie das selbstbewusste Auftreten von Dritte-Welt-Sprechern in UN-Gremien diesen Spekulationen neue Nahrung. Doch trotz gelegentlich aufflackernder, kämpferischer Aufbruchstimmung dominieren in der Dritten Welt die Interessendifferenzen:

▪ Das OPEC-Kartell hat kein Interesse, die Volkswirtschaften der Industrieländer dauerhaft zu schwächen. Denn die Ölländer legen ihre durch Ölexporte verdienten Gelder – die sog. Petro-Dollars – wieder in den Industrieländern an (diesen Vorgang nennt man in der Volkswirtschaftslehre übrigens *Recycling* = Zurückschleusung) und erwarten dafür eine entsprechende Rendite, was nur bei weiterhin wachsenden Ökonomien der Ersten Welt möglich ist. Die Industrieländer bieten dafür im Gegenzug militärischen Schutz der Herrschenden in diesen Staaten.

- Die Schwellenländer – das sind ehemals unterentwickelte Länder, die an der „Schwelle" zur Industrialisierung stehen und an die Industrieländer aufschließen – haben großes Interesse an Handelserleichterungen, um auf den Märkten der Industrieländer verkaufen und harte Währung (US-Dollar, Euro) dafür erlösen zu können. Die weniger entwickelten Länder sind mehr an Entwicklungshilfe interessiert.
- Etwa 100 Entwicklungsländer sind für den Westen wirtschaftlich und politisch uninteressant. Sie können auf dem Weltmarkt nur Waren anbieten, von denen es ohnehin ein Überangebot gibt und für die nur Niedrigstpreise zu erzielen sind. Drei Viertel der Exporte der Bundesrepublik in die Dritte Welt gehen in nur 19 Länder, die wichtige Rohstoffe bieten und in ihrem Gebiet regionale Vormächte sind.

Der Nord-Süd-Konflikt hat somit keinesfalls die Qualität des Ost-West-Konflikts. Zwar geht es beim Nord-Süd-Konflikt um handfeste wirtschaftliche Interessengegensätze, aber nicht – wie beim Ost-West-Konflikt - um die ideologische und militärische Vorherrschaft in der Welt.

6.4.1.6   Zusammenfassung

In welche Kategorie Internationaler Beziehungen wäre das Internationale System von 1945-1985 einzuordnen, wenn man es in *Tabelle 28* einordnen wollte? Berücksichtig man, dass der Ost-West-Konflikt *das* dominierende Strukturelement von 1945 bis 1985 war, dann war das Internationale System dieser Zeit zweifellos ein Gleichgewicht des Schreckens, also ein auf bipolarer Macht beruhendes, antagonistisches System. Wenngleich dieser Konflikt das alles dominierende Element war, so gab es – sozusagen eine Ebene darunter – durchaus weitere Strukturen. Das Verhältnis der Westmächte untereinander ließe sich durchaus als ein dezentrales, auf Kooperation und Konsens angelegtes System bezeichnen. Die Beziehungen zwischen Industrie- und Entwicklungsländern wiederum gleichen eher einer Hegemonie des Nordens über den Süden. Ebenso war das Verhältnis der real existierenden sozialistischen Welt stark von der Hegemonie der UdSSR geprägt.

Wir sehen, dass es *die eine Weltordnung schlechthin* nicht gibt. Es existieren vielmehr häufig mehrere Teil-Weltordnungen nebeneinander. Auch die Analyse der Situation nach Ende des Ost-West-Konflikts wird uns dies zeigen.

6.4.2 Die Struktur nach 1985

Nach Ende des Ost-West-Konflikts hat sich die Welt grundlegend verändert. Was sind die wesentlichen Strukturelemente der Internationalen Beziehungen nach der Auflösung der ehemaligen sozialistischen Staaten? Die Antwort auf diese Frage hängt zunächst davon ab, aus welchem Blickwinkel man den Niedergang der sozialistischen Staaten betrachtet, d. h. worin man die Ursachen ihrer Auflösung sieht. Daraus wiederum leiten sich die Strategien zur Stabilisierung des Internationalen Systems und zur Sicherung des Friedens ab, die in der Lehre von den Internationalen Beziehungen diskutiert werden.

6.4.2.1 Theoretische Erklärungsansätze

Theorien, die den Ost-West-Konflikt als Kampf der beiden Supermächte um die Vorherrschaft in der Welt betrachteten, knüpften an die *realistische Schule* an und werden als *Neorealismus* bezeichnet. Sie sahen die Auseinandersetzung um militärische Potenziale und den Rüstungswettlauf als Kern des Ost-West-Konflikts an. Nachdem die UdSSR diesen Wettlauf verloren und resigniert hat, der Friede – zumindest in Westeuropa – und die friedliche Koexistenz auf dem „Gleichgewicht des Schreckens", also auf militärischer Macht beruhte, muss – bei dieser Sicht- und Denkweise - ein neues Machtzentrum die verschiedenen Staaten und Regionen der Welt zur friedlichen Koexistenz und Kooperation zwingen. Denn – so die Überlegung der *Neorealisten* – die Staaten streben weiterhin nach Macht in der Weltpolitik und können in diesem Streben nur durch eine Hegemonialmacht im Zaum gehalten werden. Bei diesem Ansatz können Internationale Organisationen nur als Instrument der Hegemonialmacht eine Rolle spielen, wenn sie dabei helfen, die Respektierung der von der Hegemonialmacht gesetzten „Spielregeln" zu unterstützen.

Andere Theorien erklären das Ende des Ost-West-Konflikts mit der Demokratisierung der osteuropäischen Staaten. Sie stellen also die sich wandelnden innenpolitischen Verhältnisse der ehemals sozialistischen Staaten in den Mittelpunkt ihrer Betrachtungen. Diese innere Demokratisierung sei nicht deshalb möglich geworden, weil die Sowjetunion den Rüstungswettlauf verloren, der Westen also Stärke und Überlegenheit bewiesen hat. Vielmehr hätten die Erkenntnis, dass das Wettrüsten irrational ist, sowie Entspannungspolitik und Rüstungsbegrenzung den sozialistischen Staaten die Bedrohung von außen genommen. Damit sei für sie im Inneren die Rechtfertigung zur Unterdrückung der eigenen Opposition entfallen, und die demokratischen Kräfte hätten Raum erhalten, die politische und gesellschaftliche Ordnung ihrer Länder umzugestalten.

Hier kehrt der Gedanke wieder, den wir schon in Zusammenhang mit den Ursachen von Kriegen kennen gelernt haben, nämlich: Die inneren politischen, wirtschaftlichen und sozialen Strukturen der Staaten spielen für den Frieden und die Internationalen Beziehungen eine maßgebliche Rolle. Der auf diesem Gedanken beruhende Ansatz – die sog. *neoliberale Schule* - geht so weit, die Demokratie als *die* Frieden stiftende Organisation der menschlichen Gesellschaft schlechthin anzusehen. Dementsprechend plädiert die *neoliberale Schule* der Internationalen Beziehungen dafür, möglichst viele Staaten zu demokratisieren, denn – so die Kernthese: Demokratien haben noch nie Kriege gegeneinander geführt.

Wer von der Friedfertigkeit demokratisch organisierter Gesellschaften ausgeht, sieht logischerweise in der Demokratisierung möglichst vieler Staaten die entscheidende Voraussetzung für eine dauerhafte Sicherung des Weltfriedens. In den Analysen der Internationalen Beziehungen von Vertretern der liberalen Denkrichtung spielen deshalb Fragen wie

- Welche und wie viele Staaten sind Demokratien?
- Wie können Demokratisierungsprozesse in diktatorisch regierten Ländern gefördert und beschleunigt werden?
- Welche Länder werden diktatorisch regiert und welches Aggressionspotenzial haben sie?
- Wie können Demokratien besser zusammenarbeiten, um den Weltfrieden zu sichern und gegen die Diktaturen zu verteidigen?

eine zentrale Rolle.

Eine dritte Denkrichtung interessiert sich weniger dafür, ob die ehemals sozialistischen Staaten den Rüstungswettlauf verloren haben oder ob der innere Druck zur Demokratisierung ihre Wandlung erzwungen hat. Für sie ist der Aspekt wechselseitiger Abhängigkeit aller Staaten entscheidend, die das Weltsystem bereits seit den siebziger Jahren des vorigen Jahrhunderts zunehmend prägte und die nach Ende des Ost-West-Konflikts verstärkt fortbesteht. Wegen der wechselseitigen Abhängigkeiten aller Staaten – jeder ist auf den anderen angewiesen – hält der als *Neoinstitutionalismus* bezeichnete Ansatz Kooperationen auch ohne eine Hegemonialmacht (= Staat, der militärisch stärker ist als alle anderen und seine Vorstellungen und Interessen durchsetzt) für möglich, weil sie im Interesse aller beteiligten Staaten liegt. Internationale Organisationen dürfen deshalb für die *Neoinstitutionalisten* nicht verlängerter Arm der Hegemonialmacht zur Durchsetzung ihrer Ordnungsvorstellungen, sondern für alle Staaten ein Instrument zum Interessenausgleich und zur Organisation von Zusammenarbeit.

Bei diesem Ansatz begegnet uns erneut die Schule der *Globalisten*, die wir in Abschnitt 6.4.1.3 bereits kennen gelernt hatten. Das grundlegende politikwissenschaftliche Werk dieser Denkrichtung stammt von dem amerikanischen Politikwissenschaftler *Robert Owen Keohane* (Duke Universität in Durham) und ist 1984 unter dem Titel „After Hegemony. Cooperation und Discord in the World Political Economy" [deutsch: Nach der Vorherrschaft. Zusammenarbeit und Interessengegensatz (wörtlich: Zwietracht) in der Weltwirtschaft] erschienen. Schon der Untertitel lässt erkennen, wo der Ausgangspunkt liegt: bei der Betrachtung der weltwirtschaftlichen Beziehungen und den Möglichkeiten einer verbesserten internationalen Kooperation. In Deutschland taucht dieser Ansatz bei den Tübinger Politikwissenschaftlern *Volker Rittberger* und *Michael Zürn* auf (Sonderheft 21/1990 der Politischen Vierteljahresschrift). Sie konzentrieren sich im Unterschied zu den amerikanischen Politikwissenschaftlern weniger auf die internationalen Wirtschaftsbeziehungen, sondern mehr auf die internationale Sicherheitsproblematik.

Im Mittelpunkt dieses Ansatzes steht der Begriff *„Internationales Regime"*. Darunter versteht man eine freiwillige internationale Zusammenarbeit, bei der sich Prinzipien, Normen, Regeln und Entscheidungsverfahren herausbilden, an denen sich die Erwartungen internationaler Akteure auf einem bestimmten Gebiet (Politikfeld) bzw. Bereich der Internationalen Beziehungen ausrichten.

Mit anderen Worten: Es geht um eine Koordination, um ein freiwilliges Abstimmen der Verhaltensweisen selbständig bleibender Staaten, wobei weder Machtstrukturen noch ökonomische Zwänge der Auslöser sind.

Beispiele für solche Internationalen Regime sind

- Rüstungskontrollregime wie die Konferenz für Sicherheit und Zusammenarbeit in Europa (KSZE), bei der weder die USA noch die UdSSR eine hegemoniale Machtposition einnahmen, oder
- Ozonregime, bei denen man verabredet, der Zerstörung der Ozonschicht in der Atmosphäre durch gemeinschaftliches Handeln entgegen zu wirken.

Es müssen nicht unbedingt vertragliche Abmachungen geschlossen werden, um von *Regimen* sprechen zu können. *Regime* sind auch nicht gleichzusetzen mit Internationalen Organisationen, mit Gebäuden, Personal und einem Haushalt. Demzufolge kann man Internationale Regime auch nicht sehen oder anfassen, sie sind auch keine internationalen Akteure. Sie sind vielmehr ein „körperloses Gebilde", bestehend aus formlosen Übereinkünften und gegenseitigen Erwartungen, die das Verhalten der Beteiligten regulieren.

Die Theorie des demokratischen Friedens

Die These von der Friedfertigkeit der Demokratien wurde 1986 von dem amerikanischen Politikwissenschaftler *Michael Doyle* (John Hopkins Universität, Baltimore) in einem in der American Political Science Review (= amerikanische Zeitschrift für Politikwissenschaft) veröffentlichten Aufsatz „Liberalism and World Politics" (deutsch: Liberalismus und Weltpolitik) aufgestellt. Sie fand viel Beachtung und wird bis heute diskutiert. In der Neuzeit – so *Doyles* These – haben Demokratien überhaupt keinen wirklichen Krieg gegeneinander geführt. Von 1700 bis 1945, aber auch in den Jahren nach 1945 gab es sowieso relativ wenige Demokratien.

David A. Lake (Universität von Kalifornien, San Diego) legte 1992, ebenfalls in der American Political Science Review, (Titel: Powerful Pacifists: Democratic States and War, deutsch: Mächtige Pazifisten: Demokratien und Krieg) zum gleichen Thema eine Studie vor und relativierte die These von *Doyle*. Unter den dreißig Kriegen, die zwischen 1816 und 1988 stattgefunden haben, gab es nur zwei, in denen Demokratien gegeneinander gekämpft haben: Finnland im Zweiten Weltkrieg an der Seite der faschistischen Länderachse Berlin-Rom-Tokio und der Krieg zwischen den Vereinigten Staaten und Spanien im Jahr 1889. Insofern – so die Kritik *Lakes* – gilt die These von der Friedfertigkeit der Demokratie nicht durchgängig.

Auch in der deutschen Politikwissenschaft wurde die demokratische Friedenstheorie, wie man sie auch bezeichnet, kritisiert. *Werner Link*, (emeritierter Professor für Internationale Beziehungen an der Universität Köln), wies 1997 in der Zeitschrift für Politik darauf hin, dass Demokratien mindestens ebenso viele oder gar häufiger Kriege geführt hätten wie Nicht-Demokratien, und auch die These, dass sie untereinander keine Kriege geführt hätten, sei problematisch. Er nennt als Kriege zwischen Demokratien den amerikanisch-britischen Krieg 1812, den nordamerikanischen Krieg zwischen der Union und den konföderierten Staaten zwischen 1861 und 1865, den sog. Ruhrkampf zwischen Frankreich/Belgien und der Weimarer Republik 1923/24 und die Bombardierung Finnlands durch Großbritannien im Zweiten Weltkrieg.

Führender deutscher Vertreter der demokratischen Friedenstheorie ist *Ernst-Otto Czempiel* (emeritierter Professor für Internationale Beziehungen an der Universität Frankfurt/Main). Er schränkt die These von der grundsätzlichen Friedfertigkeit der Demokratien in späteren Veröffentlichungen jedoch insofern ein, als das nur für „wahre Demokratien" gilt, in denen die Mehrheit der Bevölkerung tatsächlich über die Außenpolitik mitbestimmen kann.

Die Diskussion über die demokratische Friedenstheorie ist in der Politikwissenschaft noch lange nicht abgeschlossen. In Deutschland befasst sich insbesondere die 1970 gegründete Hessische Stiftung für Friedens- und Konfliktforschung mit den vielen, auf diesem Gebiet noch offenen Fragen.

Tabelle 30: Das Internationale System zu Beginn des 21. Jahrhunderts

Theoretische Erklärungsansätze

	Neorealismus	Neoliberalismus	Neoinstitutionalismus
	Erklärung des Endes des Ost-West-Konflikts		
Merkmale des Internationalen Systems	Real existierender Sozialismus hat Wettrüsten verloren	Interner Druck nach Demokratisierung hat sich durchgesetzt	Irrelevant
Interessen	Größtmögliche Macht jedes Einzelstaates auf Kosten der anderen Staaten	Bevölkerung strebt weltweit nach mehr politischer Beteiligung	Staaten haben wegen weltwirtschaftlicher Verflechtung vielfältige gemeinsame Interessen
Figur	Hegemonie der USA	Wachsende Zahl demokratisierter und friedfertiger Staaten	Wachsende Bedeutung Internationaler Regime
Strategie zur Friedenssicherung	Weltpolizist USA bestimmt internationale Spielregeln	Unterstützung der weltweiten Demokratisierungstendenzen	Stärkung der Internationalen Organisationen und der Verbindlichkeit des Völkerrechts

Im Zusammenhang mit Regimen stellt sich eine Vielzahl politikwissenschaftlicher Fragen: Wann und wie entstehen Regime, unter welchen Bedingungen sind sie stabil und dauerhaft? Bei welchen Konflikten stehen die Chancen für eine Kooperation gut, bei welchen Interessenkonstellationen fällt es schwer, zu einem Regime zu kommen? Viele Fachaufsätze sind dazu vor allem in den neunziger Jahren des vorigen Jahrhunderts erschienen. In diesem Einführungswerk soll auf diese Spezialfragen der politikwissenschaftlichen Teildisziplin von den Internationalen Beziehungen jedoch nicht näher eingegangen werden.

Eine nach Ende des Ost-West-Konflikts in der Lehre von den Internationalen Beziehungen aufgekommene neuerer, (vierter) theoretischer Ansatz – die

Anhänger betonen, dass die Bezeichnung „Theorie" zu anspruchsvoll ist, weil sie noch nicht in sich geschlossen ist – ist der sog. *Konstruktivismus* oder auch *Sozial-Konstruktivismus*. Sein Hauptvertreter ist *Alexander Wendt* (Professor für Internationale Beziehungen an der Ohio State Universität, USA), dessen Werk „Social Theory of International Politics" 1999 in Cambridge erschienen ist. *Wendt* geht davon aus, dass es auf der Welt zwar grundlegende biologische Funktionen und Bedürfnisse der Menschen sowie physikalische Gesetzmäßigkeiten gibt – eine sog. *materielle Identität*. Daneben existiert aber noch eine Welt, die nicht unveränderbaren Naturgesetzen unterliegt, sondern die nur von den Menschen in einer bestimmten Art und Weise wahrgenommen wird. So hat die Biologie z. B. keine Erkenntnisse darüber, ob die Menschen von Natur aus gut oder böse, aggressiv oder friedfertig sind, nach Macht streben oder anderen Macht zuschreiben, egoistisch oder uneigennützig sind. Die Interessen der Menschen stehen deshalb – von materiellen Grundbedürfnissen (Essen, Trinken, Schlafen, Sexualität) abgesehen – weder von vornherein fest, noch sind sie unveränderbar wie ein Naturgesetz, sondern sie sind sozial bedingt, d. h. sie werden durch das Zusammenleben der Menschen vermittelt.

So müssen beispielsweise alle Menschen essen, um nicht zu verhungern. Aber das, was sie essen, und wie sie essen, hängt von den Gegebenheiten und Gepflogenheiten eines Landes ab, ist also – wie die Soziologen sagen - „gesellschaftlich vermittelt" und ändert sich auch im Zeitablauf. (Wir essen heute beispielsweise anders als die Menschen im Mittelalter.) Die Interessen der Menschen sind also nicht von der Natur vorgegeben, sondern ergeben sich aus ihren Vorstellungen von dem, was gut und richtig, böse und falsch ist, und aus ihren Übereinkünften und Verständigungen über „gut" und „böse". Jetzt lässt sich auch die Bezeichnung „Sozial-Konstruktivismus" erklären. Im Wort „Konstruktivismus" steckt „konstruieren", das bedeutet Herstellen oder – im übertragenen Sinn – sich etwas ausdenken. In Verbindung mit „sozial" ist gemeint: Die in einer Gesellschaft lebenden Menschen denken sich etwas aus, interpretieren (= deuten) es als gut oder böse, richtig oder falsch.

Auch die Internationalen Beziehungen sind – so der *Sozial-Konstruktivismus* – gesellschaftlich vermittelt. Daraus folgt: Aus der Anarchie des Staatensystems ergibt sich nicht zwangsläufig das Sicherheitsdilemma, also der Zwang eines jeden Staates, selbst für seine eigene Sicherheit zu sorgen, weil keine übergeordnete Ordnungsinstanz existiert. Denn Staaten, die sich ziemlich sicher sind, dass auch andere ähnliche Sicherheitsinteressen haben wie sie selbst, werden diese Staaten nicht als Bedrohung empfinden, selbst wenn sie militärisch hoffnungslos unterlegen sind. Oder fühlt sich etwa Dänemark von Deutschland bedroht, weil es ihm militärisch nicht Paroli bieten könnte? Mit anderen Worten: Im Falle auftretender Konflikte gibt es auch andere, gewaltfreie Möglichkeiten, sie zu lösen, d. h. andere Formen, Sicherheit zu gewährleisten als die der militärischen Selbsthilfe.

Ein Kernsatz *Alexander Wendts* lautet:

„Was sich aus der Anarchie des Staatensystems ergibt, hängt davon ab, was die Staaten daraus machen"
(im engl. Original: „Anarchy is what states make of it" – so lautete die Überschrift seines 1992 in der Zeitschrift „International Organization" veröffentlichten Artikels)

Konkretes Beispiel aus der Geschichte: Der Ost-West-Konflikt schien für die frühere Sowjetunion eine unabänderliche Tatsache geworden zu sein, weil Kapitalismus und Kommunismus sich unversöhnlich gegenüber standen. Menschen sind jedoch imstande, solche scheinbar naturgesetzlichen Gegebenheiten kritisch zu überdenken. So erkannten *Gorbatschow* und seine Mitstreiter, dass die UdSSR durch ihr eigenes aggressives Verhalten zur Konfrontation mit dem Westen beigetragen und dadurch eine Rüstungsspirale in Gang gesetzt hatte. Freiwillige und einseitige Selbstverpflichtungen der Sowjetunion durchbrachen diesen Teufelskreis beiderseitiger Aufrüstung und schufen allmählich ein wachsendes, gegenseitiges Vertrauen. Das „neue Denken" ließ bei den Internationalen Akteuren neue Sichtweisen entstehen und veränderte das Internationale System grundlegend.

Bemerkenswert am sozial-konstruktivistischen Ansatz ist die andere Perspektive, die er in die Lehre von den Internationalen Beziehungen bringt. Er lenkt den Blick weg von den gegebenen Strukturen hin zu den internationalen Akteuren, die „Entwickler" oder „Träger" neuer Sichtweisen des Weltgeschehens sind oder sein könnten. Doch neue Sichtweisen, andere Denkansätze fallen nicht vom Himmel, sondern müssen sich ihrerseits im eigenen Land und in der Welt Geltung verschaffen. Und da bekanntlich „die herrschenden Ideen stets die Ideen der herrschenden Klasse" sind, brauchen neue Ideen immer langen Atem und häufig Gewaltanwendung, um sich durchsetzen zu können. Wann, warum und wie solche neuen Ideen entstehen, schließlich die Oberhand gewinnen und das Internationale System verändern, das müsste die Politikwissenschaft nicht nur erklären, sondern voraussagen können. Doch leider ist unsere Disziplin mit ihren Erkenntnissen noch nicht so weit.

6.4.2.2 Hegemonie oder Imperialismus der USA?

Auch über zehn Jahre nach Ende des Ost-West-Konflikts wird in der Politikwissenschaft heftig darüber diskutiert, wie die Struktur der neuen, sich herausbildenden Weltordnung aussehen wird. Fest steht: Die USA als politisch, wirtschaftlich und militärisch führende Weltmacht nimmt in den Internationalen Beziehungen eine bedeutende Rolle ein. Die Frage ist allerdings: Werden die USA sich in eine multilaterale Weltordnung (multilateral = mehrere Zentren umfassend) einbinden lassen, den Konsens mit anderen Staaten suchen und die Zusammenarbeit mit den Vereinten Nationen pflegen? Diese Weltordnung entspräche einer Figur des Internationalen Systems und einer Strategie zur Friedenssicherung, wie es dem *Neoinstitutionalismus* (Tabelle 30) vorschwebt. Oder werden die USA, gestützt auf ihre politische, wirtschaftliche und militärische Vormachtstellung, in einer neuen Weltordnung die Rolle eines Weltpolizisten übernehmen, gegebenenfalls auch ohne oder gegen die Vereinten Nationen? Letzteres entspräche eher der Figur des Internationalen Systems und einer Strategie zur Friedenssicherung, wie es die *Neorealisten* sehen.

Die Außenpolitik der USA, wie sie nach der Jahrtausendwende unter der Präsidentschaft von *George W. Bush jr.* betrieben wurde, erteilte von Anfang an dem Multilateralismus eine klare und schroffe Absage, so z. B. dem Kyoto-Protokoll zur Verringerung der Treibgasemissionen, dem umfassenden nuklearen Teststoppvertrag, der Biowaffen-Konvention, dem ABM-Vertrag, der Errichtung des Internationalen Strafgerichtshofs und dem Ottawa-Vertrag über die weltweite Ächtung von Anti-Personen-Minen. Dieses Verhalten ging nach Einschätzung des deutschen Politikwissenschaftlers *Ernst-Otto Czempiel* weit über eine wohlwollende Hegemonie hinaus, wie sie von den USA während des Kalten Krieges innerhalb des westlichen Lagers an den Tag gelegt wurde. Sie trägt eher imperiale Züge.

Eine *Hegemonialmacht* setzt zwar die Spielregeln für den Rest der Welt fest, unterwirft sich aber selbst diesen Spielregeln und ist bemüht, mit den kleineren Staaten Übereinstimmung zur gesetzten Ordnung zu erzielen. Demgegenüber hält sich eine *Imperialmacht* nur insoweit an die von ihr selbst gesetzten Spielregeln, wie es ihren eigenen Interessen nützt. Andernfalls setzt sich das Imperium auch durch Einsatz von Waffengewalt darüber hinweg, ein Gehabe, das man auch als *bösartige Hegemonie* bezeichnet hat.

Die Außenpolitik der USA, die nunmehr das Internationale System prägt, hat innenpolitische Gründe. Zwar gilt der Präsident der Vereinigten Staaten, gestützt auf das militärische Potenzial der USA, als der mächtigste Mann der Welt. Diese Einschätzung trifft aber für die Innenpolitik nicht zu. Im Kapitel 2.3.2.2 über das Präsidialsystem hatten wir das System der checks and balances beschrieben, das die innenpolitische Machtstruktur der USA beschreibt. Der amerikanische Kongress gilt als das mächtigste Parlament der Welt, das zwar den Präsidenten nicht stürzen (abwählen) kann, ihn aber dazu zwingt, sich für seine Politik stets neue Mehrheiten zu suchen. Denn eine ihn stützende Parteifraktion oder Parteienkoalition, wie im parlamentarischen System, gibt es im Präsidialsystem nicht. *Jürgen Hartmann* beschrieb den amerikanischen Präsidenten daher im Vergleich zum britischen Premierminister, zum deutschen Bundeskanzler oder zum französischen Staatspräsidenten als „bedauernswerten Halbinvaliden" und ganz und gar nicht als „mächtigsten Mann der Welt".

Aufgrund dieser schwachen Stellung in der Innenpolitik flüchten sich viele Präsidenten in die Außenpolitik, wo sie – im Unterschied zur Innenpolitik – größeren Handlungsspielraum besitzen. Insbesondere nutzen sie die Außenpolitik, um für kontroverse innenpolitische Vorhaben Zustimmung zu bekommen. So lässt sich mit einer (tatsächlichen oder auch nur konstruierten) Gefahr von außen die Notwendigkeit, im Inneren den Gürtel enger zu schnallen, Sozialleistungen zu kürzen und dafür die Rüstungsausgaben zu steigern, eher begründen und durchsetzen als mit ökonomischen Zwängen. Amerikanische Politikwissenschaftler behaupten sogar, dass die USA immer Feinde gebraucht haben, die, wenn sie nicht von selbst verfügbar waren, von der Politik geschaffen wurden. Diese Strukturelemente des amerikanischen politischen Systems führen dazu, dass die amerikanische Außenpolitik zum überwiegenden Teil - manche sagen zu 90 Prozent - auf innenpolitische Faktoren zurück zu führen ist. Generell sollte man als Politikwissenschaftler die Zusammenhänge zwischen Innen- und Außenpolitik berücksichtigen.

Während noch unter dem amerikanischen Präsidenten *Bill Clinton* (Partei der Demokraten, Präsident von 1993-2001), der sich innenpolitisch eher an den Interessen des Mittelstandes und der Arbeitnehmer orientierte, eine Art „hegemonialer Internationalismus" verfolgt wurde, bei dem die Vereinigten Staaten zwar in jeder Hinsicht führen wollten, aber das Element der Konsultation nicht außer Acht ließen, stützt sich die Administration *George Bush jr.* (Präsident seit 2001) auf den rechts-konservativen Flügel der Republikanischen Partei, hinter der eine Koalition aus Großindustrie, Energie- und Rüstungsindustrie steht. Dementsprechend richtet Bush die Weltpolitik auf den Nutzen derer aus, die ihn aufgebaut, finanziert und an die Schalthebel der politischen Macht im Weißen Haus gebracht haben. Gestützt auf einen seit jeher bestehenden riesigen sicherheitspolitischen Apparat (der auch nach Einsatz und Verwendung sucht) wollen die USA unter *Bush jr.* die Spielregeln der Internationalen Politik bestimmen und auf diese Weise den Frieden sichern. Die derzeitige Figur des Internationalen Systems könnte man daher als *Pax Americana* (lat. = amerikanischer Friede bzw. Friede nach den Vorstellungen Amerikas) bezeichnen.

Es herrscht jedoch weitgehend Einigkeit darüber, dass diese von den USA unter der Bush-Administration angestrebte Weltordnung nicht dauerhaft stabil sein wird. Drei Gründe sprechen dagegen:

- Noch jeder Hegemonialstaat hat in der Geschichte einen Herausforderer gefunden, d. h. sie konnte nicht das Entstehen einer anderen Macht verhindern, die sich dem scheinbar Unbezwingbaren in den Weg stellte, ihn in die Schranken verwies oder ihn gar bezwang. Insoweit gilt der von den Neorealisten behauptete Mechanismus, dass der ständige Kampf der Staaten um die Vorherrschaft in der Welt stets eine neue Großmacht hervorbringt.
- Die USA sind im Inneren eine liberale Gesellschaft, die pluralistisch organisiert ist. Deshalb ist eine dauerhafte Verfestigung der imperialistischen politischen Strömungen unwahrscheinlich. Als Supermacht wird sie die Weltordnung zwar prägen, aber nicht auf Dauer allein bestimmen.
- Trotz ihrer politischen, ökonomischen und militärischen Stärke sind die Vereinigten Staaten nicht unverwundbar, wie der Terroranschlag vom 11. September 2001 bewiesen hat. Schon deshalb können die USA nicht als Hypermacht gelten und die Welt nicht allein nach ihren Vorstellungen ordnen.
- Militärische Macht hängt auch von wirtschaftlichen Ressourcen ab. Auf diesem Gebiet hat die Welt keineswegs nur *eine* ökonomische Supermacht, sondern bildet eine Triade aus USA – Europa – Japan. Das wirtschaftliche Gewicht Europas ließe sich ohne weiteres in die Waagschale werfen und in politischen Einfluss auf die Internationale Politik ummünzen.
- Ferner sind die USA und Europa wirtschaftlich sehr eng miteinander verflochten, ein Zustand, den man *komplexe Interdependenz* (= vielschichtige, wechselseitige Abhängigkeit) nennt. Da beide also wirtschaftlich aufeinander angewiesen sind, werden sie sich immer arrangieren müssen. Das wiederum begrenzt den Handlungsspielraum der USA.

Man könnte somit, in leichter Abwandlung des Satzes von *Alexander Wendt* („Anarchie ist, was die Staaten daraus machen" – s. o.) in Bezug auf die gegenwärtige Weltordnung sagen: Hegemonie der USA ist, was die übrigen Staaten der Welt daraus machen.

6.4.2.3   Wachsende Bedeutung von Nicht-Regierungsorganisationen (NGO's)

Bislang haben wir nur die „traditionellen" Akteure der Internationalen Beziehungen betrachtet: die Staaten und die Internationalen Organisationen. Schon längst beschränken sich jedoch die internationalen Aktivitäten nicht mehr auf diese klassischen Akteure. Zahlreiche Nicht-Regierungsorganisationen (NGO`s) mischen inzwischen in der Internationalen Politik mit. Sie werden zum einen von multinationalen Unternehmen (= Unternehmen mit weltweit verstreuten Produktions- und Verkaufsstätten) getragen, die internationale wirtschaftsnahe Netzwerke finanzieren, zum anderen von weltweit agierenden sozialen und gesellschaftlichen Vereinigungen, die versuchen, globale Interessen zur Geltung zu bringen. In diesem Abschnitt wollen wir einen Blick auf diese häufig zu wenig beachteten Akteure werfen.

a)   Wirtschaftsnahe Netzwerke
In Abständen wird immer wieder über Kommissionen oder Diskussionsveranstaltungen berichtet, bei denen Wissenschaftler, Politiker und hochrangige Vertretern der Wirtschaft internationale politische und wirtschaftliche Probleme erörtert wurden. Wer steckt hinter derartigen „Kongressen" bzw. Foren, wer finanziert sie und welche Interessen verfolgen sie?

Das alljährlich stattfindende *Weltwirtschaftsforum* in Davos ist eine dieser „Plattformen". Initiator dieser Symposien (Symposium = wissenschaftliche Tagung mit Vorträgen und Diskussionen) ist der Schweizer Wissenschaftler *Klaus Schwab* (bis 2002 Professor für Unternehmenspolitik an der Universität Genf). Die Treffen in Davos, die seit 1971 stattfinden, können als Weltparlament des globalen Unternehmertums angesehen werden, bei dem Vertreter der größten multinationalen Konzerne mit führenden Politikern bis hin zum amerikanischen Präsidenten die weltpolitische und weltwirtschaftliche Lage diskutieren. Dabei erhalten auch Kritiker der neoliberalen Weltordnung Gelegenheit, ihre Auffassung darzulegen und sich mit den politischen und wirtschaftlichen Eliten der Welt auseinander zu setzen. Grund dafür, warum die wirtschaftsnahen Veranstalter auch Kritiker der Weltordnung und des kapitalistischen Systems einladen, besteht in folgender Überlegung: Erstens „schult" es die Argumentationsfähigkeit insbesondere der Wirtschafts-Eliten. Zweitens macht es die Veranstaltung auch für die Medien und ihre Berichterstattung interessanter.

Ebenfalls Anfang der siebziger Jahre des vorigen Jahrhunderts entstand auf Anregung des amerikanischen Großindustriellen *David Rockefeller* die *Trilaterale Kommission (TK)*, ein privates Forum zur Diskussion liberaler und internationalistisch orientierter Kräfte, gleich gewichtet aus Mitgliedern der USA, Europas und Japans zusammen gesetzt. Vorsitzender der europäischen Sektion war längere Zeit *Otto Graf Lambsdorff (FDP)*, Wirtschaftsminister in der sozial-liberalen Koalition unter *Helmut Schmidt (SPD)* und auch im ersten Kabinett von *Helmut Kohl (CDU)*. Ziel dieser wirtschaftsnahen, privat initiierten und von der Wirtschaft bzw. ihr nahe stehenden Stiftungen finanzierten Foren war es, die Anliegen der in den siebziger Jahren aktiv werdenden, länderübergreifenden Vereinigungen wie des *Club of Rome,* der *Sozialistischen Internationale* oder der *Gruppe der 77* (Bündnis der Dritten Welt für eine gerechtere Weltwirtschaftsordnung) aufzugreifen und sie in eine liberale Richtung umzulenken.

b) Internationale Hilfswerke und Interessengruppen

Geht es den eben beschriebenen wirtschaftsnahen Vereinigungen darum, für den Gedanken eines weltweiten Wirtschaftsliberalismus zu werben, bemühen sich zahlreiche andere internationale Vereinigungen darum, die Weltöffentlichkeit auf globale (d. h. die gesamte Welt betreffende) Probleme aufmerksam zu machen und auf Maßnahmen zur Abhilfe zu drängen. Als wichtigste globale Probleme werden gesehen

- Fragen der Ökologie, d. h. des Erhalts der natürlichen Lebensgrundlagen der Erde;
- die Achtung der Menschenrechte;
- humanitäre Hilfe in Kriegsgebieten oder in von Naturkatastrophen betroffenen Weltregionen.

Ökologische Probleme werden insbesondere von *Greenpeace* (wörtl. übersetzt: grüner Friede, im übertragenen Sinn: Einklang mit der Natur), Verletzungen der Menschenrechte von *Amnesty International* (wörtl. übersetzt: Freilassung [von politischen Gefangenen] in allen Ländern) weltweit angeprangert. Beide verfügen über einen „Apparat" in Form einer gut ausgebauten Zentrale, treten weltweit unter gleichem Namen auf und verfügen deshalb über einen entsprechenden Bekanntheitsgrad. Sie können deshalb als international tätige, organisierte Lobby im Interesse des Umweltschutzes und der politischen Gefangenen bezeichnet werden.

Ziel der Aktivitäten beider Organisationen ist die internationale Öffentlichkeit. Dabei wählt *Greenpeace* in aller Regel das Mittel spektakulärer, symbolischer Aktionen gegen Unternehmen oder Staaten, die durch hohe Emissionen die Umwelt belasten. Indem *Greenpeace* durch Aktionen die Aufmerksamkeit der Medien auf diese Umweltvergehen lenkt und damit eine weltweite Berichterstattung erreicht, erzeugen diese Aktivisten vielfach so viel Druck der Weltöffentlichkeit, dass die Angeprangerten ihr Umwelt schädigendes Verhalten wieder einstellen müssen. Die von den Medien meist mit Sympathie begleiteten Aktionen lösen häufig entsprechende, weltweite Spendenbereitschaft aus, die durch Nutzung neuer Medien (direct mail) noch gefördert wird. Auch *Amnesty International* versucht, die internationale öffentliche Meinung für sich zu gewinnen, verzichtet dabei jedoch auf spektakuläre Aktionen, sondern bedient sich stattdessen intensiver und um Seriosität bemühte Aufklärungsarbeit über die Praktiken der Behandlung politischer Gefangener in allen Ländern der Welt.

Andere, nicht-staatliche Vereinigungen engagieren sich für Organisation und Durchführung humanitärer Hilfsprogramme. Einige von ihnen sind bereits im 19. Jahrhundert entstanden, so z. B. das *Internationale Komitee des Roten Kreuzes (IKRK)*. Dessen Gründer *Henri Dunant* setzte sich für die erste Genfer Konvention von 1864 ein, die internationale Normen für den Umgang mit Verletzten und Gefangenen in Kriegszeiten schuf. Viele dieser NGO's, die in der zweiten Hälfte der siebziger Jahre des vorigen Jahrhunderts ins Leben gerufen wurden, übernehmen mittlerweile in internationalen Krisenherden die Grundversorgung der Bevölkerung mit Nahrungsmitteln und medizinischen Leistungen, die der Staat wegen Überschuldung vielfach nicht mehr aus eigener Kraft erbringen kann. Oft dienen die Helfer dieser Organisationen westlichen Journalisten als Informationsquelle über die kritikwürdigen Zustände in diesen Ländern und wirken so als Multiplikatoren für weltweite Aufklärung und Berichterstattung.

Allerdings laufen die NGO's seit Ende des Kalten Krieges mehr denn je Gefahr, von den Behörden dieser Länder als billige Anbieter von Dienstleistungen missbraucht zu werden, die den Aufbau einer eigenen, dringend benötigten Infrastruktur ersparen. Auch wird es für die NGO's häufig schwierig zu vermeiden, dass mit Hilfsmaßnahmen eine der Kriegsparteien unterstützt oder lediglich die Position der privilegierten politischen, wirtschaftlichen oder militärischen Elite des Landes gefestigt wird. Dies gilt umso mehr, als die entwickelten Industrieländer mit ihren Zuwendungen und Spenden ganz bestimmte eigene politische und wirtschaftliche Interessen verfolgen. Gleichwohl erfüllen die NGO's in der Internationalen Politik eine nicht zu unterschätzende Funktion, weil es ihnen immer wieder gelingt, unterstützt von den Medien bestimmte Themen auf die Tagesordnung der Internationalen Organisationen zu bringen und damit einen weltweiten Diskussionsprozess in Gang setzen..

c) Privatisierung der Weltpolitik?

Wie eben beschrieben, haben private Akteure eine wachsende Bedeutung in der Internationalen Politik erlangt. Sie ist daher nicht mehr allein mit der Summe der Außenpolitiken der großen Staaten und aus der Perspektive des Strebens einer Großmacht nach der Weltherrschaft erschöpfend beschrieben. Aus diesen Gründen sprechen einige Politikwissenschaftler bereits von einer Privatisierung der Weltpolitik. Sie betrachten die Konferenz der Vereinten Nationen über Umwelt und Entwicklung, die 1992 in Rio de Janeiro stattgefunden hat, als Wendepunkt in der Internationalen Politik. Denn erstmals bezogen die von den wichtigsten Staaten der Welt getragenen Vereinten Nationen (UN) private Organisationen in ihre viel beachteten Beratungen ein: den von der privaten Wirtschaft getragenen

Business Council on Sustainable Development (deutsch: Wirtschaftsrat für nachhaltige Entwicklung), der nachhaltige Entwicklung durch Freisetzen der Marktkräfte erreichen will, und ein Bündnis diverser Nicht-Regierungsorganisationen, das sich von der Mobilisierung der Bevölkerung mehr Nachhaltigkeit für die wirtschaftliche Entwicklung verspricht.

Noch wirken jedoch die traditionelle Machtpolitik großer Staaten wie der USA, die bekanntlich das Kyoto-Protokoll von 1997 mit konkreten Ziel- und Zeitvorgaben zur Herabsetzung von Emissionen nicht unterzeichnet haben, und wachsender Druck durch Nicht-Regierungsorganisationen und Weltöffentlichkeit nebeneinander. Vermutlich wird Machtpolitik in den Internationalen Beziehungen auch in Zukunft eine wichtige, aber nicht mehr die vorherrschende Rolle spielen wie in der Vergangenheit.

6.4.2.4   Neue Kriege und Terrorismus

Wer sich mit den großen politischen Katastrophen des zwanzigsten Jahrhunderts, dem Ersten und dem Zweiten Weltkrieg, befasst, für den gilt als selbstverständlich: Kriege werden und wurden zwischen Staaten geführt, diese bedienten sich dazu staatlich finanzierter und gesteuerter Armeen, und die Soldaten waren mit modernen Waffen ausgestattet, die dem jeweiligen Stand der Technik entsprachen.. Mit anderen Worten: Gewaltsame Auseinandersetzungen fanden unter der Kontrolle von Staaten und ihren Regierungen statt, Kriege waren gewissermaßen „verstaatlicht". Gekämpft wurde in großen Schlachten zwischen staatlich rekrutierten Soldaten, Gewalt richtete sich vorrangig gegen das feindliche Heer und nicht gegen die Zivilbevölkerung.

Die globalen Strukturen des Internationalen Systems und das seit den neunziger Jahren des vorigen Jahrhunderts entspannte Verhältnis der großen Weltmächte zueinander, die wir bisher betrachtet haben, dürfen jedoch nicht den Blick auf die zahlreichen Kriege verstellen, die außerhalb der entwickelten Industrienationen in vielen Ländern und Regionen vor allem Afrikas, Asiens und Lateinamerikas stattfinden. In der Politikwissenschaft werden diese Krisenherde inzwischen als *neue Kriege* bezeichnet. Sie lassen sich auf mehrere Entwicklungen zurückführen:

- Die großen Kriege mit modernster Waffentechnik und mit viel Elektronik bestücktem Großgerät sind inzwischen so teuer geworden, dass nur noch eine Handvoll reicher Staaten sie sich überhaupt leisten könnte. Die *neuen Kriege* im Rest der Welt werden daher nur mit sog. leichten Waffen geführt: mit automatischen Gewehren, Landminen und Mehrfachraketenwerfern, die sich sämtlich mit Jeeps und gewöhnlichen Lastwagen auf den zivilen Verkehrswegen transportieren lassen. Diese leichten Geräte lassen sich einfach beschaffen, und sind billig auf den Märkten zu haben (Russische Kalaschnikows sind obendrein unverwüstlich. Ältere, funktionstüchtige Modelle sind geradezu zu Spottpreisen zu haben).

- Während die Anwendung moderner Waffentechnik ausgebildete Profis und somit staatlich organisierte militärische Ausbildung erfordert, können leichte Waffen - im wahrsten Sinne des Wortes – von jedem Kind bedient werden. Automatische Handfeuerwaffen ähneln heute immer mehr Spielzeugwaffen, ihre Maße sind auf die Größe von Jungen angepasst. Ohne langes Training können daher Kinder und Jugendliche an diesen Waffen eingesetzt werden. Ein großer, teurer und professioneller Militärapparat ist somit nicht erforderlich.
- Jugendliche lassen sich in diesen Ländern leicht für militärische Zwecke rekrutieren, weil sie im Zivilleben kaum eine soziale Perspektive haben. Während diese Jugendlichen ansonsten in ihrer Gesellschaft vollkommen ausgegrenzt sind, gewinnen sie als sog. Kindersoldaten nicht nur Macht, sondern auch soziale Anerkennung und erfahren sozialen Aufstieg, der auf anderem Weg für sie nicht erreichbar wäre. Zynisch könnte man – unter Anwendung der Sprache der neoliberalen Ökonomie – sagen, das Handeln der entwurzelten Kinder entspricht einer „rational choice" (= einer nüchternen Abwägung von Kosten und Nutzen).
- Ohne aufwendigen staatlichen Erfassungsapparat, mit dem in westlichen Staaten junge Männer zum Wehrdienst gezwungen werden müssen, können somit in diesen Ländern billig Soldaten mobilisiert werden. Die Demütigungen, die sie in ihrem bisherigen Leben oft hinnehmen mussten, setzen bei ihnen außerdem grausame Aggressionen frei, die sie zu den am meisten gefürchteten Kämpfern der neuen Kriege machen.
- Organisiert werden solche privaten Truppen nicht von den Staaten und ihren Regierungen – diese haben vielfach keine Macht, ihre Gesellschaften zu ordnen -, sondern von sog. „Kriegsunternehmern". Diese sind keine neue Erscheinung der Weltgeschichte. Im Mittelalter war vielmehr das Anbieten von „Kriegsdienstleistungen" ein übliches Gewerbe. Zwischen dem Auftraggeber, einer Stadt oder einem Fürsten, und einem Kriegsunternehmer wurden damals regelrechte Verträge geschlossen, in denen man die Aufgaben festlegte, die der Kriegsunternehmer zu erbringen hatte. Zur Erfüllung dieser Aufgaben bediente er sich seiner Soldaten, die er aus dem Geld, das er für seine „Dienstleistungen" vom Auftraggeber erhielt, bezahlte. Voraussetzung dafür, dass jemand die Rolle eines militärischen und politischen Anführers übernehmen kann, ist ein Machtvakuum, d. h. eine Situation, in

der ein Staat nicht in der Lage ist, sein Monopol physischer Gewaltausübung zu sichern. In Zusammenhang mit Bürgerkriegen oder nach dem Abzug fremder Besatzungstruppen ist dies in den erwähnten Regionen häufig
der Fall. Man spricht auch von *Kriegsökonomien,* weil ein Großteil der Bevölkerung davon „lebt", sich als Söldner zu verdingen bzw. als Kriegsunternehmer Kämpfertruppen zu rekrutieren, Waffen zu organisieren und Mi-
lizen zusammen zu stellen.

Mit anderen Worten: In den Krisenherden Asiens, Afrikas und Lateinamerikas
ist der Krieg „privatisiert" und zu einem Mittel geworden, mit dem große Teile
der Bevölkerung sich mangels anderer persönlicher Entwicklungschancen ihren
Lebensunterhalt verdienen.

Während sich die Gewalt der neuen Kriege in den bekannten Krisenregio-
nen Asiens, Afrikas und Lateinamerikas abspielt, richten sich die Gewalttaten
des *internationalen Terrorismus* gegen die mächtigen Industrienationen, hier vor
allem gegen die USA.

Mit Terrorismus *bezeichnet man eine Gewaltanwendung, mit der die Täter
indirekt Erfolge erzielen wollen.*

Terroristen liegt weniger an den unmittelbaren, direkten physischen (= körperlichen, erkennbaren) Folgen ihres Handelns, sondern sehr viel mehr an den mittel-
baren, indirekten (= psychischen) Wirkungen, die ihre Anschläge auslösen. Wie
viele Häuser zerstört sind, wie viele Menschen dabei ums Leben kommen, wie
lange die Versorgungssysteme beeinträchtigt waren, all das ist für Terroristen
zweitrangig. Wichtig ist ihnen, dass die Anschläge Angst und Schrecken erzeugen und dass sie der ganzen Welt zeigen: Wir haben eine militärisch hoch tech-
nisierte und hochgerüstete Supermacht getroffen.

Terrorismus kann als eine Kommunikationsstrategie aufgefasst werden: Er
will auf besonders spektakuläre Art und Weise Botschaften verbreiten. Der Adressat soll also nicht körperlich oder kriegerisch bezwungen werden – das wäre
den Terroristen gar nicht möglich, weil sie den Angegriffenen militärisch weit
unterlegen sind -, sondern er soll aus Angst vor terroristischen Anschlägen, gegen die es keinen Schutz gibt, zu politischen Zugeständnissen gezwungen werden. Terrorismus ist also eine Strategie, die es militärisch Unterlegenen, ja selbst
kleinsten Gruppierungen ermöglicht, Groß- und Supermächte zu treffen, ihnen
zu drohen und Verletzungen zuzufügen.

Dabei profitiert der Terrorismus von der Tatsache, dass die attackierten
Länder Mediengesellschaften sind. Die grauenhaften Folgen terroristischer Anschläge werden über Fernsehbilder in die Wohnzimmer der Bevölkerung getra-

gen. Dadurch wird der Gewaltakt für Millionen von Menschen unmittelbar erfahrbar. Indem der Bevölkerung vor Augen geführt wird, dass ihr Staat sie davor nicht schützen kann, soll sie dazu gebracht werden, ihre Regierung zu drängen, den Forderungen der hinter den Terroristen stehenden Länder entgegen zu kommen, d. h. z. B. im Falle der USA beim Anschlag vom 11. September 2001, ihr weltweites Engagement einzuschränken.

6.4.3 Fazit

Die Struktur des Internationalen Systems, wie es sich zu Beginn des 21. Jahrhunderts darstellt, ist somit gekennzeichnet durch ein Nebeneinander

- einer USA-Hegemonie, einer Pax Americana, auf politisch-militärischem Gebiet,
- einer Triade (= Dreiheit, Dreigeteiltheit) im wirtschaftlichen Bereich, bestehend aus den USA, der EU (Westeuropa) und Japan. Diese Drei sind wirtschaftlich gleich stark und können – wenn auch nicht militärisch, so doch ökonomisch - den USA Paroli bieten (= Widerstand entgegen setzen).
- zahlreicher, immer wieder aufflackernder Bürgerkriege und regionaler Konflikte in den Kriegsökonomien Asiens, Afrikas und Lateinamerikas, die auf Nachbarstaaten überzugreifen drohen und Flüchtlingsströme zunächst in die benachbarten Regionen, später in die wohlhabenden Industriestaaten auslösen. Hier tun sich die Demokratien aufgrund ihrer internen Willensbildungsprozesse schwer, konsequent zu intervenieren.

Bei letzterem spielen die Medien mittlerweile eine nicht zu unterschätzende Rolle. Mit Bildern von Menschenrechtsverletzungen, Massakern, vergewaltigten Frauen und umher irrenden Kindern in den Krisengebieten können sie zunächst die Unterstützung der Bevölkerung für eine militärische Intervention erzeugen. Führen die militärischen Einsätze jedoch zu eigenen Toten und wird die Zivilbevölkerung in den Bürgerkriegsländern in Mitleidenschaft gezogen, erzeugen die Bilder das Gegenteil: Schnell schwindet dann die Zustimmung der Bevölkerung in den großen Demokratien zu den Militäreinsätzen wieder dahin und weicht einer kritischen bis ablehnenden Haltung. Die militärische Überlegenheit der intervenierenden Mächte und die gleichzeitige Chancenlosigkeit der angegriffenen Länder – man spricht sogar von *asymmetrischen Kriegen* - lässt das Vorgehen dann einem Großteil der Bevölkerung in den Demokratien als moralisch bedenklich erscheinen. Die Stimmung im Lande dreht sich, und der Druck auf die Regierung, sich von solchen Konflikten fern zu halten, wächst. Folge dieses, in den Mediendemokratien feststellbaren, ständigen Kampfes um Unterstützung oder Ablehnung von Interventionen dürften immer wieder neue Kriege sein, die das 21. Jahrhundert beherrschen werden.

6.5 Internationale Politik und Wirtschaft

Im Kapitel 5 hatten wir uns bereits mit dem Verhältnis von Politik und Wirtschaft auf nationaler Ebene befasst. Doch ebenso wenig, wie politische Prozesse vor nationalen Grenzen Halt machen, so wenig finden wirtschaftliche Abläufe nur innerhalb der Grenzen von Nationalstaaten statt. Beispielsweise werden Güter und Dienstleistungen ins Ausland exportiert und aus dem Ausland importiert, Geld wird von Inländern im Ausland angelegt bzw. importiert und Ausländer wiederum legen ihr Geld im Inland an oder investieren es direkt produktiv, d. h. errichten Produktionsstätten. Mit den ökonomischen *und* politischen Problemen, die sich aus den grenzüberschreitenden wirtschaftlichen Aktivitäten ergeben, befasst sich eine Teildisziplin der Politikwissenschaft, die *Internationale Politische Ökonomie (IPÖ)*.

6.5.1 *Internationale Politische Ökonomie und Internationale Wirtschaftsbeziehungen*

Wer sich heute mit aktuellen politischen Problemen auseinander setzt, die auf den ersten Blick innenpolitischer Natur zu sein scheinen, wird schnell auf Fragen stoßen, mit denen sich die Internationale Politische Ökonomie beschäftigt, z. B.:

- Kann die Regierung eines entwickelten Industrielandes für Vollbeschäftigung bei ausreichend hohen Löhnen sorgen, wenn in Osteuropa oder Asien die gleichen Produkte von Arbeitern hergestellt werden, die nur 20 bis 50 Prozent des Lohnes von Arbeitern in hoch industrialisierten Ländern erhalten?
- Ist es möglich, in hoch industrialisierten Ländern die Steuersätze in einer Höhe beizubehalten, die zur Finanzierung der staatlichen Aufgaben notwendig ist, wenn gleichzeitig Unternehmen und gut verdienende Erwerbstätige Kapital ins Ausland verlagern können, weil sie dort ihre Zinseinkünfte geringer oder gar nicht versteuern müssen?
- Sind Unternehmen in Ländern mit einem ausgebauten sozialen Sicherungssystem und entsprechend hohen Steuer- und Sozialabgabelasten auf dem Weltmarkt noch wettbewerbsfähig?

Egal, ob es sich um die Höhe und Entwicklung der Renten, der Krankenkassenbeiträge und Gesundheitsleistungen, die Qualität unseres Bildungssystems oder
die zukünftige Arbeitsmarktentwicklung geht, immer wieder stoßen wir auf eine
Kernfrage:

*Welchen politischen Handlungsspielraum hat unsere Regierung – egal wie
sie parteipolitisch zusammengesetzt ist – in einer weltweit eng verflochtenen
Wirtschaft?*

Mit anderen Worten: Beherrscht „die Wirtschaft" die Weltpolitik? Sind die Politiker selbst der größten Staaten nur Marionetten der großen, weltweit agierenden
multinationalen Konzerne? Muss sich die ganze Welt der kapitalistischen Logik
unterwerfen und diejenigen, die über den Einsatz von Kapital bestimmen, die
sog. Investoren, stets „bei Laune halten"? Oder hat umgekehrt die Politik die
Macht, für die internationalen Wirtschaftsprozesse Spielregeln zu setzen und ihre
Beachtung durchzusetzen? Auch im internationalen Rahmen ist somit das Verhältnis zwischen Politik und Wirtschaft zu analysieren und zu untersuchen: *Wer
beherrscht wen?*
Dabei ist die Grundfrage des Verhältnisses zwischen Politik und Wirtschaft eigentlich die gleiche wie im nationalen Bereich: Soll der Staat in die internationalen Wirtschaftsprozesse eingreifen und wenn ja, wie weit? Oder soll er sich in
die internationalen wirtschaftlichen Prozesse gar nicht einmischen und alles dem
freien Spiel der Marktkräfte überlassen? Lässt er Exporte und Importe von Waren, Dienstleistungen und Kapital ohne jede Einschränkung zu, spricht man von
Freihandel. Das Gegenteil, das komplette Abschotten des inländischen Marktes
von ausländischen Waren, Dienstleistungen und Kapital, wird als *Protektionismus* (lateinisch: Protektion = Schutz der einheimischen Produktion gegen Kon-
kurrenzprodukte aus dem Ausland) bezeichnet. Auch hier bewegt sich die Politik
zwischen den beiden Polen *Markt* oder *Lenkung*, wobei es im internationalen
Bereich – wie erwähnt – statt *Markt* eben *Freihandel* und statt *Lenkung Protektionismus* heißt.
   Die politische Wirklichkeit der entwickelten Industriegesellschaften und
Demokratien liegt dazwischen: Einerseits versucht jede Regierung, die grenzüberschreitenden Wirtschaftsprozesse gemäß ihren politischen Zielen und den
Interessen des eigenen Landes zu steuern. Andererseits sind die anderen Länder
und deren Lobbygruppen bestrebt, ihre ökonomischen Interessen durchzusetzen.
So wie es in der allgemeinen internationalen Politik um die Gewährleistung der
Sicherheit der Länder und den Schutz vor feindlichen Angriffen geht, so dreht es
sich in der internationalen Wirtschaftspolitik um die Absicherung und Mehrung
der Wohlfahrt des eigenen Landes. Und so, wie es im nationalen Rahmen höchst

interessant ist, der Frage nachzugehen, wessen Interessen sich in der Politik durchsetzen, so spannend ist es auch zu analysieren, wer in internationalen Wirtschaftsfragen die Spielregeln bestimmt.

Auch die Volkswirtschaftslehre beschäftigt sich mit internationalen Wirtschaftsprozessen. So befassen sich umfangreiche ökonomische Lehrbücher über die *Theorie und Politik der Außenwirtschaft und der internationalen Wirtschaftsbeziehungen* aus der Perspektive der Wirtschaftswissenschaft insbesondere mit folgenden Fragen:

- Warum ist es für zwei Länder vorteilhaft, Außenhandel zu betreiben? Welche Bedingungen müssen herrschen, damit kein Land Nachteile hat?
- Wie wirken – unter ganz bestimmten Annahmen und Bedingungen – Handelsbeschränkungen auf die Wohlfahrt der Länder?
- Wie organisiert man optimal den internationalen Waren-, Dienstleistungs- und Kapitalverkehr zwischen Ländern mit unterschiedlichen Währungen? Legt man die Austauschverhältnisse zwischen den Währungen (die Ökonomen nennen sie *Wechselkurse*) staatlich fest (= *System fester Wechselkurse*) oder überlässt man die Bildung der Wechselkurse dem freien Spiel der Marktkräfte (= *System flexibler Wechselkurse*)? Welche Folgen hat das unterschiedliche Funktionieren der beiden Wechselkurssysteme (Ökonomen sagen auch *Wechselkursregime*) für die Wirtschaftsentwicklung und die Wirtschaftspolitik der Länder?
- Welche Konsequenzen ergeben sich aus der Einführung einer gemeinsamen Währung für die Wirtschaft von Ländern, die bislang unterschiedliche Währungen hatten?

All diesen *ökonomischen Fragestellungen* ist eines gemeinsam: Sie wollen die Frage beantworten:

Unter welchen Bedingungen wird für die Volkswirtschaften ein Höchstmaß an Wohlfahrt – gemessen am weltweit erzeugten Sozialprodukt – erzielt?

Politikwissenschaftler knüpfen bei ihren Analysen an die von den Ökonomen gegebenen Antworten an. Ihr Interesse gilt jedoch anderen Fragen, z.B.:

- Unter welchen Bedingungen und aus welchen Gründen betreibt eine Regierung Freihandelspolitik und wann ergreift sie protektionistische Maßnahmen? (Mit anderen Worten: Bei welchen Waren lässt sie ungehinderten Import zu und bei welchen unterbindet sie die Einfuhr?)

- Welchen Einfluss haben die einzelnen Länder auf die für die Weltwirtschaft geltenden „Spielregeln"? Wer wird in der Weltwirtschaft begünstigt, wer benachteiligt? Wer sind die Gewinner, wer die Verlierer der sog. Globalisierung? (Zur Globalisierung siehe später Kapitel 6.5.4)

Die Ökonomen fragen in ihrer Lehre von den internationalen Wirtschaftsbeziehungen, wie die internationalen Wirtschaftsprozesse unter ganz bestimmten, idealen Bedingungen des Wettbewerbs ablaufen würden. Unter idealen Bedingungen funktionierenden Wettbewerbs würden alle vom Freihandel profitieren und die Wohlfahrt in allen Ländern steigen. Politikwissenschaftler untersuchen dagegen, wer die Macht hat, in der Weltwirtschaft die Bedingungen zu seinen Gunsten zu gestalten, also beispielsweise günstige Exportbedingungen für seine Produkte zu erzwingen und umgekehrt ausländische Produkte als unliebsame Konkurrenz vom heimischen Markt fern zu halten.

Trotz der enormen Bedeutung der Internationalen Politischen Ökonomie für die Analyse nationaler und internationaler politischer Prozesse führt dieses Teilgebiet in der bundesrepublikanischen Politikwissenschaft zurzeit eher noch ein Schattendasein. Während in den USA die *International Political Economy (IPE)* zum Standard des politikwissenschaftlichen Studiums gehört und vielfach sogar als selbständiges Studienfach gelehrt wird, ist der Bereich in vielen deutschen politikwissenschaftlichen Studiengängen gar nicht vertreten. Im vorliegenden Lehrbuch soll die IPÖ allerdings nicht fehlen. Wieder kann jedoch – dem Einführungscharakter des Werkes folgend – nur auf einige wenige Aspekte eingegangen werden.

Zunächst wird der Leser mit der klassischen Theorie des Handels bekannt gemacht, da sie die Grundlage für die Beschäftigung mit Fragen Internationaler Politischer Ökonomie darstellt. Anschließend wird die Struktur der Weltwirtschaft und die Bedeutung von Macht für die internationalen Wirtschaftsbeziehungen erläutert. Die Diskussion der mit der Globalisierung verbundenen politischen Probleme bildet den Abschluss dieses Unterabschnitts.

6.5.2 Die klassische Handelstheorie und ihre Weiterentwicklung – wann und warum Freihandel vorteilhaft ist

Für den Verkauf von Waren ins Ausland und ihren Import ins Inland, kurz für den internationalen Warenhandel, gibt es eine ganze Reihe von Gründen. So kaufen z. B. Bürger eines Landes ausländische Produkte, weil sie

- nur im Ausland wachsen und dort angeboten werden (etwa Zitrusfrüchte),
- preiswerter sind als die im Inland hergestellten (z. B. japanische Geräte der Unterhaltungselektronik),
- als qualitativ besser gelten (z. B. amerikanische Computer).

Allen ökonomischen Laien leuchtet sofort ein: Jedes Land sollte die Produkte herstellen und sie auch dem Rest der Welt zum Kauf anbieten, die es kostengünstiger als andere herstellen kann. In diesem Fall lägen *absolute Kostenvorteile* vor. Bereits vor 200 Jahren hat einer der Begründer der Volkswirtschaftslehre, der Engländer *David Ricardo(1772-1823)*, in einem ökonomischen Modell noch etwas weiter Gehendes nachgewiesen, nämlich: Für zwei Länder ist es auch dann vorteilhaft, sich auf die Herstellung nur eines Produkts zu spezialisieren und das andere einzuführen, wenn eines der Länder beide Produkte kostengünstiger herstellen kann. Das müssen wir uns an einem einfachen Zahlenbeispiel klar machen.

Die USA sollen in 500 Arbeitsstunden 120 Zentner Weizen und in weiteren 500 Arbeitsstunden 90 Autos herstellen können, die Bundesrepublik in derselben Zeit, also in je 500 Stunden, nur 50 Zentner Weizen und 80 Autos. Das bedeutet: Die USA können in insgesamt 1000 Arbeitsstunden mehr Weizen und Autos produzieren als die Bundesrepublik (siehe nachfolgende Tabelle), haben also einen absoluten Kostenvorteil. (Im einfachsten Modell *Ricardos*, das hier vorgestellt wird, wird angenommen, dass es nur *einen* Produktionsfaktor, nämlich Arbeit, gibt, der zur Produktion ausreicht. Die Kosten der beiden Produkte Weizen und Autos werden daher in Arbeitsstunden ausgedrückt.)

USA:	120	Zentner Weizen und	90 Autos
BRD:	50	Zentner Weizen und	80 Autos
Insgesamt:	*170*	*Zentner Weizen und*	*170 Autos*

Beide Länder können das Weltsozialprodukt allerdings noch steigern, indem sich die USA auf die Weizen-, die Bundesrepublik auf die Autoproduktion konzentrieren. Verwenden die USA 800 Arbeitsstunden auf die Weizen- und 200 Arbeitsstunden auf die Autoproduktion, die Bundesrepublik 100 Arbeitsstunden auf die Weizen- und 900 Arbeitsstunden auf die Autoproduktion, sieht das Ergebnis folgendermaßen aus:

USA:	800 Stunden	192 Zentner Weizen	200 Stunden	36 Autos
BRD:	100 Stunden	10 Zentner Weizen	900 Stunden	144 Autos
Insgesamt:	*900 Stunden*	*202 Zentner Weizen*	*1100 Stunden*	*180 Autos*

In beiden Ländern wird nicht mehr gearbeitet als vorher, nämlich je 1.000 Stunden. Trotzdem: Durch die Spezialisierung auf diejenigen Waren, bei deren Produktion beide Länder gegenüber dem anderen Land einen *relativen Kostenvorteil* haben, lässt sich das Weltsozialprodukt insgesamt steigern und somit die Wohlfahrt (= das Niveau der Güterversorgung) verbessern. Es werden 202 Zentner Weizen statt vorher nur 170 Zentner und 180 Autos statt vorher nur 170 Autos produziert.

Wie lässt sich dieser Wohlfahrtsgewinn erklären? Dazu müssen wir mit den Zahlen aus unserem Beispiel noch ein wenig „spielen" und die sog. *Opportunitätskosten* ausrechnen. *Opportunitätskosten* sind die Kosten der Herstellung von einem der beiden Güter, ausgedrückt in Einheiten des anderen Gutes, auf die man verzichten muss, wenn man sich der Produktion des einen zuwendet. Anders ausgedrückt: Wenn die USA einen Zentner mehr Weizen herstellen wollen und dafür Arbeitskräfte aus der Autoproduktion abziehen, auf wie viele Autos müssen die USA dann verzichten?

Das bedeutet, wir müssen ermitteln: Wie viele Autos kostet in den USA ein Zentner Weizen? Dazu müssen wir fragen: Wie viele Arbeitsstunden stecken in den USA in einem Zentner Weizen? Wenn für 192 Zentner Weizen 800 Arbeitsstunden benötigt werden, braucht man für einen Zentner 800:192 = 4,1667 Stunden. In dieser Zeit, nämlich 4,1667 Stunden, können die USA aber 0,75 Autos produzieren. (36 Autos in 200 Stunden, in 1 Stunde also 36:200 = 0,18 Autos, in 4,1667 Stunden dementsprechend 4,1667x0,18 = 0,75 Autos.) Das ist genau die Zahl, die wir suchen: 1 Zentner Weizen kostet in den USA 0,75 Autos, oder anders formuliert: Wenn die USA einen Zentner Weizen herstellen, müssen sie dafür auf 0,75 Autos verzichten.

Dieselbe Rechnung stellen wir jetzt für die Bundesrepublik an und fragen: Wie viele Autos kostet hier ein Zentner Weizen? Antwort: In der BRD produziert man in 100 Stunden 10 Zentner Weizen, also einen Zentner Weizen in 100:10 = 10 Stunden. In 10 Stunden kann die Bundesrepublik aber 1,6 Autos produzieren [(144:900) x 10] Somit kostet 1 Zentner Weizen 1,6 Autos. Der Weizen hat in der Bundesrepublik somit höhere Opportunitätskosten (nämlich 1,6 Autos) als in den USA (hier kostet ein Zentner Weizen nur 0,75 Autos).

Anders ausgedrückt: Wenn die USA sich auf Weizen spezialisieren, „verlieren" sie weniger Autos, als wenn die Bundesrepublik das täte.

Wieder anders ausgedrückt: Arbeiten die USA statt 500 Stunden 800 Stunden in der Weizenproduktion, gewinnen sie 48 Zentner dazu, verlieren aber nur 44 Autos. Würde dagegen die Bundesrepublik statt 500 Stunden 800 Stunden in der Weizenproduktion arbeiten, gewänne sie nur 30 Zentner Weizen dazu, verlöre aber 48 Autos. Für die internationale Wohlfahrt wäre diese Arbeitsteilung nicht vorteilhaft. Günstiger ist es, wenn sich die Länder auf die Produktion derjenigen Waren konzentrieren, bei denen sie – sagen die Ökonomen – einen *komparativen Kostenvorteil* (lateinisch: komparativ = vergleichsweise, im Verhältnis zu anderem) haben.

Das *Gesetz der komparativen Kosten* von *David Ricardo* ist grundlegend für das Verständnis des internationalen Handels. In jedem ökonomischen Lehrbuch wird dieses Gesetz behandelt, und auch angehenden Politikwissenschaftlern ist dringend zu empfehlen, sich mit diesem „Gesetz" und seiner inneren Logik auseinander zu setzen – auch wenn möglicherweise die eben gebrachten Rechnungen beim ersten Lesen etwas verwirren.

Ricardos „Gesetz" ist allerdings nur ein ökonomisches Modell. Das heißt: Es erklärt nicht die Wirklichkeit so, wie sie ist, sondern so, wie sie unter ganz bestimmten, idealen Bedingungen wäre. Die Wirklichkeit ist ganz anders, weil die idealtypischen Annahmen eines ökonomischen Modells in der Realität eben nicht anzutreffen sind.

Trotzdem ist es sinnvoll, den Ablauf ökonomischer Vorgänge – zumindest in einem ersten Schritt - unter idealtypischen Bedingungen zu betrachten. Dazu ein Beispiel aus einem anderen Bereich: Wir kennen aus den Auto-Prospekten die Angabe des Benzinverbrauchs auf 100 km. Dieser Verbrauch wurde unter ganz bestimmten, idealen Rahmenbedingungen ermittelt, z. B. gleich bleibende mittlere Geschwindigkeit, ebene Fahrbahn, Windstille usw. Im Fahralltag gibt es diese idealen Bedingungen gar nicht, folglich wird der Benzinverbrauch in der Praxis ein anderer sein als der im Prospekt genannte. Und doch hat diese idealtypische Betrachtung einen Sinn. Sie lässt einen Vergleich zu mit den Verbrauchswerten anderer Autos unter ebenso idealtypischen Bedingungen.

Deshalb ist es auch in der Internationalen Politischen Ökonomie zweckmäßig, sich zunächst klar zu machen, wie der Markt unter idealtypischen Bedingungen funktionieren würde. In einem zweiten Schritt ist dann zu analysieren, wie

- die Rahmenbedingungen in Wirklichkeit sind,
- der Markt unter diesen nicht-idealtypischen Bedingungen funktioniert,

- die Staaten mit außenwirtschaftspolitischen Maßnahmen versuchen, die Rahmenbedingungen so zu verändern, dass sich Marktergebnisse einstellen, die ihren Interessen entsprechen,
- die Marktergebnisse weitere Reaktionen anderer Staaten auslösen usw.

Die Theorie *Ricardos* von den komparativen Kosten gibt aus folgenden Gründen die Realität nicht wieder:

- Die Theorie – und das gilt für die gesamte klassische ökonomische Theorie, zu deren Begründern auch *Ricardo* gehört – geht von völlig gleichartigen (= homogenen) Produkten sowie von vielen Produzenten und Verbrauchern mit jeweils ganz geringen Marktanteilen aus. In Wirklichkeit gibt es jedoch auf vielen Märkten nur wenige Anbieter (die Ökonomen sprechen von *Oligopolen* [= Verkauf durch Wenige]). Außerdem sind die meisten Produkte nicht homogen (wie Weizen), sondern heterogen (= verschiedenartig) wie z. B. Kleidung.
- Das Modell beschreibt den Handel mit Produkten unterschiedlicher Branchen. In Wirklichkeit tauschen die Länder aber auch Produkte der gleichen Branche, z. B. werden deutsche Autos nach Frankreich exportiert und französische Autos nach Deutschland importiert. Die Ökonomen nennen das *intra-sektoralen Handel*.
- Waren werden nicht nur mit *einem,* sondern mit mehreren Produktionsfaktoren (Faktor = Erzeuger; Produktionsfaktor = Erzeuger von Produktion, Waren) hergestellt. Berücksichtigt man, dass zwei Produktionsfaktoren (Arbeit und Kapital) eingesetzt werden, die z. T. noch gegenseitig ersetzt werden können, sehen die Theorie und ihre Aussagen viel komplizierter aus.
- In der Theorie wird vorausgesetzt, dass der Produktionsfaktor Arbeit beliebig zur Produktion der beiden Waren eingesetzt werden kann. Das ist in der Realität nicht so: Arbeiter der Landwirtschaft (Weizenanbau) sind nicht unmittelbar in der Industrie (Autoproduktion) einsetzbar und umgekehrt.

Was folgt aus diesen, die Realität nicht berücksichtigenden Bedingungen für den internationalen Handel? Und was können Politikwissenschaftler mit diesen Erkenntnissen anfangen?

Da Arbeitskräfte nicht so ohne Weiteres und vor allem nicht kurzfristig von einer Branche in eine andere und von einem Ort in einen anderen wechseln können, entweder weil sie für einen anderen Job gar nicht ausgebildet sind oder weil sie familiär an einen Ort gebunden sind und nicht von heute auf morgen einen Arbeitsplatz einnehmen können, der mehrere hundert Kilometer von ihrem

Wohnort entfernt liegt, wird es bei Aufnahme von Handelsbeziehungen zu Arbeitslosigkeit in der Branche kommen, in der das andere Land einen komparativen Kostenvorteil hat. Mit anderen Worten: In den USA wird im Vergleich zum Ausgangszeitpunkt statt 500 Stunden nur noch 200 Stunden in der Automobilindustrie gearbeitet. Die Arbeiter, die dort vorher 300 weitere Stunden tätig waren, werden arbeitslos. Dafür soll in der Weizenernte zusätzlich 300 Stunden gearbeitet werden, was nur durch Überstunden geschehen kann, weil die entlassenen Automobilarbeiter dort nicht eingesetzt werden. In der Bundesrepublik wäre es umgekehrt: Statt 500 müsste in der Automobilindustrie 900 Stunden gearbeitet, also 400 Stunden mehr, bei der Weizenernte würden dagegen nur noch Arbeiter für 100 Stunden gebraucht, Arbeiter für 400 Stunden wären arbeitslos.

Obwohl das Zahlenbeispiel sehr schlicht ist, erkennen wir die Problematik des Außenhandels: Sobald wir nur *eine* der unterstellten Annahmen fallen lassen, tritt nicht automatisch eine Wohlfahrtssteigerung ein. Vielmehr würden sich, wenn die Arbeitskräfte vollkommen immobil sind, die einen im Wirtschaftszweig mit den komparativen Kostenvorteilen „zu Tode schuften", dabei aber mehr produzieren und verdienen als zuvor, im anderen Wirtschaftszweig käme es dagegen zu Arbeitslosigkeit und Einkommensausfällen. Außenhandel verändert also die Einkommensverteilung und bringt somit in jedem Land Gewinner und Verlierer hervor. Trotzdem könnte die Wohlfahrt des Landes insgesamt steigen, wenn die Arbeiter in dem Wirtschaftszweig mit den komparativen Kostenvorteilen einen Teil ihres Mehrverdienstes abgeben, um damit die im anderen Wirtschaftszweig arbeitslos Gewordenen zu unterstützen – und natürlich dann, wenn die arbeitslos Gewordenen sich umschulen ließen, gegebenenfalls auch zum Ortswechsel bereit wären und in die Branche mit den komparativen Kostenvorteilen wechselten.

Wir sehen also: Internationaler Handel löst innerhalb eines Landes soziale Konflikte aus, weil es Gewinner und Verlierer gibt. Dabei sieht sich die Regierung eines Landes stets unterschiedlichen Interessen ausgesetzt. Unternehmen und Wirtschaftszweige, die Waren produzieren, die im Ausland nachgefragt und gut verkauft werden können, sind daran interessiert, dass die anderen Staaten den Import nicht erschweren. Dazu werden die anderen Staaten wiederum nur bereit sein, wenn sie ihrerseits exportieren können und das betreffende Land keine Importbeschränkungen verhängt. Auch heimische Unternehmen möchten natürlich gerne Waren, die im Ausland preiswert sind, ungehindert importieren können und im Inland weiterverarbeiten, gleichzeitig aber die Konkurrenz von Unternehmen unterbunden haben, die gleichwertige Waren preisgünstiger anbieten.

Hier muss die Politik nach Möglichkeiten suchen, wie im eigenen Land die Zahl der Verlierer möglichst gering gehalten werden kann und möglichst viele vom Außenhandel profitieren. Gleichzeitig muss sie aber darauf bedacht sein, die anderen Staaten, die Waren im Inland verkaufen wollen, nicht zu verprellen. Denn Konflikte über Importbeschränkungen – man spricht auch von *Handelskriegen* - können die guten Beziehungen zwischen Staaten beeinträchtigen und politische Bündnisse in Frage stellen. Dies ist häufig eine schwierige Gratwanderung, zeigt aber sehr deutlich, wie sehr ökonomische und politische Probleme auch international miteinander verflochten sind.

Natürlich ist die ökonomische Theorie des internationalen Handels nicht bei *Ricardo* stehen geblieben. Eine wichtige Weiterentwicklung erfuhr sie durch die schwedischen Ökonomen *Eli Heckscher* (1879-1952) und *Bertil Ohlin* (1899-1979). Sie ließen die von *Ricardo* noch gemachte Annahme fallen, dass es *nur einen* Produktionsfaktor gibt (Arbeitskräfte) gibt, und konstruierten ein Zwei-Faktoren-Modell, z. B. mit Arbeit *und* Kapital. Dieses sieht folgendermaßen aus: Ein Land A hat viele Arbeitskräfte, aber wenig Kapital (= Maschinen). Ein anderes Land B hat dagegen wenig Arbeitskräfte, aber viele Maschinen (= Kapital). In beiden Ländern richtet sich die Höhe der Einkommen von Arbeit und Kapital nach deren Knappheit. In Land A sind somit die Löhne niedrig (weil das Angebot an Arbeitskräften groß ist) und die Zins- und Gewinneinkommen hoch (weil Maschinen knapp sind). Im Land B ist es umgekehrt: Die knappen Arbeitskräfte erzielen hohe Löhne, dafür sind Zins- und Gewinneinkommen niedrig. Mit Hilfe mathematischer Kurvendarstellungen, auf die wir hier in einem politikwissenschaftlichen Lehrbuch verzichten, lässt sich ableiten: Land A wird sich auf die Produktion derjenigen Waren spezialisieren, für deren Herstellung man viele Arbeitskräfte benötigt – Ökonomen sprechen von *arbeitsintensiven Produkten* – Land B wird sich auf diejenigen Waren konzentrieren, die mit großem Maschineneinsatz erzeugt werden (*kapitalintensive Produkte*).

Welche Folgen hat die Spezialisierung der Länder auf jeweils arbeits- bzw. kapitalintensive Produkte bei Aufnahme von Außenhandel? Weil Land A nun mehr arbeitsintensive Waren für den Export produzieren muss, steigen die Nachfrage nach Arbeitskräften und damit auch die Löhne. Dafür wird in Land A relativ weniger Kapital benötigt, Zins- und Gewinneinkommen sinken. Die Entwicklung in Land B verläuft spiegelbildlich: Die Nachfrage nach Arbeitskräften geht zurück und die Löhne sinken, dafür steigen die Nachfrage nach Kapital und somit auch Zins- und Gewinneinkommen. Löhne und Gewinne gleichen sich also an. Die Ökonomen nennen das *Ausgleich internationaler Faktorpreise* und das Modell das *Faktorproportionentheorem* (Proportionen = Größenverhältnis; Theorem = Lehrsatz).

Das Faktorproportionentheorem von *Heckscher-Ohlin* ist zwar insofern etwas näher an der Realität, als es zwei Produktionsfaktoren einbezieht. Gleichwohl unterstellt es bezüglich der Faktormobilität die gleichen Bedingungen wie *Ricardo*: Innerhalb des jeweiligen Landes sind Arbeitskräfte und Maschinen beliebig in den einzelnen Wirtschaftsbranchen und an verschiedenen Orten kurzfristig einsetzbar und stehen auch zur Verfügung. Die Wirklichkeit ist aber nicht so: Bergarbeiter aus dem Ruhrgebiet sind nicht als Köche in einem Seebad auf Usedom einsetzbar, und auch die Kohleförderanlage aus Castrop-Rauxel ist nicht in einem Badeort zu gebrauchen.

Namhafte Ökonomen haben versucht nachzuweisen, dass das Faktorproportionentheorem den tatsächlich stattfindenden Außenhandel und die Produktspezialisierung erklären kann. Die Ergebnisse sind jedoch alles andere als eindeutig. Der russisch-amerikanische Ökonom *Wassily Leontief* (1906-1999) wollte Anfang der fünfziger Jahre des vorigen Jahrhunderts am Beispiel der USA nachweisen, dass sie kapitalintensive Güter exportieren und arbeitsintensive Güter importieren. Doch es war genau umgekehrt: Die Exporte waren arbeitsintensiver als die Importe. Dieses überraschende Ergebnis wird seitdem als *Leontief-Paradox* bezeichnet. Erst in späteren Untersuchungen fanden andere Ökonomen eine Erklärung: Der Faktor Arbeit ist nicht homogen, denn hoch qualifizierte Arbeitskräfte sind nicht mit ungelernten Arbeitskräften gleich zu setzen. Unterteilt man den Produktionsfaktor Arbeit in Kategorien (z. B. qualifiziert, angelernt, ungelernt), lässt sich z. B. für die Bundesrepublik zeigen: Sie exportiert vornehmlich Waren, zu deren Erzeugung hoch qualifizierte Arbeitskräfte erforderlich sind, und importiert Waren, für die im Wesentlichen ungelernte Arbeitskräfte benötigt werden.

Für die Tatsache, dass Länder auch Waren der gleichen Branche austauschen (etwa Autos), gibt es ebenfalls eine Erklärung: Viele Produkte werden billiger, wenn man mehr davon produziert. Für die Herstellung eines einzelnen Anzugs, maßgeschneidert nach den speziellen Wünschen von Herrn Schmitz, entstehen höhere Kosten als für einen Anzug, der zusammen mit tausend anderen nach Durchschnittsmaßen gefertigt worden ist. Man nennt das Größenvorteile oder – in der Fachsprache der Ökonomen – *Skalenerträge oder Skaleneffekte*. Wegen dieser Skaleneffekte ist es für die Unternehmen vorteilhaft, nach zusätzlichen Verkaufsmöglichkeiten jenseits der eigenen Landesgrenzen zu suchen, um die Produktion ausweiten und diese Größenvorteile nutzen zu können. Allerdings muss ein Unternehmen, das Märkte für seine Waren im Ausland erschließt, damit rechnen, dass Inländer „im Gegenzug" andere Waren im Ausland kaufen, die heimische Nachfrage nach seinen Produkten also etwas zurückgeht. Im Regelfall dürfte aber der zusätzliche Verkauf im Ausland den geringeren Verkauf im Inland mehr als ausgleichen.

Alle bisherigen Weiterentwicklungen der ökonomischen Theorie konnten jedoch ein Problem nicht aus der Welt schaffen: Sie erklären zwar, warum Freihandel, also der völlig ungehinderte internationale Warenaustausch, unter bestimmten Bedingungen Wohlfahrtsgewinne für alle bringt. Solange allerdings die

Voraussetzungen wie Mobilität und Flexibilität der Arbeitskräfte nicht so gegeben sind, wie im Modell unterstellt, gibt es durch internationalen Warenaustausch – wie bereits erwähnt – stets Gewinner und Verlierer. Und beide werden ihre Regierung bedrängen, mit außenhandelspolitischen Maßnahmen ihre jeweiligen wirtschaftlichen Interessen zu wahren. Damit sind wir bei den Wechselbeziehungen zwischen internationalen Wirtschaftsprozessen und innenpolitischen Vorgängen, also einer Frage, der sich die Politikwissenschaft annehmen muss.

Warum Regierungen in diesem Interessenkampf des Öfteren protektionistischen Wünschen (Protektionismus = Abschottung eines Landes vor Auslandskonkurrenz) nachgeben, obwohl die Ökonomen fast durchweg für Freihandel plädieren, lässt sich relativ einfach erklären: Wird ein Wirtschaftszweig eines Landes vor Auslandskonkurrenz geschützt, indem Importzölle erhoben oder gar Einfuhrbeschränkungen erlassen werden, können die heimischen Unternehmen ihre Produkte auf dem Inlandsmarkt zu höheren Preisen verkaufen, als wenn Wettbewerber aus dem Ausland ihre Waren zu niedrigeren Preisen auf den Markt bringen und möglicherweise die heimischen Anbieter sogar vom Markt drängen würden. Das sichert den inländischen Unternehmen ihre Erträge, und sie können Produktion und Arbeitsplätze aufrechterhalten. Für die Beschäftigten dieser Unternehmen ist dies ein riesengroßer Vorteil, für den Rest der Bevölkerung sind die höheren Produktpreise dagegen nur ein vergleichsweise kleiner Nachteil. Weil das so ist, kämpfen die negativ Betroffenen der jeweiligen Branche in aller Regel massiv für protektionistische Schutzmaßnahmen, während die Käufer der Produkte wegen der relativ geringen Bedeutung der höheren Preise für ihr Gesamtbudget kaum Proteste organisieren werden. Das Ergebnis dieser politischen Prozesse sind Einschränkungen des Freihandels aller Länder. Produktionen und Wirtschaftszweige, die bei ungehindertem, weltweit freiem Wettbewerb nicht existenzfähig wären, werden aufrechterhalten. Allerdings stoßen protektionistische Maßnahmen stets dann an ihre Grenzen, wenn andere Staaten dadurch massiv in ihrer ökonomischen Entwicklung beeinträchtigt werden und wenn diese Staaten die Macht haben, das Land, das sich durch Protektionismus abschottet, wie auch immer unter Druck zu setzen.

Damit sind wir bei der Kategorie der Macht, dem Faktor, der auch die internationalen Wirtschaftsbeziehungen prägt.

6.5.3 Die Struktur der Weltwirtschaft – Wer bestimmt die Regeln?

Am Anfang dieses Buches hatten wir nach den Spielregeln des Regierens innerhalb eines Landes gefragt: Wie wird politische Macht erworben, ausgeübt und kontrolliert? Auch bei der Beschreibung des Internationalen Systems in Kapitel

6.4. haben wir analysiert, wer in der Staatenwelt den Ton angibt. Bei den internationalen Wirtschaftsbeziehungen geht es um die gleichen Grundfragen: Welche Spielregeln gelten für den internationalen Handel von Waren und Dienstleistungen und den Kapitalverkehr? Und wer bestimmt diese Spielregeln? Wer gewinnt und wer verliert bei diesem „Spiel", d. h.: Wer kann die Spielregeln so festsetzen, dass sich die Wirtschaft des eigenen Landes gut entwickeln kann – ggf. zulasten der Ökonomien anderer Länder?

6.5.3.1 Die wirtschaftlichen Ausgangsbedingungen der Länder auf dem Weltmarkt

Bekanntlich sind die Menschen mit unterschiedlichen Begabungen und Fähigkeiten ausgestattet. Der eine ist ein begnadeter Musiker, der andere ein Mathematik-Genie. Wieder andere können ausgezeichnet kochen oder sprechen fließend mehrere Sprachen. Doch je nachdem, in welchem gesellschaftlichen Umfeld sie sich gerade aufhalten, werden sie diese Begabungen und Fähigkeiten unterschiedlich nutzen können. Ein begnadeter Musiker wird in New York, Paris oder Mailand wahrscheinlich hohes Ansehen genießen und viel Geld verdienen können, jedoch in Bangladesh große Schwierigkeiten haben, sich über die Runden zu bringen. Die eher handwerklichen Fähigkeiten eines Kochs werden auch in weniger zivilisierten Gegenden der Welt, in denen kein Strom und kein Mikrowellenherd und raffinierte Gewürze verfügbar sind, nutzbringend einzusetzen sein, Sprachkenntnisse werden in vielen, aber trotzdem nicht in allen Gegenden der Erde helfen. Kurz: Die unterschiedliche „Ausstattung" der Menschen lässt sie nicht alle Situationen gleich gut bestehen.

Dies kann man ohne weiteres auf Länder übertragen. Nicht alle Länder der Erde sind gleich gut ausgestattet. Denn nicht überall ist alles verfügbar. Erdöl beispielsweise gibt es nur in bestimmten Regionen, Wein kann auch nur in einigen Gegenden angebaut werden, und Bananen und Apfelsinen gedeihen nicht in Deutschland. Die unterschiedliche Ausstattung der Länder mit wichtigen Rohstoffen wie z. B. Kupfer und Erdöl sowie mit Produkten, die sie auf dem Weltmarkt anbieten können, spielt für die Stellung eines Landes in der Weltwirtschaft eine wichtige Rolle. Ausschlaggebend ist insbesondere:

- Werden die Waren, die ein Land auf dem Weltmarkt anbietet, von den übrigen Ländern der Erde, speziell von den großen Industrienationen, dringend gebraucht? Würden Lieferausfälle erhebliche Störungen der Wirtschaft der abnehmenden Industrieländer bewirken?

- Wie groß ist der Wettbewerb mit anderen Anbietern dieses Produkts auf dem Weltmarkt?
- Wie verlässlich sind die Erlöse aus dem Verkauf dieser Produkte am Weltmarkt? Sind die Preise stabil, oder unterliegen sie großen Schwankungen?

Aus diesen Bedingungen lässt sich unmittelbar die unterschiedliche Marktstellung ableiten und damit auch auf die Machtverteilung in der Weltwirtschaft schließen. Quelle des Reichtums der entwickelten Industrieländer ist die effiziente Nutzung technischen Fortschritts, der es gestattet, mit den im Land vorhandenen Arbeitskräften und mit hoch technisierten Maschinen große Mengen an Waren über den existenziell notwendigen Bedarf des eigenen Landes hinaus zu produzieren. Länder, die nicht über diese hoch entwickelten Maschinen verfügen, ihre heimische Produktion steigern und Anschluss an den Wohlstand der Industrieländer finden möchten, müssen diese Maschinen bei den Industrieländern kaufen. Dafür benötigen sie Zahlungsmittel, die die Exporteure der Industrieländer akzeptieren. Welche Zahlungsmittel sind das, und woher bekommen die weniger industrialisierten Länder diese Zahlungsmittel?

Der weltweite Handel wird im Regelfall in einer Währung abgewickelt, die allgemein als Zahlungsmittel anerkannt wird. Wann aber wird eine Währung allgemein als Zahlungsmittel anerkannt? Warum kann man mit dem US-Dollar in der ganzen Welt etwas kaufen bzw. US-Dollars in die Währung des jeweiligen Landes umtauschen, aber beispielsweise nicht die Währung Ecuadors, Kenias oder Neu-Guineas?

Die Währung eines Landes wird dann im internationalen Handel als Zahlungsmittel akzeptiert, wenn dieses Land Waren produziert und auf dem Weltmarkt anbietet, die sehr begehrt sind und die man nur in diesem Land kaufen kann. Produkte aus der EU oder aus den USA sind solche weltweit begehrten Produkte. Deshalb sind alle Länder daran interessiert, durch Exporte US-Dollars zu verdienen, um in den USA oder in der übrigen Welt diese begehrten Waren einkaufen zu können. Anders sieht es mit Waren aus, die beispielsweise Brasilien anzubieten hat. Bananen, Kakao und Kaffee werden zwar von den Industrieländern gerne abgenommen, können aber auch von anderen Ländern bezogen werden. Zudem ist die Aufnahmefähigkeit der Industrieländermärkte für diese Produkte nicht unbegrenzt. Insofern haben die weniger entwickelten Länder im Vergleich zu den Industrieländern am Weltmarkt folgende strukturellen Nachteile:

- Mit den meisten ihren Waren, die sie am Weltmarkt anbieten, haben weniger entwickelte Länder kein Monopol (Monopol = Verkauf durch nur einen Anbieter), sondern stehen im Wettbewerb mit anderen. Rohstoffe, die sie exportieren, befinden sich auf einer niedrigen Verarbeitungsstufe. Das bedeutet: Mit ihnen lassen sich am Weltmarkt keine hohen Preise erzielen (= niedrige Wertschöpfung).

- Die Preise der exportierten Waren unterliegen am Weltmarkt starken Schwankungen, weil die Menge des Angebots - speziell bei landwirtschaftlichen Erzeugnissen - häufig von nicht-beeinflussbaren Faktoren wie der Witterung abhängt. Exporte und damit dringend für Importe benötigte Einnahmen an Devisen, die im internationalen Handel akzeptiert werden, sind deshalb für diese Länder nicht verlässlich kalkulierbar. Weil die Preise für ihre exportierten Produkte oft niedrig sind, versuchen sie zum Ausgleich von Verlusten größere Mengen zu produzieren und am Weltmarkt abzusetzen. Größere Produktion – zumal dann, wenn andere Länder in gleicher Situation ebenso handeln - führt indes zu einem Überangebot am Weltmarkt, zum Preisverfall der angebotenen Waren und dann häufig doch nicht zu den erhofften Mehrerlösen.

Ein Beispiel: Das zweitwichtigste Exportgut nach dem Erdöl ist für die weniger entwickelten Länder der Kaffee. Von seinem Preis hängt das Einkommen von etwa 100 Mio. Menschen ab. 1995 erzielten die Kaffeeproduzenten für 4,2 Mio. Tonnen Kaffee Exporterlöse in Höhe von 12,7 Mrd. US-Dollar. 2001 war die exportierte Menge zwar auf 5,4 Mio. Tonnen gestiegen, die Exporterlöse beliefen sich aber wegen gesunkener Weltmarktpreise nur noch auf 5,8 Mrd. US-Dollar. Nach einer Studie der Weltbank aus dem Jahr 2004 verdienten Kaffeepflanzer zur Beginn des 21. Jahrhunderts real nur ein Viertel dessen, was sie in den sechziger Jahren des vorigen Jahrhunderts verdient hatten. In Brasilien wurden die Arbeitsplätze in den Kaffeeplantagen um 90 Prozent reduziert, Kolumbien als zweitgrößter Produzent hochwertigen Kaffees verlor seit Mitte der neunziger Jahre etwa die Hälfte seines Exportgeschäfts. Ursache ist letztlich die Überproduktion von Kaffee und der dadurch ausgelöste Verfall der Kaffeepreise.

Wegen dieser Mechanismen erwarteten einige Ökonomen in den fünfziger Jahren des vorigen Jahrhunderts, dass sich die Terms of Trade der weniger entwickelten Länder immer weiter verschlechtern würden. Unter den *Terms of Trade* (deutsch: Tauschverhältnis beim Handel) versteht man das Verhältnis von Export- zu Importpreisen eines Landes:

$$\text{Terms of Trade} = \frac{\text{Exportpreise}}{\text{Importpreise}}$$

Je höher die Exportpreise und je niedriger die Importpreise eines Landes sind, desto günstiger ist seine Stellung in der Weltwirtschaft. Denn bei hohen Exportpreisen braucht es nur wenige Waren auszuführen, um einen bestimmten Devisenbetrag einzunehmen, und bei niedrigen Importpreisen braucht es auch nur wenige Devisen durch Exporte zu „verdienen", um Waren im Ausland einkaufen zu können. Einfach ausgedrückt: Wie viele Pfund Kaffee muss ein Land exportieren, um aus dem Erlös den Import eines Traktors bezahlen zu können? Und kann es überhaupt so viel Kaffee ernten, dass es in die Lage versetzt wird, genügend zu exportieren, um einen Traktor importieren zu können? (M. a. W.: Hat es die nötige *Importkapazität*?)

Letztere Überlegung zeigt: Es kommt nicht allein auf das Verhältnis von Export- und Importpreisen, sondern auch auf die jeweils dahinter stehenden Mengen an Export- bzw. Importgütern und deren Qualität an: Ein Pfund Kaffee hat nicht die gleiche Qualität wie ein Traktor. So muss ein Land viele Pfunde Kaffee, in deren Ernte viel Aufwand (= Arbeit) steckt, exportieren, um aus den Deviseneinnahmen den Import auch nur *eines* Traktors finanzieren zu können. Mit anderen Worten: Die Terms of Trade der Industrieländer sind günstig, die der weniger entwickelten Länder ungünstig. Ein Industrieland verdient mit wenigen Exporten viele Devisen, ein weniger entwickeltes Land muss im Vergleich zum Industrieland große Mengen exportieren, um ausreichend Devisen einzunehmen.

Die Befürchtung vom allgemeinen Verfall der Terms of Trade der weniger entwickelten Länder hat sich allerdings bis Ende des letzten Jahrhunderts nicht bestätigt. Dafür gibt es eine schlichte, statistische Erklärung: Zu den weniger entwickelten Ländern des Südens zählen nicht nur die ärmsten Länder Afrikas, sondern auch die Erdöl exportierenden Länder (die OPEC-Länder) und die sog. Schwellenländer Asiens wie z. B. Malaysia, Singapur, Südkorea, Taiwan, die inzwischen einen höheren Stand der Industrialisierung erreicht haben. Während sowohl die OPEC-Staaten für ihr Öl als auch die Schwellenländer für ihre Industrieprodukte am Weltmarkt gute Preise erzielen konnten, hatten die vorwiegend Rohstoffe exportierenden, ärmeren Staaten eher mit sinkenden Preisen am Weltmarkt zu kämpfen. So stabilisierten sich in den neunziger Jahren des vorigen Jahrhunderts zwar die durchschnittlichen Terms of Trade der Länder des Südens. Hinter diesem Durchschnittswert verbergen sich jedoch steigende Terms of Trade der OPEC-Staaten und der Schwellenländer und sinkende Terms of Trade der ärmeren Länder des Südens, die nur wenig oder gar keine industriellen Produkte erzeugen und vom Export von Rohstoffen abhängig sind.

Verschärft wurde die Situation für die ärmeren Länder, die keine eigenen Ölvorkommen haben und deshalb dringend benötigtes Öl importieren müssen, durch die Ölpreissprünge 1973/74 und 1979/80. Zwar wurden auch die Volkswirtschaften der reichen Industrienationen durch die Ölpreisexplosion beeinträchtigt. Doch die OPEC-Staaten schleusten ihre erhöhten Deviseneinahmen - die sog. Petrodollars (von engl. petrol = Benzin) – zum überwiegenden Teil wieder in die westlichen Industrieländer zurück, was letzteren wiederum erhöhte Exporte u. a. von Luxusartikeln, Bauleistungen und auch Waffen ermöglichte. Bei den weniger entwickelten Volkswirtschaften kam dagegen zu den verteuerten Ölimporten der bereits erwähnte Verfall der Rohstoffpreise hinzu. So gerieten sie von zwei Seiten unter Druck: Einerseits wurden sie von vermehrten Devisenabflüssen für Ölimporte getroffen, andererseits sahen sie sich geringeren Devisenzuflüssen aus Rohstoffverkäufen gegenüber.

Als Ausweg aus dieser strukturellen Benachteiligung in der Weltwirtschaft strebten einige weniger entwickelte Länder eine Modernisierung, d. h. Industrialisierung ihrer Volkswirtschaft an. Um sich von der Abhängigkeit der entwickelten Industrieländer zu befreien, versuchten sie, eine eigene Industrie aufzubauen mit dem Ziel, dringend benötigte Industrieprodukte nicht mehr importieren zu müssen. Zur Finanzierung nahmen sie Kredite in den entwickelten Industrieländern auf. Diese Kredite wurden ihnen bereitwillig gewährt, schufen sie doch in den Industrieländern die entsprechende Nachfrage nach Exportprodukten, speziell nach Maschinen und Anlagen (= Investitionsgüter).

Die Unternehmen, die diese Waren der Industrieländer exportieren, tragen in der Regel kein großes Risiko. Denn die Exporterlöse werden durch staatliche Bürgschaften abgesichert. Mit anderen Worten: Falls ein Importeur eines weniger entwickelten Landes die von einem deutschen Unternehmen gelieferten Waren - aus welchem Grund auch immer (z. B. Konkurs des Importeurs, Devisenknappheit im jeweiligen Land) - nicht bezahlen kann, springt eine Exportkreditversicherung – in der Bundesrepublik die *Euler Hermes Kreditversicherungs-AG* – ein und übernimmt den Ausfall. Natürlich bleibt eine Forderung bzw. Schuld des Landes gegenüber der Kreditversicherung bestehen.

Viele weniger entwickelte Länder sind mit ihren Industrialisierungsbestrebungen jedoch in eine Falle geraten: die der extrem hohen Auslandsverschuldung. Dazu kam es, wenn die mit Hilfe von Auslandskrediten bzw. -bürgschaften finanzierten Industrien nicht hinreichend rentabel wirtschafteten und die Waren am Weltmarkt nicht Devisen bringend abgesetzt werden konnten. Mit anderen Worten: Die Investitionen der weniger entwickelten Länder in die eigene Industrie „rechneten" sich nur dann, wenn damit zusätzliche Waren produziert und exportiert und somit höhere Deviseneinnahmen erzielt wurden, die für den Schuldendienst (die Zins- und Tilgungsleistungen) der aufgenommenen Kredite eingesetzt werden konnten. Die Realisierung höherer (Netto-) Deviseneinnahmen scheiterte jedoch oftmals nicht nur an der fehlenden Wettbewerbsfähigkeit auf dem Weltmarkt, sondern auch daran, dass zur Produktion in den neu aufgebauten Industrien Vorprodukte oder Ersatzteile eingeführt werden mussten, die ihrerseits Devisen „verschlangen". Unterm Strich verbesserte sich die Devisenbilanz des Landes somit nicht.

So entstanden in vielen ärmeren Ländern des Südens immense Schuldenberge. Um die Größenordnungen zu verdeutlichen: Zu Anfang des 21. Jahrhunderts betrugen die Auslandsschulden der weniger entwickelten Länder fast 2,4 Billionen US-Dollar, der Schuldendienst – also die jährlich aufzubringenden Zins- und Tilgungsleistungen – knapp 380 Mrd. US-Dollar. Gemessen an ihren Exporteinnahmen war das eine *Schuldenquote* (= Schuldenstand in Prozent der Exporteinnahmen) von 118 Prozent und eine Schuldendienstquote (= Zins- und Tilgungsleistungen in Prozent der Exporteinnahmen) von 19 Prozent. Besonders dramatisch ist die Situation bei Argentinien mit einer Schuldenquote von 374 Prozent und einer Schuldendienstquote von 66 Prozent und bei Brasilien (Schuldenquote: 314 Prozent; Schuldendienstquote: 75 Prozent).

Ob die ärmeren Länder des Südens überhaupt jemals dem Beispiel der asiatischen Schwellenländer folgen und über Industrialisierung dem Teufelskreis aus Armut und Abhängigkeit von den reichen Ländern des Nordens entrinnen können, ist aus heutiger Sicht fraglich. Denn inzwischen deutet sich auch bei Industrieprodukten wegen des mittlerweile weltweit wachsenden Angebots ein Preisverfall am Weltmarkt an. Das Erfolgsrezept, mit dem die asiatischen Schwellenländer der größten Armut entkommen sind, dürfte sich deshalb nicht ohne weiteres auf andere Länder übertragen lassen.

Die hohe Verschuldung der weniger entwickelten Länder ist zum wesentlichen Strukturmerkmal der gegenwärtigen internationalen Wirtschaftsbeziehungen geworden. Mit ihr haben die Gläubigerländer, also die Industrienationen des Westens, erhebliche wirtschaftliche Macht über die Schuldnerländer im Süden. Sie setzt sich – wie wir im nächsten Unterabschnitt sehen werden – in politische Macht um.

6.5.3.2   Die politischen Ausgangsbedingungen – Machtstrukturen im Weltbank und Internationalem Währungsfonds

Wie kommt ein Armer, der hoch verschuldet ist, aus seiner desolaten (= verzweifelten) Lage wieder heraus? Eigentlich nur, indem er ausreichend Geld verdient, um die Schulden abzuzahlen (es sei denn, die Schulden werden ihm erlassen). Geld verdienen heißt in den internationalen Wirtschaftsbeziehungen jedoch: Exportieren, um Devisen einzunehmen. Das wiederum bedeutet: Die weniger entwickelten, hoch verschuldeten Länder müssen nicht nur in die Lage versetzt werden, Waren zu produzieren, die sie auf dem Weltmarkt verkaufen können. Es muss ihnen auch gestattet werden, sie auf dem Weltmarkt zu verkaufen, d. h. sie in die Industrieländer einzuführen.

Doch das genaue Gegenteil geschieht. Die USA, die EU und Japan, also die drei reichsten Wirtschaftsregionen der Welt (oft auch *Triade* genannt), erheben auf Importe von Agrarerzeugnissen Spitzenzölle von über 15 Prozent und nahmen beispielsweise 1999 daraus 11 Mrd. US-Dollar ein. Viele Exporte der weniger entwickelten Länder werden mit umso höheren Zollsätzen belastet, je höher ihr Verarbeitungsgrad ist. Der VENRO - Verband Entwicklungspolitik deutscher Nichtregierungsorganisationen, ein freiwilliger Zusammenschluss von rund 100 privaten und kirchlichen Trägern der Entwicklungszusammenarbeit, der Nothilfe sowie der entwicklungspolitischen Bildungs-, Öffentlichkeits- und Lobbyarbeit - nennt folgendes Beispiel: Zwar exportiert Frankreich zwölf Mal so viel in die USA wie Bangladesh, aber von beiden kassieren die USA etwa gleich hohe Zolleinnahmen.

Zu Zöllen und Importbeschränkungen treten zahlreiche sog. *nicht-tarifäre Handelshemmnisse*: Die reichen Industrienationen machen für die Einfuhren oftmals Auflagen, die von den weniger entwickelten Ländern, denen die dazu nötigen technischen Ausrüstungen fehlen, schwer zu erfüllen sind. Die Auflagen wirken deshalb wie Einfuhrbeschränkungen. Umgekehrt werden die Agrarüberschüsse der EU für Exporte so hoch subventioniert, dass die EU-Produkte selbst auf den lokalen Märkten der weniger entwickelten Länder konkurrenzlos billig sind und die Existenz dortiger Anbieter vernichten. Die gesamten Agrarsubventionen in den OECD-Ländern werden auf rund 320 Mrd. US-Dollar pro Jahr beziffert, das ist das Sechsfache der offiziellen Leistungen an Entwicklungshilfe, die diese Länder aufbringen.

Von Freihandel, wie er in allen ökonomischen Lehrbüchern gepredigt wird, kann also in der Realität überhaupt keine Rede sein. Die politische Praxis der entwickelten Industrienationen widerspricht allen marktwirtschaftlichen Prinzipien, die sonst gerne sehr hoch gehalten werden. In ihrer Ausgabe vom 29./30.11.2003 bezeichnete die Süddeutsche Zeitung dies als „schärfste Form politischer Schizophrenie, die sich die reiche Welt leistet."

Wie kommen solche, die Südländer benachteiligenden „Spielregeln" zustande? Wer bestimmt, was im internationalen Handel „gespielt" wird?

Die „Spielregeln" der internationalen Wirtschaftsbeziehungen spiegeln die politische und militärische Machtverteilung in der Welt wider. Die militärisch Vormacht, die USA, stellen seit Ende des Zweiten Weltkrieges auch die Leitwährung, also die Währung, die im internationalen Handel allgemein als Zahlungsmittel gilt und anerkannt wird – den US-Dollar. Als Leitwährungsland haben die USA im Welthandel einen Vorteil, den kein anderes Land der Welt genießt: Sie können weltweit Waren und Dienstleistungen in beliebigen Mengen einkaufen, weil sie dafür keine Devisen, also Fremdwährung brauchen, sondern die eigene Währung, den US-Dollar, einsetzen können. Alle übrigen Länder müssen sich ihre Importe „verdienen", indem sie vorher exportieren, also im Inland erzeugte Produkte nicht am heimischen Markt anbieten, sondern im Ausland verkaufen und dadurch die Devisen einnehmen, die sie zum Bezahlen ihrer Importe benötigen.

Alle übrigen Länder sind also auf Exporte angewiesen, um importieren zu können. Das zwingt sie, auf den internationalen Märkten wettbewerbsfähig zu bleiben, weil sonst andere Länder ihre Produkte nicht kaufen. Häufig kommen die Länder dann nicht umhin, im Inneren eine sog. „Austerity-Politik" (austerity = englisch: Härte, Strenge) zu betreiben: Sie müssen die Einkommen ihrer Bürger und Unternehmen beschneiden, damit diese nicht zu viele Waren kaufen können. Der Erwerb heimischer Produkte wäre schädlich, weil diese dann nicht mehr für den Export zur Verfügung stünden. Außerdem würde zu große Nachfrage die Warenpreise in die Höhe treiben, so dass sie für das Ausland nicht mehr attraktiv wären. Der Erwerb ausländischer Produkte wäre ebenfalls für die betreffende Wirtschaft nachteilig, weil damit die Importe stiegen und dafür Devisen verloren gingen, die man durch verstärkte Exporte ja gerade „verdienen" will.

Im Vergleich dazu befinden sich die USA als Leitwährungsland in der komfortablen Situation, dass kein privater Haushalt der USA, der ein deutsches oder japanisches Auto kaufen will, und kein amerikanisches Unternehmen, das aus der EU oder aus Fernost Produkte importieren will, heimische Währung bei den Banken gegen Fremdwährung tauschen muss, sondern in US-Dollar bezahlen kann. Es kann also von den USA grundsätzlich soviel an Waren im Ausland gekauft werden, wie Dollarguthaben auf den Konten der Amerikaner liegen. Die Banken in der EU oder in Japan tauschen ihren Exporteuren die US-Dollars in Euro oder Yen um. Wenn die EU oder Japan allerdings ihrerseits nicht so viel aus den USA importieren, wie sie nach den USA exportiert haben, bleibt ein Überschuss an US-Dollars bei den Banken in der EU und in Japan. So bildete sich der sog. „Euro-Dollar-Markt" heraus, der seit Ende der fünfziger Jahre des vorigen Jahrhunderts entstanden und im Laufe der Jahrzehnte enorm gewachsen ist. Genaue Angaben über das Volumen des Euro-Dollar-Markts gibt es nicht. Die Bank für internationalen Zahlungsausgleich schätzte es in den neunziger Jahren auf über 6.000 Mrd. US-Dollar.

Ursache für das Entstehen des Euro-Dollar-Marktes waren die jahrelangen Leistungsbilanzdefizite der USA. (Leistungsbilanz: Gegenüberstellung der Waren- und Dienstleistungsexporte und -importe eines Landes sowie seiner unentgeltlich geleisteten und empfangenen Übertragungen). Sie hingen zum einen damit zusammen, dass sich die USA als Leitwährungsland diese Defizite leisten konnte – quasi wie ein Kunde einer Bank mit einem Konto, das er beliebig über- ziehen darf. Zum anderen belasteten die Kriege, die die USA in der Welt führten, die amerikanische Wirtschaft. Ressourcen (Arbeitskräfte und Kapital) mussten in die Rüstungsproduktion gesteckt werden und standen für Zivilproduktion nicht zur Verfügung. Die dadurch entstehende Lücke auf dem Binnenmarkt schlossen die USA durch vermehrte Importe. So gesehen könnte man auch sagen: Als Leitwährungsland konnten sich die USA Kriege leisten, ohne ihrer Bevölkerung materielle Opfer in Form von schlechterer Güterversorgung im Inland abverlan- gen zu müssen. Denn was die USA auf ihrem Binnenmarkt benötigten, aber wegen der Rüstung nicht selbst produzieren konnten, wurde einfach importiert. Dies konnte geschehen, weil die westeuropäischen Verbündeten nach dem Zwei- ten Weltkrieg bereit waren, die Finanzierung der amerikanischen Führungsrolle mit zu tragen und das freizügige Drucken von Dollarnoten akzeptierten.

Brachte das geltende Weltwährungssystem mit dem US-Dollar als Leitwäh- rung der ohnehin militärisch stärksten Macht auch noch enorme wirtschaftliche Vorteile, so wurde die hegemoniale Position der USA zusätzlich noch durch die Sitz- und Stimmrechtsverteilung in den wichtigsten weltwirtschaftlichen Institu- tionen gefestigt. Als Säulen der Weltwirtschaft gelten

- der Internationale Währungsfonds (IWF)
- die Weltbank
- die Welthandelsorganisation (WTO = engl. World Trade Organisation).

IWF und Weltbank werden von jährlich gemeinsam tagenden Gouverneursver- sammlungen (Board of Governors) kontrolliert, in die die Regierungen durch ihren Finanzminister oder Notenbankpräsidenten vertreten sind. In der Praxis werden die Entscheidungen jedoch von ständig tagenden Exekutivdirektorien getroffen, in denen die fünf größten Industrieländer sowie China, Russland und Saudi-Arabien je einen Vertreter, die übrigen Länder – nach regionalen Gruppen zusammengefasst – 16 weitere Mitglieder entsenden. In allen Gremien richten sich die Stimmenanteile der Mitgliedsländer nach ihren finanziellen Einlagen. Das höchste Stimmengewicht haben demzufolge die USA mit 17 Prozent, ihnen folgen Japan und die Bundesrepublik Deutschland. Da Entscheidungen von grundlegender Bedeutung nur mit 85 Prozent der Stimmen gefasst werden kön- nen, haben die USA sogar eine Vetoposition.

Wie bei fast allen politischen Institutionen wie Parteien, Verbänden und Ministerien spielen auch bei IWF und Weltbank die Stäbe (= die fest angestellten Mitarbeiter) eine wichtige Rolle bei der Vorbereitung von Entscheidungen. Un- geachtet der internationalen Zusammensetzung prägt hier zum einen die Stadt Washington, in der IWF, Weltbank und gleichzeitig auch die amerikanische

Regierung sitzen, mit ihrer „politischen Kultur" die Stäbe. Zum anderen haben 60 Prozent der Mitarbeiter ein Aufenthaltsvisum, das im Falle einer Beendigung des Beschäftigungsverhältnisses wenige Monate später auslaufen würde. Das erzeugt bei den Mitarbeitern in den Stäben von IWF und Weltbank einen enormen Druck, sich in ihren ökonomischen und gesellschaftspolitischen Auffassungen den in den USA vorherrschenden Denkmustern anzupassen.

Während des Kalten Krieges folgte die Kreditvergabepraxis von IWF und Weltbank den großen strategischen Zielen der USA: Osteuropäische Länder, die zur UdSSR auf Distanz gingen, konnten eher mit Krediten rechnen als Gefolgsstaaten. Viele Länder des Südens, die sich pro-westlich gaben, bekamen Unterstützung, auch wenn sie im Inneren ihre Bevölkerung diktatorisch unterdrückten und die Menschenrechte missachteten. Seit Ende des Kalten Krieges gibt es Hinweise darauf, dass die USA den IWF und die Weltbank für ihre geopolitischen Interessen (Geopolitik = Kampf um die politische Vorherrschaft in bestimmten, militärstrategisch wichtigen Gegenden der Welt) nutzen. Ägypten beispielsweise bekam Schuldennachlass, als es im Golfkrieg die USA unterstützt hat. Mexiko erhielt 1994 den bisher größten Kredit, damit es der Freihandelszone mit den USA zustimmte. Die Wiederwahl des russischen Staatspräsidenten *Boris Jelzin* wurde 1996 durch einen Kredit zur Finanzierung des russischen Staatshaushalts unterstützt.

Ging es den USA während des Kalten Krieges vor allem darum, die Ausbreitung des kommunistischen Herrschaftssystems in der Welt zu verhindern, so ist es nach dem Zusammenbruch der sozialistischen Herrschaftssysteme ihr Ziel, in möglichst vielen Ländern der Welt das liberal-kapitalistische Wirtschaftssystem nach amerikanischem Vorbild zu etablieren. Dazu müssen sich die Länder, die bei IWF oder Weltbank einen Kredit beantragen, einer sog. „strukturellen Anpassung" ihrer Volkswirtschaft unterziehen. Mit „struktureller Anpassung" wird eine Wirtschaftspolitik bezeichnet, die vor allem durch Inflationsbekämpfung, strikte Haushaltsdisziplin (also in aller Regel Schuldenreduzierung durch Senkung der staatlichen Ausgaben), Privatisierung des öffentlichen Sektors, Kürzung von Sozialstandards und Liberalisierung des Arbeitsmarktes durch Abbau von Schutzgesetzen für Arbeitnehmer charakterisiert ist. Das Weltbank-Institut für Wirtschaftsentwicklung hat für die Beamten, Manager und Politiker aus den weniger entwickelten Ländern und aus Osteuropa die Rolle einer weltweiten Ausbildungseinrichtung übernommen, die die Grundsätze neoliberaler Volks- und Betriebswirtschaftslehre vermittelt – also *die* Kenntnisse, die erforderlich sind, um „strukturelle Anpassung" umzusetzen.

Ernst zu nehmende wissenschaftliche Studien zeigen allerdings: Trotz des weltweiten wirtschaftspolitischen Kurswechsel Ende der siebziger/Anfang der achtziger Jahre des vorigen Jahrhunderts in Richtung der von den USA befürworteten „strukturellen Anpassung" haben Wachstum und Beschäftigung in allen Ländern nicht zugenommen, sondern abgenommen. So wies der an der Universität Groningen/Niederlande lehrende und für die OECD forschende Ökonom *Angus Maddison* in seinem 2001 veröffentlichten Werk „The World Economy. A Millenial Perspective" (deutsch: Die Weltwirtschaft. Eine Jahrtausend-Betrachtung) nach: In den Jahren von 1950-1973, als in fast allen marktwirtschaftlichen Ländern die Politik die Wirtschaft mit mehr staatlich lenkenden Eingriffen (keynesianische Nachfragesteuerung) steuerte, stieg das jährliche Sozialprodukt je Einwohner in Westeuropa und den USA um durchschnittlich 3,9 Prozent. Zwischen 1973 und 1998, als die Regierungen in Westeuropa und den USA zunehmend neoliberalen, angebotsorientierten Rezepten folgten – also eher „strukturelle Anpassung" im vorhin beschriebenen Sinne betrieben - , fiel dagegen die Wachstumsrate auf 1,8 Prozent.

Die von IWF und Weltbank in vielen weniger entwickelten Ländern als Vorbedingung für Kredite erzwungenen „strukturellen Anpassungen" erbrachten nicht die versprochenen Erfolge. Im Gegenteil: Die „Schocktherapien" verschlimmerten vielfach die wirtschaftliche Situation vieler weniger entwickelter Länder. In einem Vergleich von 135 Ländern wiesen die *Adam Przeworski* (amerikanischer Politikwissenschaftler, lehrte an den Universitäten von New York und Chikago) und *James Vreeland* (Politikwissenschaftler an der Yale-Universität) nach: Länder, die den Auflagen des IWF folgten, hatten niedrigere Wachstumsraten als vergleichbare Länder, die keine IWF-Hilfen in Anspruch genommen hatten. Nach Beendigung der Abkommen mit dem IWF erholte sich indes das Wachstum in diesen Ländern wieder. Aber auch, nachdem sich das Wachstum wieder eingestellt hatte, änderte sich nichts an der Verarmung weiter Teile der Bevölkerung in diesen Ländern – so eine kritische Untersuchung der Wirkung von IWF- und Weltbank-Programmen im Zeitraum von 1980 bis 1998, veröffentlicht im Jahr 2000 von dem an der New Yorker Universität lehrenden Ökonomieprofessor *William Easterly*.

Wenn die Übertragung des US-Wirtschafts- und Gesellschaftsmodells auf andere Länder offensichtlich nicht die versprochenen Erfolge bringt - Kritiker sprechen sogar von einer Geschichte des Scheiterns der „Bretton-Woods-Institutionen" - IWF und Weltbank aber dennoch jahrelang am gleichen Kurs fest hielten, dann drängt sich der Verdacht auf: Die USA nutzen ihren großen Einfluss auf diese Institutionen, um ihre politische, wirtschaftliche und militärische Vormachtstellung in der Welt zu verteidigen. Die EU und Japan tolerieren mehr oder weniger diese Politik, zum einen, weil sie teilweise selbst davon profitieren, wenn die weniger entwickelten Länder „klein gehalten" werden, zum anderen, weil sie zwar wirtschaftlich, aber kaum militärisch den USA gewachsen sind.

Der *Internationale Währungsfonds* wurde 1944 mit dem Ziel geschaffen, ein internationales Währungssystem mit stabilen Wechselkursen und dem US-Dollar als Leitwährung zu errichten. Der US-Dollar wurde in ein festes Verhältnis zum Gold gesetzt [35 US-Dollar je Unze Feingold (1 Unze = 31,104 Gramm)], und die anderen Währungen der 45 Länder, die sich dem Bretton-Woods-System (Bretton-Woods ist ein amerikanischer Badeort, in dem das Abkommen geschlossen wurde) anschlossen, wiederum in ein festes Verhältnis zum US-Dollar (daher System fester Wechselkurse genannt). Die ursprüngliche Aufgabe des IWF bestand darin, Ländern, die in Zahlungsbilanzschwierigkeiten gerieten, mit Krediten zu helfen.

Zahlungsbilanzschwierigkeit bedeutet: Ein Land importiert ständig mehr als es exportiert, d. h. es gibt ständig mehr an Devisen für Importe aus als es an Devisen aus Exporten einnimmt. Die „Bilanz der Zahlungen" ins Ausland und aus dem Ausland ins Inland wird also negativ. Zu diesen Zahlungsbilanzproblemen kam es vor allem dann, wenn eine Volkswirtschaft höhere Preissteigerungen hatte als andere. Dann wurde es für die Bürger dieser Volkswirtschaft vorteilhaft, mehr von den billigeren Waren im Ausland einzukaufen, und die Exporteure taten sich schwer, teure inländische Waren im Ausland zu verkaufen. In solchen Fällen vergab der IWF Kredite, d. h. er lieh den Ländern Devisen, damit sie erst mal ihre importierten Waren bezahlen konnten, aber mit der Auflage, die Zahlungsbilanz wieder in Ordnung zu bringen, d. h. die Importe zu drosseln und die Exporte zu forcieren.

Die *Weltbank* sollte ursprünglich als internationale Einrichtung die langfristige Finanzierung von Infrastrukturinvestitionen in den zerstörten Volkswirtschaften der Nachkriegszeit übernehmen. Doch schon bald veränderte sie ihre Tätigkeit und vergab aus den Kapitaleinlagen ihrer Mitgliedsländer zu günstigen Bedingungen Kredite für Entwicklungsprojekte in ehemaligen Kolonien. Vorwiegend handelte es sich dabei um Projekte, für die sich private Gelder nur mit hohen Risikoaufschlägen hätten mobilisieren lassen.

Die *Welthandelsorganisation (WTO)* ist aus dem Allgemeinen Zoll- und Handelsabkommen (GATT = engl. General Agreement on Tarifs and Taxes) von 1948 hervorgegangen. Das in einem internationalen Protokoll verankerte GATT verfolgte das Ziel, langfristig alle Beschränkungen des internationalen Handels zu beseitigen und die Zölle Zug und Zug zu senken. Bei seiner Entstehung 1948 betrugen die Warenzölle der Mitgliedsstaaten im Durchschnitt noch 40 Prozent, bis 1994 – bei Gründung der WTO – waren sie auf 2,9 Prozent gesenkt worden. Heute gehören der WTO 144 Länder an.

6.5.4 Die Globalisierung

Heute ist es kaum noch möglich, über ein politisches Thema zu diskutieren, ohne auf die „Globalisierung" zu sprechen zu kommen. Selbst in kleinen Städten der Bundesrepublik, die lange Zeit als ein „Hort der Geborgenheit" galten und an denen vieles, was andere Gegenden der Welt erschütterte, bisher spurlos vorüber ging, sind die Auswirkungen der Globalisierung inzwischen spürbar: Werke, die jahrzehntelang vielen Menschen Arbeit und Brot gegeben haben, werden mit der Begründung geschlossen: In Osteuropa oder in einem fernöstlichen Land kann man die Produkte billiger herstellen. Schnell wird dann die Frage gestellt: Warum lässt die Politik das zu? Ist „Globalisierung" für die Menschen eigentlich vorteilhaft? Wohin führt sie? Kann die Politik negative Folgen der Globalisierung überhaupt abwenden?

6.5.4.1 Was ist Globalisierung?

Am besten veranschaulichen wir das, was Globalisierung bedeutet, mit einem Zitat aus einem Beitrag von *Lester Thurow*, Ökonomie-Professor am Massachusetts Institute of Technology (MIT) in den USA:

> „Wer sich in jüngster Zeit ein Auto gekauft hat, wird wahrscheinlich feststellen, dass die Airbags seines Wagens durch einen Computerchip namens Accelerometer gesteuert werden, also durch einen Sensor auf dem Chip. Dieses 50 Dollar teure Stück ersetzt die mechanischen Sensoren, die rund 650 Dollar kosten. Das Accelerometer wurde in Boston erfunden. In Boston wird immer noch ein großer Teil der Accelerometer produziert, die jedoch anschließend zum Testen auf die Philippinen geschickt werden. Zur Verpackung werden sie von dort nach Taiwan reexportiert, von Taiwan wiederum nach Deutschland zur Installation in einen BMW, um dann von neuem exportiert zu werden: Nach Brasilien, wo jemand den BMW seiner Tochter oder seinem Sohn zum Studienabschluss schenkt. Ein Facharbeiter in Boston arbeitet mit einem unausgebildeten Arbeiter auf den Philippinen zusammen, der seinerseits mit einem halbausgebildeten Arbeiter auf Taiwan kooperiert; und sie alle arbeiten zusammen mit der weltweit höchstbezahlten Arbeitskraft in den bayerischen BMW-Werken. Alle arbeiten für ein Teilchen, das 50 Dollar kostet. Und sie alle sind abhängig von einem Absatzmarkt in Brasilien. Das ist globale Ökonomie."
> (Süddeutsche Zeitung vom 13./14. 02. 1999)

Solche und ähnliche Meldungen liest man in den letzten Jahren immer wieder. Kern der *Globalisierung* ist das Zusammenwachsen der Märkte zu einem einzigen großen, weltweiten Markt, in dem niemand mehr isoliert lebt, sondern jeder von den Entwicklungen auf der ganzen Welt beeinflusst wird. Neu daran ist *nicht* der weltweite Handel an sich. Denn Handel, d. h. Kauf und Verkauf von Waren zwischen Ländern und Völkern, gab es schon immer auf der Welt. Neu ist zum einen die Dimension, d. h. das Ausmaß, in dem weltweiter Handel betrieben wird. So hat sich der Welthandel, d. h. die Summe der von allen Ländern der Erde real (d. h. unter Abzug von Preissteigerungen) exportierten Waren, von 1950 bis 1960 mehr als verdoppelt und von 1960 bis 1980 noch Mal mehr als verdreifacht. 2005 war das Volumen des Welthandels fast dreißig Mal (!) so hoch wie 1950 (siehe *Abbildung 13*). Im Vergleich war das gesamte Welt-Bruttoinlandsprodukt 2005 nur knapp acht Mal so hoch wie 1950. Mit anderen Worten: Ein sehr viel größerer Teil der Produktion wird im Vergleich zu früher exportiert. Möglich wurde diese Expansion des Welthandels durch schnelle und relativ kostengünstige Transportmöglichkeiten, aber auch durch die Welt umspannende Telekommunikation, mit der zeitgleich Bestellungen, Rückfragen und Bestätigungen übermittelt und Rechnungen beglichen werden können.

Zum anderen beschränken sich die internationalen Wirtschaftsbeziehungen nicht mehr nur auf den Kauf und Verkauf von Waren. Die günstigen Transportmöglichkeiten und die schnelle elektronische Kommunikation übers Internet erleichtern es den Unternehmen mehr als je zuvor, Teile oder auch die gesamte Warenproduktion in ein anderes Land zu verlagern, in dem kostengünstiger, d. h. mit niedrigeren Löhnen, Steuern- und Sozialabgaben und mit weniger Auflagen bei Arbeits- und Umweltschutz produziert werden kann. Seitdem in den neunziger Jahren des vorigen Jahrhunderts zudem der Kapitalverkehr liberalisiert worden ist, können Großunternehmen und vor allem Banken Gelder an fast allen Plätzen der Welt anlegen und wieder abziehen, je nachdem, wie es nach der Zinssituation und/oder der Wechselkursentwicklung für sie vorteilhaft ist.

Liberalisierter (= freier) Kapitalverkehr bedeutet: Jeder, ob Bank, Unternehmen oder Privatmann, kann inländische Währung in eine andere Währung umtauschen und Geld bei einer Bank im Ausland anlegen (z. B. ausländische Wertpapiere kaufen) oder dort einen Kredit aufnehmen. Für einen Privatmann heißt das: Er kann Euro in japanische Yen umtauschen und eine Ferienreise nach Japan unternehmen, er kann bei einer britischen Gesellschaft eine Lebensversicherung abschließen, über seine Bank eine Aktie eines amerikanischen Unternehmens kaufen und bei einer spanischen Bank einen Kredit aufnehmen, um sich ein Ferienhaus auf Mallorca zu kaufen. Das war nicht immer so! Noch in den fünfziger Jahren des vorigen Jahrhunderts galten in der alten Bundesrepublik Devisenkontrollen. Deutsche Mark durften nur in bestimmten Mengen und für vorgeschriebene Zwecke in eine andere Währung umgetauscht werden. Auslandsreisen und Einkauf von Waren im Ausland waren daher nur begrenzt möglich, die Aufnahme von Krediten oder die Anlage von Geld im Ausland unterlag ebenfalls staatlichen Kontrollen Man nennt dies *Kapitalverkehrskontrollen* oder *Devisenbewirtschaftung.*

Abbildung 13: Die Entwicklung des Welthandels nach dem Zweiten Weltkrieg

1950 = 100

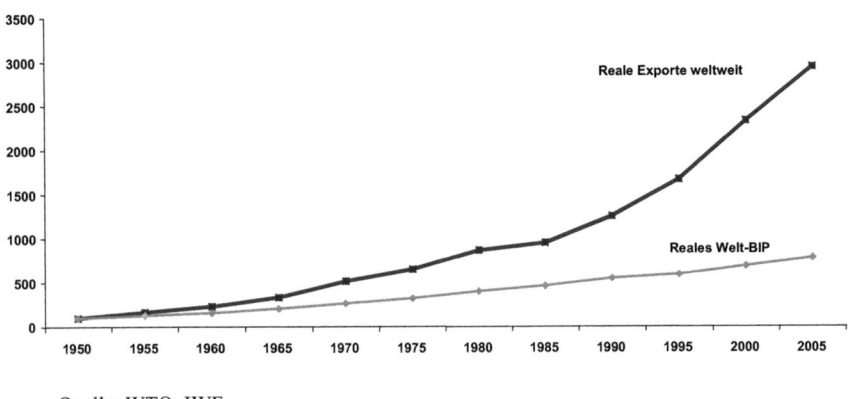

Quelle: WTO, IWF

Globalisierung bedeutet somit weltweite Verflechtung der Volkswirtschaften in den drei Bereichen

- Handel,
- Produktion,
- Investition.

Alle drei Bereiche haben Auswirkungen auf die wirtschaftliche Entwicklung und damit auf die Arbeits- und Lebensverhältnisse der Menschen in einem Land. Aber sie betreffen nicht nur die Bürger, sondern auch den Staat. Damit wollen wir uns im nächsten Unterabschnitt befassen.

Tabelle 31: Die Dimensionen von Raum und Zeit im Wandel

Zeitraum	Transportmittel	Geschwindigkeit
1500-1840	Segelschiff, Pferdekutsche	15 km/h
1850-1930	Dampfschiff Dampflokomotive	60 km/h 100 km/h
1950-1960	Propellerflugzeug	600 km/h
1960-1970	Düsenflugzeug	1.000 km/h
2000	Datenübertragung	10 Gigabit/s

Quelle: Rauh, J., Internationale Telekommunikation und Welthandelsströme, in: Geographische Rundschau 57 (2005), Heft 2, S. 41.

6.5.4.2 Ökonomische Folgen der Globalisierung

Volkswirtschaftslehre und Politikwissenschaft befassen sich – wie auch bei anderen Problemen – aus unterschiedlichem Blickwinkel mit den Folgen der Globalisierung. *Liberal orientierte Ökonomen* bewerten die zunehmende Verflechtung der Weltwirtschaft als Folge der Liberalisierung des Waren-, Dienstleistungs- und Kapitalverkehrs positiv. Sie sehen darin eine Entwicklung in Richtung des von ihnen bevorzugten Freihandels. Gestützt auf die klassischen Handelstheorien und ihre Weiterentwicklung erwarten sie, dass die Volkswirtschaften komparative Kostenvorteile realisieren, mit höherer Produktivität ein größeres Weltsozialprodukt erwirtschaften und insgesamt ein höheres Wohlstandsniveau erreicht wird, das allen zugute kommt.

Kritische Ökonomen sehen weniger den (möglicherweise positiven) Endzustand einer durch die Globalisierung ausgelösten Entwicklung, sondern nehmen den schwierigen Anpassungsprozess, der dahin führt, ins Blickfeld. Die Möglichkeit, Fertigungsstätten in Länder zu verlagern, in denen zu niedrigeren Kosten produziert werden kann, und die Waren von dort wieder mit günstigen Transportkosten zu re-importieren , vernichtet Millionen von Arbeitsplätzen in den Industrieländern. Gerieten schon in früheren Jahrzehnten viele Arbeitsplätze in den industriellen Sektoren deshalb unter Druck, weil es sich vielfach um repetitive (= sich wiederholend, einfach) Arbeiten handelte, die durch Maschinen ersetzt werden konnten, kommen im Zuge der Globalisierung die *Direktinvestition* (= Kauf von Maschinen und Anlagen, Errichtung von Produktionsstätten) im Ausland hinzu, wo Arbeitskräfte billiger zu haben sind. So eintönig, ermüdend und oft auch körperlich belastend die Fließbandarbeit auch war, die im Laufe der Industrialisierung im 18. und 19. Jahrhundert ihren Einzug in die Fabrikhallen hielt, so bot sie doch Millionen von gering qualifizierten Menschen Arbeit und dank des realen Wirtschaftswachstums und damit verbundenen Lohnanstiegs auch eine materielle Existenzgrundlage. Die *Rationalisierung* (= Ersatz von Arbeitskräften durch Maschinen, die weniger kosten als Arbeitskräfte und gleichzeitig mehr produzieren) *und* die gleichzeitige Verlagerung von Unternehmensteilen ins Ausland – zwei Erscheinungen, die sich überlagern und gegenseitig noch verstärken - geben gering qualifizierten Arbeitskräften in der Produktion der westlichen Industrieländer langfristig keine Zukunftsperspektiven mehr. Verschärfend wirkt auch, dass der private Dienstleistungsbereich (Banken und Versicherungen), der noch in den siebziger und achtziger Jahren des vorigen Jahrhunderts viele ehemals in der Industrie tätige Arbeitskräfte nach entsprechenden Umschulungsmaßnahmen aufgenommen hat, in den letzten Jahrzehnten ebenfalls rationalisiert und Arbeitsplätze abbaut.

Abbildung 14: Einfuhren aus Niedriglohnländern in die Bundesrepublik Deutschland

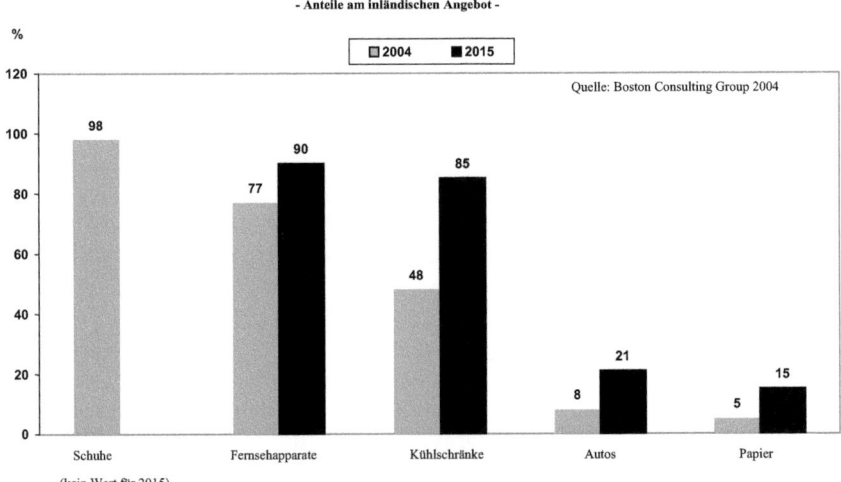

- Anteile am inländischen Angebot -

(kein Wert für 2015)

Verlierer der Globalisierung sind also auf jeden Fall die Arbeiter in den Industrieländern, deren Tätigkeiten ohne große Probleme auch von anderen Menschen in anderen Ländern verrichtet werden können. Wenn diesen Verlierern eine gleich große oder gar höhere Zahl von Gewinnern der Globalisierung gegenüber stünden – sei es im eigenen Land, sei es weltweit -, wäre die Globalisierung

„unter dem Strich" positiv zu bewerten. Doch zumindest nach dem bisherigen Verlauf gibt es dafür keine Anzeichen. Ob die Arbeitsplätze, die in den sog. „Billiglohn-Ländern" entstehen und die wirtschaftliche Situation dort lebender Menschen zunächst verbessern, dauerhaft sind, bleibt abzuwarten. Vieles spricht dafür, dass auch diese Betriebsstätten – der Logik der Gewinnmaximierung folgend - wieder geschlossen werden, sobald die dortigen Löhne beginnen zu steigen und die Produktion in weiter entfernt liegenden Gegenden der Welt für die Unternehmen rentabler erscheinen lassen. Bisher jedenfalls spricht vieles für die These: Gewinner der Globalisierung sind gut qualifizierte, flexible und mobile Menschen in den Industrienationen und in den Schwellenländern sowie die Oberschicht in den weniger entwickelten Ländern. Verlierer sind demgegenüber gering qualifizierte Menschen, die im zurückliegenden Jahrhundert mit einfachen, sich wiederholenden und zum Teil auch schweren körperlichen Arbeiten einen erheblichen Beitrag zum Wachstum in den entwickelten Industriegesellschaften geleistet haben und bis Mitte der siebziger Jahre des vorigen Jahrhunderts dank der organisierten Macht ihrer Gewerkschaften am zunehmenden wirtschaftlichen Wohlstand teilhaben konnten.

Auch in den USA wächst mittlerweile die Zahl der Ökonomen, die den Wohlstand mehrenden Effekt des Freihandels grundsätzlich in Frage stellen. So hat der amerikanische Nobelpreisträger für Wirtschaftswissenschaft, *Paul A. Samuelson*, für die USA ausgerechnet, dass dort die Globalisierung zu Wohlstandsverlusten führt. Durch den Druck auf das inländische Lohnniveau würden die Beschäftigten bis zu 15 Prozent an Einkommen verlieren. Das von den Liberalen ins Feld geführte Gegenargument, durch Billigimporte würden das Preisniveau sinken und die Löhne an Kaufkraft gewinnen, träfe nicht zu. Am Beispiel des Handelskonzerns *WalMart* machte *Samuelson* vielmehr klar: *WalMart* würde zwar in China billiger einkaufen, aber nicht in gleichem Maße in den USA billiger verkaufen. Die Lohnverluste würden also nicht durch Kaufkraftgewinne ausgeglichen. (Vgl. Das Parlament Nr. 47/21.11.2005, S. 17).

Politikwissenschaftler gehen in ihren Analysen noch einen Schritt weiter. Sie bleiben nicht wie die Ökonomen bei der Analyse der ökonomischen Gewinner und Verlierer der Globalisierung stehen, sondern sie fragen, ob die Regierungen in Demokratien im Zuge der Globalisierung die Wirtschaft überhaupt noch steuern können. Die Steuerbarkeit der Wirtschaft durch die Politik wird in der politikwissenschaftlichen Fachsprache *Economic Governance* bezeichnet. Damit sind wir wieder bei den Ausgangsfragen unseres Kapitels über die Internationale Politische Ökonomie.

6.5.4.3 Politische Folgen der Globalisierung

Der frühere Vorstandsvorsitzende der Deutschen Bank, *Rolf E. Breuer,* brachte das Problem auf den Punkt. In der Wochenzeitung DIE ZEIT schrieb er im Jahr 2000:

> „Politik muss ... heute mehr denn je auch mit Blick auf die Finanzmärkte formuliert werden. Die berechtigten Interessen in- und ausländischer Investoren ... müssen respektiert werden. ... Offene Finanzmärkte erinnern Politiker allerdings vielleicht etwas häufiger und bisweilen etwas deutlicher an diese Zielsetzungen als die Wähler dies vermögen. Wenn man so will, haben die Finanzmärkte quasi als ‚fünfte Gewalt' neben den Medien eine wichtige Wächterrolle übernommen."

Was heißt das? Bedeutet das, dass die Politik in totaler Abhängigkeit von den privaten Investoren agiert und nur noch darauf schielen muss, keinen dieser Investoren zu verprellen, um wirtschaftliche Nachteile für das eigene Land zu vermeiden? Ist es „das Kapital", das letztlich die westlichen Industriegesellschaften regiert, so wie es die marxistischen Theoretiker schon immer behauptet haben? Oder hat die Wirtschaftspolitik in einem nationalen Land doch noch Handlungsspielräume?

Diese Frage lässt sich kaum theoretisch beantworten. Autoren, die dies versuchen, kommen zu sehr skeptischen Einschätzungen. Ein Beispiel dafür sind im deutschen Sprachraum *Wolf-Dieter Narr* und *Alexander Schubert,* die in ihrem 1994 erschienenen Buch „Weltökonomie. Die Misere der Politik" behaupteten: Der Bereich der Ökonomie bestimmt den politischen Prozess voll und ganz, und für die Politik gibt es daraus keinen Ausweg. Noch einen Schritt weiter ging die britische, an der London School of Economics lehrende Politikwissenschaftlerin *Susan Strange* (1923-1998), die in ihrem 1986 veröffentlichten Buch „Kasino-Kapitalismus" behauptete:

> „Wenn schieres Glück die Oberhand gewinnt und immer mehr das Schicksal der Menschen bestimmt und eigene Fähigkeiten und Anstrengungen, Initiative und harte Arbeit immer weniger zählen, gehen Glaube und Vertrauen in das soziale und politische System schnell verloren. Ethische Werte, auf denen letztlich eine freiheitliche Gesellschaft beruht, sind vom Untergang bedroht." (*Strange, S.,* Casino Capitalism, Oxford 1986, S. 2. – Übersetzung von mir, H.A.)

Und neun Jahre später schrieb sie:

> „Die politischen Handlungsmöglichkeiten, die einer Regierung heute offen stehen, sind durch die Zwänge des strukturellen Wandels – oft unter dem Begriff ‚Globali-

sierung' zusammen gefasst – so begrenzt, dass die Unterschiede, an denen man Regierungs- und Oppositionspolitik festgemacht hat, immer mehr verschwinden."
(Strange, S., The Limits of Politics, in: Government and Opposition 30 [1995], S. 291-311 – Übersetzung von mir, H.A.)

Gemeinsam ist diesen, wie vielen anderen globalisierungskritischen Politikwissenschaftlern, dass sie keine systematische Theorie entwickeln, die Ursache und Wirkung genau benennt. Vielmehr leiten sie aus einzelnen Ereignissen Aussagen ab, die sie für allgemein gültig halten – man nennt das historisch-induktives Vorgehen – ohne die Aussagen mittels breiter empirischer Daten zu überprüfen.

Politikwissenschaftler, die mit anderen Methoden an das Thema herangehen, kommen indessen zu abweichenden Ergebnissen. Für sie ist keineswegs ausgemacht, dass die nationalen Regierungen ihre Handlungsfähigkeit total einbüßen und den Gesetzen der globalisierten Ökonomie unterordnen müssen. Vielmehr weisen sie nach, dass die einzelnen Länder durchaus nach eigenen Mustern auf die Herausforderungen der Globalisierung reagieren. In international vergleichenden Studien stellen sie für verschiedene Politikfelder wie Arbeitsmarkt- und Beschäftigungspolitik, Finanzpolitik, Sozialpolitik sowie für einen längeren Zeitraum die politischen Maßnahmen und die tatsächlich damit erzielten Ergebnisse – (Daten wie Arbeitslosenquote, Inflationsrate, Wachstum, Staatsverschuldung) gegenüber. Es zeigt sich:

Je nach politischem und wirtschaftlichem System eines Landes und seiner innergesellschaftlichen Machtverteilung verfolgen die Regierungen unterschiedliche Strategien und sind mit ihrer Politik auch unterschiedlich erfolgreich. Einen Zwang für Regierungen und Nationalstaaten, nur in einer ganz bestimmten Weise zu handeln, existiert somit nicht.

So wies der amerikanische Politikwissenschaftler *Geoffrey Garrett* (University of California, Los Angeles) in seiner Studie über die Wirtschaftspolitik in 14 Industrieländern für den Zeitraum von 1966 und 1990 empirisch nach, wie trotz fortschreitender Globalisierung verschiedene Möglichkeiten wirtschaftspolitischen Handelns realisiert wurden. Ein Ergebnis seiner Untersuchung lautet:

„Es verbleibt auch in einer Ära globaler Märkte eine linksorientierte Alternative zum ungezügelten Kapitalismus, die auf einer Kombination klassischer staatlicher Steuerungsmechanismen mit korporatistischen Arrangements beruht und die in politischer wie wirtschaftlicher Hinsicht (Wiederwahl und solide gesamtwirtschaftliche Entwicklung) bemerkenswerte Ergebnisse erzielt."
(Garrett, G., Partisan Politics in the Global Economy, Cambridge 1998, S. 4 – Übersetzung von mir, H.A.)

Auch umfangreiche Arbeiten deutscher Politikwissenschaftler aus jüngster Zeit von *Karsten Grabow* (Humbold-Universität Berlin), *Wolfgang Merkel* (Universität Heidelberg) und *Thomas Meyer* (Universität Dortmund) über die praktische Politik sozialdemokratischer Regierungen in Europa in den neunziger Jahren des vorigen Jahrhunderts und nach der Jahrtausendwende deuten in die gleiche Richtung. Es würde in dieser Einführung zu weit führen, diese Ergebnisse hier im Detail darzustellen. Festzuhalten bleibt jedoch:

- Auch in Zeiten der Globalisierung sind Nationalstaaten und Regierungen keine bloße Marionette der Wirtschaft, sondern verfügen über einen politischen Handlungsspielraum.
- Die im Kapitel 5.3.2 dargestellten Bestimmungsfaktoren wirtschaftspolitischer Steuerungsmöglichkeiten spielen unverändert eine wichtige Rolle. Auch wenn die ökonomischen Faktoren im Vergleich zu früher eine größere Bedeutung erlangt haben, sind die politisch-institutionellen und die gesellschaftlichen Einflussfaktoren keineswegs unwichtig geworden.

Vielleicht ist ein Vergleich aus dem Alltag angebracht: Die Gesetze der Physik lassen sich bekanntlich nicht außer Kraft setzen. Aber ein modernes, mit allen technischen Raffinessen der Elektronik ausgestattetes Auto lässt sich bei widrigen Straßenzustandsverhältnissen trotzdem besser steuern als ein VW-Käfer der Nachkriegsjahre. Auch die „ökonomischen Gesetze" lassen sich nicht außer Kraft setzen. Doch je nach politischem System, gesellschaftlicher Machtverteilung und kulturellen Traditionen lässt sich den Herausforderungen der Globalisierung von den jeweiligen Regierungen eher defensiv (= mehr hinnehmend) oder eher offensiv (= mehr sozial abfedernd) begegnen.

In der politischen Alltagsdiskussion wird der Leser allerdings kaum eine solche abgewogene Betrachtungsweise finden. Hier herrschen eher die extremen Positionen vor, wobei sich Globalisierungskritiker und Globalisierungsbefürworter begegnen. Beide behaupten nämlich, dass die Politik die Folgen der Globalisierung hinnehmen und sich den Zwängen der globalisierten Ökonomie unterwerfen muss (siehe das Bräuer-Zitat oben). Nur in der Bewertung dieses angeblichen Zwangs unterscheiden sich die Extrem-Positionen. Die Globalisierungskritiker sehen eine neue Ära der Ausbeutung und Unterdrückung auch auf die Menschen in den reichen Industrienationen zukommen, während die Befürworter der Globalisierung sie nicht nur für unumkehrbar halten, sondern in ihr auch eine Chance für mehr Wohlstand in der ganzen Welt sehen.

Letztlich aber geht es erneut um den alten politischen Streit:

„Mehr Markt und mehr Freiheit von staatlichen Eingriffen oder
„Mehr Staat und mehr staatliche Lenkung"

diesmal nicht auf eine einzelne Volkswirtschaft, sondern auf die gesamte Weltökonomie bezogen. Und wieder stecken kurzfristige politische und ökonomische
Interessen dahinter: Die Unternehmen, ihre Verbände und die ihnen nahe stehenden liberalen Parteien versuchen, mit der Begründung, „die Globalisierung lasse
keine andere Wahl" eine nationale Gesellschafts- und eine internationale Wirtschaftsordnung durchzusetzen, die den unternehmerischen Aktivitäten möglichst
wenige staatlich verordneten Grenzen setzt – bzw. diese auf ein absolutes Minimum reduziert. Die Globalisierungskritiker – NGO's wie z. B. Attac, aber auch
Teile der Gewerkschaften und am linken Spektrum operierende politische Partei-
en einschl. des linken Flügels sozialdemokratischer Parteien – benutzen die Globalisierung, um die negativen Seiten des Kapitalismus anzuprangern und zu
versuchen, die Verlierer der Globalisierung hinter sich zu scharen. Auch die
christlichen Kirchen reihen sich gelegentlich in die Globalisierungskritiker ein.
Und wieder geht es um das Thema:

Wer soll in der Gesellschaft das Sagen haben und den Ton angeben?

also um die Frage, wer die politische Macht hat und seine ökonomischen Interessen am besten durchsetzen kann.

Die Politikwissenschaft muss hier sehr darauf achten, sich nicht blind vor
den Karren der einen oder anderen Interessengruppe spannen zu lassen. Die
Problematik ist zu komplex, als dass einfache Antworten hier weiterhelfen würden. Mit international vergleichenden Policy-Studien hat die Politikwissenschaft
in den letzten zwanzig bis dreißig Jahren bereits wichtige Erkenntnisse zutage
gefördert. Sie lauten:

Jedes Land ist anders und reagiert spezifisch auf die zunehmende weltwirtschaftliche Verflechtung.

Die in einzelnen Ländern angewandten politischen und ökonomischen Strategien lassen sich nur bedingt auf andere Länder übertragen. Zu verschieden sind
die politischen, ökonomischen und gesellschaftlichen Strukturen, als dass man
ein Maßnahmenpaket eins zu eins auf ein anderes Land übertragen und dort
anwenden könnte.

Die verschiedenartigen politischen, ökonomischen und gesellschaftlichen
Strukturen mit der Folge differenzierter ökonomischer Strategien verdeutlichen
einmal mehr:

Demokratie ist nicht gleich Demokratie, und Kapitalismus ist nicht gleich Kapitalismus.

Die Art des Zusammenlebens von Menschen, oder – politikwissenschaftlich formuliert – die politische und ökonomische Organisation von Gesellschaften folgt nicht einem unveränderlichen Naturgesetz, sondern ist von Menschen gemacht und daher nach ihrem Willen gestaltbar, also auch veränderbar. Die konkrete Ausprägung einer politischen, wirtschaftlichen und gesellschaftlichen Ordnung ist allerdings Ausfluss der in einer historischen Situation gegebenen Machtverteilung. Dies immer wieder von neuem bewusst zu machen, durch Analyse und Vergleich unterschiedlicher Systeme empirisch zu belegen, dass es „auch anders geht", und die Menschen zu animieren, dieses andere, bessere anzustreben, mit anderen Worten,

Politik als Möglichkeit zur Veränderung gesellschaftlicher Verhältnisse zu begreifen,

ist das Kernanliegen der wissenschaftlichen Disziplin *Politikwissenschaft*. Wenn dem Leser, der bis hierhin gefolgt ist, diese Zusammenhänge klar geworden sind und er unter diesem Aspekt das Handeln politischer Akteure besser einordnen kann, dann ist das Ziel dieses Buches erreicht.

7 Politische Theorie

Normalerweise steht das Kapitel über politische Theorien am Anfang eines Lehrbuches der Politikwissenschaft. Auch viele Studienordnungen setzen die Beschäftigung mit der Geschichte der politischen Lehrmeinungen bzw. die Geschichte der politischen Theorie an den Beginn eines politikwissenschaftlichen Studiums. Wenn im vorliegenden Lehrbuch von dieser Praxis abgewichen wird, so aus mehreren Gründen:

- Wer Interesse an aktuellen politischen Problemen hat und diese besser verstehen will, kann zunächst schwer nachvollziehen, warum er sich mit dem politischen Denken von beispielsweise *Plato* oder *Aristoteles*, zwei Philosophen der Antike, beschäftigen soll. Brennende politische Probleme der Gegenwart wie die nach der Schaffung von Arbeitsplätzen, dem Schutz und dem Erhalt der Umwelt, der Notwendigkeit und den Folgen von Studiengebühren oder des Einsatzes der deutschen Bundeswehr in einem internationalen Krisengebiet können damit nicht beantwortet werden. Unseres Erachtens eignet sich deshalb die politische Ideengeschichte nicht für einen Einstieg, der Interesse an der Politikwissenschaft wecken soll.
- Die Bedeutung einer politischen Theorie der Antike oder des Mittelalters erschließt sich den meisten erst später, wenn sie sich ein hinreichendes Grundwissen angeeignet haben, um die Gegenwart verstehen zu können. Denn es ist oft verblüffend festzustellen, dass sich die Menschen bereits vor tausend oder zweitausend Jahren mit ähnlichen Fragestellungen wie heute auseinandergesetzt haben und dass die Probleme der Organisation des menschlichen Zusammenlebens nicht neu, sondern uralt sind. Der Blick zurück in die Vergangenheit ist dann – auf Basis eines Grundwissens – ein größerer Gewinn als das mühsame Lesen alter Werke, deren Einordnung in größere Zusammenhänge einem Anfänger oft schwer fällt.

Der Leser kann deshalb an dieser Stelle das vorliegende Buch ruhig erst mal zuklappen und durch Lektüre weiterführender Literatur in ein Gebiet der Kapitel 2 bis 6, das seine besondere Neugier geweckt hat, tiefer in politikwissenschaftliche Fragen eindringen. Erst zu einem späteren Zeitpunkt, wenn er sich der politischen Theorie und Ideengeschichte zuwenden will, sollte er vorab dieses letzte Kapitel lesen.

Die nachfolgenden Abschnitte wollen kein Schnelldurchgang durch mehr als zweitausendjähriges politisches Denken sein. Wie die vorhergehenden Kapitel soll lediglich eine erste grobe Orientierung vermittelt werden, damit sich der politikwissenschaftliche Laie besser zurechtfindet. Dabei wird es an der einen oder anderen Stelle Wiederholungen zu früheren Ausführungen im Buch geben. Das wird jedoch bewusst in Kauf genommen. Denn gerade in der Politikwissenschaft ist es üblich, ein- und denselben Sachverhalt aus unterschiedlichen Perspektiven zu beleuchten. Vor dem Hintergrund der Darstellungen in den Kapiteln 1 bis 6 wird der Leser jetzt Manches besser einordnen können, als wenn er gleich am Anfang damit konfrontiert worden wäre.

7.1 Was ist politische Theorie?

Die Frage, was unter politischer Theorie zu verstehen ist, lässt sich am besten beantworten, indem die beiden Wortteile „politisch" bzw. „Politik" und „Theorie" näher definiert werden.

7.1.1 Was ist Politik?

Mit dieser Frage haben wir uns bereits am Anfang dieses Buches im Kapitel 1.1 befasst. Dort hatten wir Politik definiert als die für alle Mitglieder einer Gesellschaft verbindliche Regelung von Konflikten. Diese Definition gilt in der heutigen Politikwissenschaft als weitgehend akzeptiert. Sie geht auf *David Easton* (* 1917, Universität Chikago) zurück, der in seinem 1965 erschienen Buch „A Framework for Political Analysis" (deutsch: Ein Bezugsrahmen zur politischen Analyse" wie folgt formuliert hat:

> „Politik ist die autoritativ verfügte Verteilung von materiellen und immateriellen Werten in der Gesellschaft." (S. 57)

Eine in die gleiche Richtung zielende Definition stammt von *Thomas Meyer*:

> „Politik ist die Gesamtheit der Aktivitäten zur Vorbereitung und zur Herstellung gesamtgesellschaftlich verbindlicher und/oder am Gemeinwohl orientierter und der gesamten Gesellschaft zugute kommender Entscheidungen." (Was ist Politik? Opladen 2003, S. 41)

„Entscheidungen" in der Definition *Meyers* klingt im Vergleich zu unserer Definition „verbindliche Regelung von Konflikten" insofern etwas neutraler, als

348

offen bleibt, worin denn nun die Entscheidung besteht bzw. zwischen was entschieden wird. In unserer Definition wird klarer herausgestellt, dass zwischen widerstreitenden Interessen, die in der Gesellschaft einen Konflikt ausgelöst haben, zu entscheiden ist, und der Staat in Gestalt seines Parlaments bzw. seiner Regierung in diesem gesellschaftlichen Konflikt eine Entscheidung treffen muss, die dann für alle verbindlich ist und respektiert wird.

7.1.2   Was ist Theorie?

Im alltäglichen Sprachgebrauch hat Theorie einen abwertenden Beigeschmack: Mit „Das ist bloße Theorie" oder „Das ist ein Theoretiker" will man ausdrücken, dass jemand vom praktischen Leben bzw. von der Wirklichkeit wenig Ahnung hat. Anders in der wissenschaftlichen Sprache: Da gilt Theorie als eine auf solidem Wissen beruhende Aussage, die erklärt, warum ein Faktor X die Ursache für die Erscheinung Y ist. In ihrer einfachsten Form lautet eine derartige Aussage: Weil es regnet (= Faktor X), ist die Straße nass (= Erscheinung Y, wobei X die Ursache für Y ist).

Eine Theorie besteht nun aus einem ganzen *System nomologischer Hypothesen. Nomologisch* heisst „auf Gesetzmäßigkeiten beruhend", eine *Hypothese* ist eine als sicher geltende Vermutung bzw. Aussage, die jedoch nicht endgültig bewiesen werden kann. Eine nomologische Hypothese ist demzufolge eine Vermutung über einen stets eintretenden Ursache-Wirkungs-Zusammenhang, also eine Art „Naturgesetz" wie im vorhin angeführten Beispiel: „Wenn es regnet, ist die Straße (immer!) nass."

Aussagen, die beanspruchen, wissenschaftlich zu sein, müssen – so jedenfalls die Vertreter der sog. empirisch-analytischen Theorie der Politikwissenschaft – das sog. *Popper-Kriterium* erfüllen. Das Kriterium (= Merkmal) ist nach dem britischen Philosophen und Wissenschaftler *Karl Popper* benannt (Logik der Forschung, Neuauflage Tübingen 2002). Danach gelten nur solche Aussagen als wissenschaftlich, die durch Fakten widerlegbar – mit einem Fremdwort ausgedrückt: *falsifizierbar* – sind.

Beispiel: Die Aussage „Wenn es regnet, ist die Straße nass" ist eine solche falsifizierbare Aussage. Sie wird so lange als richtig, d. h. nicht falsifiziert angesehen, wie kein Fall auftritt, bei dem die Straße trotz Regens trocken ist. Nicht falsifizierbar (und daher eine Aussage, die *keine* Wissenschaftlichkeit beanspruchen kann, ist dagegen die Aussage: „Wenn der Hahn kräht auf dem Mist, ändert sich das Wetter oder es bleibt, wie es ist." Warum? Der Satz, der die Folgen des Hahnkrähens beschreibt, umschließt alle logisch denkbaren Wetterzustände, nämlich gleiches Wetter wie vor dem Hahnkrähen, aber auch jedes andere Wetter. Die Aussage kann daher empirisch (durch Beobachten des Wetters nach dem Hahnkrähen) nicht widerlegt werden, weil sie alle denkbaren Folgen abdeckt. Man sagt, die Aussage ist gegen Falsifizierung immunisiert und daher nicht wissenschaftlich.

Mit Anlegen des Popper-Kriteriums an politikwissenschaftliche Aussagen setzt sich eine bestimmte Richtung der Politikwissenschaft von den Geisteswissenschaften ab und versucht, in die Nähe naturwissenschaftlicher Exaktheit zu kommen. Auch andere Sozialwissenschaften wie z. B. viele Soziologen folgen diesem Verständnis von Wissenschaft. Die Wissenschaftstheorie, die das Kriterium der Falsifizierbarkeit zur Voraussetzung für Wissenschaftlichkeit erklärt, wird *kritischer Rationalismus* genannt.

7.1.3 Was ist politische Theorie?

Verknüpft man jetzt die beiden Definitionen von Theorie und Politik, so lässt sich ableiten, was unter politischer Theorie zu verstehen ist, nämlich:

Ein System bzw. eine Kombination falsifizierbarer Aussagen über Ursache-Wirkungs-Zusammenhänge bei der für alle verbindlichen Regelungen von Konflikten.

Nach welchen „Gesetzmäßigkeiten" werden Konflikte zwischen Schwarzen und Weißen, Arbeitern und Unternehmern, Katholiken und Moslems geregelt? Unter welchen Voraussetzungen entstehen Demokratien, wann gehen sie unter? Welche Faktoren führen zum Entstehen radikaler politischer Parteien, unter welchen Bedingungen erringen sie politische Mehrheiten? Das alles sind typische Fragen, auf die politische bzw. politikwissenschaftliche Theorie eine Antwort finden muss.

Der Leser wird an dieser Stelle merken: Bereits in allen bisherigen Kapiteln des Buches haben wir uns mit politischer Theorie beschäftigt. Nur sind wir dabei nicht abstrakt und theoretisch vorgegangen, sondern haben versucht, eine jeweils interessante politische Frage der Gegenwart aufzugreifen und sie zu beantworten, indem wir Zusammenhänge (sprich Ursache und Wirkung) erklären.

7.2 Was will politische Theorie?

Das bis hierhin vorgestellte Verständnis von politischer Theorie ist nicht das einzig Mögliche. Vielmehr ist es nur eine bestimmte Richtung der Politikwissenschaft, die sog. *empirisch-analytische Politiktheorie*. Ein anderer Ansatz ist die *normative* und die *kritisch-dialektische Theorie*. Alle drei wollen wir in ihrem Ausgangspunkt und in ihrem Ziel nachfolgend kurz beschreiben.

7.2.1 Die Welt erklären – empirisch-analytische Politiktheorie

Ursache und Wirkung politischer Prozesse als quasi-naturgesetzliche Zusammenhänge erklären zu wollen ist das Anliegen der empirisch analytischen Politikwissenschaft. Sie will die Welt beschreiben und erklären, so wie sie wirklich ist. Sie will weder kritisieren, dass die Welt so ist, wie sie von der empirisch-analytischen Politikwissenschaft beschrieben wird, noch will sie sagen, wie die Welt eigentlich sein sollte. Sie will lediglich eine Art Filmkamera sein, der es mit ausgefeilten technischen Verfahren (z. B. Zeitlupe und/oder Zoom) gelingt, bestimmte Abläufe genauer zu rekonstruieren und – z. B. durch Vergleich mit anderen, ähnlichen Prozessen – ihre Ursache zu erklären.

Die empirisch-analytische Politikwissenschaft ist die in den USA und den meisten anderen Ländern spätestens seit den fünfziger Jahren des vorigen Jahrhunderts die vorherrschende Richtung. Insbesondere die wachsende, meist international vergleichende Policy-Forschung ist diesem Zweig zuzurechnen. Diesen international vergleichenden Policy-Studien geht es insbesondere darum, die *Policy* (= Inhalte von Politik) aus der *Polity* (= den politischen Institutionen eines Landes) und den *Politics* (den politischen Prozessen, Abläufen) mit Hilfe von Ländervergleichen zu erklären. In der deutschen Politikwissenschaft sind insbesondere *Manfred G. Schmidt* (Universität Heidelberg) mit seinen Schülern und *Fritz W. Scharpf* (Max-Planck-Institut für Gesellschaftsforschung, Köln) mit diesem Ansatz hervorgetreten.

7.2.2 Die Welt (moralisch) bewerten – die normative Politiktheorie

Ganz anders geht die normative Politiktheorie an die Politik heran. Sie will die politische Welt nicht erklären, wie sie ist, sondern sie will die politische Welt beschreiben, wie sie *sein soll* (das Wort *normativ* kommt von *Norm* = lateinisch *norma*: Richtschnur, Vorschrift). Kern der normativen Politiktheorie – man nennt sie auch *normativ-ontologische Politiktheorie* (ontos =griechisch: das Sein betreffend) ist die Frage:

Was zeichnet eine gute politische Ordnung aus?

Diese Frage wird von jedem Menschen anders beantwortet. Grund: Jeder versteht z. B. unter Freiheit oder Gerechtigkeit etwas anderes. Normative politische Theorie ist deshalb nicht – wie ein Vertreter des kritischen Rationalismus sagen würde – intersubjektiv überprüfbar, sondern subjektiv von den eigenen Wertvorstellungen geprägt. (Intersubjektiv überprüfbar heißt: Jeder, egal ob Liberaler oder Kommunist, ob Christ oder Moslem, muss bei der Analyse des gleichen Sachverhalts zum gleichen Ergebnis kommen, also etwa, dass die Straße nach Regen nass ist.)

Weil persönliche Positionen und Werturteile Voraussetzung dafür sind, eine normative politische Theorie überhaupt formulieren zu können, sprechen ihr die Anhänger der empirisch-analytischen Richtung der Politikwissenschaft die Wissenschaftlichkeit generell ab. Der Wahlforscher und Wahlanalytiker *Jürgen W. Falter* (Universität Mainz) beispielsweise schrieb 1990, dass im Falle normativer Theoriebildung die Grenzen der akademischen Welt überschritten werden (Politische Theorie in den USA: eine empirische Analyse der Entwicklung von 1950 – 1980, Opladen 1990, S. 31). Und auch für *Jürgen Hartmann* (Helmut-Schmidt-Universität Hamburg) werden Parteinahmen wissenschaftlich nicht mehr akzeptiert, ob man dies beklagt oder nicht (Wozu politische Theorie? Eine kritische Einführung für Studierende und Lehrende der Politikwissenschaft, Opladen u. a. 1997, S. 25).

Nach wie vor ist jedoch normative politische Theorie Teil der Geisteswissenschaften. Als *politische Philosophie* erfüllt sie nach Auffassung ihrer Vertreter die wichtige Funktion, zum Nachdenken über die Gesellschaft anzuregen und den Menschen Orientierungshilfen zu bieten, welche politische und gesellschaftliche Ordnung sie sich wünschen. Politische Theorie wird somit weiterhin ein wesentlicher Bestandteil der Politikwissenschaft bleiben, wenngleich an diese Richtung andere Maßstäbe angelegt werden müssen als an den empirisch-analytischen Zweig.

Letztlich tauchen bei der Beschäftigung mit normativer Politiktheorie immer wieder dieselben Fragen auf:

- Was ist die Natur des Menschen?
  Ist er von Natur aus friedfertig und auf Zusammenarbeit mit anderen bedacht oder ist er von Natur aus gewalttätig und aggressiv und eher darauf aus, sich andere Menschen untertan zu machen? Insbesondere die sog. modernen politischen Theorien (siehe dazu an späterer Stelle) haben sich mit diesem Problem befasst.
- Was ist die Aufgabe des Staates und wie sieht der optimale Staat aus?
  Die Antwort auf diese Frage ergibt sich, wenn man geklärt hat, von welcher Natur des Menschen auszugehen ist. In der politischen Ideengeschichte

wird man immer wieder auf Theorien stoßen, die von der natürlichen Aggressivität des Menschen oder von einer friedfertigen menschlichen Natur ausgehen. Je nachdem wird man die Aufgabe des Staates sehen und einen entsprechenden Staatsaufbau konstruieren wollen bzw. vorschlagen.

- Ist die Natur des Menschen angeboren und unveränderbar, oder lässt sich der Mensch von einem aggressiven zu einem friedfertigen oder umgekehrt von einem friedfertigen zu einem aggressiven Menschen umerziehen? Auch von der Beantwortung dieser Frage hängt es ab, welche Aufgaben man dem Staat zuerkennen will. Hält man die Menschen zwar grundsätzlich für aggressiv, aber prinzipiell zu friedfertigen Wesen umerziehbar, wird man dem Staat andere Aufgaben zumessen, als wenn man von einer unveränderlichen menschlichen Aggressivität ausgeht.
- Was ist Demokratie? Wer dem Menschen nicht zumindest teilweise auch eine positive Natur, sprich auch friedfertige und soziale Eigenschaften zuerkennt, wird Demokratie kaum als dauerhaft realisierbar ansehen. Wer die Menschen für in ihrer eigentlichen Natur Engel hält, wird dagegen die Demokratie als die Staatsform ansehen, die in ihrer idealen Ausprägung erst noch verwirklicht werden muss.

Der Leser mache sich an dieser Stelle jedoch unbedingt bewusst: So interessant es auch sein mag, eine ideale politische Ordnung und eine gerechte Gesellschaft zu entwerfen und über sie zu diskutieren – als Politikwissenschaftler wird man nur dann als ernsthafter Gesprächspartner akzeptiert werden, wenn man ausreichende Kenntnisse darüber hat, wie Politik tatsächlich funktioniert. Nur wer den heutigen Kenntnisstand empirisch-analytischer Politikwissenschaft anzuwenden weiß und politische Abläufe – zunächst ohne eigene Wertung – zu analysieren versteht, wird Gehör finden und überzeugen können. Wenn er dann als ausgebildeter Politikwissenschaftler seine Analyse mit Aussagen und Zitaten maßgeblicher politischer Denker der Antike oder der Neuzeit anreichert, wird er nicht als unverbesserlicher Theoretiker oder gar politischer Phantast, sondern als scharfer Analytiker angesehen werden.

7.2.3 Die Welt kritisch analysieren und verändern – die kritisch-dialektische Politiktheorie

Eine in den sechziger und siebziger Jahren des vorigen Jahrhunderts in der Politikwissenschaft Deutschlands recht einflussreiche Richtung war die der kritisch-dialektischen Politiktheorie. Sie stützte sich zum einen auf den Marxismus und seine spätere Weiterentwicklung, zum anderen auf die sog. „kritische Theorie der Gesellschaft", einer Richtung der Soziologie, die von *Max Horkheimer, Theodor W. Adorno* und *Jürgen Habermas* an der Universität Frankfurt gelehrt und daher auch „Frankfurter Schule" bezeichnet wurde. Berühmtester Vertreter der „Kritischen Theorie der Gesellschaft" in den USA war *Herbert Marcuse* (Universität Berkeley, Kalifornien), dessen Werk „Der eindimensionale Mensch" die Studentenbewegung in den sechziger Jahren der Bundesrepublik stark inspiriert hat.

Ausgangspunkt der kritisch-dialektischen Theorie ist die Analyse des kapitalistisch-marktwirtschaftlichen Wirtschaftssystems, das nach Auffassung der kritisch-dialektischen Politiktheorie zu einem Klassenantagonismus (= unversöhnlicher Gegensatz von sozialen Klassen) mit inhumanen gesellschaftlichen Verhältnissen führt. Politikwissenschaft müsse demzufolge die kapitalistischen Klassenstrukturen kritisch analysieren und mit dieser Analyse selbst Politik betreiben. Kritisch-dialektische Politikwissenschaft versteht sich somit nicht nur als Wissenschaft, die in ihrem „Elfenbeinturm" wirkt und mehr oder weniger von einer breiten Öffentlichkeit unbemerkt vor sich hinforscht. Sie versteht sich vielmehr auch selbst als politischer Akteur, der durch Forschung und Lehre die Gesellschaft verändern will. Theorie im Sinne von kritischer Wissenschaft und politischer Praxis im Sinne der Durchsetzung politischer Ziele sollen also eine Einheit bilden.

Von den Methoden der empirisch-analytischen Politikwissenschaft setzt sich die kritisch-dialektische Theorie bewusst ab. Sie sagt: Alle sozialen Tatsachen sind selbst gesellschaftlich vermittelt. Was ist damit gemeint?

Jeder Mensch, also auch der Sozialwissenschaftler, wird durch die Gesellschaft, in die er hineingeboren ist, „sozialisiert", d. h. geprägt. Die Werte wie z B. „was ist ‚gut', was ist ‚böse', was ist ‚erstrebenswert', was ist zu verabscheuen" werden ihm von seiner Umwelt – den Eltern, den Freunden, den Lehrern usw. – vermittelt. Daraus entwickelt er eine ganz bestimmte Sicht von Wirtschaft und Gesellschaft, die auch seine wissenschaftliche Erkenntnis vorprägt.

Wer etwa von Kindesbeinen an verinnerlicht hat, dass jeder das, was er in der Gesellschaft geworden ist, seinem Fleiß und seiner eigenen persönlichen Anstrengung zu verdanken hat („Jeder ist seines Glückes Schmied"), wird auch wissenschaftlich an das Phänomen Arbeitslosigkeit ganz anders herangehen als jemand, der wie selbstverständlich davon ausgeht, dass der Mensch das Produkt (und *nur* das Produkt) seiner Umwelt ist. Der erste wird eher eine Untersuchung machen, in der die sozialen Merkmale der Arbeitslosigkeit erfasst werden, und aus dem Ergebnis, dass etwa die Hälfte der Arbeitslosen keine abgeschlossene Ausbildung haben, den Schluss ziehen, dass die Arbeitslosen ihr Schicksal weitgehend selbst verschuldet haben, weil sie sich nicht genügend gebildet haben. Der zweite wird aus der gleichen Tatsache einen anderen Schluss ziehen, nämlich: In der Gesellschaft haben nicht alle die gleichen Bildungschancen, und wer in einer bildungsfernen Umwelt aufwächst, ist dazu verurteilt, zu den Benachteiligten in der Gesellschaft zu gehören.

Der kritisch-dialektischen Theorie ist insofern zuzustimmen, als tatsächlich jeder mit einem gewissen Vorverständnis an die Erscheinungen der Welt herangeht, das ihm mehr oder weniger anerzogen wurde. Das hat in der Tat zur Folge: Jede Politik- und Sozialwissenschaft ist in gewisser Weise von der Ideologie der Menschen, die sie betreiben, vorgeprägt. So werden etwa die Hypothesen, die von der empirisch-analytischen Politikwissenschaft formuliert und als gültig angesehen werden, solange sie nicht durch die Wirklichkeit widerlegt werden, nicht im „luftleeren Raum" entwickelt, sondern entspringen bereits einem (gesellschaftlich geprägten) Vorverständnis, d. h. einer ganz bestimmten Sichtweise. Jeder hat bei wissenschaftlicher Arbeit eine – nämlich seine – Theorie bereits im Hinterkopf!

Diese gesellschaftliche Vorprägung von Theorie und Wissenschaft trifft auf die kritisch-dialektische Theorie allerdings genau so zu. Wer ein von vornherein fest stehendes Bild von der Gesellschaft hat und vom Klassenantagonismus als den alles bestimmenden Faktor ausgeht, wird in seiner wissenschaftlichen Arbeit ebenso – wenn auch anders vorgeprägte – politikwissenschaftliche Analyseergebnisse produzieren wie die empirisch-analytische Politiktheorie (die ihrerseits natürlich vorgeprägte Bilder von Gesellschaft hat). Inzwischen hat die kritisch-dialektische Richtung der Politikwissenschaft in der Bundesrepublik ihren zeitweise großen Einfluss verloren. Sie wurde in das Archiv der politischen Ideengeschichte eingestellt, in dem alle Ideen und Theorien, die im Laufe der Menschheitsgeschichte aufgetaucht und wieder verschwunden sind, gesammelt und aufbewahrt werden.

7.3 Welche politischen Theorien gibt es?

Der vorige Abschnitt hat die Frage, welche politischen Theorien es gibt, eigentlich schon beantwortet. Die drei genannten Theorien wurden dabei unterschieden nach der Methode, die sie anwenden, um zu Erkenntnissen zu gelangen. Dies ist allerdings nicht die einzige Möglichkeit, politische Theorien voneinander abzugrenzen. Üblich ist, die Zeit, in der die jeweiligen politischen Denker gelebt haben, als Einteilungsmerkmal zu wählen. Danach sind zu unterscheiden:

- Politische Ideen der Antike
- Politische Ideen des Mittelalters

- Politische Ideen der Neuzeit bzw. der Moderne (moderne politische Theorien)

Ohne die verschiedenen Ideen der einzelnen Epochen vertieft behandeln zu wollen – das ist in einer Vielzahl von Lehrbüchern hinreichend geschehen - soll hier nur auf einige wenige Aspekte eingegangen werden.

7.3.1 Antike politische Theorien

Aus dem Geschichtsunterricht dürften die meisten die Namen *Plato* und *Aristoteles, der* beiden politischen *Denker* der Antike schlechthin, kennen.

7.3.1.1 Plato (427-348 v. Chr.)

In zwei Werken – *Der Staat* und *Die Gesetze* – hat sich der athenische Philosoph *Plato* mit der Frage befasst, wie die Verfassung eines Staates aussehen und wer die Regierenden (= die Herrscher) sein sollten. Im idealen Staat, den Plato entwirft, sollen die „Besten" herrschen. Die Besten sind nach *Plato* die sog. „Wächter", die sich durch Entwicklung musischer Fähigkeiten, durch sportliche Übungen, das Erlernen des Kriegshandwerks, vor allem jedoch durch philosophische *Schulung* qualifizieren. Insbesondere die Philosophie befähigt nach Ansicht *Platos* zum Herrschen. Die Philosophen sollten Könige und die Könige sollten Philosophen sein – so lässt sich die politische Theorie *Platos* auf eine Kurzformel bringen.

Wer würde bei diesem Konzept einer Eliteherrschaft nicht an die totalitären Regime des 20. Jahrhunderts, an den Nationalsozialismus und den Stalinismus, denken? Auch diese Herrschaftssysteme basierten auf der Vorstellung, dass eine vorgebliche Elite über die Einsicht in das Gute und Richtige verfüge und deshalb zum Herrschen über andere berufen sei. Der vorhin bereits erwähnte Wissenschaftstheoretiker und Philosoph *Karl Popper* bezeichnete daher in seinem Werk „Die offene Gesellschaft und ihre Feinde" die Lehre *Platos* durchaus als Vorläufer totalitärer politischer Programme.

Geradezu faszinierend ist, wie Plato bereits zu seiner Zeit das Entstehen totalitärer Herrschaft – er nennt es *Tyrannei* – in Form eines Zwiegesprächs beschrieb:

> „Welches ist wohl die Art, wie die Tyrannei entsteht? Denn dass sie sich aus der Demokratie abändert, ist wohl fast offenbar! – Offenbar. . . . Und die Demokratie,

löst nicht auch diese sich auf durch die Unersättlichkeit in dem, was sie sich als Gut vorsetzt? – Was meinst Du aber, dass sie sich vorsetze? – Die Freiheit, antwortete ich. ... Ist es nun etwa nicht ... die Unersättlichkeit hierin mit der Vernachlässigung alles Übrigen, was auch diese Verfassung umgestaltet und sie dahin bringt, der Tyrannei zu bedürfen? ...

... weil jedem alles freisteht, noch weit häufiger und heftiger wird, verknechtet die Demokratie. Und in der Tat, das äußerste Tun in irgend etwas pflegt immer eine große Hinneigung zum Gegenteil zu bewirken ... Also auch die äußerste Freiheit wird wohl dem einzelnen und dem Staat sich in nichts anderes umwandeln als in die äußerste Knechtschaft ... So kommt denn natürlicherweise die Tyrannei aus keiner andern Staatsverfassung zustande als aus der Demokratie, aus der übertriebensten Freiheit die strengste und wildeste Knechtschaft." (Platon, Politeia, Achtes Buch, 562 b und c, 564 a, zitiert nach der Rowohlt-Ausgabe, Hamburg 1968)

Wer erkennt darin nicht die Feststellung, dass tyrannische Herrschaft aus der Demokratie entsteht, wenn sie zu viel Freiheit zulässt? Rund 2000 Jahre danach ist die Weimarer Republik zugrunde gegangen, weil sie es nicht verstand, handlungsfähige Regierungen zustande zu bringen und Freiheiten so weit zu begrenzen, wie es gerade zum Erhalt der Freiheit notwendig ist.

Gerade die Lektüre klassischer politischer Denker zeigt immer wieder: Bestimmte Eigenschaften der Menschen und Grundformen menschlichen Handelns haben sich über die Jahrtausende hinweg nicht verändert, sondern wiederholen sich unter ähnlichen sozialen Verhältnissen immer wieder.

7.3.1.2   Aristoteles (384-322 v. Chr.)

Das politische Denken von *Aristoteles,* der u. a. auch Erzieher von *Alexander dem Großem* (König Griechenlands von 336-323 v. Chr.) war, ist in seinen Werken „Nichomachische Ethik" und „Politik" niedergelegt. Einige bezeichnen ihn als Begründer der Politikwissenschaft.

Grundlage der politischen Theorie Aristoles' ist sein positives Menschenbild, das wir bereits an anderer Stelle erwähnt haben: Der Mensch ist für ihn darauf angelegt, in einer Gemeinschaft mit anderen zu leben. Er ist, wie man sagt, ein *soziales Wesen,* und weil das so ist, bildet er einen Staat, um das Zusammenleben mit anderen Menschen zu organisieren.

„Hiernach ist denn klar, dass der Staat zu den naturgemäßen Gebilden gehört und dass der Mensch von Natur ein nach der staatlichen Gemeinschaft strebendes Wesen (zóon politikón) ist; und derjenige, der von Natur und nicht durch zufällige Umstände außer aller staatlichen Gemeinschaft lebt, ist entweder mehr oder weniger als ein

Mensch." (Aristoteles, Politik, 1. Buch, 2. Kap., 1253 a, 5 – zitiert nach der Rowohlt-Ausgabe, Hamburg 1965)

Im Unterschied zu *Plato*, der glaubte, dass ein Staat dann am besten regiert wird, wenn die Philosophen die Herrschaft innehaben, hält *Aristoteles* dann einen Staat für am besten regiert, wenn möglichst viele Bürger an den Regierungsgeschäften mitwirken. Allerdings darf die Beteiligung aller nicht dazu ausarten, dass die Politik vom Neid und den Vorurteilen der Armen beherrscht wird – eine Staatsform, die *Aristoteles* als Demokratie bezeichnet. Als ideale Regierungsform sieht er die *Politie* an, in der jeder, ob Arm oder Reich, das will, was dem Ganzen nützt. *Aristoteles* liegt daran, für einen Ausgleich zwischen einer kleinen regierenden Klasse und der breiten Masse der Bevölkerung, die gar nicht an den Regierungsgeschäften beteiligt ist, zu sorgen, weil sich nach seiner Auffassung nur so dauerhafte Stabilität der politischen Verhältnisse garantieren lässt.

Wer würde in diesen Aussagen von *Aristoteles* nicht auch heutige politische Positionen wieder erkennen? Die Beteiligung aller an den Regierungsgeschäften gehört zu den Prinzipien unseres heutigen Demokratieverständnisses. Die Stabilität der politischen Verhältnisse wird bis heute gefährdet, wenn kein hinreichender Ausgleich stattfindet und große Teile der Bevölkerung sich in ihren Interessen übergangen fühlen. Und der „Neid der Armen", der dazu führen kann, dass das Wohl des Ganzen aus dem Auge verloren wird – wer würde dabei nicht Argumente aus dem Verteilungskampf in reifen Demokratien erinnert?

7.3.2 Politische Ideen des Mittelalters

Das Mittelalter ist durch eine religiöse Ordnung geprägt. Die weltliche Herrschaft – der Staat – ergibt sich aus dem Willen Gottes:

> „Jeder leiste den Trägern der staatlichen Gewalt den schuldigen Gehorsam. Denn es gibt keine staatliche Gewalt, die nicht von Gott stammt; jede ist von Gott eingesetzt. Wer sich daher der staatlichen Gewalt widersetzt, stellt sich gegen die Ordnung Gottes, und wer sich ihm entgegenstellt, wird dem Gericht verfallen." (*Römerbrief* 13, 1-3)

Bei dieser Ableitung der weltlichen Herrschaft unmittelbar von Gott erübrigte sich jedes weitere Nachdenken über Politik und die optimale Staatsform. Erst als sich langsam die Vorstellung durchsetzte, dass geistliche und weltliche Gewalt zwei Sphären sind, die voneinander getrennt werden müssen, wurde die geistige Voraussetzung dafür geschaffen, sich wieder mit Fragen der politischen Ordnung und des Zusammenlebens der Menschen in einer Gemeinschaft auseinanderzusetzen. Politisches Denken im eigentlichen (weltlichen) Sinne setzt somit erst wieder zu Beginn der Neuzeit ein.

7.3.3 Moderne politische Theorie

Wenn die politische Ordnung nicht mehr als von Gott geschaffen angesehen, sondern als von Menschen gemacht und somit als veränderbar angesehen wird, stellt sich automatisch die Frage, wie eine vorhandene politische Ordnung legitimiert (= begründet, gerechtfertigt) werden kann. Eine Rechtfertigung für ein bestimmtes politisches System kann jedoch nicht losgelöst von einem Menschenbild geliefert werden. Denn die Frage, *wie* eine politische Ordnung sein soll (*normative Politiktheorie,* siehe Abschnitt 7.2.2), und *warum* (= Legitimation) sie so sein soll, hängen eng miteinander zusammen. Sie sind zwei Seiten derselben Medaille.

Hier teilt sich die politische Theorie in zwei Paradigmen (= Lehren, Glaubensrichtungen): die *Theorie des Individualismus* und die *Theorie der Gemeinschaftsbezogenheit.*

7.3.3.1   Der Mensch ist ein vereinzeltes Individuum – der methodologische Individualismus

Der Liberalismus – so der methodologische Individualismus, wie die Fachbezeichnung für das liberale Paradigma lautet – geht davon aus, dass der Mensch ursprünglich völlig isoliert in der Welt steht. Er hat weder Freunde und Bekannte, noch eine irgendwie sonst geartete Gemeinschaft, der er angehört, sondern es gibt nur eine Anzahl nicht miteinander verbundener Rechtspersonen.

Dieser „Urzustand" der Menschheit erinnert an drei, vier oder noch mehr Menschen, die an einer Haltestelle stehen und auf den Bus warten – jeder für sich und ohne den anderen zu beachten. Dieser „Fall" wird in der Soziologie gerne angeführt, um den Begriff „soziale Gruppe" zu erklären. Die drei, vier oder noch mehr Personen stellen zunächst – im Verständnis der Soziologie – nämlich keine Gruppe dar (obwohl man im alltäglichen Sprachgebrauch sagen würde: „Da steht eine Gruppe von Menschen..."). Erst wenn einer sich an den anderen wendet und sagt: „Das dauert aber heute lange, bis der Bus kommt", also Kontakt mit den anderen aufnimmt, die Soziologen sagen: interagiert, bildet sich eine Gruppe. Dies gilt umso mehr dann, wenn die anderen darauf antworten und etwa beratschlagen, ob sie nicht zu dritt ein Taxi nehmen sollten. Erst durch die Interaktion, das miteinander in Beziehung Treten, entsteht eine Gruppe, die auch von weiteren Menschen so wahrgenommen wird (hier als die Wartenden) und eine Gemeinschaft bilden.

Die Gruppe ist erst recht dann existent, wenn der Bus kommt, aber bereits voll besetzt ist. Wie verhalten sich die Wartenden dann? Versucht jeder einzelne der Vier, doch noch mitzukommen? Oder treten die Vier geschlossen auf und versuchen, mit Argumenten vier Personen, die im Bus sind, zu überzeugen auszusteigen, um ihnen Platz zu machen? Oder wenden die Vier Gewalt an, indem sie entweder versuchen, den Bus an der Weiterfahrt zu hindern, oder Businsassen zu zwingen, auszusteigen? Entdecken die Vier also gemeinsame Interessen und gehen gemeinsam vor, oder handelt jeder individuell, sozusagen im wahrsten Sinne des Wortes, auf eigene Faust?

Aus diesem *Axiom* (von griechisch axioma: Geltung. Grundsatz, der nicht beweisbar ist) des isolierten, vereinzelten Menschen leitet der Liberalismus weitere Grundsätze ab:

- Das Individuum hat Vorrang vor der Gemeinschaft.
- Der Mensch ist ein *homo oecocomicus* (= lateinisch: wirtschaftlich denkender und handelnder Mensch), der seinen Nutzen maximieren und seine Kosten minimieren will.
- Da die Menschen sich als individuelle Rechtspersonen gegenüber stehen, sind sie Träger von Rechten, speziell von Freiheitsrechten und Eigentumsrechten. Der Staat hat die Aufgabe, diese individuellen Rechte zu garantieren.
- Damit der Staat seine Kernaufgabe, die Freiheits- und Eigentumsrechte zu schützen, erfüllen kann, benötigt er Institutionen zur Durchsetzung des Rechts, zum Beispiel Polizei. Dazu wiederum braucht der Staat Ressourcen (Geld), die er wiederum nur über Steuern, also durch Zwangsmittel im Wege der Einschränkung von Freiheitsrechten der Menschen, beschaffen kann.

Diesen Widerspruch, dass die Menschen einerseits den Eingriff des Staates in ihre Freiheitsrechte brauchen, damit der Staat andererseits ihre Rechte schützen kann, lösen alle liberalen Theorien, indem sie einen *Vertrag* einführen. Diesen Vertrag schließen die Menschen, um einen Staat zu bilden, der genau dieses Recht hat, ihre Freiheiten zum Zwecke der Wahrung ihrer Rechte gegenüber anderen, einzuschränken.

Anders als in der antiken oder in der mittelalterlichen politischen Theorie, in der die Herrscher entweder durch Erziehung (Antike) oder durch die Religion (Mittelalter) die notwendige Moral und Tugend besitzen, damit der Staat funktioniert und gut, d. h. im Interesse und zum Wohl aller regiert wird, gibt es im

Liberalismus nur den Menschen, der seinen persönlichen Nutzen maximiert und an ethischen Grundsätzen nicht interessiert ist. An die Stelle philosophisch-ethischer Erziehung bzw. Religion und Moral der politischen Elite treten

- der *Markt* als der Ort, an dem wirtschaftliche und politische Interessen aufeinander prallen und
- das *Forum*, wo Ideen und Argumente ausgetauscht werden.

Damit der Austausch der Gedanken und Argumente in einem „fairen Wettstreit" stattfindet und niemand benachteiligt wird, bedarf es eines geeigneten Rahmens von Institutionen, die die widerstreitenden Akteure gegenseitig „in Schach halten": ein System der *Gewaltenteilung*. Markt und Wettbewerb im Bereich der Wirtschaft sowie freie Diskussion und Gewaltenteilung in der Politik verhindern, dass sich egoistische Einzelinteressen durchsetzen, und gewährleisten besser als philosophisch gebildete oder ethisch-moralisch geleitete Herrscher einen gerechten Ausgleich der Interessen. Das Gemeinwohl ist somit nicht vorgegeben oder aus einer Theorie ableitbar, sondern ergibt sich nach liberalem Verständnis aus dem ökonomischen und politischen Prozess.

Aus diesen Grundsätzen leiten sich die politischen und wirtschaftlichen Ordnungsvorstellungen aller möglichen Varianten des Liberalismus ab. Das Prinzip der *Gewaltenteilung*, das die Freiheit des Bürgers vor dem Staat schützen soll, findet sich beispielsweise wieder in den politischen Theorien

- des Engländers *John Locke* (1632-1704), der in seinem Werk „Zwei Abhandlungen über die Regierung" die klare Trennung von legislativer und exekutiver Gewalt forderte und für eine Vertretung des Volkes im *House of Commons* (= Unterhaus), des Adels im *House of Lords* (= Oberhaus) und für ein Vetorecht des Königs eintrat. In der Begrifflichkeit der heutigen Politikwissenschaft würde man von drei Vetospielern sprechen, ein Institutionensystem, das Volk, Adel und König so in den Gesetzgebungsprozess einbindet, dass kein Gesetz gegen den Willen eines der Beteiligten beschlossen werden kann.
- des Franzosen *Charles de Montesquieu* (1689-1755), der in das Prinzip der *Gewaltenteilung* noch die Judikative (= Recht sprechende Gewalt; Gerichte) einbezog. Sein politisches Denken basierte auf einer Betrachtung des britischen politischen Systems, das er bei einem Englandaufenthalt studiert hatte. Allerdings erkannte Montesquieu nicht, dass das britische System bereits Züge des heutigen parlamentarischen Regierungssystems aufwies (siehe Kap. 2.3.1.2): Die Regierung bzw. das Kabinett war von der Parlamentsmehrheit abhängig und übte weitgehend (und nicht der König) die exekuti-

ven Funktionen aus, Auch übte der Monarch sein Vetorecht kaum noch aus, und es bildete sich bereits eine institutionalisierte Opposition heraus. Die Wirklichkeit der englischen Kabinettsregierung beschrieb später zutreffend *Walter Bagehot* (1826-1877).

- der Amerikaner *James Madison* (1751-1836), *Alexander Hamilton* (1755-1804) und *John Jay* (1745-1829), die während der öffentlichen Diskussion in New York über die bevorstehende Ratifizierung der amerikanischen Verfassung in 85 Zeitungsartikeln, den sog. *Federalist Papers*, eine Art Kommentar zum politischen System der USA, dem Prototyp der institutionalisierten Gewaltenteilung (siehe Kap. 2.3.2.2), geschrieben haben. Ein zentrales Thema der *Federalist Papers* ist die Frage, wie die Wirkungen von sog. „Faktionen" zu brechen bzw. zu kontrollieren sind. Mit Faktionen (im Englischen: factions) sind jegliche Art organisierter oder nicht-organisierter Sonderinteressen gemeint. Um zu verhindern, dass sich verschiedene Sonderinteressen zusammentun und so zu einer Mehrheit werden, spricht sich *James Madison* im *Federalist Nr. 10* für eine weitere Form der *Gewaltenteilung* aus: für ein Zweikammerparlament, dessen Kammern in unterschiedlichen politischen Einheiten gewählt werden (in den USA werden je zwei Senatoren für einen Bundesstaat alle zwei Jahre direkt zu jeweils einem Drittel und für jeweils sechs Jahre gewählt, die Abgeordneten des Repräsentantenhauses direkt alle zwei Jahre). Durch dieses zeitlich versetzte Wahlverfahren sowie die Zustimmungspflicht beider Kammern zu Gesetzen hält *Madison* es für faktisch ausgeschlossen, dass Faktionen Mehrheiten in beiden Kammern finden. Gleichzeitig soll durch die Aufteilung des Parlaments in zwei Kammern gewährleistet werden, dass die Macht der Legislative insgesamt geteilt wird.

Um zu verhindern, dass die Legislative zu stark und die Exekutive (Präsident) zu schwach wird, soll außerdem eine *Gewaltenverschränkung* geschaffen werden: eine Beteiligung von Legislative und Exekutive an den Entscheidungen des jeweils anderen. Das bedeutet: Der Präsident muss den vom Kongress beschlossenen Gesetzen zustimmen, kann sie aber auch durch sein Veto blockieren. Dieses kann wiederum mit einer Zweidrittel-Mehrheit in beiden Kammern überstimmt werden. Umgekehrt muss der Kongress die vom Präsidenten ernannten Leiter der wichtigsten Verwaltungsbehörden bestätigen.

Ein weiteres Element der Gewaltenteilung ist schließlich die Kontrolle der Verfassungsmäßigkeit von Gesetzen – selbst wenn sie durch Mehrheit in beiden Kammern zustande gekommen und vom Präsidenten gebilligt worden sind – durch den Obersten Gerichtshof. Damit wird der Verfassung ein höherer Rang zuerkannt als dem von der Legislative gesetzten Recht und damit selbst eine politische Mehrheit in ihre Schranken verwiesen.

Die Theorie des Individualismus bzw. der Liberalismus ist die seit Mitte des 18. Jahrhunderts dominierende politische Theorie. Sie ist nicht nur eine abstrakte politische Philosophie, sondern beschreibt auch weitgehend die politisch-gesellschaftliche Realität in den USA. Und Ökonomen mit erheblichem politischem Einfluss wie etwa *Milton Friedman* in den USA oder *Friedrich August Hayek* im deutschen Sprachraum haben ihre wirtschaftspolitischen Rezepte aus diesem liberalen politischen Ideengebäude abgeleitet.

7.3.3.2 Der Mensch ist ein Gemeinschaftswesen – der methodologische Holismus

Das dem Liberalismus entgegen gesetzte politische Paradigma – manche Politikwissenschaftler nennen es *Republikanismus* (= von lateinisch res publica: öffentliche Sache, Staat. Der in diesem Zusammenhang gebrauchte Begriff *Republikaner* für einen Anhänger des methodologischen Holismus ist nicht zu verwechseln mit dem Begriff *Republikaner* für den Befürworter einer Republik, also einer Staatsform mit bürgerlichem Staatsoberhaupt im Gegensatz zu einer Monarchie, einer Staatsform mit königlichem Staatsoberhaupt!) – sieht den Menschen nicht als isoliertes, auf sich allein gestelltes Individuum, sondern als Teil der menschlichen *Gemeinschaft*. Der Mensch ist das, was er ist, nicht aus sich selbst heraus, sondern er ist wesensmäßig auf soziale Beziehungen zu anderen Menschen angewiesen. Das Zusammensein mit anderen Menschen befriedigt Grundbedürfnisse wie Nähe, Wärme und Geborgenheit, vermittelt gesellschaftliche Werte und Normen sowie die moralischen Grundkategorien von gut und böse, richtig und falsch.

Das Gemeinwohl, das es in jeder politischen Ordnung zu realisieren gilt, ist im Unterschied zur liberalen Theorie nicht Ergebnis des ökonomischen Wettbewerbs oder der fairen politischen Auseinandersetzung, sondern es ist vorgegeben, es steht fest. Die Menschen können es erkennen, wenn sie nur hinreichend intensiv darüber nachdenken. Während die liberale Theorie davon ausgeht, dass jeder Mensch selbst am besten weiß, was für ihn gut ist, und die Menschen darüber in einer Gesellschaft durchaus unterschiedliche und gegensätzliche Vorstellungen haben können, ist Ausgangspunkt des holistischen Paradigmas, dass es eine objektiv richtige und eine objektiv falsche Auffassung darüber gibt, was für die Menschen gut ist.

Dieses Denken findet sich bei dem französischen Schriftsteller, Moralphilosophen und Komponisten *Jean-Jacques Rousseau* (1712-1778) in dessen Werk

„Vom Gesellschaftsvertrag oder Grundsätze des Staatsrechts". Es wirkt bis in heutige, demokratietheoretische Diskussionen nach. Deshalb werden die wesentlichen Punkte seiner Argumentation nachfolgend dargestellt.

Auch bei *Rousseau* ist der Mensch im Naturzustand allein. Er muss hart arbeiten, um zu überleben, weil die Früchte der Natur, von denen er sich ernährt, knapp sind. Weil dieser Naturzustand für den Urmenschen sehr beschwerlich ist, sucht er die Zusammenarbeit mit anderen. Es kommt zur Bildung einer menschlichen Gemeinschaft.

Wie in der liberalen Theorie schließen auch bei *Rousseau* die Menschen einen Gesellschaftsvertrag. Anders als bei den Liberalen bleiben die Menschen allerdings durch die Vertragsschließung nicht eigenständige Rechtspersonen, sondern jeder überträgt bei *Rousseau* in diesem Vertrag alle seine Rechte an die Gemeinschaft. Rousseau schreibt:

> „Gemeinsam stellen wir alle, jeder von uns, seine Person und seine ganze Kraft unter die oberste Richtschnur des Gemeinwesens. ... Dieser Akt des Zusammenschlusses schafft augenblicklich anstelle der Einzelpersonen jedes Vertragspartners eine sittliche Gesamtkörperschaft, die ... durch ebendiesen Akt ihre Einheit, ihr gemeinschaftliches Ich ... und ihren Willen erhält." (Vom Gesellschaftsvertrag oder Grundsätze des Staatsrechts, Ausgabe 1977, S. 16)

Mit diesem Akt des Abschlusses eines Gesellschaftsvertrages wird nach *Rousseau* aus dem Menschen, der ursprünglich allein war, ein gemeinschaftsorientiertes Wesen, das andere Ziele verfolgt als der Urmensch. Das Gemeinwesen ist für *Rousseau* wie ein Körper, und der Mensch Teil dieses Körpers. Und so wie ein menschliches Organ – eine Hand, ein Magen, eine Nase – nicht gegen den Körper arbeitet, so handelt ein Mensch nicht gegen die Gemeinschaft. Er versteht sich als Teil des Ganzen und agiert nicht mehr nach eigenen Interessen und Bedürfnissen, sondern nur noch danach, was der Gemeinschaft nützt. Denn würde er der Gemeinschaft schaden, würde er sich selbst schaden, weil er eben Teil (Organ) der Gemeinschaft ist. Und weil das, was der Gemeinschaft nützt, auch zu seinem eigenen Vorteil ist, lebt der Mensch in der Gemeinschaft frei. Er wird also gewissermaßen zu einem anderen Typ Mensch als der, den die Liberalen in ihren Theorien vor Augen haben.

Wie trifft das Gemeinwesen seine Entscheidungen oder – politikwissenschaftlich ausgedrückt – wie findet die politische Willensbildung statt? Die Liberalen würden darauf antworten: Jeder entscheidet nach eigenen Interessen, und Markt und Wettbewerb gleichen die unterschiedlichen Interessen aus und führen zum Gemeinwohl. Anders *Rousseau*: Da alle Menschen nur das Gemeinwohl wollen, geht es bei einer Abstimmung über ein Gesetz (in der Volksversammlung) nicht darum, ob das Gesetz angenommen oder abgelehnt wird, sondern darum, ob es dem Gemeinwohl entspricht. Mit der Abstimmung äußern die Menschen ihre Meinung dazu. Wer nach Auszählung der Stimmen zur Minderheit gehört, hat nicht etwa eine andere Meinung, die es zu respektieren gilt (so würden Liberale argumentieren!). Er hat sich vielmehr darüber, was das Gemeinwohl ist, geirrt.

Das Gemeinwohl bzw. den Gemeinwillen bezeichnet *Rousseau* als *volonté générale*, die Meinung/den Willen, den die Menschen artikulieren, *volonté de tous* (wörtlich = der Wille aller; ausgesprochen: wollonte de tuss). Was aber ist die *volonté générale*, das Gemeinwohl? Die heutige empirisch-analytische Politikwissenschaft hätte große Probleme, das Gemeinwohl operational und vor allem intersubjektiv überprüfbar zu definieren.

Auch *Rousseau* definiert Gemeinwohl bzw. *volonté générale* nicht inhaltlich. Es wird jedoch erkennbar, wenn die Menschen darüber reflektieren, also gründlich darüber nachdenken und dann ihre Meinung dazu äußern. Aber was, wenn die Meinungen dazu nicht übereinstimmen? Hier bedient sich *Rousseau* eines „Kunstgriffs". Er sagt: Nicht alle werden das Gemeinwohl richtig erkennen. Einige werden sich täuschen, z. B. diejenigen, die sich weniger für die Belange der Gemeinschaft interessieren – *Rousseau* nennt sie Bourgeois (= wörtlich: Bürger (ausgesprochen: burschoa), im Gegensatz zu den Citoyen (= wörtlich: Staatsbürger, ausgesprochen: Sittoajän), die sich am Wohl der Gemeinschaft orientieren. Nach der Wahrscheinlichkeitstheorie – so glaubt Rousseau – wird es zahlreiche Fehleinschätzungen geben, die sich aber wechselseitig ausgleichen, so dass das eigentliche Gemeinwohl zutage tritt.

Genau hier setzt die Kritik an der Theorie *Rousseaus* an. Er sieht zwei „Klassen" von Menschen in einem Gemeinwesen: Diejenigen, die das Gemeinwohl erkennen, und diejenigen, die sich beim Erkennen des Gemeinwohls täuschen. Damit ist im politischen Alltag jeder selbsternannten „Elite" Tür und Tor geöffnet, für sich zu beanspruchen, das Gemeinwohl zu erkennen, und die mit anderer Meinung als diejenigen abzustempeln, die sich irren. Zweifellos steckt der Keim totalitären Denkens in der politischen Theorie von *Rousseau* (vgl. Kap. 2.6.2). Zwar hatte er zu seiner Zeit nicht die totalitären Regime des 20. Jahrhunderts vor Augen. Er wollte vielmehr das Ideal einer radikalen Demokratie entwerfen. Insofern sollte man in ihm nicht den Vorläufer oder geistigen Wegbereiter nationalsozialistischer oder kommunistischer Staatsauffassung sehen, sondern ihn als einen der Klassiker der politischen Ideen in Schutz zu nehmen. Gleichwohl ist eine Ähnlichkeit mit der Argumentation von politischen Bewegungen, die für sich reklamieren, im alleinigen Besitz der Wahrheit zu sein, nicht von der Hand zu weisen. Das zeigt: In der Geschichte der Menschheit treten immer wieder Sichtweisen und Lösungsvorschläge auf, die keineswegs neu sind. Sie werden zu anderen Zeiten von anderen Personen mit anderen Worten in die Debatte gebracht, erregen häufig große Aufmerksamkeit und finden viele Anhänger, denen nur nicht bewusst ist, dass die Ideen uralt sind und alles schon mal diskutiert wurde. So manches bei *Rousseau* findet auch Anklang bei denen, die mit den oft langwierigen und schwierigen Entscheidungsprozessen in modernen Demokratien nicht klar kommen. So schreibt er:

> „Je mehr Übereinstimmung bei den Versammlungen herrscht, d. h. je näher die Meinungen der Einstimmigkeit kommen, um so mehr herrscht auch der Gemeinwille vor; lange Debatten jedoch, Meinungsverschiedenheiten, Unruhe zeigen das Emporkommen der Sonderinteressen und den Niedergang des Staates an." (Vom Gesellschaftsvertrag oder Grundsätze des Staatsrechts, Kap. IV, 2)

Hier tritt eine Sehnsucht nach Harmonie zu Tage, die es in einer Gesellschaft nicht geben kann. Vielmehr sind Interessengegensätze und Konflikte als unabänderliche Tatsachen zur Kenntnis zu nehmen. Sie zu leugnen wäre weltfremd. Auch dass jeder Bürger in der Volksabstimmung für sich abstimmen, sich für Politik interessieren *muss*, es keine Parteien und keine Vertretung durch gewählte Repräsentanten geben soll, ist Wasser auf die Mühlen der Kritiker der Parteiendemokratie. *Rousseau* hatte bei seinen Überlegungen den damaligen kleinen Schweizer Ort Genf vor Augen. Wie seine Vorstellungen in großen, Millionen Menschen zählenden Gemeinwesen umgesetzt werden sollen, hat er nicht diskutiert. *Rousseaus* Theorie ist das Ideal einer Demokratie, dessen Verwirklichung zum einen an technischen Gegebenheiten (in den USA können nicht täglich Volksabstimmungen organisiert werden), zum anderen aber auch an der Realität sozialer Konflikte scheitert, die in modernen Gesellschaften weder wegdiskutiert werden können, noch sich in einem wie auch immer gearteten „Gemeinwohl" auflösen.

7.3.3.3   Wer hat Recht?

Die kritischen Anmerkungen zu *Rousseau* dürfen allerdings nicht so verstanden werden, als ob die entgegengesetzte Theorie – der methodologische Individualismus – der (einzig) richtige Ansatz zur Analyse von Gesellschaften und zur Konstruktion politischer Ordnungen wäre. Gezeigt werden sollte vielmehr: Wenn man versucht, das von *Rousseau* entworfene Ideal einer direkten Demokratie in die Tat umzusetzen, läuft man Gefahr, genau beim Gegenteil einer Demokratie zu landen. Das gilt speziell dann, wenn sich in der Praxis herausstellt, dass auch bei freier, d. h. von Parteien oder Vereinigungen unbeeinflusster Diskussion zwischen den Mitgliedern einer Gesellschaft einige an ihrer abweichenden Meinung festhalten und darauf beharren, selbst zu wissen, was gut für sie ist, sich also nicht dem Gemeinwillen beugen wollen. Dann bleibt nur die Möglichkeit, diese Gesellschaftsmitglieder zu ihrem „Glück" (von dem sie allerdings ganz andere Vorstellungen haben) zu zwingen, sie also mit Gewalt auf den „richtigen Kurs" zu bringen. Die Politikwissenschaft nennt das *staatlichen Paternalismus.*

Die Vorbehalte gegenüber der direkten Demokratie dürfen andererseits aber auch nicht so interpretiert werden, als ob die auf dem methodologischen Individualismus beruhende politische Theorie und die daraus abgeleiteten politischen Systeme über jede Kritik erhaben wären. Im Gegenteil: Insbesondere seit dem Zusammenbruch der politischen und ökonomischen Systeme Osteuropas sind die in den westlichen Demokratien existierenden Fehlentwicklungen wieder schärfer ins Blickfeld der Politikwissenschaft geraten. Zu den kritikwürdigen Erscheinungen gehören u. a.:

- Die Betonung des seinen persönlichen Nutzen maximierenden und seine persönlichen Kosten minimierenden Individuums hat gesellschaftliche Werte wie gegenseitiges füreinander Eintreten, füreinander da sein, kurz: Zusammenhalt und Solidarität, immer mehr in den Hintergrund treten lassen.
- Die von den Menschen in Marktwirtschaften erwartete zunehmende Mobilität (= Beweglichkeit) zerstört immer mehr die sozialen Bindungen und auch die soziale Bindungsfähigkeit. In alle Richtungen zerstreute Familien mit jeweils eigenem Lebensstil, wachsende Scheidungsraten sowie abnehmende Mitgliederzahlen bei Gewerkschaften, Kirchen und Parteien mit der Folge nur noch schwacher sozialer Verwurzelung der Menschen (der amerikanische Sozialphilosoph *Michael Walzer* spricht von *unsettlement* im Sine von „nicht etabliert sein") sind das Ergebnis.
- Die wohlfahrtsstaatlichen Systeme der entwickelten Industriegesellschaften haben die Aushöhlung des persönlichen sozialen Zusammenhalts, die Entsolidarisierung und Individualisierung begünstigt. Inzwischen bedrohen die demographiebedingten Finanzierungsprobleme die Funktionsfähigkeit dieser Sicherungssysteme und damit die ökonomische Basis vieler Menschen.

Das liberale Paradigma ist allerdings in der Politikwissenschaft – ebenso wie in der Ökonomie – dominierend und hat die größere Wirkungskraft. Politische Theorien, die vom Menschen als Gemeinschaftswesen ausgehen, verstehen sich deshalb nicht so sehr als einen umfassenden, alternativen und in sich geschlossenen Gegenentwurf zu den bestehenden Systemen in Politik, Wirtschaft und Gesellschaft, sondern als kritischen Mahner, als Korrektiv für den Liberalismus.

7.4 Braucht man eine politische Theorie?

Nach dem bisher Gesagten dürfte eine Antwort auf diese Frage leicht fallen: Sie kann nur uneingeschränkt „Ja" lauten.

Wer politische Vorgänge nicht nur erzählen will wie etwa „Von 1949 bis 1963 war Konrad Adenauer, von 1998 bis 2005 Gerhard Schröder Bundeskanzler der Bundesrepublik Deutschland", sondern sie auch erklären und analysieren will, braucht dazu eine Theorie im Sinne einer Aussage, warum ein bestimmter Vorgang eingetreten ist. Diese Erklärung liefert – nach dem jeweiligen Stand der Forschung – die empirisch-analytische Politikwissenschaft. Wer ein politisches Ereignis bewerten will im Sinne von „gut" oder „schlecht", braucht Maßstäbe. Diese bekommt er von der normativen Politiktheorie. Und wer schließlich selbst politisch handeln will, nicht nur durch Stimmabgabe bei der Wahl, sondern als Abgeordneter, Verbandsfunktionär, Staatssekretär oder Minister, braucht sowohl Kenntnisse über Zusammenhänge, d. h. über Ursachen und Wirkungen, als auch Vorstellungen darüber, was eigentlich wünschenswert ist – und er sollte sich im klaren darüber sein, was überhaupt realisierbar ist.

Für jemanden, der sich für Politik interessiert, wird die Beschäftigung mit politischer Theorie daher nie aufhören. Sie wird ihm auch nie langweilig werden. Denn die Organisation des Zusammenlebens von Menschen wird immer wieder interessante Fragen aufwerfen und ungelöste Probleme erzeugen. Denjenigen, deren Interesse an Politik mit diesem Buch geweckt worden ist, stehen deshalb noch viele interessante Stunden des Literaturstudiums, der angeregten und kontroversen Diskussion oder auch der politischen Alltagsarbeit bevor.

8 Weiterführende Literatur

Die folgenden Hinweise sind keine Bibliographie. Sie wollen lediglich Interessierten eine Hilfestellung geben, sich weiter in einzelne Themenbereiche einzuarbeiten und Einzelfragen zu vertiefen.

8.1 Was ist Politik?

Einführungen

Alemann, U.von, Grundlagen der Politikwissenschaft, 3. Aufl., Wiesbaden 2006
Berg-Schlosser, D./Stammen, Th., Einführung in die Politikwissenschaft, 7. Aufl., München 2003
Jesse, E./Hartleb, F./Urban, J., Politikwissenschaft, Wiesbaden 2007
Kevenhörster, P., Politikwissenschaft, Bd. 1 und 2, Wiesbaden 2006
Mols, M./Lauth, H.-J./Wagner, Ch. (Hrsg.)., Politikwissenschaft: Eine Einführung, 3. Aufl., Paderborn 2001
Münkler, H. (Hrsg.), Politikwissenschaft. Ein Grundkurs, Reinbek 2003
Meyer, Th., Was ist Politik? 2. Aufl., Wiesbaden 2003
Nassmacher, H., Politikwissenschaft, 5. Aufl., München-Wien 2004
Patzelt, W., Einführung in die Politikwissenschaft. Grundriss des Faches und Studium begleitende Orientierung, 5. Aufl., Passau 2003
Pelinka, A., Grundzüge der Politikwissenschaft, Wien 2004
Stammen, Th. u. a., Grundwissen Politik, Frankfurt/Main – New York 2001

Statistik und Methoden

Alemann, U.von/Forndran, E., Methodik der Politikwissenschaft, 7. Aufl., Stuttgart 2005
Bandelow, N., Methoden der Vergleichenden Politikwissenschaft, Wiesbaden 2007
Behnke, J./Behnke, N., Grundlagen der statistischen Datenanalyse, Wiesbaden 2006
Gehring, U.W./Weins, C., Grundkurs Statistik für Politologen, 4. Aufl., Wiesbaden 2004
Schubert, K./Bandelow, N. C., Lehrbuch der Politikfeldanalyse, München-Wien 2003
Wagschal, U., Statistik für Politikwissenschaftler, München-Wien 1999

Lexika

Holtmann, E., Politik-Lexikon, 3. Aufl., München-Wien 2000
Schmidt, M.G., Wörterbuch zur Politik, 2. Aufl., Stuttgart 2004
Schubert, K./Klein, M., Politiklexikon, Bonn 1997

8.2 Spielregeln des Regierens: Die politischen Systeme

Allgemein vergleichende Analysen

Abromeit, H./Stoiber, M., Demokratien im Vergleich. Einführung in die vergleichende
    Analyse politischer Systeme, Wiesbaden 2006
Berg-Schlosser, D./Müller-Rommel, F. (Hrsg.), Vergleichende Politikwissenschaft, 4.
    Aufl., Wiesbaden 2003
Fraenkel, E., Deutschland und die westlichen Demokratien, 3. Aufl., Stuttgart 1968
Gabriel, O. W./Brettschneider, F. (Hrsg.), Die EU-Staaten im Vergleich, 2. Aufl., Opladen
    1994
Hartmann, J., Westliche Regierungssysteme. Parlamentarismus, präsidentielles und semi-
    präsidentielles Regierungssystem, 2. Aufl., Wiesbaden 2005
Hermens, F. A., Verfassungslehre, 2. Aufl., Köln und Opladen 1968
Ismayr, W. (Hrsg.), Die politischen Systeme Westeuropas, 3. Aufl., Opaden 2003
Ismayr, W. (Hrsg.), Die politischen Systeme Osteuropas, 2. Aufl., Wiesbaden 2004
Jahn, D., Einführung in die vergleichende Politikwissenschaft, Wiesbaden 2006
Jesse, E./Sturm, R. (Hrsg.), Demokratien des 21. Jahrhunderts im Vergleich. Historische
    Zugänge, Gegenwartsprobleme, Reformperspektiven, Opladen 2003
Kaiser, A., Mehrheitsdemokratie und Institutionen. Verfassungspolitischer Wandel in
    Australien, Großbritannien, Kanada und Neuseeland im Vergleich, Frankfurt/Main
    2002
Kropp, S./Minkenberg, M. (Hrsg.), Vergleichen in der Politikwissenschaft, Wiesbaden
    2005
Landmann, T., Gegenstand und Methoden der vergleichenden Politikwissenschaft, Wies-
    baden 2006
Lehmbruch, G., Verhandlungsdemokratie. Beiträge zur vergleichenden Regierungslehre,
    Wiesbaden 2003
Lehner, F./Widmaier, U., Vergleichende Regierungslehre, Grundwissen Politik, Bd. 4, 4.
    überarbeitete Auflage, Opladen 2002
Nassmacher, K.-H., Politikwissenschaft I. Politische Systeme und politische Soziologie,
    3. Aufl., Düsseldorf 1977
Lauth, H.-J. (Hrsg.), Vergleichende Regierungslehre. Eine Einführung, 2. Aufl., Wiesba-
    den 2006
Lehner, F./Widmaier, U., Vergleichende Regierungslehre, 4. Aufl., Wiesbaden 2003
Pelinka, A., Vergleich politischer Systeme, Wien 2005
Röhrich, Wilfried, Die politischen Systeme der Welt, 4. Aufl., München 2006

Schmidt, Manfred G., Demokratietheorien, 3. Aufl., Opladen 2000
Schreyer, B./Schwarzmeier, M., Grundkurs Politikwissenschaft: Studium der politischen Systeme, Wiesbaden 2000
Steffani, W. (Hrsg.), Regierungsmehrheit und Opposition in den Staaten der EG, Opladen 1991

Länderanalysen

Bundesrepublik Deutschland

Andersen, U./Woyke, W. (Hrsg.), Handwörterbuch des politischen Systems der Bundesrepublik Deutschland, 5. Aufl., Wiesbaden 2003
Beyme, K. von/Schmidt, M. G. (Hrsg.), Politik in der Bundesrepublik Deutschland, Opladen 1990
Czada, R./Wollmann, H. (Hrsg.), Von der Bonner zur Berliner Republik. 10 Jahre Deutsche Einheit, Wiesbaden 2000
Ellwein, Th./Holtmann, E. (Hrsg.), 50 Jahre Bundesrepublik Deutschland. Rahmenbedingungen – Entwicklungen – Perspektiven, Opladen/Wiesbaden 1999
Glaeßner, G.-J., Demokratie und Politik in Deutschland, 2. Aufl., Wiesbaden 2006
Hartmann, J., Das politische System der Bundesrepublik Deutschland im Kontext. Eine Einführung, Wiesbaden 2004
Helms, L., Regierungsorganisation und politische Führung in Deutschland, Wiesbaden 2005
Hesse, J.-J./Ellwein, Th., Das Regierungssystem der Bundesrepublik Deutschland, 2 Bände, 9. Aufl., Berlin 2004
Leunig, S., Die Regierungssysteme der deutschen Bundesländer, Opladen & Farmington Hills 2006
Niclauß, K., Kanzlerdemokratie. Regierungsführung von Konrad Adenauer bis Gerhard Schröder, Paderborn 2004
Pilz, F./Ortwein, H., Das politische System Deutschlands, 3. Aufl., München 2000
Rudzio, W., Das politische System der Bundesrepublik Deutschland, 7. Aufl., Wiesbaden 2006
Schmidt, M. G., Das politische System der Bundesrepublik Deutschland, München 2005
Schmidt, M. G./Zohlnhöfer, R. (Hrsg.), Regieren in der Bundesrepublik Deutschland, Wiesbaden 2006
Sontheimer, K./Bleek, W., Grundzüge des politischen Systems der Bundesrepublik Deutschland, 12. Aufl., München 2005
Süß, W. (Hrsg.), Deutschland in den neunziger Jahren. Politik und Gesellschaft zwischen Wiedervereinigung und Globalisierung, Opladen 2002
Sturm, R./Pehle, H., Das neue deutsche Regierungssystem, 2. Aufl., Wiesbaden 2005

Frankreich

Christadler, M.L./Uterwedde, H. (Hrsg.), Länderbericht Frankreich. Geschichte, Politik, Wirtschaft, Gesellschaft. Schriftenreihe der Bundeszentrale für politische Bildung, Bd. 360 Bonn 1999

Elgie, R., Political Institutions in Contemporary France, Oxford 2004

Kempf, U., Von de Gaulle bis Chirac. Das politische System Frankreichs, 3. Aufl., Opladen 1997

Kimmel, A./Uterwedde, H. (Hrsg.), Länderbericht Frankreich. Geschichte-Politik-Wirtschaft-Gesellschaft, 2. Aufl., Wiesbaden 2005

Lasserre, R./Schild, J./Uterwedde, H., Frankreich - Politik, Wirtschaft, Gesellschaft. Grundwissen Politik, Bd. 19, Opladen 1997

Schild, J./Uterwedde, H. (Hrsg.), Frankreichs V. Republik. Ein Regierungssystem im Wandel. Festschrift für Adolf Kimmel, Wiesbaden 2005

Schild, J./Uterwedde, H., Frankreich. Politik, Wirtschaft, Gesellschaft, 2. Aufl., Wiesbaden 2006

Wackermann, G. u.a., Frankreich. Eine politische Landeskunde, Stuttgart 1989

Tümmers, H. J., Das politische System Frankreichs, München 2006

Ziebura, G., Frankreich: Geschichte, Gesellschaft, Politik. Frankreich-Studien, Bd. 5, Opladen 2002

Großbritannien

Bagehot, W., The English Constitution, London 1867 (diverse Nachdrucke)

Becker, B., Politik in Großbritannien, Paderborn 2002

Döring, H., Großbritannien. Regierung, Gesellschaft und politische Kultur, Opladen 1993

Döring, H., Präsidentialisierung des parlamentarischen Systems? Westminster und Whitehall in der Ära Thatcher, in: Aus Politik und Zeitgeschichte, Beilage zur Wochenzeitung „Das Parlament" Nr. 28/05.07.1991

Fröhlich, S., Vom "Prime Ministerial Government" zur "British Presidency"? Zur Stellung des britischen Regierungschefs im internationalen Vergleich, in: Aus Politik und Zeitgeschichte, Beilage zur Wochenzeitung „Das Parlament" Nr. 18/25.04.1997

Hübner, E./Münch, U., Das politische System Großbritanniens, 2. Aufl., München 1999

James, S., British Cabinet Government, London und New York 1992

Kaiser, A. (Hrsg.), Regieren in Westminster-Demokratien, Baden-Baden 2000

Kastendiek, H., Rohe, K., Volle, A. (Hrsg.), Großbritannien. Geschichte-Politik-Wirtschaft-Gesellschaft, Bonn 1998

Norton, Ph., The British Polity, Longman 2000

Sturm, R., Großbritannien. Wirtschaft, Gesellschaft, Politik, Opladen 1990

Sturm, R./Münter, M., Das politische System Großbritanniens, Wiesbaden 2007

USA

Adams, W.P. u.a. (Hrsg.), Die Vereinigten Staaten von Amerika, Band 1 + 2, Frankfurt/New York 1992

Adams, W.P. u.a. (Hrsg.), Länderbericht USA. Geschichte, Politik, Geographie, Wirtschaft, Gesellschaft, Kultur. Schriftenreihe der Bundeszentrale für politische Bildung, Bd. 357 3. Aufl., Bonn 1998

Filzmaier, P./Plasser, F., Die amerikanische Demokratie. Regierungssystem und politischer Wettbewerb in den USA, Wien 1997

Helms, L., Die historische Entwicklung und politische Bedeutung des Kabinetts im Regierungssystem der USA, in: PVS, Heft 1/1999, S. 65 ff.

Helms, L., Regieren unter den Bedingungen des institutionellen Pluralismus: ein deutsch-amerikanischer Vergleich, in: PVS, Heft 1/2003, S. 66 ff.

Jäger, W./Welz, W. (Hrsg.), Regierungssystem der USA. Lehr- und Handbuch, 2. Aufl., München 1998

Jakobeit, C./Sacksofsky, U./Welzel, P. (Hrsg.), Die USA am Beginn der neunziger Jahre. Politik. Wirtschaft. Recht, Opladen 1993

Lösche, P./von Löffelholz, D. (Hrsg.), Länderbericht USA. Geschichte-Politik-Wirtschaft-Gesellschaft-Kultur, Bonn 2004 (Bundeszentrale für politische Bildung)

Mewes, H., Einführung in das politische System der USA, 2. Aufl., Heidelberg 1990

Oldopp, B., Das politische System der USA. Eine Einführung, Wiesbaden 2005

Prätorius, R., Die USA: Politischer Prozess und soziale Probleme. Grundwissen Politik, Bd. 21, Opladen 1997

EU

Eichener, V., Das Entscheidungssystem der Europäischen Union. Institutionelle Analyse und demokratietheoretische Bewertung, Opladen 2000

Landfried, Ch., Das politische System der Europäischen Union, Wiesbaden 2006

Pfetsch, F. R., Die Europäische Union. Eine Einführung, München 1997

Tömmel, I., Das politische System der EU, 2. Aufl., München-Wien 2006

Wessels, W., Das politische System der Europäischen Union, Wiesbaden 2006

Woyke, W., Euopäische Union. Erfolgreiche Krisengemeinschaft, München-Wien 1998

Transformationssysteme

Beyme, K. von, Systemwechsel in Osteuropa, Frankfurt/Main 1994

Glaeßner, G. J., Demokratie nach dem Ende des Kommunismus, Opladen 1994

Luchterhandt, O. (Hrsg.), Neue Regierungssysteme in Osteuropa und der GUS. Probleme der Ausbildung stabiler Machtinstitutionen, Berlin 1996

Merkel, W., Systemtransformation, 2. Aufl., Wiesbaden 2006

Merkel, W./Puhle, H.-J./Croissant, A./Thiery, P., Defekte Demokratie, Bd. 2: Regional-analysen, Wiesbaden 2006

Rüb, F. W., Schach dem Parlament! Regierungssysteme und Staatspräsidenten in den Demokratisierungsprozessen Osteuropas, Wiesbaden 2001

Schneider, E., Das politische System der russischen Föderation, Wiesbaden 1999

Weidenfeld, W. (Hrsg.), Demokratie und Marktwirtschaft in Osteuropa, Gütersloh 1995

Weitere Länder

Croissant, A., Die politischen Systeme Südostasiens, Wiesbaden 2006

Croissant, A./Erdmann, G./Rüb, F.W. (Hrsg.), Wohlfahrtsstaatliche Politik in jungen Demokratien, Wiesbaden 2004

Derichs, C.,/Heberer, Th. (Hrsg.), Einführung in die politischen Systeme Ostasiens. China, Japan, Nordkorea, Südkorea, Taiwan, Opladen 2003

Fenner, Ch., Parteiensystem, und politische Kultur. Schweden in vergleichender Perspektive, Berlin 1998

Gold, H. (Hrsg.) New Zealand Politics in Perspective, Auckland 1992

Hartmann, J., Politik in Japan. Das Innenleben einer Wirtschaftsmacht, Frankfurt/Main 1992

Hecking, C., Das politische System Belgiens, Wiesbaden 2003

Heilmann, S., Das politische System der Volksrepublik China, Wiesbaden 2002

Kevenhörster, P., Das politische System Japans, Köln und Opladen 1969

Kevenhörster, P., Pascha, W., Shire, K.A., Japan. Wirtschaft, Gesellschaft, Politik, Opladen 2003

Köppl, S., Das politische System Italiens, Wiesbaden 2006

Levine, St., The New Zealand Political System, Sydney 1979

Miller, R. (ed.), New Zealand Government and Politics, Melbourne 2001

Lorig, W./Hirsch, M. (Hrsg.), Das politische System Luxemburgs, Wiesbaden 2006

Petersson, O., Die politischen Systeme Nordeuropas. Eine Einführung. Baden-Baden 1989

Richardson, B., Japanese Democracy: Power, Coordination and Performance. New Haven und London 1997

Riegler, C. H./Schneider, O. (Hrsg.), Schweden im Wandel – Entwicklungen, Probleme, Perspektiven, Berlin 1999

Schwartz, F.J., Advice and Consent: The Politics of Consultation in Japan, Cambridge 1998

Wagner, Ch., Das politische System Indiens, Wiesbaden 2006-10-25

Wagner, F.P., Das politische System Rumäniens, Wiesbaden 2007

8.3 Instrumente des Regierens, der Mitwirkung und der Kontrolle in der Demokratie: die intermediären Institutionen

Parteien

Alemann, U. von, Das Parteiensystem der Bundesrepublik Deutschland, 3. Aufl., Wiesbaden 2003

Beyme, K. von, Parteien im Wandel. Von den Volksparteien zu den professionalisierten Wählerparteien, Wiesbaden 2000

Dittberner, J., Die FDP. Geschichte, Personen, Organisation, Perspektiven. Eine Einführung, Wiesbaden 2005

Gabriel, O.W./Niedermayer, O./Stöss, R. (Hrsg.), Parteiendemokratie in Deutschland, 2. Aufl., Wiesbaden 2002

Hofmann, R., Geschichte der deutschen Parteien. Von der Kaiserzeit bis zur Gegenwart, München 1993

Kirchheimer, O., Wandel des westeuropäischen Parteiensystems, in: Politische Vierteljahresschrift, Heft 1/1965, S. 20-41.

Lösche, P./Walter, F., Die SPD: Klassenpartei-Volkspartei-Quotenpartei. Zur Entwicklung der Sozialdemokratie von Weimar bis zur deutschen Vereinigung, Darmstadt 1992

Micus, M., Die Enkel Willy Brandts. Aufstieg und Politikstil einer SPD-Generation, Frankfurt/Main – New York 2005

Miller, S./Potthoff, H., Kleine Geschichte der SPD, 7. Aufl., Bonn 1991

Mintzel, A., Die CSU. Anatomie einer konservativen Partei, Opladen 1978

Müller-Rommel, F., Grüne Parteien in Westeuropa, Opladen 1992

Neugebauer, G./Stöss, R., Die PDS. Geschichte, Organisation, Wähler, Konkurrenten, Opladen 1996

Niedermayer, O./Stöss, R./Haas, M. (Hrsg.), Die Parteiensysteme Westeuropas, Wiesbaden 2006

Nullmeier, F./Saretzki, Th., Jenseits des Regierungsalltags. Strategiefähigkeit politischer Parteien, Frankfurt/New York 2003

Raschke, J. (Hrsg.), Die politischen Parteien in Westeuropa. Geschichte – Programm – Praxis, Reinbek bei Hamburg 1978

Raschke, J., Die Zukunft der Grünen, 2. Aufl., Frankfurt/Main - New York 2001

Schmid, J., Die CDU. Organisationsstrukturen, Politiken und Funktionsweisen einer Partei im Föderalismus, Opladen 1990

Tormin, W., Geschichte der deutschen Parteien seit 1848, Stuttgart 1966

Walter, F., Abschied von der Toskana. Die SPD in der Ära Schröder, 2. Aufl., Wiesbaden 2005

Walter, F., Die SPD. Vom Proletariat zur neuen Mitte, Berlin 2002

Adam, H., Pluralismus oder Herrschaft des Kapitals? Überlegungen zu Theorien gesellschaftlicher Machtverteilung, in: Aus Politik und Zeitgeschichte, Beilage zur Wochenzeitung „Das Parlament" B 14/74

Adam, H., Der Einfluss der Industrie- und Handelskammern auf politische Entscheidungsprozesse, Frankfurt/New York 1979

Alemann, U. von/Heinze, R.G. (hrsg.), Verbände und Staat. Vom Pluralismus zum Korporatismus, Opladen 1979

Alemann, U. von (Hrsg.), Neokorporatismus, Frankfurt/Main und New York 1981

Alemann, U. von, Organisierte Interessen in der Bundesrepublik, 2. Aufl., Opladen 1989

Berger, U., Organisierte Interessen im Gespräch. Die politische Kommunikation der Wirtschaft, Frankfurt/Main 2004

Beyme, K. von, Interessengruppen in der Demokratie, München 1969

Bleses, P./Vetterlein, A., Gewerkschaften ohne Vollbeschäftigung, Wiesbaden 2002

Braunthal, G., The Federation of German Industry in Politics, New York 1965

Braunthal, G., Wirtschaft und Politik. Der Bundesverband der Deutschen Industrie, in: Politische Vierteljahresschrift 1963, S. 369 ff.

Bühret, W./Grande, E. (Hrsg.), Unternehmerverbände und Staat in Deutschland, Baden-Baden 2000

Dettling, W. (Hrsg.), Macht der Verbände – Ohnmacht der Demokratie?. Beiträge zur Theorie und Politik der Verbände, München-Wien 1976

Eschenburg, Th., Herrschaft der Verbände?, Stuttgart 1955

Fichter, M./Greer, I., Sozialpartnerschaft als Gewerkschaftsstrategie – Beispiele aus fünf Ländern, in: WSI Mitteilungen, Heft 9/2003, S. 541-548.

Franekel, E., Der Pluralismus als Strukturelement der freiheitlich-rechtsstaatlichen Demokratie, in: ders., Deutschland und die westlichen Demokratien, 3. Auf., Stuttgart 1968, S. 165 ff.

Hartmann, J., Verbände in der westlichen Industriegesellschaft. Ein international vergleichendes Handbuch, Frankfurt/New York 1985

Hassel, A., Bündnisse für Arbeit: Nationale Handlungsfähigkeit im europäischen Regimewettbewerb, MPIfG Discussion Paper 99/5, Köln 1999

Jochem, S./Siegel, N. A. (Hrsg.), Konzertierung, Verhandlungsdemokratie und Reformpolitik im Wohlfahrtsstaat. Das Modell Deutschland im Vergleich, Opladen 2003

Leif, Th./Speth, R. (Hrsg.), Die stille Macht. Lobbyismus in Deutschland, Wiesbaden 2003

Kleinfeld, R./Zimmer, A./Willems, U. (Hrsg.), Lobbying. Strukturen, Akteure, Strategien, Wiesbaden 2006

Mann, S., Macht und Ohnmacht der Verbände. Das Beispiel des Bundesverbandes der Deutschen Industrie e.V. (BDI) aus empirisch-analytischer Sicht, Baden-Baden 1994

Nuscheler, F./Steffani, W. (Hrsg.), Pluralismus. Konzeptionen und Kontroversen, München 1972

Reutter, W./Rütters, P. (Hrsg.), Verbände und Verbandssysteme in Westeuropa, Opladen 2001

Schmid, J., Verbände. Interessenvermittlung und Interessenorganisationen. Lehr- und Arbeitsbuch, München 1998

Schroeder, W./Wessels, B. (Hrsg.), Die Gewerkschaften in Politik und Gesellschaft der Bundesrepublik Deutschland. Ein Handbuch, Wiesbaden 2003

Sebaldt, M., Organisierter Pluralismus. Kräftefeld, Selbstverständnis und politische Arbeit deutscher Interessengruppen, Wiesbaden 1997

Sebaldt, M./Straßner, A., Verbände in der Bundesrepublik Deutschland. Eine Einführung, Wiesbaden 2004

Voelzkow, H., Korporatismus in Deutschland: Chancen, Risiken und Perspektiven, in: Holtmann, E./Voelzkow, H. (Hrsg.), Zwischen Wettbewerbs- und Verhandlungsdemokratie. Analysen zum Regierungssystem der Bundesrepublik Deutschland, Wiesbaden 2000, S. 185 ff.

Weber, J., Die Interessengruppen im politischen System der Bundesrepublik Deutschland, Stuttgart 1977

Winter, Th. von/Willems, U. (Hrsg.), Interessenverbände in Deutschland, Wiesbaden 2006

Zimmer, S., Jenseits von Arbeit und Kapital? Unternehmerverbände und Gewerkschaften im Zeitalter der Globalisierung, Opladen 2002

Zimmer, A./Wessels, B. (Hrsg.), Verbände und Demokratie in Deutschland, Opladen 2001

Kirchen

Minkenberg, M./Willems, U. (Hrsg.), Politik und Religion, Sonderheft 33 der Politischen Vierteljahresschrift, Wiesbaden 2003

Spieker, M., Kirchen, in: Andersen, U./Woyke, W. (Hrsg.), Handwörterbuch des politischen Systems der Bundesrepublik Deutschland, 5. Aufl., Wiesbaden 2003, S. 267-273.

Soziale Bewegungen und Bürgerinitiativen

Brand, K.-W., Neue soziale Bewegungen. Entstehung, Funktion und Perspektive neuer Protestpotentiale, Opladen 1982

Brand, K.-W./Büsser, D./Rucht, D., Aufbruch in eine andere Gesellschaft. Neue soziale Bewegungen in der Bundesrepublik, Frankfurt/New York 1984

Dalton, R.J., Citizen Politics in Western Democracies, 2001

Guggenberger, B./Kempf, U. (Hrsg.), Bürgerinitiativen und repräsentatives System, Opladen 1978

Guggenberger, R., Bürgerinitiativen in der Parteiendemokratie. Von der Ökologiebewegung zur Umweltpartei, Stuttgart 1980

Raschke, J., Soziale Bewegungen. Ein historisch-systematischer Grundriss, Frankfurt/Main – New York 1985

Medien

Altendorfer, O., Das Mediensystem der Bundesrepublik Deutschland, Bd. 1 und 2, Wiesbaden 2001/2004

Blum, R./ Bonfadelli, H./ Jarren, O./ Imhof, K. (Hrsg.), Demokratie in der Mediengesellschaft, Wiesbaden 2006

Bonfadelli, M./Jarren, O./Sieger, G., Einführung in die Publizistikwissenschaft, 2. Aufl., Bern 2005

Donsbach, W./Jarren, O./Kepplinger, O./Pfetsch, B. (Hrsg.), Beziehungsspiele – Medien und Politik in der öffentlichen Diskussion, Gütersloh 1993

Donsbach, W./Jandura, O. (Hrsg.), Chancen und Gefahren der Mediendemokratie, Konstanz 2003

Fünfgeld, H./Mast, C. (Hrsg.), Massenkommunikation. Ergebnisse und Perspektiven, Opladen 1997

Jarren, O./Sarcinelli, U./Saxer, U. (Hrsg.), Politische Kommunikation in der demokratischen Gesellschaft. Ein Handbuch, Opladen/Wiesbaden 1998

Jarren, O./Donges, P., Politische Kommunikation in der Mediengesellschaft. Eine Einführung, 2. Aufl., Wiesbaden 2006

Jäckel, M., Medienwirkungen. Ein Studienbuch zur Einführung, Opladen/Wiesbaden 1999

Kaase, M./Schulz, W. (Hrsg.), Massenkommunikation. Theorien, Methoden, Befunde, Sonderheft 30/1989 der Kölner Zeitschrift für Soziologie und Sozialpsychologie, Opladen 1989

Kalt, G. (Hrsg.), Schlecht informiert. Wie Medien die Wirklichkeit verzerre. Eine Fallsammlung, Frankfurt/Main 1993

Kamps, K., Politisches Kommunikationsmanagement, Wiesbaden 2006

Kreyher, V. J. (Hrsg.), Handbuch Politisches Marketing. Impulse und Strategien für Politik, Wirtschaft und Gesellschaft, Baden-Baden 2004

Langenbucher, W. R. (Hrsg.), Politische Kommunikation. Grundlagen, Strukturen, Prozesse, Wien 1986

Merten, K./Schmidt, S. J./Weischenberg, S. (Hrsg.)., Die Wirklichkeit der Medien. Eine Einführung in die Kommunikationswissenschaft, Opladen 1994

Meyn, H., Massenmedien in der Bundesrepublik Deutschland, Berlin 1966

Neuber, W., Verbreitung von Meinungen durch Massenmedien, Opladen 1993

Nieland, J.-U./Kamps, K. (Hrsg.), Politikdarstellung und Unterhaltungskultur. Zum Wandel der politischen Kommunikation, Köln 2004

Noelle-Neumann, E./Schulz, W./Wilke, J. (Hrsg.), Fischer-Lexikon Publizistik Massenkommunikation, 4. Aufl., Frankfurt/Main 2004

Nolte, K., Der Kampf um Aufmerksamkeit. Wie Medien, Wirtschaft und Politik um eine knappe Ressource ringen, Frankfurt/New York 2005

Sarcinelli, U. (Hrsg.), Demokratische Streitkultur. Theoretische Grundpositionen und Handlungsalternativen in Politikfeldern, Opladen 1990
Schulz, W., Politische Kommunikation. Theoretische Ansätze und Ergebnisse empirischer Forschung zur Rolle der Massenmedien in der Politik, Opladen/Wiesbaden 1997
Strohmeyer, G., Politik und Massenmedien. Eine Einführung, Baden-Baden 2004
Wittkämper, G. W. (Hrsg.), Medien und Politik, Darmstadt 1992

8.4 Politischer Extremismus

Brauner-Orthen, A., Die Neue Rechte in Deutschland. Antidemokratische und rassistische Tendenzen, Opladen 2001
Falter, J./Jaschke, H. G./Winkler, J. R. (Hrsg.), Rechtsextremismus. Ergebnisse und Perspektiven der Forschung, in: Politische Vierteljahresschrift, Sonderheft 27, Opladen 1996
Jaschke, H. G., Rechtsextremismus und Fremdenfeindlichkeit, 2. Aufl., Wiesbaden 2001
Kaase, M., Linksextremismus, in: Schmidt, M. G. (Hrsg.), Lexikon der Politik, Bd. 3:Die westlichen Länder, München 1992
Kailitz, Steffen, Politischer Extremismus in der Bundesrepublik Deutschland, Wiesbaden 2004
Kühnl, R./Rilling, R./Sager, Ch., Die NPD. Struktur, Ideologie und Funktion einer neofaschistischen Partei, Frankfurt/Main 1969
Moreau, P./ Lang, J. P., Linksextremismus. Eine unterschätzte Gefahr, Bonn 1996
Scheuch, E.K./Klingemann, H. D., Theorie des Rechtsradikalismus in westlichen Industriegesellschaften, in: Hamburger Jahrbuch für Wirtschafts- und Gesellschaftspolitik 1967, S. 11-29.
Scheuch, E.K. (Hrsg.), Die Wiedertäufer der Wohlstandsgesellschaft, 2. Aufl., Köln 1968
Schubarth, W./Stöss, R. (Hrsg.), Rechtsextremismus in der Bundesrepublik Deutschland. Eine Bilanz, Opladen 2001

8.5 Politik und Wirtschaft

Adam, H., Wirtschaftspolitik und Regierungssystem der Bundesrepublik Deutschland, 3. Aufl., Opladen 1995
Adam, H., Bausteine der Volkswirtschaftslehre, 14. Aufl., Frankfurt/Main 2000
Andersen, U. u. a. (Hrsg.), Politik und Wirtschaft am Ende des 20. Jahrhunderts. Perspektiven und Interdependenzen. Festschrift für Dieter Grosser zum 65. Geburtstag, Opladen 1995
Bofinger, P., Wir sind besser, als wir glauben, München 2005
Busch, A., Preisstabilitätspolitik. Politik und Inflationsraten im internationalen Vergleich, Opladen 1995
Esping-Andersen, G., Die drei Welten des Wohlfahrtskapitalismus. Zur politischen Ökonomie des Wohlfahrtsstaates, in: Lessenich, S./Ostner, I. (Hrsg.), Welten des Wohl-

fahrtskapitalismus. Der Sozialstaat in vergleichender Perspektive, Frankfurt/Main –
New York 1998

Eynern, G. von, Grundriss der politischen Wirtschaftslehre, Köln und Opladen 1968

Franzese, R. J., Macroeconomic Policies of Developed Democracies, Cambridge 2002

Grosser, D. (Hrsg.), Der Staat in der Wirtschaft der Bundesrepublik, Opladen 1985

Hall, P.A./Soskice, D. (Hrsg.), Varieties of Capitalism. The Institutional Foundation of
Comparative Advantage, Oxford 2001

Hasse, R.H./Schneider, H./Weigelt, K. (Hrsg.), Lexikon Soziale Marktwirtschaft. Wirtschaftspolitik von A bis Z, 2. Aufl., Paderborn 2005

Iversen, T., Capitalism, Democracy and Welfare, New York 2005

Kaltefleiter, W., Wirtschaft und Politik in Deutschland. Konjunktur als Bestimmungsfaktor des Parteiensystems, 2. Aufl., Köln und Opladen 1998

Kaltefleiter, W., Politische Ordnung und Wirtschaftsordnung, in: Vaubel, R./Barbier, H.
D. (Hrsg.), Handbuch Marktwirtschaft, Pfullingen 1986, S.45-51.

Konegen, N. (Hrsg.), Wirtschaftspolitik für Politikwissenschaftler. Ausgewählte Ent-
scheidungsfelder, Hamburg 1994

Lütz, S. (Hrsg.), Governance in der politischen Ökonomie. Struktur und Wandel des
modernen Kapitalismus, Wiesbaden 2006

Merkel, W. u. a., Die Reformfähigkeit der Sozialdemokratie. Herausforderungen und
Bilanz der Regierungspolitik in Westeuropa, Wiesbaden 2006

Meyer, Th., Praxis der Sozialen Demokratie, Wiesbaden 2006

Müller, Markus M./Sturm, Roland, Wirtschaftspolitik kompakt, Wiesbaden 2007

Obinger, H./Wagschal, U.Kittel, B. (Hrsg.), Politische Ökonomie. Demokratie und wirtschaftliche Leistungsfähigkeit, Wiesbaden 2003

Obinger, H., Politik und Wirtschaftswachstum. Ein internationaler Vergleich, Wiesbaden
2004

Rogall, H., Volkswirtschaftslehre für Sozialwissenschaftler, Wiesbaden 2006

Scharpf, F.W., Sozialdemokratische Krisenpolitik in Europa. Das „Modell Deutschland"
im Vergleich, Frankfurt/Main – New York 1987

Schmid, J., Wohlfahrtsstaaten im Vergleich, 2. Aufl., Opladen 2002

Schmidt, M.G., Wohlfahrtsstaatliche Politik unter bürgerlichen und sozialdemokratischen
Regierungen. Ein internationaler Vergleich, Frankfurt/Main 1982

Schmidt, M.G., Sozialpolitik in Deutschland. Historische Entwicklung und internationaler
vergleich, 3. Aufl., Wiesbaden 2005

Schubert, K. (Hrsg.), Handwörterbuch des ökonomischen Systems der Bundesrepublik
Deutschland, Wiesbaden 2005

Sturm, R., Politische Wirtschaftslehre, Opladen 1995

Siegel, N. A., Baustelle Sozialpolitik. Konsolidierung und Rückbau im internationalen
Vergleich, Frankfurt/Main – New York 2002

Wagschal, U., Staatsverschuldung. Ursachen im internationalen Vergleich, Opladen 1996

Wagschal, U., Steuerpolitik und Steuerreformen im internationalen Vergleich. Eine Analyse der Ursachen und Blockaden, Münster 2005

Zohlnhöfer, R., Die Wirtschaftspolitik der Ära Kohl. Eine Analyse der Schlüsselentscheidungen in den Politikfeldern Finanzen, Arbeit und Entstaatlichung, 1982-1998,
Opladen 2001

8.6 Die Internationalen Beziehungen

Internationale Beziehungen allgemein

Andersen, U./Woyke, W. (Hrsg.), Handwörterbuch Internationale Organisationen, 2. Aufl., Opladen 1995

Ferdowsi, M. A. (Hrsg.), Internationale Politik im 21. Jahrhundert, München 2002

Frank, H./Hirschmann, K. (Hrsg.), Die weltweite Gefahr. Terrorismus als internationale Herausforderung, Berlin 2002

Gu, X., Theorien der internationalen Beziehungen. Einführung, München 2000

Hartmann, J., Internationale Beziehungen, Wiesbaden 2001

Hellmann, G./Wolf, K. D./Zürn, M. (Hrsg.), Die neuen Internationalen Beziehungen. Forschungsstand und Perspektiven in Deutschland, Baden-Baden 2003

Hoffman, B., Terrorismus – Der unerklärte Krieg. Neue Gefahren politischer Gewalt, Frankfurt/Main 2006

Knapp, M./Krell, G. (Hrsg.), Einführung in die Internationale Politik. Studienbuch, 4. Aufl., München 2003

Kranenpohl, U./Schwarzmeier, M., Grundkurs Politikwissenschaft: Studium der Internationalen Politik, Wiesbaden 2007

Krell, G./Müller, H. (Hrsg.), Frieden und Konflikt in den internationalen Beziehungen. Festschrift für Ernst-Otto Czempiel, Frankfurt/New York 1994

Lehmkuhl, U., Theorien internationaler Politik. Einführung und Texte, München 2000

Lemke, Ch., Internationale Beziehungen. Grundkonzepte, Theorien und Problemfelder, München 2000

List, M./Behrens, M./Reichhardt, W./Simonis, G., Internationale Politik. Probleme und Grundbegriffe, Opladen 1995

List, M., Internationale Politik studieren. Eine Einführung, Wiesbaden 2006

Meyers, R., Begriff und Probleme des Friedens, Opladen 1994

Münkler, H., Die neuen Kriege, 2. Aufl., Reinbek 2004

Pfetsch, F.R., Internationale Politik, Stuttgart 1994

Pijl, K. van den, Vordenker der Weltpolitik, Opladen 1996

Rinke, B./Woyke, W. (Hrsg.), Frieden und Sicherheit im 21. Jahrhundert, Wiesbaden 2004

Rittberger, V. (Hrsg.), Theorien der Internationalen Beziehungen. Bestandsaufnahme und Forschungsperspektiven, Sonderheft 21/1990 der PVS, Wiesbaden 1990

Risse, Th., Die neue Weltordnung: US-amerikanische Hypermacht – europäische Ohnmacht?, in: WeltTrends 39/2003, S. 110-119.

Risse, Th., Die unipolare Weltordnung – Ein soziales Konstrukt, in: WeltTrends 41/2003, S. 73-77.

Rittberger, V., Internationale Organisationen. Politik und Geschichte, Opladen 1994

Röhrich, W., Die Macht der Religionen. Im Spannungsfeld der Weltpolitik, 2. Aufl., München 2006

Schieder, S./Spindler, M. (Hrsg.), Theorien der Internationalen Beziehungen, 2. Aufl., Opladen 2006

Tauras, O./Meyers, R./Bellers, J. (Hrsg.), Politikwissenschaft III: Internationale Politik, Münster 1996

Weidenfeld, W. (Hrsg.), Herausforderung Terrorismus. Die Zukunft der Sicherheit, Wiesbaden 2004

Wilhelm, A./Massala, C. (Hrsg.), Handbuch der Internationalen Politik, Wiesbaden 2006

Woyke, W. (Hrsg.), Netzwerk Weltpolitik. Großmächte, Mittelmächte und Regionen und ihre Außenpolitik nach dem Zweiten Weltkrieg, Opladen 1989

Woyke, W. (Hrsg.), Handwörterbuch Internationale Politik, 10. Aufl., Wiesbaden 2007

Internationale politische Ökonomie

Adam, H./Hennigs, K., Gefährden die Konvergenzkriterien die nationalen Konjunkturen? in: Gegenwartskunde, Heft 1/1996, S. 27-38.

Altvater, E./Mahnkopf, B., Grenzen der Globalisierung. Ökonomie, Ökologie und Politik in der Weltgesellschaft, 4. Aufl., Münster 1999

Altvater, E./Mahnkopf, B., Globalisierung der Unsicherheit. Arbeit im Schatten, schmutziges Geld und informelle Politik, München 2002

Behrens, M. (Hrsg.), Globalisierung als politische Herausforderung. Global Governance zwischen Utopie und Realität, Wiesbaden 2005

Beisheim, M./Dreher, S./Walter, G./Zangl, B./Zürn, M., Im Zeitalter der Globalisierung? Thesen und Daten zur gesellschaftlichen und politischen Denationalisierung, Baden-Baden 1999

Biehling, Hans-Jürgen, Internationale Politische Ökonomie, Wiesbaden 2006

Brühl, T./Debiel, T./Hamm, B./Hummel, H./Martens, J. (Hrsg.), Die Privatisierung der Weltpolitik. Entstaatlichung und Kommerzialisierung im Globalisierungsprozess, Bonn 2001

Brunnengräber, A./Klein, A./Walk, H. (Hrsg.), NGOs im Prozess der Globalisierung, Wiesbaden 2005

Bülow, W. von/Hein, E. u. a. (Hrsg.), Globalisierung und Wirtschaftspolitik, Marburg 1999

Busch, A., Staat und Globalisierung. Das Politikfeld Bankenregulierung im internationalen Vergleich, Wiesbaden 2003

Busch, A./Plümper, Th. (Hrsg.), Nationaler Staat und internationale Wirtschaft. Anmerkungen zum Thema Globalisierung, Baden-Baden 1999

Duwendag, D., Globalisierung im Kreuzfeuer der Kritik. Gewinner und Verlierer – Globale Finanzmärkte – Supranationale Organisationen – Job-Exporte, Baden-Baden 2006

Easterly, W., The Effect of IMF and World Bank Poverty Programs on Poverty, Washington 2000

Frenkel, M./Menkhoff, L., Stabile Weltfinanzen? Die Debatte um eine neue internationale Finanzarchitektur, Berlin-Heidelberg 2000

Frieden, J. A./Lake, D. A., International Political Economy. Perspectives on Global Power and Wealth, London 2000

Garrett, G., Partisan Politics in the Global Economy, Cambridge 1998

Genschel, Ph., Die Globalisierung und der Wohlfahrtsstaat. Ein Literaturrückblick, MPIfG Working Paper 03/5, Mai 2003

Heise, A. (Hrsg.), Neue Weltwährungsarchitektur, Marburg 2001

Hübner, K., Der Globalisierungskomplex. Grenzenlose Ökonomie – grenzenlose Politik? Berlin 1998

Huffschmid, J., Politische Ökonomie der Finanzmärkte, Hamburg 2002

Klemmer, P. (Hrsg.)., Handbuch Europäische Wirtschaftspolitik, München 1998

Lütz, S., Der Staat und die Globalisierung von Finanzmärkten. Regulative Politik in Deutschland, Großbritannien und den USA, Frankfurt/Main 2002

Maddisson, A., The World Economy. A Millenial Perspective, Paris 2001

May, B. (Hrsg.), Widerstände gegen Globalisierung: Probleme und Akteure, Wiesbaden 2007

Krugman, P. R./Obstfeld, M. (Hrsg.), Internationale Wirtschaft. Theorie und Politik der Außenwirtschaft, 6. Aufl., München 2004

Müller, K., Globalisierung, Frankfurt/New York 2002

Narr, W.-D./Schubert, A., Weltökonomie. Die Misere der Politik, Frankfurt/Main 1994

Nuscheler, F., Entwicklungspolitik. Lern- und Arbeitsbuch, 5. Aufl., Bonn 2004

Oatley, T., International Political Economy. Interests and Institutions in the Global Economy, 2nd ed., New York 2006

Ohr, R./Theurl, Th. (Hrsg.), Kompendium Europäische Wirtschaftspolitik, München 2001

Ohr, R. (Hrsg.), Globalisierung – Herausforderung an die Wirtschaftspolitik, Berlin 2004

Palan, R. (ed.), Global Political Economy. Contemporary Theories, London/New York 2000

Przeworski, A./Vreeland, J., The Effect of IMF Programs on Economic Growth, in: Journal of Development, 2/2000, S. 385-421

Robert, R. (Hrsg.), Bundesrepublik Deutschland – Politisches System und Globalisierung. Eine Einführung, 3. Aufl., Münster 2003

Sachs, J. D., Das Ende der Armut. Ein ökonomisches Programm für eine gerechtere Welt, München 2005

Schirm, S. A., Internationale Politische Ökonomie, 2. Aufl., Baden-Baden 2006

Schirm, S. A. (Hrsg.), Globalisierung. Forschungsstand und Perspektiven, Baden-Baden 2006

Stiglitz, J., Die Schatten der Globalisierung, 2. Aufl., Berlin 2002

Stiglitz, J., Die Chancen der Globalisierung, Berlin 2006

Strange, S., Casino Capitalism, Oxford 1996

Streeck, W. (Hrsg.), Internationale Wirtschaft, nationale Demokratie. Herausforderungen für die Demokratietheorie, Frankfurt/New York 1998

Trabold, H./Bach, S./Weise, Ch. u. a., Herausforderung Globalisierung. Konsequenzen für die Bildungs-, Steuer- und Arbeitsmarktpolitik, Marburg 2001

Windolf, P. (Hrsg.), Finanzmarkt-Kapitalismus. Analyse zum Wandel von Produktionsregimen, Sonderheft 45/2005 der Kölner Zeitschrift für Soziologie und Sozialpsychologie, Wiesbaden 2005

8.7 Politische Theorie

Beyme, K. von, Politische Theorien im Zeitalter der Ideologien, Wiesbaden 2002

Brodocz, A./Schaal, G. S. (Hrsg.), Politische Theorien der Gegenwart I und II, 2. Aufl., Opladen und Farmington Hills 2006

Göhler, G./Buchstein, H. (Hrsg.), Politikwissenschaft und Politische Theorie, Wiesbaden 2006

Hartmann, J./Meyer, B./Oldopp, B., Geschichte der politischen Ideen, Wiesbaden 2002

Reese-Schäfer, W., Politische Theorie heute. Neuere Tendenzen und Entwicklungen, München 2000

Schaal, G. S./Heidenreich, F., Einführung in die Politischen Theorien der Moderne, Opladen 2006

9 Personen- und Stichwortregister

Neu im Programm
Politikwissenschaft

Neu im Programm Politikwissenschaft

Peter Becker / Olaf Leiße

Die Zukunft Europas
Der Konvent zur Zukunft der
Europäischen Union
2005. 301 S. Br. EUR 26,90
ISBN 3-531-14100-7

Jörg Bogumil / Werner Jann

**Verwaltung und
Verwaltungswissenschaft
in Deutschland**
Einführung in die
Verwaltungswissenschaft
2005. 316 S. (Grundwissen Politik Bd. 36)
Br. EUR 26,90
ISBN 3-531-14415-4

Jürgen Dittberner

Die FDP
Geschichte, Personen, Organisation,
Perspektiven. Eine Einführung
2005. 411 S. Br. EUR 24,90
ISBN 3-531-14050-7

Jürgen W. Falter / Harald Schoen (Hrsg.)

Handbuch Wahlforschung
2005. XXVI, 826 S. Geb. EUR 49,90
ISBN 3-531-13220-2

Eberhard Schneider

**Das politische System
der Ukraine**
Eine Einführung
2005. 210 S. Br. EUR 19,90
ISBN 3-531-13847-2

Bernhard Schreyer /
Manfred Schwarzmeier

**Grundkurs Politikwissenschaft:
Studium der Politischen Systeme**
Eine studienorientierte Einführung
2. Aufl. 2005. 243 S. Br. EUR 17,90
ISBN 3-531-33481-6

Klaus Schubert (Hrsg.)

**Handwörterbuch des ökono-
mischen Systems der
Bundesrepublik Deutschland**
2005. 516 S. Br. EUR 36,90
ISBN 3-8100-3588-2

Rüdiger Voigt / Ralf Walkenhaus (Hrsg.)

**Handwörterbuch zur
Verwaltungsreform**
2006. XXXII, 404 S. Geb. EUR 39,90
ISBN 3-531-13756-5

Wichard Woyke

Stichwort: Wahlen
Ein Ratgeber für Wähler, Wahlhelfer
und Kandidaten
11., akt. Aufl. 2005. 274 S. Br. EUR 14,90
ISBN 3-8100-3228-X

Erhältlich im Buchhandel oder beim Verlag.
Änderungen vorbehalten. Stand: Januar 2006.

www.vs-verlag.de

VS VERLAG FÜR SOZIALWISSENSCHAFTEN

Abraham-Lincoln-Straße 46
65189 Wiesbaden
Tel. 0611.7878-722
Fax 0611.7878-400

MIX
Papier aus verantwortungsvollen Quellen
Paper from responsible sources
FSC® C105338

If you have any concerns about our products,
you can contact us on
ProductSafety@springernature.com

In case Publisher is established outside the EU,
the EU authorized representative is:
Springer Nature Customer Service Center GmbH
Europaplatz 3, 69115 Heidelberg, Germany

Printed by Libri Plureos GmbH
in Hamburg, Germany